WITHDRAWN
HARVARD LIBRARY
WITHDRAWN

REGENSBURGER STUDIEN ZUR THEOLOGIE

Tullio Aurelio

Disclosures in den Gleichnissen Jesu

8

LANG

Regensburger Studien zur Theologie

herausgegeben von den Professoren
Dr. Franz Mußner, Dr. Wolfgang Nastainczyk,
Dr. Norbert Schiffers, Dr. Joseph Staber

Band 8

Tullio Aurelio

Disclosures in den Gleichnissen Jesu

Eine Anwendung der disclosure-Theorie von I. T. Ramsey,
der modernen Metaphorik und der Theorie der Sprechakte
auf die Gleichnisse Jesu

PETER LANG
Frankfurt am Main · Bern · Las Vegas

Tullio Aurelio

Disclosures in den Gleichnissen Jesu

Eine Anwendung der disclosure-Theorie von I. T. Ramsey,
der modernen Metaphorik und der Theorie der Sprechakte
auf die Gleichnisse Jesu

Tullio Aurelio

Disclosures in den Gleichnissen Jesu

Eine Anwendung der disclosure-Theorie von I. T. Ramsey,
der modernen Metaphorik und der Theorie der Sprechakte
auf die Gleichnisse Jesu

PETER LANG
Frankfurt am Main · Bern · Las Vegas

CIP-Kurztitelaufnahme der Deutschen Bibliothek

Aurelio, Tullio
 Disclosures in den Gleichnissen Jesu. – Frankfurt am Main,
 Bern, Las Vegas: Lang, 1977.
  (Regensburger Studien zur Theologie; Bd. 8)
  ISBN 3-261-02299-X

ANDOVER-HARVARD THEOLOGICAL LIBRARY
HARVARD DIVINITY SCHOOL

ISBN 3-261-02299-X
Auflage 300 Ex.
© Verlag Peter Lang GmbH, Frankfurt am Main 1977
Alle Rechte vorbehalten.
Nachdruck oder Vervielfältigung, auch auszugsweise in allen Formen
wie Mikrofilm, Xerographie, Mikrofiche, Mikrocard, Offset verboten.

Druck: Fotokop Wilhelm Weihert KG, Darmstadt
Titelsatz: Fotosatz Aragall, Wolfsgangstraße 92, Frankfurt am Main.

Zur Erinnerung
an David

INHALTSVERZEICHNIS

Seite

VORWORT	11
METHODOLOGISCHE VORÜBERLEGUNGEN	13
Erster Teil: DIE THEORIE DER DISCLOSURE	23
EINLEITUNG	25

I. Kapitel: DER DISCLOSURE-BEGRIFF		26
A	Der Bezugsrahmen der Philosopie I.T.Ramseys	26
B	Die Eigenart der religiösen Sprache als disclosure-Sprache	28
C	Definition und Typen von disclosures	30
D	Empirische Verankerung der disclosure: die disclosure-situation	32
E	Die Technik der disclosure: die 'qualified models'	34
F	Der Erkenntniswert der disclosure	38
	a) Die disclosure als Erfahrung Gottes	38
	b) Der Gebrauch von Modellen in der Naturwissenschaft und in der Theologie	39
	c) Kriterien für den Gebrauch von Modellen in der Theologie	40
G	Auswertung	41

II. Kapitel: DISCLOSURE UND METAPHER		42
A	"Über-tragung" als Kennzeichen religiöser Rede	42
B	Die Metapher als disclosure bei Ramsey	43
C	Vergleich mit der modernen Metaphorik	44
	1 Metapherntheorien	44
	2 Semantik der Metapher	46
	3 Erkenntniswert der Metapher	49
D	Metaphern als disclosure-Modelle	53
Exkurs: Der Begriff "Modell" und die Metapher als Modell		58

III. Kapitel: DIE DISCLOSURE ALS SPRECHAKT		60
A	Das Engagement in der disclosure	60
B	Das disclosure-Modell als Sprechakt	62
	1 Die Theorie der Sprechakte	62
	a) Definition von "Sprechakt"	62
	b) Ausweitung des Begriffes "Sprechakt": Sprechen als Handeln	64
	c) Präsuppositionen und Regeln für das "Glücken" der Sprechakte	67
	d) Typen von Illokutionsakten	69
	2 Die Metapher als Sprechakt	69

Schlußwort zum ersten Teil	72

	Seite
Zweiter Teil: GLEICHNIS, METAPHER UND DISCLOSURE	73
EINLEITUNG	75
I. Kapitel: DAS GLEICHNIS ALS METAPHER	76
A In der Auslegungsgeschichte	76
B Eine Metapherntypologie	79
II. Kapitel: DIE GLEICHNISSE ALS DISCLOSURE-MODELLE	87
A Die Nathan-Parabel bei I.T. Ramsey	87
B Die Gleichnisse als qualified models	88
C Vorschläge für die Lösung einiger Probleme	91
1 Sach- und Bildhälfte und das tertium comparationis	91
2 Die unwahrscheinlichen Züge in der Bildspendergeschichte der Gleichnisse	98
3 Gleichnisse als Beweismittel?	109
D Anwendung der Kriterien des "qualified model" auf die Gleicnisse Jesu	113
III. Kapitel: DAS ENGAGEMENT IN DEN GLEICHNISSEN: DIE GLEICHNISSE ALS SPRECHAKTE	116
A Das Engagement Jesu in den Gleichnissen	116
1 Das Verhältnis Jesu zu den Gleichnissen	116
2 Die Typen von Sprechakten in den Gleichnissen Jesu	118
3 Die Voraussetzungen der Sprechakte der Gleichnisse	120
B Das Engagement der Hörer: die disclosure und der Glaube	122
C Die Gleichnisse Jesu als religiöse Sprechakte	126
IV. Kapitel: JESUS ALS SPRECHER DER GLEICHNISSE UND DIE "WAHRHEIT" DER GLEICHNISSE	131
A Überlegungen aus dem Kompetenz-Performanz-Modell	131
B Überlegungen aus dem Kommunikationsmodell	133
1 Das Problem der Quelle	134
2 Das Problem der Kommunikationsintentionalität der Gleichnisse	135
3 Der Vollzug der Partizipation an der Urdisclosure Jesu	137
Dritter Teil: DIE DISCLOSURES IN DEN GLEICHNISSEN	139
EINLEITUNG	141
1. ABSCHNITT	145
I. Kapitel: VOM FINDEN UND TAUSCHEN: Mt 13,44-46	145
A Überlieferung und Zusammengehörigkeit	145
B Die Bildspendergeschichten: Mt 13,44-46 als Metaphern	146
C Die Bildempfängergeschichte: Mt 13,44-46 als disclosure-Modelle	149
1 Verborgen sein vs finden	150
2 Verkaufen vs kaufen	150

		Seite
D	Die disclosure des Gottesreiches	151
E	Das Engagement und das Reich Gottes	152
F	Über das Beobachtbare hinaus	153

II. Kapitel: <u>DER PHARISÄER UND DER ZÖLLNER</u>
(Lk 18,9-14)

		155
A	Das Gleichnis und seine Kontextuierung im Lukasevangelium	155
B	"Pharisäer" und "Zöllner": "Schock-Taktik" oder "Überedungskunst"?	156
C	Die disclosure in dem Gleichnis: Der Schock des Urteils	157
D	Die Verzerrung der Wirklichkeit in der Erzählung selbst	158
E	Die disclosure des Gleichnisses	162
F	Der Anspruch Jesu: Der Sprechakt des Gleichnisses	163
G	Lk 18,9-14 als Gleichnis des Gottesreiches	164

III. Kapitel: <u>DIE ERSTEN WERDEN LETZTE SEIN:</u>
Die Arbeiter im Weinberg (Mt 20, 1-16)

		166
A	Die Kontextuierung des Gleichnisses im Matthäusevangelium	166
B	Die Bildspendergeschichte	167
C	Über den Alltag hinaus: Mt 20,1-16 als Metapher und disclosure-Modell	170
D	Das Ungewöhnliche als Verweis auf das "mehr"	173
E	Die Bildempfängergeschichte: die disclosure in Mt 20,1-16	174
F	Mt 20,1-16 als Sprechakt	176

IV. Kapitel: <u>ZWISCHEN CHRONOS UND KAIROS</u>
Die Zehn Jungfrauen (Mt 25,1-13)

		178
A	Tradition und Redaktion	178
B	Die Analyse der Bildspendergeschichte	179
C	Auf der Suche nach der Bildempfängergeschichte: Mt 25,1-13 als Metapher, disclosure-Modell und Sprechakt	182
D	Der Bräutigam und Jesus	189

V. Kapitel: <u>DAS GERICHT GOTTES:</u>
Die bösen Winzer (Mk 12,1-12 par.)

		191
A	Die Frage nach der Echtheit. Traditions- und redaktionskritische Überlegungen	191
B	Die Bildspendergeschichte	191
C	Die Bildempfängergeschichte	195
D	Die disclosure in dem Gleichnis	196
E	Mk 12,1-9 als Sprechakt. Der Anspruch Jesu und die Antwort der Hörer	199
	Zusammenfassung	201

2. ABSCHNITT: <u>DER SÄMANN GING AUS ZU SÄEN</u>
(Mk 4,1-25)

		202
A	Die Bestimmung und die Gliederung des Textes	202
B	Tradition und Redaktion des Textes	203

	Seite

C Die synchronische Ebene — 205
  1 Die Isotopie von 4,1-25 — 205
  2 Analyse des Textes — 206
D Die Diachronie des Textes — 214
  1 Die disclosure der Parabel des Sämanns — 214
  2 Die Deutung der Parabel — 217
E Die neue Isotopieebene des Textes: Die Aussageabsicht des Markus — 218
F Theoretische Überlegungen: Die disclosure und die Verschließung. Das Geheimnis und die Grenzen der Vernunft — 223
  1 Hören und Verstehen — 223
  2 Nicht sehen können und nicht sehen wollen — 224

Vierter Teil: JESUS ALS DIE LETZTE DISCLOSURE IN DEN GLEICHNISSEN — 227

EINLEITUNG — 229

A Die Gleichnisse als Selbstprädikationen Jesu — 230
  1 "Evangelium Jesu" und "Evangelium de Christo" — 230
  2 Das Verhalten Jesu als "Rahmen" der Gleichnisse — 231
  3 Die "christologische" Selbstaussage Jesu in den Gleichnissen — 232
  4 Eine Grund-disclosure Jesu? — 237
B Das disclosure-Erlebnis der Urgemeinde und die christologische Dimension der Gleichnisse Jesu — 240
  1 Die vorösterliche Erfahrung des "mehr" in Jesus — 240
  2 Das "mehr" in den Gleichnissen Jesu — 241
  3 Ostern und die nachösterliche Reflexion und Versprachlichung der "mehr"-Erfahrung — 248
  4 Die urchristliche Erkenntnis der christologischen Dimension der Gleichnisse — 254
C Zusammenfassung — 257

ANHANG: "THEOLOGIA PARABOLICA" UND "THEOLOGIA ARGUMENTATIVA" — 259
  1 "Theologia parabolica" — 259
  2 Jesus als Norm der christlichen Gleichnisse über Gott — 261
  3 Die Logik einer parabolischen Theologie — 262

ERGEBNISSE — 265

ANMERKUNGEN — 271

ABKÜRZUNGSVERZEICHNIS — 325

LITERATURVERZEICHNIS — 329

AUTORENREGISTER — 357

STELLENREGISTER — 359

VORWORT

Die vorliegende Arbeit wurde im SS 1975 vom Fachbereich Theologie der Universität Regensburg als Dissertation für die Erlangung des Doktorgrades in Theologie angenommen.

Die Arbeit erscheint nun in leicht gekürzter Form in der Regensburger Studienreihe.

Ein besonderer Dank dafür gilt dem Herrn Prof. Dr. Franz Mussner, als Referenten und Betreuer der Arbeit und als Mit-Herausgeber der Regensburger Studienreihe, und dem Herrn Prof. Dr. Norbert Schiffers für das Korreferat, sowie meiner Frau für ihre notwendige Hilfe bei der Korrekturarbeit.

METHODOLOGISCHE VORÜBERLEGUNGEN

Schon 1931 mußte D. Buzy schreiben: "Qui présent au public un nouveau commentaire des paraboles évangéliques, éprouve aujourd'hui le besoin de s'excuser. Un nouveau commentaire après tant d'autres ... " (1).
Die Literatur über die Gleichnisse ist inzwischen kaum zurückgegangen; sie ist heute ja kaum zu überwältigen.
Diese Arbeit möchte am Gespräch über die Gleichnisse Jesu teilnehmen. Sie ist kein Kommentar über die Gleichnisse. Sie möchte zunächst einige theoretische Ansätze für eine Relektüre der Gleichnisse bieten, und dann ein Versuch sein, die Theorie anhand einiger Gleichnisse zu verifizieren.

A Der "Methodenkonflikt" in der Gleichnisauslegung

Der Methodenkonflikt, in dem sich die heutige Exegese befindet (2), erfährt in der Gleichnisauslegung seine volle Auswirkung. Das mag den Hauptgrund darin haben, daß die Gleichnisse sich als besonders geeignet für die neuen literaturwissenschaftlichen Methoden erweisen. Historische, hermeneutische, strukturalistische Methoden streiten sich um den ersten Platz am Gesprächstisch. Bestreiten einige historisch gerichtete Exegeten den neuen Methoden das Recht aufs Wort, so behaupten gewisse Richtungen der neueren Methoden, sie allein könnten alle Probleme der Exegese lösen. Soll der Gesprächstisch heutiger Exegese ein hierarchisch geordneter sein, soll eine einzige Methode sogar diktatorisch befehlen; oder sollen die verschiedenen Methoden an einem runden Tisch sitzen, wo alle das Recht aufs Wort haben?
Warum soll man von einem Methodenkonflikt reden und nicht von einer gegenseitigen Ergänzung der Methoden?
Hier wird für eine Integration der Methoden plädiert, weil jede Methode Werte und Grenzen zeigt.

1 Wert und Grenzen der diachronischen Betrachtung der Gleichnisse

Die diachronische Betrachtung der Gleichnisse setzt voraus, daß der gegenwärtige Text der Gleichnisse mit dem ursprünglichen nicht gleichzusetzen ist. Es ist dem Ansatz Jülichers zu verdanken (3), daß die Exegese den gewaltigen Versuch unternommen hat, zum ursprünglichen Text zu gelangen. Besonders die traditionsgeschichtliche Exegese, durch die Un-

terscheidung der verschiedenen Schichten und die zeitgenössische Erhellung der Gleichnisse (4), hat dazu beigetragen, neues Licht auf die Gleichnisauslegung zu werfen.
Die diachronische Betrachtung der Gleichnisse muß ihren Platz in dem Gespräch über die Gleichnisse haben. Sie hat, auch literaturwissenschaftlich gesehen, ihr gutes Recht darauf.
Die Gleichnisse haben eine Geschichte. Das wurde von der bisherigen Auslegung nachgewiesen. Schon diese Tatsache rechtfertigt den Versuch, die Gleichnisse geschichtlich zu analysieren. Es gibt ferner zwei Gründe für eine diachronische Betrachtung der Gleichnisse.
Zunächst einmal besitzen die Gleichnisse Codes und Subcodes, die mit den Codes und den Subcodes heutiger Leser nicht übereinstimmen. Die Verschiedenheit des Codes und der Subcodes (5) erschwert manchmal entscheidend das Verständnis der Gleichnisse. Es entstehen auf diese Weise "Störungen" in der Kommunikation zwischen "Sender" und "Empfänger", die beseitigt werden sollen, damit der Kommunikationsakt richtig funktioniert. Schon die Übersetzung der Gleichnisse vom Griechischen in die modernen Sprachen ist eine Umcodierung der Gleichnisse, die erfolgen soll, bevor der moderne Leser die Gleichnisse de-codieren kann. Wenn aber keiner bestreiten kann, daß diese erste Umcodierung notwendig sei, warum sollte man die Notwendigkeit der Erhellung des damaligen Codes und Subcodes bestreiten, wenn das ein besseres Verständnis der Gleichnisse bringt?
Es gibt ferner einen zweiten Grund, der die diachronische Betrachtung der Gleichnisse berechtigt: das Problem des Subjektes der Gleichnisse. Daß dieses Problem ein sehr wichtiges ist, kann man kaum bestreiten (6). Innerhalb der neutestamentlichen Exegese will das Programm "zurück zum historischen Jesus" mehr als selbstbefriedigende Neugierde sein. Es geht darum zu wissen, ob die nachösterliche Christologie eine nachträgliche Ideologie ist, oder ob sie einen Anhaltspunkt beim historischen Jesus hat. Was würde eine christliche Religion sein, die vom historischen Jesus absehen würde?
Auch die Gleichnisse sind nicht vom Himmel gefallen; sie sind von Jesus gesprochen worden, der durch sie etwas sagen wollte.
Für eine indirekte Christologie der Gleichnisse ist es unentbehrlich zu wissen, was von den Gleichnissen auf Jesus zurückgeführt werden kann und was nicht.
Auf dieser Ebene, wenn man nämlich ein solches Interesse hat, wirken die Erweiterungen und Akzentverschiebungen der Gleichnisse seitens der Evangelisten wiederum als "Störfaktoren" in der Rezeption der Gleichnisse.
Die diachronische Betrachtung der Gleichnisse kann auch hier sehr viel helfen.
Das war bis vor kurzem das Ziel und das Programm der Gleichnisauslegung geworden: die Gleichnisse Jesu von den Übermalungen der Evangelisten zu befreien (7).

Diese Methode hat aber unbestreitbare Grenzen und Gefahren (8), deshalb kann man sie nicht verabsolutieren.
Die Grenzen bestehen einmal darin, daß das Ziel der historischen Methode

sich als schwer zu erreichen erwiesen hat. Die Schwierigkeiten, zur "ipsissima vox" Jesu oder gar zum historischen Jesus zu gelangen, sind kaum zu verschweigen (9). Was die Gleichnisse angeht, hat sich der Versuch, den ursprünglichen Text zu rekonstruieren, als nicht vollziehbar erwiesen. So ist es auch unmöglich, den Sitz im Leben eines Gleichnisses zu identifizieren, wenn man damit die unmittelbare Situation versteht, in der Jesus ein bestimmtes Gleichnis gesprochen hat.

Der Begriff "Sitz im Leben", wird schon von E.Fuchs nicht mehr als die unmittelbare Situation der Gleichnisse und auch nicht als soziologische Kategorie verstanden, sondern als "Verhalten" Jesu. Der Begriff "Sitz im Leben" hat also in der Gleichnisauslegung dieselbe Sinnerweiterung erfahren, wie in der übrigen Exegese (10). Eine weitere Grenze der historischen Methode ist die, daß sie nur die Diachronie des Textes betrachtet. Diese zweite Grenze wird schon zu einer Gefahr. Denn dadurch kommt die Synchronie des Textes nicht mehr zum Ausdruck, die Evangelien werden nicht mehr nach ihrer eigenen Absicht befragt, die Evangelisten werden als reine Sammler und nicht als Autoren angesehen.

Eine dritte Grenze und Gefahr der historischen Methode besteht darin, daß man bei dem Rekonstruktionsversuch sehr leicht etwas in die Evangelien hineinlesen kann, und das Material nach dieser Hypothese rekonstruiert. Das ist z.B. in Gleichnisauslegung mit dem Versuch von Ch.Dodd (11) geschehen (12).

Eine weitere Grenze ist, daß diese Methode die Gleichnisse zu einem "Ausgrabungsgebiet" erklärt, sich aber um die pragmatische Absicht und Rezeption der Gleichnisse nicht kümmert.

Endlich hat die historische Methode die Gleichnisrezeption der Urgemeinde und der Evangelisten nicht nur von der jesuanischen Tradition methodisch abgesondert, sondern auch mittlerweilen abgelehnt und mißachtet.

Das Mißtrauen den Evangelisten gegenüber geht innerhalb der historischen Gleichnisauslegung viel weiter als eine berechtigte methodische Skepsis. Es wird praktisch das theologische Recht der Urgemeinde bestritten, die Gleichnisse zu interpretieren. Die Ergebnisse sind diesbezüglich nicht erfreulich. H.-J.Klauck schreibt über den Versuch von J.Jeremias: "Weil das Zeugnis der Kirche ignoriert wird, muß die Botschaft des Evangeliums dem Verdikt des Forschers ausgeliefert werden, der nach echten Worten Jesu sucht". "Entgegen seiner eigenen ausdrücklichen Absicht läuft er damit aber die Gefahr, nur zur ipsissima vox eines hypothesenfreudigen Exegeten zu gelangen" (13).

Dieses Mißtrauen der tradierenden Gemeinde gegenüber ist nach dem Fund des Thomas-Evangeliums klar zum Ausdruck gekommen (14). Man hat gemeint, endlich wäre man auf die ursprünglichen Gleichnisse Jesu gestoßen. Die Vorbehalte gegenüber der Allegorie, das Vorurteil, die Gleichnisse müßten möglichst "einfache" Geschichten sein, hat diese Meinung bekräftigt. Erst dann, als man einsah, daß man "nur" ein gnostisches Evangelium gefunden hatte, wurden die Bedenken laut. Warum hätte man einem gnostischen Evangelium mehr Vertrauen schenken sollen als den kanonischen?

2 Die modernen literaturwissenschaftlichen Methoden

Die Gefahren und die Grenzen der historischen Methode wollen verschiedene literaturwissenschaftliche Methoden überwinden. Man wird aber zwischen den verschiedenen Ansätzen unterscheiden müssen.
Ob die biblischen Texte ein linguistischer Gegenstand sein dürfen, das ist in der Exegese nie eine echte Frage gewesen, denn das ist praktisch immer geschehen. Wenn also von literaturwissenschaftlichen Methoden die Rede ist, dann werden damit nur die neueren Ansätze gemeint, für die besonders J. Barr (15) und W. Richter (16) die ersten Anstöße gegeben haben. Inzwischen sind in der Exegese solche Ansätze zahlreich geworden.
Wir beschränken uns auf zwei Versuche, die die Gleichnisauslegung angehen.

a) Der Versuch von D.O. Via (17)

Der Versuch Vias ist eine strukturale (18) Betrachtung der Gleichnisse. Die Hauptpunkte seines Ansatzes lassen sich auf drei reduzieren.

1. Die Gleichnisse sind ästhetische Objekte, also Kunstwerke, die als solche eine ästhetische Autonomie besitzen (19). Sie sind fiktionale Erzählungen, die vom Autor, vom Leser und von dem gesellschaftlichen Denken unabhängig sind. Auf diese Weise lassen sich die Gleichnisse nicht mehr von einer außertextuellen Situation her erklären.
2. Die Gleichnisse als Kunstwerke besitzen eine symbolische Kraft, die sie zum Spiegel der Realität werden läßt. Sie sprechen dadurch den Menschen als Menschen an, damit er sich in ihnen spiegelt, und durch sie, wie durch ein Fenster, die Realität sieht und beurteilt (20).
3. Die Gleichnisse besitzen einen "komischen" oder einen "tragischen" "plot" (=Erzählgerüst). Sie beginnen mit einer "guten" Situation und enden mit einer "schlechten", oder umgekehrt (21).

Jenseits der Frische und Originalität dieses Ansatzes wird man einige kritische Einwände machen müssen.
Die Tatsache, daß die Gleichnisse eine metaphorische Redeweise sind, wird von Via nie methodisch berücksichtigt. Das wird bei ihm fast zu einem methodischen Fehler. Denn bevor die Gleichnisse zu Spiegel und Symbol der allgemein menschlichen Realität werden, sind sie schon Bilder einer im Bild mitgemeinten Realität. Jede Metapher besitzt zwei Pole, den Bildspender und den Bildempfänger. Deshalb scheint es verfehlt zu sein, die Gleichnisse mit dem Bildspender zu identifizieren. Diese Tatsache macht die Behauptung, die Gleichnisse seien autonome ästhetische Objekte, zweifelhaft. Es wird hier zu wenig unterschieden zwischen Fabel, Märchen

und Parabeln. Diese Unterscheidung läßt sich nicht auf Grund der Erzählung allein durchführen, wohl aber auf Grund der metaphorischen Struktur der Parabel und oft auch der Fabel und noch mehr auf Grund der Pragmatik der jeweiligen Form. Denn es ist etwas anderes, ob man eine satyrische Fabel erzählt, die nur zu einem ironischen Lächeln bringen will, oder ein unterhaltendes oder episches Märchen, das vielleicht nichts anderes erzielen will, als daß es gehört und "genossen" wird, und etwas anderes, wenn man durch ein Gleichnis zu einer Entscheidung führen will. Ein ästhetisch autonomes Objekt verlangt nicht unbedingt eine Entscheidung, wohl aber die Gleichnisse Jesu.

Auch die Reduzierung der Gleichnisse auf einen "plot" ist nicht immer vollziehbar. Via selbst gibt die Grenze seiner Methode zu. Nicht alle Gleichnisse können mit seiner Methode analysiert werden, sondern nur diejenigen, die eine entwickelte Geschichte darstellen (22).

Das läßt die Frage stellen, ob die Methode an sich dem Gleichnis als Gleichnis gerecht werden kann (23). Via hätte methodisch mehr berücksichtigen sollen, daß die Gleichnisse eine Art Metapher sind.

b) Der Ansatz von E. Güttgemanns

Daß Güttgemanns eine weithin synkretistische Methode hat und eine esoterische Geheimsprache pflegt (24), dürfte nicht so sehr stören. Jede Fachsprache ist esoterisch und jeder hat das Recht, aus verschiedenen Ansatzpunkten eine eigene Methode zu gewinnen. Güttgemanns hat über die Gleichnisse zwar gelegentlich, aber doch oft geschrieben. Er bietet nicht nur Einzelanalysen (25), sondern auch eine vergleichende Analyse von neutestamentlichen Gleichnissen (26) und theoretische Überlegungen (27).

Man wird bei dem Ansatz von Güttgemanns die Technik der Analyse und ihr Ziel der Klarheit wegen auseinanderhalten. Das Ziel der Analyse ist die Erlernung einer Sprachtechnik, man nenne sie Textbasis oder Textgrammatik oder Tiefenstruktur des Textes.

Daß Güttgemanns die Erlernung der Textgrammatik als Ziel jeder Analyse, als Ziel sogar der Theologie als Textwissenschaft (28) setzt, impliziert theoretisch, daß man die Textgrammatik erlernen kann. Die theoretischen Prämissen werden von Güttgemanns keineswegs vernachlässigt. Man kann sogar sagen, daß die Theorie unter dem Namen "Generative Poetik" (29) zeitlich vor der "Verifizierung" kam (30).

Die Technik der Analyse, um die Textgrammatik zunächst zu entdecken und dann zu erlernen, ist bei Güttgemanns nicht einheitlich. Doch bedient er sich oft, besonders in den letzten Analysen, der Kategorien der Erzählforschung, wie sie besonders V. Propp (31) und A. Dundes (32) anhand der Analyse der Volksmärchen entwickelt haben.

Man wird über Güttgemanns hinaus sich einiges fragen dürfen. Es mag sein, daß die Bildspendergeschichten der Gleichnisse mit den Kategorien der Volksmärchen analysiert werden können (33). Das Gleichnis aber als metaphorische Redeart besitzt eine symbolische Kraft, die enger und bestimmter ist als das Bildpotential des Märchens. Die Kategorien der Erzählforschung mögen die Struktur der Bildspendergeschichten der Gleichnisse zu Tage bringen, sie werden aber dem Gleichnis als Gleichnis nicht gerecht.
Es ist also zunächst zweifelhaft, ob man durch diese Technik allein die Textgrammatik des Gleichnisses als metaphorischer Redeart erlernen kann.
Ferner: angenommen, man könnte die Textgrammatik der Gleichnisse erlernen. Wird man dadurch schon fähig, Gleichnisse zu bilden? Was ist noch nötig, damit man "gelungene" Gleichnisse bildet? Zunächst eine dichterische Begabung. Was heißt aber das? Das heißt, daß man fähig sein sollte, Analogien zu stiften oder zu entdecken. Man braucht dazu eine gewisse Einbildungskraft und Intuition der verborgenen und möglichen Analogien, die man nicht ohne weiteres "technisch" erlernen kann. Es muß eine gewisse Vision der Dinge da sein, damit man Gleichnisse bilden kann. Es kann also durchaus der Fall sein, daß man die Technik erlernt, womit man die Gleichnisse nacherzählen kann. Wenn aber die Ur-Intuition des Gleichnisses fehlt, dann wird man kaum neue Gleichnisse bilden können.
Die Frage wird noch schwieriger, wenn es um Gleichnisse des Gottesreiches geht. Denn hier braucht man nicht nur eine dichterische Begabung, vielmehr eine Intuition des Gottesreiches, um solche Gleichnisse bilden zu können. Reicht dafür die Erlernung einer Technik?

c) Wert und Grenzen der strukturalen Analyse

Der Wert der strukturalen Analyse ist unbestreitbar. Dadurch kann man bisher unentdeckte semantisch-strukturale Relationen zwischen den Textelementen besser zu Tage bringen. Besonders wird der Text nach seiner Intention befragt, der Evangelist wird als echter Autor respektiert. Wenn die Intention des Textes herausgestellt wird, dann kann man die Pragmatik des Textes besser eruieren. Dadurch wird auch das Recht, die Gleichnisse immer neu auf die heutige Situation anzuwenden, anerkannt.
Die strukturale Analyse der Bibel und der Gleichnisse kann als Korrektiv der historischen Methode angesehen werden. Wenn man sie aber verabsolutiert bzw. wenn mit ihr auch die philosphische Weltanschauung des Strukturalismus auf die Theologie anwendet, dann weist sie auch Grenzen und Gefahren auf.
Man läuft dadurch die Gefahr, daß das Christentum geschichtslos und subjektlos wird. Beide Dimensionen kann das Christentum logischerweise nicht aufgeben.

Auf beide Gefahren hat P. Ricoeur hingewiesen (34).
Auch wenn man von den literaturwissenschaftlichen Überlegungen absieht, gibt es theologische (und zwar theo-logische) Argumente, die eine Verabsolutierung einer Methode, die von der Geschichte und vom Subjekt des Textes absieht und den Text hypostasiert, nicht empfehlen. Das Christentum versteht sich als gläubige Nachfolge Jesu. Sieht man von Jesus ab, dann wird somit der Kern des Christentums verwischt. Wenn es stimmt, daß das Neue Testament ein Glaubenszeugnis ist, dann entsteht das Problem, ob dieser Glaube eine Verankerung in der Historie hat oder nicht. Will man die Textgrammatik des Neuen Testamentes als Glaubenszeugnisses erlernen, dann wird man notwendigerweise unterscheiden müssen zwischen der Interpretation Jesu und Jesus selber. Will man ein neues Glaubenszeugnis für die heutige Zeit ablegen, also Jesus "neu" interpretieren, so soll man zwischen Jesus und dem nachösterlichen Christus unterscheiden. Die geschichtliche Betrachtung bleibt unentbehrlich. Was vom Neuen Testament gesagt wird, gilt auch für die Gleichnisse, denn die Gleichnisse stellen oft verhüllt aber klar genug eine Selbstaussage Jesu dar. Es ist keine methodische Folgerung, daß Via sich die Frage der Beziehung zwischen Jesus und den Gleichnissen stellt (35). Methodisch hätte er vom Problem Jesus absehen müssen. Wenn er sich trotzdem die Frage stellt, so ist es ein Zeichen, daß die Frage nicht unberücksichtigt bleiben kann.
Die Gleichnisse sind die Gleichnisse Jesu, nicht die Fabel des Äsopus (36). Die strukturale Analyse vermag von sich aus den Unterschied nicht einzusehen. Weil sie sich hauptsächlich mit infratextueller Semantik beschäftigt, kann sie z.B. den Unterschied zwischen der Fabel "Zauberflöte" von W.A. Mozart und dem Evangelium, das anscheinend dieselbe semantische Struktur der Fabel besitzt, nicht einsehen (37). Die "Nachricht" eines Textes kann man nicht auf die syntaktische und semantische Struktur eines Textes reduzieren. Die "Nachricht" eines Textes ist Syntax, Semantik und Pragmatik des Textes zusammen.
Die Pragmatik besitzt ihrerseits eine intra- und extratextuelle Dimension (38).
So ist die Nachricht des Textes "Der Wald ist kein Müllplatz" jeweils eine andere, wenn man den Text als beschreibende Aussage über den Wald, oder als ein Hinweis, sich entsprechend zu verhalten, versteht. Im ersten Fall ist die Nachricht: "Wald und Müllplatz sind zwei verschiedene Dinge". Im zweiten Fall aber: "Halte den Wald sauber!".
Wenn das Evangelium und eine andere Erzählung dieselbe semantische Struktur haben, so ist damit noch lange nicht gesagt, daß beide dieselbe Nachricht vermitteln wollen.
Eine Erzählung will vielleicht nur unterhalten. Wenn das Evangelium aber den Glauben erfordert, so ist die Frage nach der Existenz und der Historie des "Heros" des Evangeliums nicht unentbehrlich, wie im Fall der unterhaltsamen Erzählung.
Das Christentum versteht sich nicht als eine Religion der Anbetung von Texten; sondern als Religion des Glaubens an Gott, der sich in Jesus offenbart.

Die Gleichnisse Jesu, trotz ihrer metaphorischen und fiktionalen Distanz partizipieren an der Pragmatik des Evangeliums, weil sie in ihm kontextuiert sind.

B Die Absicht der vorliegenden Arbeit

Die Kontextuierung der Gleichnisse in den Evangelien macht sie zu einer religiösen Sprache. Das ist unabhängig von dem ursprünglichen Sinn der Gleichnisse im Munde Jesu, weil die Evangelien religiöse Sprache sein wollen.
Die vorliegende Arbeit will dieser Tatsache Rechnung tragen. Die Auseinandersetzungen der Sprachphilosophie und der Sprachtheologie werden in Betracht gezogen. Besonders die Überlegungen von I.T.Ramsey scheinen sehr hilfreich zu sein, so daß sie weithin als der Hintergrund der vorliegenden Arbeit angesehen werden können. Er versteht die religiöse Sprache als ein Erschließungsmodell, als ein Modell also, das eine religiöse disclosure (Erschließung) über Gott hervorrufen will.
Die Gleichnisse sind aber eine besondere Art von religiöser Rede: sie sagen deutlich, daß sie Vergleiche sind, also metaphorische Redeweise. Seit Jülicher hat man diese Tatsache nicht mehr systematisch reflektiert. Man hat die Ergebnisse Jülichers vielfach angenommen und vorausgesetzt. Inzwischen hat die Metaphorik erhebliche Fortschritte gemacht, die nicht mehr übersehen werden dürfen. In diesem Bereich sind allerdings die neueren Ansätze zahlreicher. Besonders W.R.Funk (39) und J.D.Crossan (40) berücksichtigen die letzten Ergebnisse der Metaphorik. Es bleiben aber noch sehr viele Probleme offen, wie das Problem des "tertium comparationis", das Problem der "Sach- und Bildhälfte", das Problem der "unwahrscheinlichen Züge" und endlich das Problem der Beziehung zwischen Metapher, Vergleich, Gleichnis und Allegorie, um nur die wichtigsten zu nennen, die von der modernen Metaphorik neues Licht bekommen können. Da aber die Gleichnisse zugleich eine religiöse metaphorische Redeweise sind, so wird auch wichtig sein, die Beziehung zwischen religiöser Rede und Metapher zu überlegen, und den Sinn der jeweiligen religiösen Gleichnisse zu eruieren. Das erste wird durch einen Vergleich zwischen der disclosure-Theorie von Ramsey und der modernen Metaphorik erreicht, das Zweite aber wird nur dadurch ermöglicht, daß man die im Gleichnis gemeinte religiöse Wirklichkeit eruiert. Das Gleichnis wird als religiöses disclosure-Modell angesehen, das in sich eine jeweils verschiedene, aber mit den anderen zusammenhängende disclosure vermitteln will. Auf diese Weise sind formale - was ist ein Gleichnis? was eine disclosure? - und inhaltliche Überlegungen unentbehrlich.
Daß die Gleichnisse eine religiöse disclosure vermitteln wollen, heißt endlich, daß sie Kommunikationsakte sind, sei es daß man sie heute liest, sei daß man sie einmal von Jesus selber gehört hat. Dabei fragt sich der Leser/

Hörer nach der Intention des Gleichnisses, bzw. des Erzählers.
Schon E. Fuchs und seine Schule haben diesen Gesichtspunkt verfolgt. Seine
Sprache verriet allerdings sehr oft dogmatische Aprioris (41), die die ganze Gleichnisauslegung durchdringt.
Es scheint daher angebracht, die Frage nach der Intention der Gleichnisse
nach anderen Kriterien zu stellen. Die Sprechakttheorie von Austin, wie
sie in der letzten Zeit auch in der Literaturwissenschaft übernommen worden ist, scheint ein gutes Instrumentarium zu bieten.
Der Hintergrund der Arbeit stellt also die Tatsache dar, daß die Gleichnisse eine Kommunikation von "religiösen" Aussagen in metaphorischer Form
sind.
Dabei ist die Hauptfrage: Wer sagt was und wie?
Zunächst das "Was" und das "Wie". Der heutige Leser hat nur schriftliche
Texte und Kontexte vor sich. Der Hörer Jesu hatte gesprochene Texte und
außersprachliche Situationen vor sich. Die äußere Situation der Gleichnisse ist endgültig verloren gegangen, und es scheint unmöglich, sie zu rekonstruieren. Erfolgreicher scheint allerdings der Versuch, die Gleichnisse
auf ein allgemeines "Verhalten" Jesu zurückzuführen. Das kann man allerdings auch nur ausgehend von den Gleichnissen selbst tun.
Man wird also nur von den Gleichnissen selbst aus urteilen müssen, was
und wie etwas gesagt wird.
Deshalb werden die Gleichnisse schon theoretisch, dann aber auch praktisch
als Versprachlichung der Intention des Erzählers angesehen. Die Schwierigkeit besteht allerdings darin, daß die Gleichnisse metaphorische Versprachlichungen sind. D.h., die Intention des Erzählers wird in einem
Gleichnis nicht nur erläutert, sondern auch verhüllt. Das erschwert die
Suche nach der Intention des Erzählers erheblich.
Das Gleichnis sagt nicht ausdrücklich, was es meint. Manchmal wird nur
der Kontext helfen können, um das Gemeinte zu erfahren. Manchmal geben
aber die Gleichnisse selber ziemlich klare Indizien an, um zu der gemeinten Realität und somit zur Intention des Erzählers zu gelangen.
Der Erzähler versprachlicht seine Intention in einem Gleichnis, damit der
Hörer/Leser sie einsieht und versteht. Er will also seine Intention erschließen.
Die Intention des Gemeinten und die Reaktion der Hörer wird von den Evangelisten oft nicht mitüberliefert. Das Gleichnis selber aber sagt, wie der
Hörer/Leser reagieren soll. Die Arbeit <u>will also das Gleichnis als Versprachlichung einer Intention verstehen, von dem her die Intention selbst
und die Reaktion des Hörers/Lesers zu gewinnen sind.</u>

Zweitens: <u>Wer</u> sagt was. Die Tatsache, daß die Gleichnisse Jesu ein Teil
nicht nur der Evangelien, sondern auch seines Evangeliums sind, die zur
Umkehr aufrufen, oder das Gottesreich anbieten, oder das Gericht Gottes
androhen, macht die Frage nach dem Erzähler unentbehrlich. Denn was er
sagt, kann nicht von seiner Person getrennt werden. Daß die Gleichnisse
oft auch Selbstaussagen Jesu sind, macht die Frage noch wichtiger.
Die Schwierigkeit der Arbeit besteht darin, daß sie theologische, sprachphilosophische und literaturwissenschaftliche Überlegungen zusammen

bringen will. Das konnte nicht in allen Teilen und auf allen Ebenen auf die gleiche Weise durchgeführt werden. In einigen Teilen werden die exegetisch-literaturwissenschaftlichen Überlegungen, in anderen aber die sprachphilosophischen und theologischen mehr berücksichtigt.

Die Arbeit gliedert sich in vier Hauptteile.
Der erste Teil stellt den Versuch dar, die Theorie von Ramsey, die moderne Metaphorik und die Sprechakttheorie in Beziehung zueinander zu bringen, und daraus eine Theorie zu gewinnen, die eine "Relektüre" der Gleichnisse ermöglicht.

Im zweiten Teil wird dann die gewonnene Theorie auf die Gleichnisse übertragen. Durch die Auseinandersetzung mit der bisherigen Gleichnisauslegung wird dann versucht, die Perspektive der Arbeit darzustellen.

Der dritte Teil will eine Verifizierung der Theorie anhand von fünf Gleichnissen bieten. Die Analyse selbst bedient sich der Ergebnisse der historischen Methode und auch der Techniken der Literaturwissenschaft. Man darf aber die Technik der Analyse nicht mit der Perspektive der Arbeit verwechseln. Bei der Analyse werden formale und inhaltliche Gesichtspunkte zusammen berücksichtigt. Eine sechste Analyse (Sämann-Parabel) stellt den Übergang zum vierten Teil dar. Die Frage nach Jesus, die in den anderen fünf Analysen ständig zum Vorschein kommt, wird in der sechsten zu einer systematischen Frage.

Der vierte Teil will ein christologischer Teil sein. Die Tatsache, daß die Gleichnisse von Jesus und Gott reden, wird in diesem Teil thematisiert. Es wird nach der Verankerung der nachösterlichen Christologie anhand der Gleichnisse gefragt, und wie sich ihrerseits diese disclosure bei der Redaktion der Evangelien auf die Gleichnisse selbst auswirkt.

Erster Teil

DIE THEORIE DER DISCLOSURE

EINLEITUNG

Der Zweck dieses ersten Teils der Arbeit ist, die methodischen Überlegungen zu skizzieren, die der Betrachtung der Gleichnisse Jesu zugrunde liegen.
Es wird darum nicht gleich von Gleichnissen die Rede sein. Denn Gleichnisse sind zunächst eine besondere, eigenartige Redeweise. D.h. sie sind zunächst Sprache. Diese banale Feststellung führt schon in das Problem ein. Denn die heutige Sprachphilosophie stellt viel mehr als eine neue philosophische Mode dar.
Vielmehr stellt sie den Versuch dar, neues Licht auf das Funktionieren menschlicher Sprache zu werfen. Ob "alle Philosophie" nur Sprachkritik sein soll (1), mag dahingestellt bleiben: es kommt auf die Terminologie an. Ob alle Probleme lediglich durch Analyse der Sprache gelöst werden können, ist fraglich. Abgesehen davon, daß der Versuch Carnaps (2) gescheitert ist, scheint, daß gerade eine von positivistischen Voraussetzungen befreite Sprachphilosophie zeigen kann, daß echte Probleme nicht nur eine Verhexung menschlicher Sprache sind, sondern eben von dem Begrenzt-Sein der Sprache und der Erkenntnis herkommen (3). Ist dem so, dann kann eine Philosophie, die sich vornimmt, Sprache zu erhellen, also Grammatik zu treiben (4), einen sehr guten Dienst leisten.

Die Gleichnisse Jesu sind aber nicht nur Sprache, sie sind religiöse Sprache (5). Diese zweite Feststellung verlangt, daß wir die bisherigen Ergebnisse der religiösen Sprachphilosophie berücksichtigen. Auf der Ebene der religiösen Sprache sollte die Theologie denselben Dienst leisten, wie die Philosophie auf der Ebene der normalen Sprache (6).

Die Sprachphilosophie I.T.Ramseys, die in diesem Teil der Arbeit dargestellt werden soll, scheint besonders dazu geeignet, den Sprachcharakter der Gleichnisse zu erhellen. Zwar beschäftigt sich Ramsey nicht viel mit Gleichnissen, aber seine Hauptthese, religiöse Sprache sei als bildhafte bzw. als modellhafte Rede zu verstehen, und die Technik, die er entwickelt, können ein sehr interessanter Ansatz für ein neues Verständnis der Gleichnisse sein. Die drei Hauptmerkmale, die das Wesen der religiösen Sprache ausmachen (metaphorische Rede, Verankerung in der Erfahrung, Engagement) sollen andererseits durch andere Theorien ergänzt werden. Besonders ergänzungsbedürftig scheinen das erste und das dritte Merkmal zu sein, da Ramsey selber keine entwickelte Theorie der Metapher und der Pragmatik besitzt. Andererseits hat die Anwendung seiner Theorie auf die Gleichnisse gerade eine Metaphorik und Pragmatik nötig. Das erste Kapitel wird sich mit dem disclosure-Begriff beschäftigen. Im zweiten wird versucht, die Beziehung zwischen disclosure und Metapher anhand der modernen Metaphorik zu erhellen, im dritten Kapitel wird versucht, die disclosure-Sprache als Sprechakt aufzufassen, wobei besonders die Theorien von J.L.Austin und J.R.Searle hilfreich zu sein scheinen.

I. Kapitel: DER DISCLOSURE-BEGRIFF

A Der Bezugsrahmen der Philosophie I.T.Ramseys (7)

Eine kurze Darstellung des Zusammenhangs, in dem die Philosophie I.T. Ramseys (8) entstanden ist, scheint sehr angebracht zu sein, um den Status und die Bedeutung seiner Gedanken besser zu verstehen. Die englische Sprachanalyse (9) ist der unmittelbare Rahmen, der Humus, der seine Philosophie provoziert hat. Speziell war er an der Auseinandersetzung der Sprachphilosophen um die religiöse Sprache interessiert (10), sowohl als Mensch als auch als Professor für die Philosophie des Christentums in Oxford.
Metaphysik und Theologie waren schon vom Wiener Kreis zum Tode verurteilt worden (11). Der Geist des Wiener Kreises fand besonders in den angelsächsischen Ländern, wo einige der Mitglieder des Kreises sich inzwischen niedergelassen hatten, den geeigneten Boden für seine Entwicklung. Dort war der Positivismus seit langem zuhause, und die Technik, die die Analytiker entwickelt hatten, war das beste Mittel, um dem Positivismus einen großen Triumph zu geben. Die Namen B.Russel, (12) G.E.Moore (13) und A.J.Ayer (14) sind die bekanntesten. Die positivistischen Prämissen fanden in dem Prinzip der Verifikation und in dem Satz von Wittgenstein: "Wovon man nicht sprechen kann, darüber soll man schweigen" (15) ihren besten Ausdruck.
Es war aber gerade das Verifikationsprinzip, das dem Positivismus selber die größten Probleme bereiten sollte. Denn das Verifikationsprinzip war eben nicht verifizierbar (16). Dann hatten die Analytiker von etwas gesprochen, wovon man nicht sprechen konnte. Mit dem Verifikationsprinzip wurden auch die positivistischen Voraussetzungen bestritten. Die analytische Philosophie der religiösen Rede befand sich an einem Kreuzweg, wo nur eine arbiträre Entscheidung der Grund zu sein schien, den einen Weg statt des anderen zu gehen (17). Wittgenstein selber, der Held des Wiener Kreises, erlebte eine Umwandlung in seiner philosophischen Einstellung, die in den "Vorlesungen und Gesprächen über Ästhetik, Psychologie und Religion" (18), in der "Philosophischen Grammatik" (19), in "The Blue and Brown Books" (20) und endlich in den "Philosophischen Untersuchungen" (21) ihren Ausdruck fand. Er selber schreibt im Vorwort zum letzten Buch: "Seit ich ... vor 16 Jahren mich wieder mit Philosophie zu beschäftigen anfing, mußte ich schwere Irrtümer in dem erkennen, was ich in jenem Buch (Traktatus) niedergelegt hatte" (22).
Die Irrtümer von Wittgenstein lagen darin, daß er nicht eingesehen hatte, daß man mit der Sprache vieles anfangen kann: "Es ist interessant, die Mannigfaltigkeit der Werkzeuge der Sprache und ihrer Verwendungsweisen, die Mannigfaltigkeit der Wort- und Satzarten, mit dem zu vergleichen, was Logiker über den Bau der Sprache gesagt haben. (Und auch der Verfasser der Logisch-Philosophischen Abhandlung)". (23)
Ein neuer Weg war für die Sprachanalyse offen: Die Sprache ist nicht nur

beschreibend; es gibt eine Mannigfaltigkeit von Sprachspielen; um diese Sprachspiele zu verstehen und zu beherrschen, soll man ihre Regeln lernen und ihnen blind folgen (24), denn die Regeln der Sprachspiele sind arbiträr (25). Regeln lernen und ihnen folgen, heißt, den Gebrauch von Sprache zu berücksichtigen, denn "Man kann für eine große Klasse von Fällen der Benutzung des Wortes "Bedeutung" - wenn auch nicht für alle Fälle seiner Benutzung - dieses Wort so erklären: Die Bedeutung eines Wortes ist sein Gebrauch in der Sprache" (26). Der neue Weg der Sprachanalyse hieß: "ordinary language philosophy". Die Beobachtung und die Erklärung der normalen Sprache wurde zur Aufgabe der Philosophie. G.Ryle (27), J.L.Austin (28) und R.M.Hare (29) beschäftigen sich mit der normalen Sprache und gewinnen neue Gesichtspunkte für die Sprachanalyse. Für sie und besonders für Wittgenstein hat die Philosophie eine therapeutische Aufgabe: die Verwirrungen der normalen Sprache zu lösen und zu erklären.
Die Auseinandersetzung um die religiöse Sprache und Theologie schlägt auch neue Wege ein.
Die positivistischen Philosophen fanden in dem Falsifikationsprinzip, wie es von K.R.Popper (30) formuliert wurde, eine neue Bestätigung für ihre Ideen. Wenn aber für Popper Metaphysik und Theologie nicht gleich "sinnlos" sind, weil nicht falsifizierbar, wirft A.Flew in seiner Herausforderung an die Theologen (31) gerade den Verdacht auf, die Theologen sprächen eben über nichts, wenn ihre Behauptungen keinen Wirklichkeitsbezug haben, d.h. wenn sie durch die Tatsachen nicht zu falsifizieren sind. Die Fragen, die für die Theologie und für die religiöse Rede im allgemeinen relevant sind, kann man so zusammenfassen: zunächst das Problem der Referenz (32), und wenn man das Sprachspiel der religiösen Rede untersuchen möchte, das Problem des logischen Status der Theologie, d.h. das Problem der Bestimmung des Sprachspiels, zu dem Theologie und religiöse Rede gehören (33). Die Philosophie der religiösen Rede wurde manchmal von denselben Philosophen in zwei verschiedenen Richtungen betrieben. Einerseits wurde die innere Semantik der religiösen Sprache untersucht, um angebliche Verwirrungen und Unverständlichkeiten zu beseitigen. Besonders wurden das Problem der Existenz Gottes (34), das Wort "Gott" selber (35), und das Problem des Bösen (36) erörtert. Andererseits ließ gerade die Feststellung, daß sich die religiöse Sprache den Gesetzen der normalen Logik entzieht (37), andere Lösungen zu. Es wurde besonders auf die Pragmatik der religiösen Sprache die Aufmerksamkeit gerichtet. Die religiöse Sprache wurde von den empirisch gerichteten Philosophen praktisch auf moralische Rede reduziert (38) oder ihr logischer Status wurde durch den Rekurs auf die Autorität Jesu gesichert (39). Andere, wie B. Mitchel (40) und R.M.Hare (41), vertraten die Ansicht, religiöse Rede sei ein Vertrauen oder ein besonderer 'Blick'. J.Hick (42) versuchte, das Problem der Verifikation mit der eschatologischen Verifizierung der religiösen Behauptungen zu lösen.
Das Problem der Referenz bleibt aber weitgehend ungelöst, so daß einige das "retreat into silence" empfehlen, wie z.B. Th.MacPherson (43) und T.R.Miles (44). Aber das Schweigen ist auch keine Lösung, so daß dersel-

be Miles und besonders I.M.Crombie (45) die Ansicht vertreten, man wird am besten von Gott in Gleichnissen reden.
Dieses Merkmal der religiösen Rede war schon von Braithwaite (46) und Hepburn (47) hervorgehoben worden. Aber es wird besonders von Miles und Crombie positiv bewertet.
I.T.Ramsey ist der Besonderheit und Eigenart der religiösen Rede gewahr. Sie besitzt eine 'odd logic', die nicht mit der Logik der deskriptiven Sprache zu vergleichen ist. Er steht also in der Linie vom zweiten Wittgenstein: er möchte die Logik des religiösen Sprachspiels erklären. Zugleich aber möchte er als guter Empirist auch der religiösen Sprache eine empirische Basis verschaffen, und versuchen, womöglich, auch das Problem der Referenz zu lösen. Er entwickelt eine Theorie der religiösen Sprache, die dem pragmatischen Ansatz von Austin, Mitchel, Hare, Hick und Crombie nahesteht. Charakteristisch von ihm ist seine Theorie der "disclosure".

B Die Eigenart der religiösen Sprache als disclosure-Sprache

Die Überlegungen I.T.Ramseys haben als unmittelbares Objekt die bereits gesprochene religiöse Rede (48). Der eigentlichen Betrachtung der religiösen Sprache legt er aber zunächst Beobachtungen an der normalen Sprache zugrunde. Sein Ziel ist, "to elucidate the logic of theological assertions" (49).
Bereits in der normalen Sprache gibt es Situationen, die über das Beschreibbare hinausweisen. Es sind Situationen, die eine tiefere Einsicht ("fuller discernment") oder ein totales Engagement ("total commitment") verlangen.
Ramsey bringt viele einleuchtende Beispiele solcher Situationen, die er "disclosure-situations" nennt, Situationen eben, die "'more' than what any observer can describe", beinhalten (50). Am besten beschränken wir uns auf ein Beispiel, das er übrigens in fast all seinen Schriften bringt, und das beide Merkmale der disclosure-Sprache in sich trägt: der Gebrauch des Pronomens "Ich" in der normalen Sprache (51): "Betrachten wir den Herzog von Newcastle (...), der träumte, daß er in dem "House of Lords" eine Rede hielt, und als er aufwachte, entdeckte er, daß er tatsächlich eine Rede hielt". Nun nehmen wir an, erzählt Ramsey weiter, daß es eine Kontinuität in der Rede gab, so daß die Zuhörer nichts merkten. Aber der Herzog von Newcastle steht jetzt persönlich hinter seiner Rede. Der Unterschied würde der sein, daß die Zuhörer für die ganze Rede sagen könnten: "er spricht", oder "der edle Herzog spricht". Er selber könnte sinnvollerweise nur für die zweite Hälfte der Rede für sich sagen: "Ich spreche" (52). Denn "Ich spreche" schließt Bewußtsein und in dem Fall auch Verantwortlichkeit ein. Eine solche Situation ist nicht ganz beschreibbar. Das merkt man schon grammatisch beim Gebrauch von "Er spricht" und "Ich

spreche". Bewußtsein und Verantwortlichkeit gehören nicht zum Sprachspiel des Berichtes, sondern zu dem der evokativen Sprache.

Oder nehmen wir ein anderes Beispiel: Ein Mensch trifft eine Entscheidung. Wir fragen ihn: Warum?. Und er gibt uns eine erste Antwort, der noch ein anderes "Warum?" folgt und eine zweite Antwort. Wir könnten ad infinitum so fortfahren, bis unser Freund endlich den eigentlichen Grund angibt: "Weil ich so will", oder "Weil ich ich bin" (53). In diesem Fall beinhaltet der Gebrauch von "Ich" die Elemente des Selbstbewußtseins, des "Wollens", und in dem Fall moralischer Entscheidungen das Element des Engagements, der Verpflichtung. Die Sprache des "Ich" ist mehr als eine beschreibende, verifizierbare Sprache: sie ist eine evokative oder eine disclosure-Sprache. Evokative Sprache ist aber bei Ramsey nicht von der beschreibenden losgelöst. Sie ist nicht nur "performance-speech". Sie ist eben beschreibende Sprache "and more", wie Ramsey zu sagen pflegt. Deshalb ist die Sprache des "Ich" nie völlig zur deskriptiven Sprache reduzierbar, weil eben diese Sprache unsere Identität zum Ausdruck bringt. "If per impossibile we could give our identity descriptively, our individuality would have disappeared. The subject would have been objectified" (54). Diese Nicht-Reduzierbarkeit bzw. Nicht-Verifizierbarkeit der Sprache des "Ich" nennt Ramsey "the elusiveness of the 'I'" (55).

Wenn die Sprache des "Ich" eine evokative ist, dann besitzt sie eine andere Logik als die deskriptive Sprache: Betrachten wir die syntaktisch ähnlichen Sätze

(a') Er ist tot.
(b') Ich bin tot.

Nach der deskriptiven Sprache ist (a') sinnvoll, (b') dagegen sinnlos. Eine völlig deskriptive Sprache würde (b') nicht zulassen, weil in dem Moment, da das "Ich" von sich beschreibend sagt: "Ich bin tot", der Satz selber falsifiziert wird.

Betrachten wir nun andere zwei syntaktisch ähnliche Sätze

(a'') Er spricht.
(b'') Ich spreche.

Wir hatten in dem oben gebrachten Beispiel vom Herzog von Newcastle nachgewiesen, daß (b'') mehr beinhaltet als (a''). Ist es im Fall von (b'') wahr, weil eben das "Ich" nicht auf Objektsprache reduzierbar ist, so kann es auch im Fall (b') wahr sein. (b') kann in manchen Kontexten sinnvoll sein, oder der Satz ist in diesem Fall nicht der deskriptiven Logik zu unterwerfen. Vielmehr kann er eine disclosure-Situation darstellen, wo man z.B., wie Ramsey vertritt, zur disclosure der Unsterblichkeit gelangen kann (56). Charakteristisch für die disclosure-Sprache ist, daß sie eine "odd logic" besitzt.

Was für die Sprache des "Ich" wahr ist, ist auch für die Sprache über Gott wahr. Die religiöse Sprache ist nicht verifizierbar, nicht nur weil Gott das Geheimnis schlechthin ist(57), sondern besonders weil das Wort "Gott" selbst und die Rede über ihn in Situationen gebraucht werden, die eine disclosure nötig haben. Die religiöse Rede entsteht in disclosure-Situationen, und deshalb ist sie selber eine disclosure-Sprache, die auch nicht auf eine deskriptive Sprache reduzierbar ist, und eine "odd logic" besitzt. Die Kontrolle der religiösen Sprache muß anders geschehen als durch die Verifikation (58). "Ich" und "Gott" sind nach Ramsey zwei logisch verwandte Wörter (59). Der eigenartige Gebrauch des Wortes "Gott" macht, daß der ganze Text, der von diesem Schlüsselwort dominiert wird, selber eine eigenartige Logik erhält (60), so daß die Logik von

(a) Es gibt einen Stuhl

verschieden ist von der Logik von

(a') Es gibt einen Gott

sowie auch

(b) Hitler war allmächtig

und

(b') Gott ist allmächtig

eine verschiedene Logik besitzen (61). Dasselbe muß man behaupten, wenn wir statt eines Satztextes einen größeren Text vor uns haben, sei es die Rede des Gläubigen über Gott, sei es eine Erzählung des Evangeliums (62), oder das ganze Evangelium. Die ganze religiöse Rede ist eine disclosure-Sprache, die das Beobachtbare und das "mehr" einschließt.

C <u>Definition und Typen von disclosures</u>

Was für Ramsey eine disclosure ist, kann man nicht leicht mit einer Definition wiedergeben. Das Wort könnte man vielleicht mit "Erschließung" übersetzen (63). Ramsey sagt, man hat eine solche Erschließung, wenn die Situationen "come alive", wenn plötzlich "the light dawns", "the ice breaks", "the penny drops" usw. (64), oder wenn die Situationen auf einmal persönlich, tief werden, auf das mehr als das Beobachtbare hinaus weisen. Die disclosure ist in dieser Hinsicht eine "insight", ein "discernment", eine "vision" (65), oder wie W. de Pater übersetzt, ein "Aha-Erlebnis" (66).

Eine solche disclosure ist nicht nur der religiösen Sprache, sondern jeder echten menschlichen Situation und sogar der Naturwissenschaft eigen. Die naturwissenschaftlichen Theorien basieren auf disclosures (67). Viele Beispiele, die eine Idee der disclosure geben können, wählt Ramsey gerade von der Mathematik und Naturwissenschaft.

Ein Beispiel: "Beginnen wir mit der folgenden Gruppe (1) von Punkten:

(1) .   .   .   .
(2) .   ..   .   .   .
         a   b   c

Spiele weiter wie vorher. Was geschieht, nachdem man 3 Punkte a,b,c wie in (2) hinzugefügt hat? Vielleicht wird die Antwort sein: überhaupt nichts. Dann füge andere Punkte zwischen den 7 Punkten hinzu. Laßt immer mehr und mehr Punkte hinzufügen: bis wann? Die Hoffnung ist, daß früher oder später 'the light will dawn, the penny drop', und wir sagen werden 'Donnerwetter', eine gerade Linie' Nun wir können nicht im eigentlichen Sinne eine gerade Linie zeichnen. Wir können ein Zeichen mit der Kreide oder mit dem Bleistift oder mit der Tinte zeichnen, aber nicht 'eine gerade Linie'. Mit dem Ausdruck 'eine gerade Linie' nennen wir, was in der disclosure geoffenbart wird ... Wenn sich eine disclosure über die Punkte ereignet ... sagen wir, daß wir 'eine gerade Linie' 'sehen'." (68)

Ein anderes Beispiel für eine menschliche Situation: Hier ist disclosure das Persönlich-werden einer zuvor unpersönlichen Situation: "Betrachten wir die Szene eines hohen Gerichtes - alles sehr unpersönlich, sehr förmlich, es fehlt ganz die 'Tiefe', die 'Vision'. Der Name des Richters - Mr Justice Brown. Und auch das Gericht selber ist kaum an Personen interessiert: dagegen haben wir 'Die Krone', 'der Angeklagte' und 'das Verfahren'. Die Situation ist wirklich sehr unpersönlich. Dann betritt eines Morgens Mr. Justice Brown das Gericht und sieht in dem "Angeklagten" seinen besten Studienfreund; oder seine Frau, die er seit langem nicht mehr gesehen hatte. 'Augen treffen sich'; Staunen; ein komisches Wort wird gesagt. Es könnte von seinem Studienfreund 'Sammy?' sein, oder von seiner Frau 'Penny!', und das Resultat ist, daß das Gericht aufgerüttelt ist. Eine unpersönliche Situation 'kommt zum Leben'. Die Situation ist jetzt mehr als das, was gesehen wird, sie hat an 'Tiefe' gewonnen" (69).

Es scheint also, daß nach Ramseys Meinung eine disclosure in jeder Situation vorkommen kann, wo ein Mensch als Akteur engagiert ist: in der Wissenschaft, im täglichen Leben. Daher können disclosures verschiedenen Typs sein, je nach der Situation.

Charakteristisch für moralische und religiöse disclosures ist ein persönlicher Einsatz, eine Entscheidung, ein "commitment", wie Ramsey sagt (70).

Bei moralischen disclosures besteht der "commitment" z.B. darin, daß man seiner Pflicht gewahr wird. Nehmen wir noch einmal ein Beispiel von Ramsey selber (71): Es passiert ein Unfall auf der Straße. Ein Arzt wohnt nicht weit vom Unfallort. Er hört das Geräusch des Zusammenstoßes. Nehmen wir an, er liest gerade in dem Moment das "British Medical Journal", oder er spielt bridge mit seinen Freunden. Was tut der Arzt? Er könnte auch weiter seine Zeitschrift lesen oder bridge spielen. Oder er könnte gewohnheitsmäßig das alles verlassen und zum Unfallort laufen. Aber wir können auch in diesem zweiten Fall noch nicht von "Entscheidung" reden: alles geschieht gewohnheitsmäßig. Höchstens können wir von einer "unpersönlichen Entscheidung" reden. Aber die Geschichte kann anders laufen. Der Arzt sagt, daß er sich "verpflichtet" fühlt. Er fängt an, von "Pflicht dem Menschen gegenüber", von einer "Herausforderung" zu reden, auf die er antworten soll. Er gebraucht seinen freien Willen und seine verantwortliche Entscheidung. Und eine freie Entscheidung ist eine persönliche Antwort - sicher etwas, das von mir persönlich kommt - aber sie ist eine Antwort auf eine erkannte Verpflichtung, die das Beobachtbare überschreitet. Von der religiösen disclosure werden wir in diesem Kapitel noch eingehend reden. Hier genügt es zu sagen, daß es Ramsey besonders um diese Art von disclosure geht. Man könnte sogar behaupten, daß die bis jetzt erwähnten Beispiele von disclosures nur eine Vorstufe für die eigentliche Betrachtung der religiösen disclosure darstellen. Auch sie ist von einer tiefen Einsicht charakterisiert (72), die ihrerseits zum "religious commitment" einleitet (73). Beide: religiöse Einsicht und religiöse Entscheidung machen das Wesen der religiösen Sprache, des Glaubens, ja der Religion selber aus (74).

Zusammenfassung: Wo ein Mensch handelt, dort kann immer eine disclosure entstehen. Es gibt also die verschiedensten Typen von disclosures: in der Wissenschaft, im Alltagsleben. Besonders relevant sind für Ramsey die moralischen und die religiösen disclosures. Die disclosure ist immer, auch in der Wissenschaft, von einer tiefen Einsicht und einem "commitment" charakterisiert. Das letzte kommt besonders bei moralischen und religiösen disclosures zum Vorschein. Sie ist also ein plötzliches "Sehen", ein "Aha-Erlebnis", die manchmal den Menschen selbst - dann ist sie besonders ein "Zusich-selbst-kommen" (75) - manchmal etwas anderes - z. B. den Sinn der Wirklichkeit, Gott ... - erschließt.

D Empirische Verankerung der disclosure: die "disclosure-Situation"

Von den oben gebrachten Beispielen und von den vielen anderen, die Ramsey in seinen Schriften bringt, geht ganz klar hervor, das die jeweilige disclosure immer in einer Situation verankert ist. Diese Situation nennt Ramsey "disclosure-Situation", d.h. eine Situation, die die Basis der disclosure darstellt. Mit W. de Pater (76) können wir die "disclosure-Situation" so umschreiben: "Jeder beginnt damit, daß man sich auf erfahrbare, kontrollierbare Tatsachen beruft (manchmal viele, manchmal nur wenige). Diese Gegebenheiten sind derart, daß sie eine Einsicht hervorrufen ... Was dabei enthüllt wird, ist nicht völlig unabhängig von verifizierbaren Gegebenheiten, reicht aber doch weiter".

Die hervorgerufene disclosure kann gelegentlich versprachlicht werden. Die versprachlichte disclosure nennt Ramsey "Modell" (77); dabei denkt Ramsey aber nicht an Abbildungsmodelle, die er "scale models" nennt (78), sondern er definiert es als ein "Echo" des Phänomens (79). Wir können die Beziehung: Situation / Disclosure / Modell so darstellen:

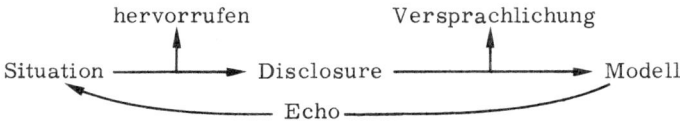

Zugleich aber wird die disclosure selber zur "aurea", zur Atmosphäre, in der Situation und Modell subsumiert werden, so daß man von "disclosure-situation" und "disclosure-model" reden kann. Mit Ramseys eigenen Worten: "The model arises in a moment of insight when the universe discloses itself in the points where the phenomena and the model meet. In this sense must be at the heart of every model a 'disclosure'. Such a disclosure arises around and embraces both the phenomena and their associated model". (80) Das Modell ist also eine disclosure, die das Phänomen wie in einem Echo wiedergibt. Das Modell selber wird seinerseits vom Phänomen beglaubigt (81). Wir können das erste Schema folgenderweise umformulieren:

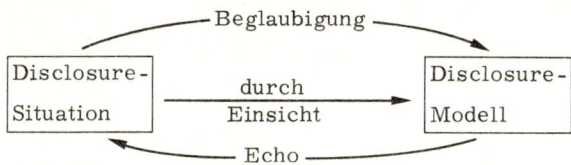

Ist es auch für die religiöse disclosure der Fall? D.h., ist die Rede über Gott auch ein modellhaftes Reden, das im Phänomen verankert ist?
Die Frage wird von Ramsey positiv beantwortet (82). Es ist ja seine Hauptthese: "I think it is situations which are characteristically personal, situations where we are decisively active to which we shall best turn, if we wish to build bridges between contemporary philosophy and theology" (83). Für ihn gibt es keinen anderen Weg, über Gott zu reden als von den Situationen ausgehend: "How can we argue from God to man? From where do we get our intelligible concepts of God if not by a critical and philosophically justifiable anthropomorphism? The alternative to this is hardly to proceed in the other direction: it is rather to give up the struggle to describe God at all, and to resign oneself to saying nothing whatever about him" (84). Ramsey analysiert oft in seinen Schriften viele Modelle über Gott (85). In seinem Beitrag in dem von ihm herausgegebenen Buch "Words about God" unterscheidet er die Modelle über Gott nach der verschiedenen Situation, von der sie herkommen (86):

- Situation: Familie; Modelle: Vater, Mutter, Gemahl, Freund ...
- Situation: Arbeit; Modelle: Hirte, Landwirt, Fischer, Arzt ...
- Situation: Politik; Modelle: König, Krieger, Richter ...

Bemerkenswert ist, daß all diese Modelle von der Bibel gebraucht werden (87). Ramsey kann nur schließen: "here are religious situations linked with 'secular' situations". (88) Auch für die Rede über Gott gilt, daß sie eine von der menschlichen Erfahrung abhängige Sprache ist: sie ist auch eine modellhafte Rede.
Nach Ramseys Meinung kann jede Situation eine disclosure über Gott hervorrufen, die Welt der Dinge, die Welt der Menschen besonders. Im Grunde genommen "there is no situation which cannot in principle give rise to a cosmic disclosure" (89). Durch dieses Zitat ist ein anderer Begriff absichtlich hineingeworfen worden: "cosmic disclosure". Nur, wenn die Situa-

tion, das Phänomen, die Welt, der Mensch selber in einem kosmischen Zusammenhang gesehen werden, kann die disclosure über Gott entstehen als eine disclosure über den, der der Sinn aller Wirklichkeit ist: "Now because of the cosmic character of such a disclosure, because of its allembracing range, because in it the whole Universe confronts us, I think we are entitled to speak of there being a single individuation expressing itself in each and all of these disclosures" (90).

Nach den vorigen Überlegungen können wir also schließen, daß auch die Rede über Gott, und die religiöse Rede überhaupt, als Sprache, die auf das Wort "Gott" als ihr Schlüsselwort (91) verweist, in der Erfahrung des Menschen verankert ist, daß diese Erfahrung die Basis für die religiöse disclosure darstellt, und daß schließlich religiöse Rede nur modellhaftes Reden sein kann, weil wir eben keinen anderen Erkenntnisweg besitzen, um Gott zu erkennen.

Wir können versuchen, das alles mit einer Zeichnung darzustellen:

(1) Welt-Situation ———▶ cosmic disclosure ———▶ Gott.
Beispiel:
(2) Vater ———▶ cosmic disclosure ———▶ "Gott ist Vater"

E Die Technik der disclosure: die "qualified models"

Was wir bis jetzt gewonnen haben, können wir folgenderweise zusammenfassen: Die religiöse Sprache ist eine disclosure-Sprache, die eine eigenartige Logik besitzt. Diese Sprache ist eine modellhafte Rede, und die Modelle leben von der Erfahrung. Solche Modelle sind selber schon die Versprachlichung einer erlebten disclosure. Somit ist der Ursprung der religiösen Sprache einigermaßen geklärt. Noch nicht aber, wie diese Sprache dann selber kommuniziert werden kann. Denn eine rein beschreibende Sprache ist durch ihre Logik anhand der ständigen Verifizierbarkeit am Objekt selber auch kommunizierbar. Die religiöse Sprache ist ihrerseits evokativ, d.h. als disclosure-Sprache möchte sie, "mehr" als beschreibbar ist, kommunizieren. Kann man die Kommunizierbarkeit des "mehr" sichern, oder gibt es wenigstens eine Technik, die solche Kommunikation ermöglichen könnte?

Die Frage nach der Kommunizierbarkeit der disclosure stellt sich natürlich nicht auf der Ebene der innersemantischen Bedeutung eines Ausdrucks. Denn irgendeinen Sinn wird z.B. der Ausdruck "Gott ist Vater" doch mitteilen. Aber schon auf dieser Ebene fällt die Polysemie des Ausdrucks sehr auf. Man stellt sich dann die Frage, in welchem Sinne Gott Vater sei, d.h. wie man das polyseme Lexem "Vater" monosemieren kann. Die Frage wird also erst auf der Ebene des intendierten Gehalts des Ausdrucks gestellt. Mit anderen Worten, wie kann man die erlebte disclosure, das, was einem erschlossen wurde, mitteilen? Wenn religiöse Sprache nicht beschreibend, sondern evokativ ist, wenn also Gott nicht Vater ist, sondern "Vater", wenn "Vater" nicht Gott beschreiben möchte, sondern "etwas" über Gott sagen möchte, was will religiöse Sprache evozieren, was will der Ausdruck "Gott ist Vater" sagen?

Es ist klar, daß das "mehr" der disclosure nicht beschrieben werden kann, d.h. nicht in die Sprache der objektiven Beschreibung übersetzt werden kann, sonst wäre auch die religiöse Sprache eine deskriptive Sprache, die die Modelle nur als rhetorischen Schmuck verwendet. Die Ansicht Ramseys ist aber, daß das "mehr" der disclosure nur modellhaft ausgedrückt werden kann, daß religiöse Sprache nie zu einer deskriptiven Sprache reduziert werden darf. Disclosure würde dann das bezeichnen, was seinerseits Wittgenstein als ein "Sehen als" bezeichnet. "Das 'Sehen als ...' gehört nicht zur Wahrnehmung. Und darum ist es wie ein Sehen und wieder nicht ein Sehen" (92). "Wir können (eine) Illustration einmal als das eine, einmal als das andere Ding sehen. - Wir deuten sie also, und sehen sie, wie wir sie deuten" (93). "Du kannst dabei einmal an das denken, einmal an das, einmal es als das ansehen, einmal als das, und dann wirst du's einmal so sehen, einmal so". - Wie denn? Es gibt ja keine weitere Bestimmung" (94). Es ist gerade das Fehlen weiterer Bestimmungen, das die Kommunikation unbestimmt und unsicher macht. Wie kann man dem anderen sagen: "Du mußt es so sehen, so ist es gemeint" (95)? Wie kann ich erreichen, daß der andere zur selben Einstellung, zur selben Vision kommt? Es ist klar, daß die disclosure, oder das "Sehen als ..." eine gewisse Vorstellungskraft braucht (96). Und es ist gerade an diese Vorstellungskraft, daß sich die disclosure-Sprache wendet, um kommunizieren zu können. Aber auch diese Vorstellungskraft braucht, um zur Geltung zu kommen, eine gewisse Technik. Wie Wittgenstein selber sagt: "Das Substrat dieses Erlebnisses ist das Beherrschen einer Technik" (97).
Auch die Mitteilung einer disclosure durch Modelle kann nur darauf beruhen, daß der andere "sehen" kann, daß er also nicht unter "Aspektblindheit" leidet (98), und darauf, daß man dem anderen eine Technik bietet, wodurch er zur selben disclosure kommen kann. Die Technik, die Ramsey uns bietet, ist die Technik der "qualified models" (99). Die Auffassung Ramseys ist diesbezüglich, daß man von den Modellen ausgehend zu einer neuen disclosure kommen kann, wenn man die Modelle als "Modelle+Quantifikatoren" ansieht:

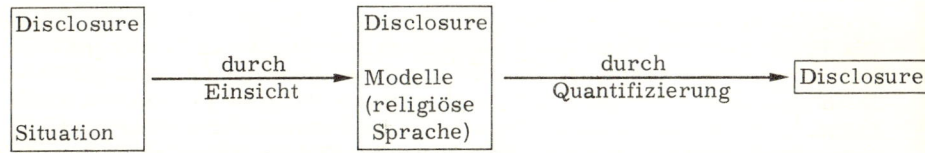

Nehmen wir zunächst ein Beispiel aus der Mathematik:
Gegeben sei ein regelmäßiges Vieleck, zunächst einmal ein regelmäßiges Dreieck (100). In der Umschreibung (101):
   3 (regelmäßiges Vieleck) = Dreieck

"Dreieck" ist das Gegebene, "(regelmäßiges Vieleck)" das Modell und "3" der qualifier (Funktor, Quantifikator). Es gilt die Regel: entwickle den qualifier immer aufwärts, bis du zu einem neuen Ergebnis kommst, bzw. bis du eine disclosure hast.

So: 4! (regelmäßiges Vieleck) = Viereck (102)
5! (regelmäßiges Vieleck) = Fünfeck
...
...
...
Unendlich! (regelmäßiges Vieleck) = ?, "x", Aha! Es ist ein Kreis!

Erklärungen und Beobachtungen: Nach diesem Beispiel können wir einige Begriffe besser erklären: Modell ist für Ramsey "a situation with which we are all familiar, and which can be used for reaching another situation with which we are not so familiar; one which, without the model, we should not recognize so easily" (103). Also das Modell ist eine bekannte Tatsache, die uns ermöglicht, "artikuliert über das Enthüllte zu sprechen" (104). Es gibt uns eine Richtung, wie wir über das Erschlossene sprechen können. Der qualifier, dagegen "is a directive which prescribes a special way of developing those 'model' situations" (105). Der qualifier gibt Anweisungen, wie man das Modell weiterführen soll, um zur disclosure zu kommen. Wenn wir das angeführte Beispiel beobachten, merken wir folgendes: Solange der Quantifikator des Modells (regelmäßiges Vieleck) eine endliche Zahl ist: 3, 4, 5 ... ist auch die Definition: Dreieck, Viereck, Fünfeck ... bekannt und besitzt eine normale Logik, so daß wir sagen können: "Das (regelmäßige) Dreieck ist ein regelmäßiges Vieleck mit 3 Ecken (oder Seiten)" u.s.w. Erst wenn der Quantifikator "unendlich" ist, besitzt die Definition eine eigenartige Logik: "Der Kreis ist ein regelmäßiges Vieleck mit unendlichen Ecken (oder Seiten)" ist an sich eine aufschlußreiche Definition: sie gibt eine gewisse "Vision" des Kreises, aber so logisch ist sie nicht, eben weil der Kreis keine Ecken und keine Seiten hat! D.h., "unendliche Zahl von Ecken und Seiten" ist gleich "keine Ecke und keine Seite": das ist wirklich eine "odd logic" (106).

Der Übergang von der normalen zur "odd" Logik, ist ein qualitativer Sprung, der nur durch eine disclosure (in diesem Fall eine mathematische) möglich ist.
Versuchen wir jetzt, das Beispiel auf die religiöse Rede anzuwenden. Wir erinnern uns daran, daß religiöse Sprache schon die Versprachlichung einer disclosure ist, also schon ein 'qualified model' ist, das eine 'odd logic' besitzt. Es geht also jetzt darum, zu verstehen, was eigentlich diese Sprache sagt, d.h. wir sollen versuchen, ein 'qualified model', das das Endstadium einer erlebten disclosure ist, zu seiner ursprünglichen Situation zurückzuführen und dann wieder denselben Weg aufwärts gehen, bis wir möglicherweise zur selben disclosure gelangen und das Modell in einer disclosure verstehen.

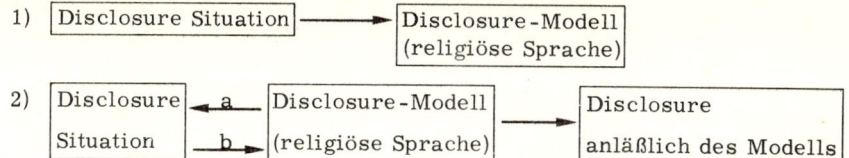

Nehmen wir den Satz: "Gott ist allmächtig" (107). Zwei Merkmale des Satzes wollen wir zunächst betrachten. "Allmächtig" wird von Gott prädiziert. Nach den vorigen Überlegungen wissen wir, daß dieser Satz eine eigenartige Logik besitzt, die nicht mit der Logik von: "Hitler ist allmächtig" zu vergleichen ist. Der zweite Satz ist ein kontrollierbarer und deskriptiver Satz. Angenommen, Hitler würde noch leben, dann könnten wir ohne weiteres feststellen, ob die Aussage wahr oder falsch ist (Übrigens ist die Aussage sowieso von der Geschichte falsifiziert worden). D.h. da das Subjekt in seinem Verhalten kontrollierbar ist, ist auch der ganze Satz kontrollierbar. Von Gott ist es nicht der Fall; weil das Subjekt unkontrollierbar ist (wie "Ich"), deswegen ist der ganze Satz unkontrollierbar. Zweitens soll man den qualifier "all-" merken. Dieses "all-", wie jeder qualifier, soll uns begleiten bei dem Nachdenken über das Modell "mächtig", um zu sagen, daß jede Macht, groß wie sie sein kann, nicht genug ist. Man soll immer an etwas mehr denken. Der erste Schritt ist immer, das Modell und den qualifier zu bestimmen. In diesem Fall war es einfach. Dann soll man das Modell überprüfen. Es ist ein uns vertrautes Wort: "Macht". Man kann die Überlegungen über das Modell in zwei Richtungen ausführen: die erste besteht aus den verschiedenen Semen des Lexemes "Macht" (senkrecht), die zweite besteht aus möglichst vielen Beispielen von Macht für jeden Sem, so daß jedes Beispiel immer eine größere Idee von Macht gibt. Und der qualifier "all-" steht da, um für jedes Beispiel zu sagen: "Nein, das ist noch nicht die ganze Geschichte". Und dann fügen sich den alten Beispielen immer wieder neue hinzu, in der Hoffnung, daß "the light dawns, the ice breaks, the penny drops ..." (waagerecht): schematisch:

Allmächtig

Semen von Macht	Beispiele von Macht						
-dimensional	1	2	3	.... n	AL		
quantitativ	1	2	3	.... n	LM	=	NUR GOTT
qualitativ	1	2	3	.... n	AE		
sozial	1	2	3	.... n	CH		
äußerlich	1	2	3	.... n	TI		
innerlich	1	2	3	.... n	G		

Für jeden Sem von "Macht" können 1 bis n-Beispiele gebracht werden. Alle diese Beispiele sind rein deskriptiv, also kontrollierbar. Wenn wir "Gott" als eins von diesen Beispielen betrachten, dann reden wir nicht mehr von Gott, sondern von einem deskriptiven Begriff. Nur durch einen logischen Sprung, durch eine Intuition, oder disclosure (die zwei senkrechten Linien wollen diesen Sprung ausdrücken), können wir "Gott als

mächtig sehen". Dieses "Sehen als ...", diese disclosure, sagt uns, daß das Modell empirisch verankert ist, und daß man von Gott so reden kann. Dabei soll man aber nicht vergessen, daß Gott qualitativ anders "mächtig" ist; ja, daß wir zugleich sagen können: "Gott ist allmächtig", und "Gott ist nicht mächtig" wenn wir den Ausdruck deskriptiv auffassen.
An diesem Punkt kann man eine Frage stellen. Was wird nun erschlossen? Kann man die disclosure neu formulieren? Die Antwort ist, daß man den Gehalt der disclosure nicht deskriptiv formulieren kann, sondern wieder evokativ, d.h. die neue Formulierung würde ein neues disclosure-Modell sein, das wieder entfaltet werden soll und will.
Es scheint also, daß man sich von disclosures zu disclosures, von Modellen zu Modellen bewegt, ohne endlich sagen zu können, was eigentlich Gott ist, oder in unserem Fall, wie, in welchem Sinn Gott allmächtig ist.
Natürlich ist der Eindruck berechtigt. Aber könnten wir sagen, was Gott ist, dann würden wir aufhören, über Gott zu reden, oder wir würden dann Gott mit einem Modell identifizieren und Abgötterei treiben (108).
Diese Frage hängt aber eng mit der Frage nach der Erkenntniskraft der disclosure zusammen.

F Der Erkenntniswert der disclosure

Die Frage nach der erkenntnistheoretischen Tragfähigkeit der disclosure ist deshalb sehr wichtig, weil es sich dabei um das Problem handelt, wie und ob man sicher sein kann, daß seine Erkenntnis kein Fehlschlag ist, um das Problem also der Sicherheit in der religiösen Rede. (109)
Das Problem wurde von Wittgenstein in den "Philosophischen Untersuchungen" so umschrieben (110): "Nur Intuition konnte diesen Zweifel heben? - Wenn sie eine innere Stimme ist, - wie weiß ich, wie ich ihr folgen soll? Und wie weiß ich, daß sie mich nicht irreleitet? Denn kann sie mich richtig leiten, dann kann sie mich auch irreleiten. ((Die Intuition eine unnötige Ausrede.))".
Ramsey versucht, das Problem aus drei verschiedenen Perspektiven zu sehen:

a) Die disclosure als Erfahrung Gottes

Der Charakter der "cosmic disclosure" spricht dafür, daß sich in der disclosure Gott selber erschließt. Sie ist nämlich eine disclosure, in der "the whole Universe confronts us" (111), in der also wir den Sinn des Kosmos "sehen". Jede Erfahrung, sagt Ramsey, ist Erfahrung von etwas (112), und da wir bei der "cosmic disclosure" nur eine Referenz haben können, wegen ihres kosmischen, allumfassenden Charakters, in diesem Sinn, sagt Ramsey, "we are entitled to speak of there being a single individuation espressing itself in each and all of these disclosures" (113).

Momentan genügt es, wenn wir auch diese Überzeugung Ramseys erwähnen, daß er glaubt, dadurch seinen Anspruch rechtfertigen zu können, "that cosmic disclosures have an inalienable objective reference" und den anderen Anspruch, "that the word 'God' can be legitimately used to specify this reference" (114).

b) <u>Der Gebrauch von Modellen in der Naturwissenschaft und in der Theologie</u>

Interessanter für unseren Zweck und aus erkenntnistheoretischer Sicht scheinen die Überlegungen, die Ramsey über den Erkenntniswert der Modelle macht.

Naturwissenschaft und Theologie haben, trotz aller Verschiedenheit, vieles gemeinsam: den Gebrauch von Modellen (115).

Die Zeit des naturwissenschaftlichen Optimismus dürfte nach Ramseys Meinung schon vergangen sein. Einmal haben Naturwissenschaftler mit Lord Kelvin geglaubt, wissenschaftliche Modelle könnten die Natur abbilden (116). Es war die "scale model era" oder die "picturing model era". Inzwischen hat auch in der Naturwissenschaft eine neue Ära begonnen, in der das Modell nicht mehr als Abbildung der Natur verstanden wird, sondern als Technik "for talking about a universe which is ultimately misterious" (117). Die Geschichte der Theologie hat beide Momente miterlebt. Es war eine Zeit, in der Theologen geglaubt haben, ihre Modelle wären Abbildungsmodelle. Die Vorteile einer solchen Auffassung, falls sie wahr wäre, sind offenkundig: man könnte etwas sagen, und man könnte sicher sein, daß dies die Wahrheit ist. Das wäre, sagt Ramsey, wie im Paradies; ja, fügt er aber gleich hinzu, aber "it could never have been more than a fool's paradise", auch für die Wissenschaft (118).

Abbildungsmodelle sind in der Theologie absurd, und in der Naturwissenschaft nicht mehr zu vertreten.

Ramsey schreibt auch sehr wenig über die Analogie, ein Zeichen dafür, wie Wim de Pater anmerkt, daß er der Analogie gegenüber zurückhaltend war (119). Aber insofern Analogie als <u>Versuch</u> angesehen wird, etwas über Gott zu sagen, konnte sie von Ramsey angenommen werden. Er schlägt aber vor, statt von analogischem Modell, von disclosure-Modell zu reden (120). Ein disclosure-Modell bleibt in der Wirklichkeit verankert, aber beschreibt Gott nicht so, wie es die empirische Wirklichkeit beschreibt: das disclosure-Modell ruft die Sprache über Gott hervor, indem es evokativ ist. Charakteristisch für das disclosure-Modell ist, daß es ein Versuch ist. Das einzige, das sicher ist, ist Gott (121), das andere ist alles ein Versuch (122).

Damit bleiben aber Grundprobleme stets offen: Reden wir wirklich von Gott? Und weiter, warum gebrauchen wir einige Modelle lieber als andere? (123), und endlich, wie kann man eine echte disclosure von einer Illusion unterscheiden (124), wenn auf einmal z.B. im Gebet (125) uns sich etwas erschließt?

Ramsey beantwortet diese Probleme folgenderweise: Daß wir von Gott reden, scheint für ihn das Sicherste zu sein. Wenn jede "cosmic disclosure" nur eine Referenz hat, wie es der Fall ist, dann ist die Behauptung, wir könnten dabei auch nur von uns reden, von unserer Erfahrung, aber nicht von Gott, unbegründet: "a cosmic disclosure reveals something of whose existence we are aware precisely because we are aware of being confronted"; "we speak of a disclosure precisely when we acknowledge such a confrontation, something declaring itself to us, something relatively active when we are relatively passive" (126). Die "cosmic disclosure" hat also gerade dadurch Erkenntnischarakter, weil wir dabei mit etwas anderem konfrontiert werden. Und bei diesen "cosmic disclosures" erfassen wir das Universum als Sinn im Ganzen, deshalb handelt es sich dabei um eine disclosure Gottes.

Wenn das der Fall ist, dann ist die andere Frage nach der Präferenz von Modellen halb gelöst. Denn in diesem Fall ist das Modell nur die Versprachlichung einer sich in unserer Erfahrung erschließenden Realität: das Modell ist also, wie Ramsey sagt, "selfauthenticating" (127). Nichtsdestoweniger gibt er noch Kriterien hinzu, um echte disclosures von Illusionen zu unterscheiden.

c) <u>Kriterien für den Gebrauch von Modellen in der Theologie</u>

1 "empirical anchorage". Die Modelle sollen in der Erfahrung verankert sein. Wenn die Modelle in einer "disclosure situation" entstehen, dann sollen sie zur Erfahrung passen. Es muß etwas in der Welt geben, das mit dem im Modell Gesagten übereinstimmt. Z.B., es muß in der Welt etwas geben, das mit dem Modell Gottes als Liebe übereinstimmt. (128)

2 "empirical fit". Der Gebrauch von Modellen in der Theologie unterscheidet sich von ihrem Gebrauch in der Naturwissenschaft dadurch, daß sie, im Gegensatz zu den naturwissenschaftlichen, sich nicht falsifizieren lassen (nicht korrigierbar sind (129)). Ihre Tragfähigkeit besteht darin, daß sie gegenüber der größten Anzahl von Phänomenen konsistent bleiben ("consistence test"), d.h., daß sie eine möglichst große Anzahl von Phänomenen erklären können (empirical fit) (130). "So wird", schreibt Wim de Pater, "der Gläubige nachprüfen müssen, ob seine Interpretation die Wirklichkeit besser erklärt als eine Interpretation ohne Gott; wenn ja, dann ist seine Interpretation begründeter" (131). Oder z.B., ob das Modell Gottes als Liebe besser die Welt erklärt als das gegenteilige.

3 <u>Kohärenz der Modelle</u>: Jedes Modell soll mit dem anderen religiösen Modellen kohärent sein. Das gilt sowohl für den einzelnen Gläubigen, der von seiner Erfahrung her über Gott reden möchte, wie auch insbesondere für die Theologie, die versuchen soll, die syntaktische Logik aller Modelle zu artikulieren und sie kohärent zu entwickeln (132).

4 <u>Große Auswahl von Modellen</u>: Wenn jede Situation zu einer "cosmic disclosure" bringen kann, dann ist es möglich, sehr viele Modelle über Gott zu haben. Obwohl Ramsey der Meinung ist, daß Person-Modelle geeigneter sind als andere, um über Gott zu reden (133), behauptet er dennoch, daß "theology demands and thrives on a diversity of models; theological discourse must never be uniformly flat. Eccentricity, logical impropriety is its very life blood. The way theological discourse builds up from a subtle

selectivity between those various areas of discourse which an endless number of metaphors and models bring with them is no 'death by thousand qualification'. Rather it is life by thousand enrichments" (134).

G Auswertung

Von vielen Sprachphilosophen wurde Kritik an Ramseys Theorie geübt. R.W.Hepburn, N.Smart, R.B.Braithwaite, J.Miller sind nur einige Namen.
Was Ramsey vorgeworfen wird, ist im allgemeinen der Subjektivismus. Das kommt daher, daß Ramsey viele Ausdrücke nicht genügend definiert. Z.B. "Situation", oder "Erfahrung". Es ist klar, daß kein Factum brutum vorgegeben ist. Für den Menschen gibt es einfach keine Wahrnehmung ohne Interpretation (135). Wenn aber schon die Wahrnehmung eine Interpretation der Phänomene ist, wie kann Ramsey noch behaupten, die disclosure habe eine objektive Referenz?
Was wäre in diesem Fall die Wahrheit der disclosure? (136) Wie könnte man noch sagen, die disclosure von einem persönlichen Gott sei besser oder wahr, und die disclosure eines unpersönlichen Gottes sei schlechter oder gar falsch?
Andere vertreten die Ansicht, die ganze Theorie von Ramsey setze eine Auffassung Gottes voraus, von der sich dann erklären ließe, warum man z.B. einige Modelle wählt und andere nicht, oder daß wir die Modelle in eine Richtung entwickeln statt in die andere (137). C.B.Cohen wirft Ramsey vor, er habe die religiöse Sprache zu verschieden von der normalen Sprache aufgefaßt (138).
Vieles von dieser Kritik bedürfte einer genaueren Überlegung. Die erkenntnistheoretischen und ontologischen Prämissen von Ramsey sind unklar, und manchmal hat man wirklich den Eindruck, man werde ganz dem Subjektivismus ausgesetzt.
Diese Problematik wollen wir allerdings ausschalten. Was uns interessiert, ist die Methode der Analyse der religiösen Sprache. Sie scheint geeignet zu sein, neues Licht auf die Gleichnisse Jesu zu werfen. Der Begriff "Erfahrung" soll natürlich besser beschrieben werden. Aber daß die religiöse Rede und die Gleichnisse insbesondere aus der Erfahrung und von der Erfahrung reden, bleibt nach wie vor unbestritten. Die Charakteristik der religiösen Rede und insbesondere der Gleichnisse, metaphorische Rede zu sein, ist eine klare Parallele zur Theorie der disclosure-Modelle von Ramsey, und die Technik der "qualified models" scheint geeignet, um die Gleichnisse zu analysieren. Schließlich sind die zwei Komponenten der disclosure, die Einsicht (discernment) und das Engagement (commitment), auch zwei charakteristische Komponenten der Gleichnisse.
Zunächst aber soll die Theorie Ramseys in zwei Richtungen ergänzt werden: durch eine Theorie der Metapher und eine Theorie der Sprechakte.

II. Kapitel: DISCLOSURE UND METAPHER

A "Über-tragung" als Kennzeichen religiöser Rede

Die Anwendung der disclosure-Theorie Ramseys auf die Gleichnisse Jesu soll nicht durch Zwang geschehen. Vielmehr besteht zwischen den zwei Polen eine Verbindungslinie, die man so darstellen kann: Ramsey befaßt sich mit der Logik der religiösen Sprache, die er als Logik der disclosure definiert. Das modellhafte Reden über Gott besteht in einer Übertragung von Weltmodellen auf Gott; d.h., die religiöse Rede ist eine meta-phorische Rede. Das würde dann implizieren, daß die Metapher an sich und die religiöse Metapher insbesondere, disclosure-Charakter besitzt. Das metaphorein ist andererseits auch der Sprachcharakter jeder bildhaften Rede, einschließlich der literarischen Formen des Gleichnisses und der Parabel. So kann man versuchen, die Theorie Ramseys auf die Gleichnisse Jesu anzuwenden, weil die Gleichnisse Jesu die Merkmale der religiösen Rede und der metaphorischen Redeweise besitzen. Das wird schrittweise geschehen. Zunächst soll gezeigt werden, daß die religiöse Rede den Sprachcharakter der Übertragung besitzt. Die Frage von Thomas von Aquin: "Utrum Sacra Scriptura debeat uti metaphoris" (1) sollte man negativ umformulieren: "Utrum homo potest loqui de Deo sine metaphoris".
Cynthia B. Cohen wirft in ihrer Kritik Ramsey vor (2), er habe die religiöse Sprache von der normalen Sprache losgelöst (3). Auf diese Weise könne er behaupten, daß die religiöse Rede, wenn deskriptiv verstanden, kontradiktorisch sei, deshalb sollte sie nicht deskriptiv verstanden werden. Dabei übersieht jedoch die Autorin etwas sehr Wichtiges: Nicht weil eine deskriptiv verstandene religiöse Sprache kontradiktorisch wäre, soll man sie nicht deskriptiv auffassen, sondern weil religiöse Rede <u>an sich nicht</u> deskriptiv sein <u>kann</u>, deshalb ist sie, wenn deskriptiv verstanden, kontradiktorisch. Der Grund dafür ist, daß man Gott nicht beschreiben kann, weil Gott nicht kontrollierbar ist. Abgesehen von den Positivisten anerkennt man heute im allgemeinen den symbolischen Sprachcharakter der religiösen Rede (4). Ob der Rekurs auf den Symbolismus die Frage nach der Wahrheit der religiösen Sprache löst, ist eine andere Frage (5), so wie eine andere Frage ist, ob eine Theologie des Symbols ohne die Historie auskommen kann (6). Auf diese Fragen werden wir zurückkommen müssen. Einstweilen genügt uns festzustellen, daß man von Gott nicht anders reden kann als metaphorisch.
Man überträgt menschliche Bilder und Modelle (wie Ramsey sagt) auf Gott, um von ihm reden zu können. Die religiöse Rede ist nicht nur voller Bilder, sie ist an sich bildhaft. Das kommt von der besonderen Logik des Wortes "Gott" her, dessen Referenz nicht kontrollierbar ist. Nicht nur der Satz: "Gott ist mein Fels" ist eine Metapher, sondern auch der Satz: "Gott existiert". Auch in diesem Fall übertragen wir einen Begriff, den wir in unserer alltäglichen Erfahrung finden, auf Gott. Wenn die wesentliche Logik der religiösen Rede die Logik der Übertragung ist, und wenn die dis-

closure sich gerade wegen des Unbestimmtheitsgrades der Übertragung ereignen kann, dann müßte auch eine echte Metapher eine disclosure ermöglichen.

B Die Metapher als disclosure bei Ramsey

Im dritten Kapitel von "Models and Mystery" (7) beschäftigt sich Ramsey mit der literarischen Form der Metapher. Im Gegensatz zum Vergleich, der nach seiner Meinung mehr einem Abbildungsmodell ähnelt (8), ist die Metapher wegen ihrer Unbestimmtheit dazu geeignet, differenziert sprechen zu lassen. Er bringt ein Beispiel: "Wenn wir von dem Alter als vom Herbst des Lebens reden, so kann uns das erlauben, auf einen entschlossenen Charakter der Existenz zu schließen - es gibt einen Frühling der Jugend, einen Hochsommer des Erfolgs, einen Winter des Todes. Weiter, während der Herbst den Niedergang darstellt, der mit Abnahme und Verfall zusammenhängt, ist er auch der Gipfel des Jahres mit seiner goldenen Schönheit und seinem braunroten Reichtum. So hat der Herbst des Lebens seine goldene Klimax, und so weiter. Ferner, da dem Winter das neue Leben des Frühlings folgt, so könnten wir wagen, von einem Leben nach dem Tode zu sprechen" (9). In dieser Hinsicht, so sagt Ramsey, sind Metaphern den disclosure-models ähnlich, nämlich dadurch, daß sie beide uns die Möglichkeit geben, differenziert zu sprechen.
Metaphern sind, nach Ramsey, nicht immer rhetorischer Schmuck. Metaphern können auch eine unersetzliche Redeform sein (10), die nicht auf eine deskriptive Form reduzierbar ist. Wenn das der Fall ist, worin liegt der Grund dieser nicht-Übersetzbarkeit der Metapher? Nach Ramseys Meinung liegt der Grund darin, daß Metaphern, wie auch Modelle, in einer disclosure geboren werden (11).
Metaphern bestehen aus einer Verbindung von zwei verschiedenen Zusammenhängen. Wie entsteht diese Verbindung? Die Antwort Ramseys lautet: Die Verbindung wird in einer disclosure eingesehen, und nur deshalb kann die Metapher ihrerseits wieder zu einer disclosure führen (12). Die Verbindung der Zusammenhänge ist sprachlich durch "ist" ausgedrückt: So z. B. bei den Metaphern: "Das Licht ist eine Bewegung von Wellen"; "Jesus ist der Messias". "In each case the copula 'is' points to a disclosure whose object brings with it the possibility and need of endless novelty in metaphorical talking" (13).
Auf diese Weise sind Modelle und Metaphern ähnlich. Sie beide sind der Ausdruck des Geheimnisses, in dem sie auch geboren werden. Metaphern sind dann Ausdruck der Eingebung, der disclosure, die der Autor der Metapher gehabt hat. "Nur wenn wir selber an dem Kontext teilnehmen können, in dem sie geboren wurden, können sie Mittel werden für eine Einsicht und disclosure" (14).

Das alles, so schließt Ramsey, hat eine große Ähnlichkeit mit dem Charakter der religiösen Rede.
Bevor wir die methodologischen Schlußfolgerungen für unsere Arbeit ziehen, wollen wir die Ansicht Ramseys mit der modernen Metaphorik vergleichen.

C Vergleich mit der modernen Metaphorik

Es wäre ohnehin theoriefähiger, gleich mit einer Definition der Metapher zu beginnen. Eine solche Definition am Anfang dieser Untersuchung wäre aber schon eine Stellungnahme innerhalb der Metapherntheorien. Deshalb scheint es besser, eine genaue Definition erst durch eine Darstellung der modernen Metaphorik zu gewinnen. Wir können allerdings schon eine wenn auch unpräzise Umgrenzung des Untersuchungsgebietes angeben. Es wird nicht nur die Metapher als literarische Form, wie z.B. der Satz "Achilles ist ein Löwe", in Betracht gezogen, sondern die Metapher als eine Form der sprachlichen Übertragung, d.h. die Form der bildhaften Rede, oder was man im englischen Sprachbereich als "imagery" bezeichnet.

1 Metapherntheorien

Eine Metapherntheorie ist immer direkt verbunden mit der Einstellung, die der betreffende Theoretiker gegenüber der Sprache hat.
Eine erste Einschränkung soll man gleich am Anfang machen, um nicht die Gefahr zu laufen, unbestimmt und zu allgemein zu reden.
F. Nietzsche (15) sagt, daß sprachliche "translatio" schon vor der verbalen Äußerung stattfindet, nämlich zunächst in der Übertragung von der Sinneserfahrung in ein Bild und zweitens in der Übersetzung des Bildes in ein Wort. Für Nietzsche ist also Metapher eine epistemologische Übertragung (16). Nach dieser Meinung ist Sprache an sich radikal metaphorisch. Das mag natürlich stimmen, aber diese Definition der Metapher kann nicht Objekt unserer Untersuchung sein, weil wir sonst nicht von Metapher reden, sondern von Sprache.
Eine weitere Einschränkung muß man gegenüber der Auffassung Friedrich Max Müllers machen. Er unterscheidet zwischen "radikaler" und "poetischer" Metapher: "I call it a radical metaphor a root which means to shine is applied to form the names not only of the fire or the sun, but of the spring of the year, the morning light, the brightness of the thought, or the joyous outburst of hymns of praise ... From this we must distinguish poetical metaphor, namely when a noun or verb, ready made and assigned

to one definite object or action, is transferred poetically to another object or action. For instance when the rays of the sun are called the hands or fingers of the sun" (17). Es wäre auch hier zu allgemein, auch von der "radikalen" Metapher reden zu wollen. Wir werden besser von der von F.M. Müller genannten "poetischen" Metapher sprechen. Die Einstellungen gegenüber der Metapher sind grundsätzlich zwei. Wir können sie "Substitutionstheorie" und "Irreduzibilitätstheorie" nennen. Nach der Substitutionstheorie ist jede Metapher ein "substitutum" oder literarische Verkleidung einer deskriptiven Aussage. Eine solche Verkleidung hat nur eine rhetorische Funktion, sei es ein "ornamentum" wie Cicero sagt (18), oder aber eine Vermittlung von Gefühlen, oder endlich eine didaktische Funktion. Man versucht in der Dichtung die Sprache zu verschönern, oder die eigenen Gefühle durch den Gebrauch von Metaphern zu vermitteln, oder weniger bekannte Tatbestände durch "Beispiele" zu erläutern. Nach dieser Theorie ist jede Metapher zu einer deskriptiven Aussage reduzierbar (19), oder wenigstens ist jede sinnvolle Metapher in die beschreibende Sprache übersetzbar.

Die Voraussetzungen dieser Theoretiker sind ziemlich klar: die Sprache ist entweder beschreibend oder emotional. Deshalb können Metaphern in der Dichtung schön und angebracht sein, weil sie mit der Wahrheit nichts zu tun haben, aber wenn man einen "wissenschaftlichen Diskurs" machen will, dann sollte man lieber auf Metaphern verzichten.

Die Irreduzibilitätstheorie behauptet dagegen, daß nicht alle Metaphern, und besonders nicht die dichterischen Metaphern, zur beschreibenden Sprache reduzierbar sind. Schon Quintilianus (20) hat es anerkannt: "transfertur ergo nomen aut verbum ex eo loco, in quo proprium est, in eum, in quo aut proprium deest aut translatum proprio melius est. id facimus, aut quia necesse est aut quia significantius est, aut, ut dixi, quia decentius". Der Grund dafür, daß wir notwendigerweise die Metapher gebrauchen sollen, ist nach Ph. Wheelwright, daß "man lives always on the verge, always on the borderland of a something more .... Indeed, the intimation of a something more, a beyond the horizon, belongs to the very nature of consciousness .... The existential structure of human life is radically, irreducibily liminal" (21). Wenn man sich an der Grenze der Sprache befindet, wo keine Worte mehr dazu helfen, das Erfahrene zu beschreiben, dann kann uns nur eine bildhafte Sprache helfen, das zu kommunizieren und zu verstehen. Dann verläßt sich der Mensch ganz auf die Kraft des Bildes, er versucht dadurch, das zu evozieren, was er selber nur durch Bilder ausdrücken kann (22).

Die Substitutionstheorie gerät in große Schwierigkeiten. Denn wenn man alles von der Sprache wegstreichen müßte, was metaphorisch ist, was würde noch übrig bleiben? Das drückt auch K. Bühler mit einem schönen Bild aus (23): "Wer die sprachliche Erscheinung, die man Metapher zu nennen pflegt, einmal anfängt zu beachten, dem erscheint die menschliche Rede bald ebenso aufgebaut aus Metaphern wie der Schwarzwald aus Bäumen". Aus den unbewiesenen Voraussetzungen der Substitutionisten schließt O. Barfield, daß die Irreduzibilitätstheorie die Metapher besser erklärt als die erste Theorie (24). Besonders die Argumente von W.H.Shibles scheinen stichhaltig (25): Zunächst wird von den Substitutionisten nicht einmal erklärt, was "literal" bezeichnet, dann aber es ist nicht immer wahr, daß Wirklichkeit von der Sprache beschrieben wird. Es gibt Fälle, wo die Sprache eine Wirklichkeit konstituiert, in dem Sinne, daß sie Verbindungen aufstellt, die in der Wirklichkeit selber nicht gegeben sind. Wie wenn wir sagen: die Sonnenstrahlen seien die Finger der Sonne, um das Beispiel von F.M.Müller noch einmal zu erwähnen, ist klar, daß hier die Verbindung zwischen den Strahlen und den Fingern erst von der Sprache bzw. vom Sprecher hergestellt werden. Und man könnte wohl sagen: "Es ist doch nicht so!", aber mit Wittgenstein sollten wir gleich noch hinzufügen: "Aber es muß doch so sein" (26). Die ganze Problematik kann aber nicht gleich gelöst werden, ohne die semantischen und erkenntnistheoretischen Fragen bezüglich der Metapher zu erörtern. Es ist deshalb angebracht, erst auf diese Fragen einzugehen.

2 Semantik der Metapher

Daß die Syntaxis der Metapher wichtig sein kann, hat besonders Ch.Brooke-Rose nachzuweisen versucht (27). Trotzdem spielt sich das Entscheidende für die Metapher auf der Ebene der Semantik ab. "Achilles ist ein Grieche" und "Achilles ist ein Löwe" sind syntaktisch gleich, nicht aber semantisch (28).
Beim zweiten Beispiel fällt auf, daß "Löwe" eine Sinnveränderung bekommt (29), wenn das Wort von "Achilles" prädiziert wird. Diese Sinnveränderung kann man als Übertragung bezeichnen. Man überträgt in diesem Fall die Merkmale (einige oder alle) des Löwen auf Achilles. Das Wort "Übertragung" scheint neutral genug zu sein um das erkenntnistheoretische Problem noch offen zu lassen. Es wird also noch nicht Stellung genommen, ob diese eine Übertragung "nach einer Entsprechung" (30) ist, oder Übertragung von gegebenen Gemeinsamkeiten (31). Es wird zunächst nur behauptet, daß zwei innersemantische Bedeutungen aufeinander übertragen werden, so daß man, wenn man das mit dem Bild von K.Bühler erklären will, eine Deckung der zwei verschiedenen Sphären bekommt (32) mit dem Ergebnis einer neuen Sinn-Erzeugung. Es interessiert uns jetzt auch nicht, was der Autor denkt, ob er z.B. B sagt und A meint (33), oder ob er bei der Metapher von sich aus interpretiert (34). Das Subjekt wird einstweilen ausgeklammert. Uns geht es darum, diese neue Sinn-Erzeugung semantisch zu erklären. Es genügt nicht zu sagen, Metaphern seien Abweichungen von den Regeln, oder Anomalien (35). Das könnte höchstens als negativer Befund gelten. Aber wenn es stimmen kann, daß alle Metaphern Verletzungen von Regeln darstellen, ist es nicht mehr wahr, daß alle Verletzungen von Regeln Metaphern sind (36). Ein solches Kriterium genügt

zunächst auf grammatischer Ebene nicht, denn ein Druckfehler z.B. ist keine Metapher und erzeugt keinen neuen Sinn (37). Es genügt auch auf der Ebene der syntaktischen Vertextung nicht; der folgende Satz "scientists truth the universe" (38) verstößt gegen die englische Syntax, aber ist noch lange keine Metapher. Endlich reicht das Kriterium auch auf der Ebene der rein lexikalisch-semantischen Ebene nicht. Diese Ansicht, die Metapher sei eine lexikal-semantische Anomalie, scheinen u.a. C. Coseriu (39), R.J. Matthew (40), Tz. Todorov (41) zu vertreten.
Auch die Definition H. Weinrichs, der Metapher als "ein Wort in einem konterdeterminierenden Kontext" (42) bestimmt, ist an sich genommen eine negative Beschreibung und genügt nicht, obwohl Weinrich selber auch positivere Elemente für das Metaphernverständnis gibt.
Das abstrakte Modell U. Ecos kann als Anfang unserer Erörterung gebraucht werden: "Nehmen wir an, daß sich ein Code bildet, der ein System von paradigmatischen Beziehungen folgenden Typs aufstellt:

A vs B vs C vs D
↓   ↓   ↓   ↓
X vs Y vs Z vs K

Die horizontalen Linien stellen semantische Achsen und die vertikalen Korrelationen fixierte konnotative Koppelungen dar ... Wenn ich die kulturelle Einheit "A" bezeichnen will, kann man, ... statt dessen /B/ nennen oder gar /K/. Die Ersetzung ist ein Beispiel für Metapher. Eine Einheit steht anstelle einer anderen Kraft einer ihnen gemeinsamen Ähnlichkeit. Aber die Ähnlichkeit hängt von der Tatsache ab, daß im Code schon fixierte Ersetzungsbeziehungen bestanden, die auf irgendeine Weise die ersetzten Größen mit den ersetzenden verbanden" (43).
Die Elemente, die dieser Text bietet sind zwei: die Metapher ist eine Ersetzung von zwei Größen. Diese Ersetzung geschieht aufgrund einer im Code schon gegebenen Ähnlichkeit zwischen den Größen (44).
Nicht irgendeine Ersetzung erzeugt eine Metapher. Den Satz: "Achilles ist ein Grieche" können wir folgenderweise umformulieren: "Achilles ist ein Deutscher", und trotz der krassen Ersetzung erzeugen wir keine Metapher, wenn wir "Deutscher" als Bezeichnung einer Staats- oder Volksangehörigkeit verstehen. Man könnte hinzufügen, daß in diesem Beispiel die Ähnlichkeit der ersetzten Größen sehr groß ist. Denn beide bilden mit "Achilles" eine einzige Isotopie: "Nationalität". Dann muß die Ähnlichkeit eine solche sein, die zwischen zwei verschiedenen Isotopien bzw. Sinnbezirken, besteht, z.B.: "Achilles ist ein Löwe".
Wenn in dem Satz: "Achilles ist ein Grieche", "Achilles" und "Grieche" eine einzige Isotopie bilden, so bilden "Achilles" und "Löwe" im Satz: "Achilles ist ein Löwe", keine einzige Isotopie, sondern sind Vertreter von zwei verschiedenen Isotopien.
Wir wollen, H. Weinrich folgend, "Achilles" als <u>Bildempfänger</u>, und "Löwe" als <u>Bildspender</u> (45) und die Zusammenstellung "<u>Achilles-Löwe</u>" <u>Bildfeld</u> bezeichnen (46). Wir zitieren Weinrich selber, um die Terminologie zu verstehen und um andere Elemente für die Bestimmung der Metapher zu bekommen.

In einem Artikel untersucht er die Metaphorik des Wortes als Münze. Er schreibt: "Das (diese Metapher) ist kein Zufall; denn diese Metapher ist nicht isoliert. Sie steht seit ihrer Geburt in einem festgefügten B i l d f e l d ... Sie ist eine Stelle im Bildfeld. In der Metapher Wortmünze ist nicht nur die Sache "Wort" mit der Sache "Münze" verbunden, sondern jeder Terminus bringt seine Nachbarn mit, das Wort den Sinnbezirk der Sprache, die Münze den Sinnbezirk des Finanzwesens. In der aktualen und scheinbar punktuellen Metapher vollzieht sich in Wirklichkeit die Koppelung zweier sprachlicher Sinnbezirke ... Konstitutiv für die Bildfelder ist ja, daß zwei Sinnbezirke ..... zusammengekoppelt sind ... Solange man ... nicht das bildspendende und das bildempfangende Feld gleichzeitig im Auge hat, ist von Metaphorik gar nicht die Rede" (47).

Wir können zusammenfassen: Eine Metapher ist eine aktuelle Zusammenkoppelung von zwei schon in der Tradition als Bildfeld existierenden Sinnbezirken. Man kann die im Code schon existierende Ähnlichkeit zwischen zwei Größen, von der Eco spricht, mit dem Bildfeld von zwei verschiedenen Sinnbezirken, von dem Weinrich spricht, gleichsetzen. Nichtsdestoweniger kommen bei H. Weinrich andere Elemente zur Geltung. Zunächst wird die Ähnlichkeit im Code als traditionelles Bildfeld beschrieben, zweitens werden die zwei Größen besser definiert: sie sind nicht nur zwei isolierte Wörter, sie sind vielmehr Vertreter von Sinnbezirken. Wir wollen diese Sinnbezirke als "Bildspenderisotopieebene" und "Bildempfängerisotopieebene" bezeichnen (48). Die beiden Ebenen sind zwei verschiedene "Geschichten" die jeweils eine eigene Isotopie besitzen. Bei der Zusammenkoppelung der zwei Isotopieebenen werden zwei verschiedene "Geschichten" aufeinander projiziert, um einen neuen Sinn zu erzeugen, und zwar eine dritte Geschichte, die nur in der Metapher zu "lesen" ist.

Aber man kann sich wohl fragen: Aus welchem Grund werden diese zwei Geschichten aufeinander projiziert? H. Weinrich und U. Eco reden von vorliegender Ähnlichkeit im Code oder von einer Tradition, in der der Benutzer der Metapher sich bereits befindet. Aber damit ist das Problem noch nicht gelöst. Denn einmal mußte diese Tradition entstehen und diese Ähnlichkeit in den Code gesetzt werden. H. Weinrich sagt zwar, daß die Erzeugung neuer Bildfelder sehr selten ist, schließt aber die Möglichkeit schöpferischer Tätigkeit nicht aus (49). Besteht diese Tätigkeit des Menschen bloß darin, daß er vorgegebene Ähnlichkeiten zwischen zwei außersprachlichen Wirklichkeiten entdeckt, oder stiftet er selber diese Ähnlichkeiten? Das ist das Problem des Erkenntniswertes der Metapher.

3 Erkenntniswert der Metapher

Aristoteles sagt in der Poetik, die Übertragung der Metapher geschehe "nach einer Entsprechung" (Analogie). "Mit Entsprechung meine ich, wenn das zweite zum ersten sich genau so verhält, wie das vierte zum dritten" (50). H. Pongs (51) sagt, daß ein Grieche die Ähnlichkeit der Dinge voraussetzt, wenn er von Ähnlichkeit in der Metapher spricht (52). Die Sprache macht dann die Ähnlichkeit der Dinge sichtbar, und die Metapher bleibt auf diese Weise am Dienst der Sache (53). Im selben Sinn scheint S. J. Brown zu sprechen, wenn er von einer "perceived resemblance or analogy" (54) schreibt, oder T. Fawcett, wenn er von einer "analogy between symbol and reality" spricht (55), oder endlich C. Spurgeon, wenn sie dem Dichter "the virtue of perceiving hidden likeness" zuspricht (56).
Wir wollen gar nicht in Frage stellen, daß das alles geschehen kann, daß heißt, daß der Dichter diese verborgene und vorgegebene Ähnlichkeit entdecken und zu Worte bringen kann. Was hier bestritten wird ist, daß der Autor der Metapher nur das tut. Das Problem ist dann, zu bestimmen, ob die Ähnlichkeit, von der auch J. G. Jennings spricht (57), die die Übertragung in der Metapher veranlassen würde, immer in der außersprachlichen Realität gegeben ist.
H. Friedrich verweist mit Recht "auf den recht häufigen Vorgang, bei dem die Metapher nicht eine etwaige vorhandene Analogie entdeckt, sondern überhaupt erst schafft, also erfindet". Er selber bringt ein Beispiel dafür: "Spricht eine Poesie vom 'dunklen Schaum der Wälder', so ist das ein anderer Schaum als der von Gewässern oder von Laugen. Es ist einer, den es nur im Augenblick dieser Metapher gibt ... Beide Glieder also, durch erfundene Ähnlichkeit einander nahegebracht, gewinnen eine neue Bildfülle oder auch nur Tönung, die sie getrennt nicht haben" (58). Das ist es, was wir oben als neue Sinn-Erzeugung bezeichnet haben.
Auch H. Weinrich zweifelt wiederholt daran, daß die Analogie eine vorgegebene ist (59). Er vertritt die Ansicht, daß die Metapher die Analogie eher stiftet (60). Jede Metapher enthält in sich das Element der Widersprüchlichkeit. Einige zeigen es mehr, andere weniger. Besonders bei kühnen Metaphern kommt es zum Vorschein: z. B. das "Staatsschiff". "Ist das nun ein Schiff oder nicht? Die Antwort muß immer lauten: Ja und nein. Der Staat als politisches Sozialgebilde ist natürlich kein Schiff, und er ist doch ein Schiff, weil die Konvention der bildhaften Sprache es so will" (61).
Auch H. Pongs legt den Ton darauf, daß es in der Metapher auch ein "Beseelen des Unbeseelten" gibt (62) und daß "die Metapher, auf das Sein gerichtet, immer doch mit sich die Spuren des vergleichenden Ich" trägt (63). Nach Pongs Meinung gibt es "objektive oder welthaltige" und "subjektive oder ichhaltige" Gleichnisse. Man könnte sagen, nur das subjektive Gleichnis würde die Analogie stiften. Pongs weist aber darauf hin, daß auch das objektive Gleichnis nicht ohne Weltanschauung auskommen kann (64).
Die Ansicht Pongs stellt uns eine viel tiefere Frage: Es geht nicht darum zu wissen, ob die Metapher die Analogie jeweils stiftet oder entdeckt, viel-

mehr darum zu wissen, ob die Metapher als sprachliche Erscheinung die Realität an sich erreicht oder nicht, ob also Metaphern "wahr" sein können. Weil wir aber bis jetzt keine Kriterien angeben können, wodurch wir echte Erkenntnis der Wirklichkeit von der Konstitution von Realitäten (Analogien) seitens des Subjektes unterscheiden, können wir vorläufig die Ansicht aufnehmen, nach der die Analogie der Metapher nur eine Analogie im semantischen Universum ist, und daß sie in bezug auf die außersprachliche Wirklichkeit eine Hypothese (65) oder eine "experimentelle Interpretation" (66) darstellt.

S. Zinks Meinung ist, daß Dichtung im allgemeinen nichts mit der Wahrheit zu tun hat: "Truth is not something to be contemplated, nor even something to be 'enforced', in the sense of persuaded. Truth is rather to be discovered or verified. And because it is not the business of poetry to discover or verify, poems as poems, are neither true nor false" (67).

Eine solche Ansicht hat natürlich zu viele unbewiesene Voraussetzungen: Sprache sei entweder referentiell oder emotional; Wahrheit sei eine verifizierbare Entsprechung zwischen Äußerung und Objekt; die Wirklichkeit könne ohne weiteres "beschrieben" werden usw.

Zink kann man zweierlei entgegenhalten: Die Wirklichkeit ist erstens für den Menschen immer eine gedeutete Wirklichkeit, es sei denn, daß man von einem "Ding an sich" spreche, von dem aber niemand weiß, was das sein soll. In dem Moment, wo wir von Wirklichkeit sprechen, deuten wir sie. Die Wirklichkeit ist im Grunde genommen "perspektivisch", d.h. vom Menschen her gesehen (68). Sie kann nicht ohne die Interpretation erreicht werden (69). In diesem Sinn kann S.R. Hopper (70) behaupten, die Realität sei nichts anderes als Metapher (Interpretation), sie selber an sich bleibe verborgen. Wenn die Sprache für uns der einzige Zugang zur Wirklichkeit darstellt, ist immer zu berücksichtigen, daß in der Sprache der Mensch ein Akteur ist und kein blosser Zuschauer (71).

Die Konsequenzen für die Theorie der Positivisten sind ziemlich klar: Die Theorie der objektiven Beschreibung der Wirklichkeit erweist sich als Mythos. Zweitens ist die Reduzierung der Sprache auf Beschreibung und emotionale Äußerungen unberechtigt. Wie Ph. Wheelwright (72) und Wellek-Warren (73) bemerken, ist der Gegensatz zu "referentieller Sprache" nicht "emotionale Sprache" sondern "nicht referentielle Sprache", und der Gegensatz zu "emotionaler Sprache", nicht "referentielle Sprache", sondern "nicht emotionale Sprache", so daß wir mehrere Sprachkombinationen haben können, und die Möglichkeit einer emotionalen und referentiellen Sprache ist durchaus gegeben, z.B. in der Dichtung: d.h. die Dichtung und in unserem Fall die Metapher können durchaus "emotiv" wirken und "wahr" sein.

Natürlich ist das zunächst ein erkenntnistheoretisches Problem, zu bestimmen, was überhaupt "Wahrheit" ist. Es gibt Theorien, die im Erkenntnis-Vorgang die Rolle des Objektes unterstreichen, andere dagegen heben die Rolle des Subjektes hervor. Wichtig ist, daß, welche Theorie wir auch vertreten, wir uns nie von der Schlinge der Sprache befreien können. Wir bleiben im Kontext unserer Sprache und alles bleibt eben "Theorie", d.h. Hypothese. Man könnte entgegenhalten, daß einige Theorien mehr erklären, andere weniger. Aber: Was erklären sie denn? Probleme oder Tatbestände unseres semantischen Universums, unserer Sprache also. Was in der Wirklichkeit alles vor sich geht, bleibt letztlich verborgen. Soll man dann vertreten, "Wahrheit" sei nichts anderes als eine innersemantische Größe, daß man nur innerhalb einer Sprechgemeinschaft von "Wahrheit" reden kann, sie sei letztlich nichts anderes als die "Annehmbarkeit" der Bedeutung des Satzes, wie u.a. W.H.Shibles (74), W.M.Urban folgend (75), vertritt? Es ist sehr problematisch zu vertreten, die Wahrheit sei bloß eine innersemantische Frage, denn man könnte dadurch auch dazu kommen, das Objekt von dem Erkenntnisvorgang ganz auszuschließen, wenn man die Wahrheit auf eine innersemantische Frage reduziert. Übrigens würde man nicht mehr verstehen, inwiefern die Sprache dann "heuristisch" sein könnte, wie W.H.Shibles meint (76). Wenn einerseits richtig ist, zu sagen, daß das Objekt ohne die Sprache des Menschen keine Relevanz hätte, so ist es auch richtig zu sagen, daß die Sprache ohne das Objekt, das Gegenüber, nicht existieren könnte (77). So ist die Wahrheit immer in dem Zusammenspiel der Perzeption und Interpretation zu suchen. Da es aber schwierig, wenn nicht unmöglich ist, die Grenzen zu ziehen, wo die eine aufhört und die andere anfängt, so scheint die einzige Lösung die, zu sagen, daß die Sprache versuchsweise arbeitet. Der Mensch <u>kann</u> echte Erkenntnis haben, und er <u>kann</u> auch Wirklichkeit konstituieren. Die Wahrheit ist erst durch eine Auseinandersetzung des Menschen mit den Gesprächspartnern und dem Objekt zu erreichen. Deshalb ist jede Aussage immer ein Versuch, eine "Tension", eine Hoffnung, daß es in der Wirklichkeit tatsächlich so ist, wie man behauptet. Die Sprache ist dann eine Hypothese der Wirklichkeit gegenüber. Ist das für die Sprache zutreffend, dann scheint es noch richtiger zu sein, das von der Metapher zu behaupten. Denn die Metapher ist wurzelhaft eine Interpretation der Wirklichkeit. Diese Interpretation kann mehr oder weniger die Wirklichkeit konstituieren (78), sie ist aber unentbehrlich. Insofern ist die Metapher nicht nur Erkenntnis von Tatsachen, sie ist eher eine Konstitution von Verbindungen zwischen Tatsachen. Metapher ist im Grunde ein "Sehen als ..." (79). Diese Theorie der Metapher beruht auf der Analyse des "Sehen als ..." in Wittgensteins "Philosophische Untersuchungen" (80). "Sehen als ..." bedeutet zunächst, daß die Wirklichkeit an sich nicht so ist, wie man sie in der Metapher ausdrückt. Deshalb enthält jede Metapher ein Element der Negation. In dem Moment, in dem man etwas <u>als</u> etwas anderes sieht, sagt man auch, daß die Metapher die Realität nicht beschreibt. Zu behaupten, die Metapher beschreibe die Realität, heißt die Metapher zu mythisieren (81). Zugleich aber enthält das "Sehen als ..." auch ein Element der Bejahung. Und in dieser Bejahung ist die "Wahrheit" der Metapher zu suchen. Denn "Sehen als ..." ist mehr als "Sehen", es ist ein "Erkennen": "Ich treffe Einen, den ich jahrelang nicht gesehen habe; ich sehe ihn deutlich, erkenne ihn aber nicht. Plötzlich erkenne ich ihn, sehe in seinem veränderten Gesicht sein früheres" (82). Es handelt sich aber nicht nur um eine Erkenntnis, sondern auch um ein "deuten": "Aber wir können die Illustration einmal als das eine, einmal als das andere Ding <u>sehen</u>. Wir deuten sie also, und <u>sehen</u> sie, wie wir sie <u>deuten</u>" (83). Deshalb ist das "Sehen als ..." nicht mit der Wahrnehmung zu verwechseln: "Das 'Sehen als ...' gehört nicht zur Wahrnehmung. Und darum ist wie ein Sehen und wieder nicht wie ein Sehen" (84). Die Wahrheit der Metapher besteht also nicht in einer Beschreibung der Wirklichkeit, sondern sie ist besser als "Wahrscheinlichkeit" (85) aufzufassen, oder als gedeutete Korrespondenz zur Erfahrung (86). Denn das "Sehen als ..." ist ein "Seherlebnis" (87), das in der Erfahrung entsteht. "Sehen als ..." verlangt Einbildungskraft, Einsicht, Erschließung. Deshalb bleibt die "Wahrheit" der Metapher immer eine hypothetische Erkenntnis, die nur dadurch bestätigt werden kann, in dem Leser oder der Hörer, das gleiche "Seherlebnis" hat, wie der Autor der Metapher. Es besteht aber ein Unterschied zwischen der Analyse des "Sehen als ..." in Wittgenstein und dem "Sehen als ..." in der Metapher. Wittgenstein analysiert die Hasen- Entenkopffigur (H-E-Kopf) (88), und sieht sie einmal als Hasenkopf einmal als Entenkopf. Wenn wir "Hasenkopf" als /A/ bezeichnen und "Entenkopf" als /C/ und H-E-Kopf als /B/, so ist in der Analyse von Wittgenstein nur /B/ gegeben, und die Technik des "Sehen als ..." besteht darin, daß man am Ende das 'Aufleuchten' von /A/ und /C/ wahrnimmt:

(A)◄– – –<u>B</u>– – –►(C)

In der Metapher dagegen werden /A/ und /C/ gegeben und die Technik der Metapher besteht darin, /B/ zu entdecken:

<u>A</u>– – –►(B)◄– – –<u>C</u>   (89)

Diese Entdeckung kann man "Einsicht" nenne, oder mit Ramsey "disclosure".
Das verlangt, daß der Autor der Metapher diese Einsicht schon gehabt hat, und daß er diese Einsicht durch eine Metapher ausdrückt. Die Metapher, als Ausdruck einer Einsicht des Autors, ist eine Aufforderung für den anderen, die Wirklichkeit so anzusehen wie sie der Autor selber sieht. Die aufeinander Projizierung von /A/ und /C/, um /B/ aufleuchten zu lassen, mit den Elementen der Verneinung und Bejahung, die in jeder Metapher gegeben sind, ergibt eine gewisse Spannung in der Metapher. Diese Spannung gewährleistet eine gewisse Offenheit der Metapher zu mehr als einer Interpretation, und soweit die Metapher zu keiner Entspannung kommt, verdunkelt sie ihren Aussagegehalt. Die Metapher kommt zu einer Entspannung, wenn man plötzlich die Einsicht bekommt und die Wirklichkeit so sieht, wie die Metapher es fordert, oder wenigstens eine der Interpretationsmöglichkeiten der Metapher erfüllt. Die Entspannung der Metapher geschieht durch ein plötzliches Einsehen, fast wie ein "thrill", der ähnlich dem Thrill ist, den man erlebt, beim Einsehen des Hasenkopfes, oder des Entenkopfes bei der Betrachtung von der H-E-Kopffigur (90). Zusammenfassend kann man sagen: Man kann von einem echten Erkenntniswert der Metapher reden, solange man sich vor Augen hält:

daß sie die Wirklichkeit nicht beschreibt,
daß sie die Wirklichkeit deutet,

daß sie die Analogie auch stiften kann,
daß sie heuristisch interpretiert, und deshalb
eine Hypothese bleibt.

Man kann auch nicht fragen: Was sagt denn eigentlich diese Metapher?,
wenn man damit eine nicht metaphorische Aussage als Antwort erwartet.
Die Metapher als "Sehen als ..." verlangt die ständige Mitwirkung von
Bildspender und Bildempfänger, so daß eine Reduzierung der Metapher zu
einer nicht metaphorischen Aussage nicht berechtigt ist. Die Aussage der
Metapher ist eben, daß "etwas als etwas anderes" gesehen wird. Es ist
Zeit, eine Definition der Metapher zu geben:
Metapher nennen wir jeden Text, der zwei Geschichten, die auf zwei verschiedenen Isotopieebenen liegen, aufeinander bezieht. Sie ist eine hypothetische Interpretation der Wirklichkeit, oder ein Versuch, eine Geschichte /A/ aus der Perspektive einer Geschichte /C/ zu sehen ("sehen als ..."), um eine gemeinsame Geschichte durch eine Einsicht entstehen zu lassen. Diese dritte Geschichte /B/ aber ist aus dem Zusammenhang von /A/ und /C/ nicht loszulösen.

Eine Typologie der Metapher wird hier nicht versucht, weil das über unser jetziges Interesse geht. Sie wird erst im zweiten Teil durchgeführt (91).

Uns geht es jetzt darum, die Metapher als "qualified model" zu betrachten. Das ist der echte Übergang zum nächsten Kapitel und besonders zum zweiten Teil der Arbeit.

D   Metaphern als disclosure-Modelle

Oben (unter B) hatten wir schon disclosure und Metapher miteinander verglichen. Hier wird zunächst versucht, an Hand der Analyse der disclosure und der Metapher wieder die zwei auf einen gemeinsamen Nenner zu bringen, und zweitens wird versucht, die Metapher als disclosure-Modell anzusehen. Besonders wird versucht, die Technik der "qualified models" auf die Metapher anzuwenden. So wie die disclosure, entsteht auch die Metapher in einer Situation; beide sind in der Wirklichkeit verankert:
Das Schema der disclosure

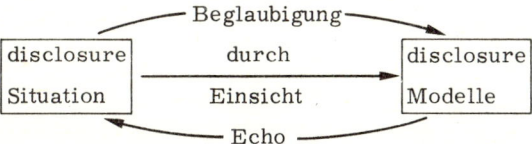

könnten wir ohne weiteres so umformulieren

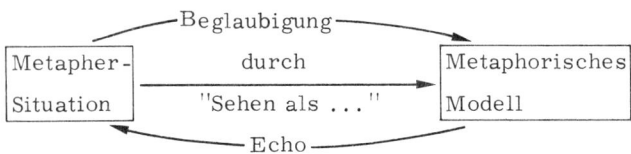

Wie die disclosure, so besitzt auch die Metapher evokative Sprachkraft: sie will auch, wie die disclosure, zu einer neuen disclosure bringen. Auch hier könen wir das Schema der disclosure umformulieren:

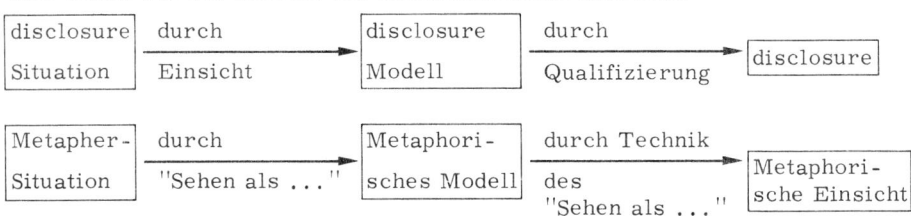

Die Technik, um von den "disclosure-models" zur neuen disclosure zu kommen, ist die Technik der "qualified models". In diesem Zusammenhang definiert Ramsey das Modell: "A situation with which we are all familiar, and which can be used for reaching another situation with which we are not so familiar; one which, without the model, we should not recognize so easily" (92). Mit den selben Worten könnten wir den Bildspender der Metapher beschreiben: Der Bildspender ist eine Situation, mit der wir vertraut sind, und die gebraucht werden kann, um eine andere Situation zu erklären, mit der wir nicht so vertraut sind; eine, die wir ohne die Hilfe des Bildspenders nicht so leicht erkennen würden ...

Die Metapher ist auch, wie die disclosure, bloß ein Versuch, eine Hypothese über die Wirklichkeit. Und die Kriterien, die Ramsey angibt, um die "Wahrheit" der disclosure zu gewährleisten, sind zum Teil die selben Kriterien, die M.B. Hester (93) und Ph. Wheelwright (94) für eine "Wahrheit" der Metapher angeben:

Ramsey	Hester	Wheelwright
empirical anchorage		Referenc. congruity
empirical fit	Konsistenz	
Kohärenz		
Große Auswahl von Modellen	Differenziertheit	Plurisignation

Hester und Wheelwright geben auch andere Kriterien für das "Glücken" der Metapher, die aber nicht in unseren Zusammenhang passen.

Man merke bloß, daß das Kriterium der Kohärenz zwischen Modellen ein Kriterium ist, das für die religiöse Sprache insgesamt wichtig ist, nicht aber für ein Modell allein. So ist dieses Kriterium auch für eine Metapher allein irrelevant. Das zweite Kriterium, das der Konsistenz der Metapher mit der Wirklichkeit, schließt das erste der Verankerung in der Wirklichkeit notwendigerweise ein. Das Kriterium der großen Auswahl von Modellen, das natürlich nur innerhalb eines ganzen Sprachspieles relevant ist, wird von Ramsey selber auf der Ebene des einzelnen Modells durch die Möglichkeit, differenziert sprechen zu können, ersetzt. Die Entsprechung scheint zu auffallend, um der Meinung Ramseys nicht recht zu geben, Metaphern seien auch disclosure-Modelle (95).

Ein letzter Schritt dürfte nicht unberechtigt sein: die Technik der qualified models auf die Metapher anzuwenden.

Wittgenstein schreibt apropos des Seherlebnisses beim "Sehen als ...": "Das Substrat dieses Erlebnisses ist das Beherrschen einer Technik" (96). Man kann es sich so vorstellen: Gegeben sei das Modell "H-E-Kopf". Man versucht die zwei "verborgenen" Figuren zu sehen. Zunächst betrachtet man das Modell von einer Perspektive her, dann von einer anderen, dann dreht man das Modell um, usw. bis zum "Aufleuchten" der zwei Figuren. Diese Betrachtung des Modelles von verschiedenen Perspektiven aus, entspricht bei Ramsey der Entfaltung des Modells durch die Quantifizierung. Bei H.Weinrich entspricht das dem Ausdruck "Sinnbezirk" des Bildempfängers- und Bildspenders, in unserer Definition der Metapher dem Ausdruck: "Geschichte" des Bildspenders und Bildempfängers.

Wenn wir das Wort "allmächtig" nehmen, so sagt Ramsey, "Macht" sei das vertraute Modell, "Gott" als Subjekt die unbekannte Situation und "all-" der "qualifier". Aber in dem Satz, "Gott ist Vater", ist "Vater" das Modell und "Gott" zugleich die weniger vertraute Situation und der "qualifier" des Modells. Die Technik besteht darin, daß man das Modell "Vater" dadurch entwickelt, daß man sozusagen die "Geschichte" eines Vaters erzählt, und sie neben dem Wort "Gott" stellt. Die Technik enthält zwei Momente: die Verneinung: Die Geschichte des Vaters ist noch nicht das Ganze: man muß weiter "erzählen", bis man die dritte Geschichte, die Geschichte Gottes als Vater einsieht, sie bejaht und versteht (Moment der Bejahung). Solange man keine disclosure hat, bleibt die Geschichte Gottes als Vater "verborgen", der Satz enthält das Element der Verhüllung. Wenn man die disclosure hat, wird der Satz durchsichtig. Durch diese disclosure gewinnt man neue Erkenntnis wie auch Aristoteles in der Rhetorik schreibt: "Die Wirkung geistvoller Worte beruht neben der Bildhaftigkeit auf der Erkenntnis eigener Unwissenheit. Denn es wird um so deutlicher, daß man etwas gelernt hat, wenn der entgegengesetzte Zustand daneben gehalten wird, als spräche die Seele: "Wie wahr! Und ich wußte es nicht" (97).

Wir können das oben erwähnte Beispiel folgendermaßen schematisieren:

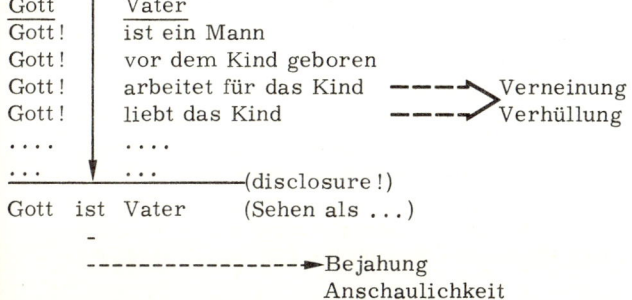

Dasselbe Schema kann man für jede Metapher verwenden: z.B. für die
Metapher: "das Herz ist ein Meer":

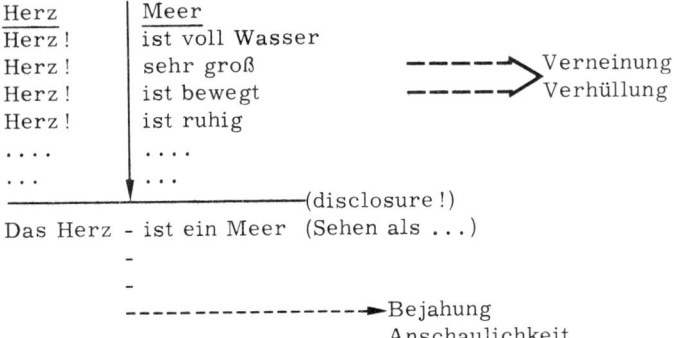

Herz	Meer
Herz!	ist voll Wasser
Herz!	sehr groß
Herz!	ist bewegt
Herz!	ist ruhig
....	....
...	...

-----------→ Verneinung
-----------↗ Verhüllung

————————————↓————————————(disclosure!)
Das Herz - ist ein Meer (Sehen als ...)
-
-
------------------→ Bejahung
                    Anschaulichkeit

An diesem Schema kann man folgende Beobachtungen machen: zunächst einmal: es ist nicht nur der Bildspender, der den anderen Teil erklärt und deutet oder auf ihn Licht wirft. Es ist auch der sogenannte Bildempfänger, der seinerseits den Bildspender kontrolliert und "qualifiziert", und sein Licht filtert. Nur die Mitwirkung von Bildspender und Bildempfänger macht eine Metapher aus, und es wäre falsch, die beiden separat zu betrachten: Nur in der Zusammenarbeit von beiden wird ein neuer Sinn erzeugt. Um das mit einem Schema von K. Bühler zu erläutern: nur durch die Sphärendeckung der beiden Teile entsteht die Metapher (98):

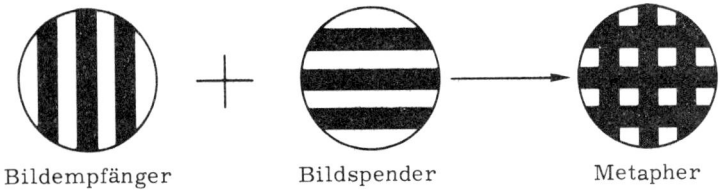

Bildempfänger   Bildspender   Metapher

Die Sphärendeckung hat eine selektive Wirkung, durch die der neue Sinn erzeugt wird.
Die zweite Beobachtung ist, daß die Terminologie im allgemeinen ziemlich unglücklich ist; auch die Terminologie H. Weinrichs berücksichtigt nicht, daß der Bildempfänger kein bloßer Bildempfänger ist, sondern zugleich auch Filter des sogenannten Bildspenders. Die Terminologie von Ramsey (Modell + Qualifier) wäre an sich angebrachter, um die Mitwirkung der zwei Teile hervorzuheben. Wir werden beide benutzen. Nur sollte man beachten, wenn wir von Bildspender und Bildempfänger reden, daß die Metapher, wie auch Aristoteles bemerkte, eine Wechselwirkung der Termini voraussetzt, so daß man von einem prädizieren kann, was vom anderen prädiziert wird (99).
Die dritte Beobachtung will etwas vorwegnehmen, das wir erst im zweiten Teil der Arbeit besprechen werden : An dem Schema wird es deutlich, wie

man sehr leicht von einer Metapher zu einem Vergleich und zu einem Gleichnis übergehen kann. Wenn man einen Teil der Metapher oder beide "Geschichten" entwickelt, um zur disclosure zu kommen, bildet man sofort einen Vergleich oder ein Gleichnis, so daß man von der Stilfigur "Metapher": "Das Herz ist ein Meer", leicht zum Vergleich: "Das Herz ist wie ein Meer", oder zu einem kleinen Gleichnis übergeht: "Das Herz ist wie ein großes, breites Meer, dessen Wellen einmal ruhig nun die Klippen geißeln ...".

Wir sollen noch das Element des Engagements der disclosure in bezug auf die Metapher besprechen, um eine abgerundete Theorie zu haben, die wir dann auf die Gleichnisse Jesu anwenden können.

Zunächst sollen wir die Beziehungen zwischen Modell und Metapher besser beschreiben: das soll das Thema eines kurzen Exkurses über die Verwendung von Modellen in den verschiedenen Disziplinen sein.

Exkurs: DER BEGRIFF "MODELL" UND DIE METAPHER ALS MODELL

Es wurde nun schon oft gesagt, daß die Metapher ein Modell ist, und wir haben letztlich versucht, die Technik der disclosure-Modelle auf die Metapher anzuwenden. Es scheint also angebracht, kurz über die Verwendung des Modellbegriffes zu berichten, und dann den Ort zu definieren, den die Metapher in der Modell-Theorie besitzt. "Modell" ist ein sehr häufig gebrauchtes Wort in der Theoriebildung fast jeder Wissenschaft: Naturwissenschaft (100), Mathematik (101), Psychologie (102), Sprach- und Kommunikationswissenschaft (103), Philosophie (104), Theologie (105) und andere Wissenschaften (106) arbeiten heute mit diesem Begriff.
Wir werden zunächst versuchen, eine Typologie der Modelle zu skizzieren, den Ort der Metapher als Modell zu beschreiben, und dann kurz die gemeinsamen Elemente aufzeichnen. Im wesentlichen werden wir dabei den Aufsätzen von H. Stachowiak (107) und F. Ferré (108) folgen. Jedes Modell hat drei Hauptmerkmale, die größer oder geringer erfüllt sein können: Es ist ein Modell von etwas, erfaßt nicht alle Eigenschaften des Originals, und es ist einem Subjekt zugeordnet: wir können diese drei Hauptmerkmale Repräsentationsmerkmal, Verkürzungsmerkmal und Subjektivierungsmerkmal nennen (109).
Die Angleichung des Modells an das Original hat zwei Typen: eine strukturelle Angleichung, die das Was- und Wie-Sein des Originals nicht berücksichtigt, sondern nur die formalen Relationen, und die qualitative Angleichung, die das Was- und Wie-Sein des Originals berücksichtigt. Das Modell kann einen größeren oder geringeren Grad struktureller und/oder qualitativer Angleichung besitzen. Ein Modell kann also isomorph sein (maximale strukturelle Angleichung) oder isohyl sein (maximale qualitative Angleichung). Im Idealfall kann ein Modell zugleich isomorph und isohyl sein: dieses Modell nennt Stachowiak ein äquates Modell. Oder aber ein Modell kann auch eine minimale strukturale und qualitative Angleichung besitzen. In dem Fall einer kleinstmöglichen qualitativen Angleichung haben wir ein analogisches Modell, d.h. ein Modell, das das Original umcodiert. Eine erste Unterscheidung können wir also zwischen Abbildungsmodellen und analogischen Modellen machen (110). Die Abbildungsmodelle codieren das Original nicht um, die analogischen Modelle codieren es um.
Die semantischen Modelle besitzen auch alle drei Hauptmerkmale der Modelle: Repräsentationsmerkmal, Verkürzungsmerkmal und Subjektivierungsmerkmal. Stachowiak unterscheidet drei Stufen von semantischen Modellen: Die Stufe der Perzeption: auf dieser Ebene sind semantische Modelle Modelle für die subjektive Außenwelt (=objektive Außenwelt + subjektive Perzeption). Die zweite Stufe ist die Ebene des Kommunikationssystems erster Ordnung: es sind die Zeichen der gesprochenen Sprache. Die dritte Stufe ist die Ebene der Kommunikation zweiter Ordnung: die Schrift. Da alle semantische Modelle das Original umcodieren, sind sie eben analogische Modelle mit geringer bzw. kleinstmöglicher qualitativer Angleichung.

Als Beispiel dafür bringt Stachowiak die poetischen Modelle: sie besitzen eindeutig eine geringe qualitative Angleichung: Für das Verständnis poetischer Modelle ist die Phantasie des Adressaten notwendig. Dieses Spiel der Phantasie ist auch dadurch ermöglicht, weil eben poetische Modelle eine qualitative Entfremdung vom Original enthalten.
Die Metapher hat ihren Ort als Modell unter den poetischen Modellen. Somit wäre der Ort der Metapher als Modell beschrieben, und unserem Versuch, die Metapher als "qualified model" anzusehen, Rechnung getragen. Die Ansicht, das qualified model und die Metapher als solche seien lediglich hypothetische Erkenntnisse der Wirklichkeit, wird auch durch die Modell-Theorie bestätigt.
Stachowiak schreibt, das ideale Modell aus erkenntnistheoretischer Sicht wäre ein äquates Modell, d.h. eines, das die größtmögliche strukturale und qualitative Angleichung an das Original hat. "Es ist dies ein unerfüllbares Ideal, weil natürlich kein Mensch anders als über Modellbildungen an das 'Erkenntnisobjekt' herankommt. Absolute, also philosophisch-metaphysische Äquation ist nur in dem uneigentlichen und nichtssagenden Fall erreichbar, daß ein Modell sich selbst als Modell repräsentiert, Original und Modell also zusammenfallen; nur dann führt mit Gewissheit das Modell nicht über sein 'Original' hinaus" (111).
Wo man keine endgültige Gewissheit hat, ist die Erkenntnis immer hypothetisch.
Dasselbe vertritt M. Black. Er spricht von Modellen als von "heuristish fictions" (112). Und F. Kaulbach (113), der von kantischen Voraussetzungen ausgeht, kommt auch zu demselben Ergebnis: das Modell ist ein heuristisches Verfahren, wo die Vernunft zu erkennen sucht und die "freie" Natur antwortet. Die Metapher als Modell ist nur ein Fall unter den hypothetischen Modellen: "Since on the whole, we don't discover mechanismus (Naturablauf), but check hypothesis, we need an expression for an hypothetical mechanism. The current standard expression is model.

>Hypothetical mechanism = model
>Mechanism from which the model is derived =
>= parent situation (114)

Die Metapher als Modell ist dann "the weakest of all forms of theory" (115). Sie ist also die schwächste Form von Modellen, was den Erkenntniswert angeht. Es mag nun dahingestellt bleiben, ob die Metapher tatsächlich den schwächsten Erkenntniswert unter den Modellen besitzt. Wichtig ist festzuhalten, daß jedes Modell, und auch die Metapher als Modell hypothetischen Erkenntnischarakter besitzt.

III. Kapitel: DIE DISCLOSURE ALS SPRECHAKT

A Das Engagement in der disclosure

Es wurde im ersten Kapitel schon darauf hingewiesen, daß die disclosure nicht nur das Element der Einsicht (insight) besitzt, sondern auch das andere des Engagements (commitment). Das erste Element wurde besonders im zweiten Kapitel behandelt. In diesem dritten Kapitel wollen wir das Element des Engagements näher betrachten. Dies ist unentbehrlich für das rechte Verständnis der metaphorischen disclosure und, wie wir sehen werden, für eine richtige Lektüre der Gleichnisse Jesu. Ramsey beschäftigt sich oft mit Bibelstellen. Es ist vielleicht angebracht, einige Beispiele von ihm zu bringen, um zu verstehen, wie er diese Hingabe, dieses Engagement versteht: Zunächst das Beispiel des Guten Samariter (1). Die Geschichte ist bekannt, so daß wir sie nicht zu wiederholen haben. Ramsey schreibt: Der Priester und der Levit gehen an dem hilflosen Menschen vorbei. Das Gesetz der Reinheit für die Diener des Tempels war sehr streng und sie wollen nicht unrein werden. Hier siegt das Gesetz, das Verhaltensmuster. Dann kommt ein Samariter vorbei. Er hat auch ein Gesetz und ein Verhaltensmuster: er könnte ihnen folgen und auch er vorbeigehen ohne zu helfen; denn der andere war eben ein Jude. Aber er sieht in dem anderen nicht den Juden, sondern einen Menschen, der Hilfe braucht. Diese Einsicht, daß der andere ein Mensch ist, erlaubt die Begegnung von zwei Menschen. Und diese Einsicht hat eine Folge für den Samariter: er fühlt sich verpflichtet, engagiert: er "wurde von Mitleid bewegt" (2): "He has responded to a moral obligation" schreibt Ramsey als Kommentar (3).
Das zweite Beispiel: die Nathan-Parabel (4). Auch diese Geschichte ist sehr bekannt. David hört der Erzählung Nathans zunächst als unbeteiligter Zuhörer zu: er hat Objekte vor sich und er fühlt sich distanziert genug, um ein Urteil fällen zu können. Aber Nathan gibt der ganzen Geschichte eine Wendung: "Du selber bist der Mann" (5). Das bringt David zur Selbsterkenntnis. Und diese Einsicht fordert ihn heraus: von der Selbsterkenntnis geht David zum Bekenntnis über: "Ich habe gegen Jahve gesündigt" (6), und er ist bereit, die Strafe zu tragen. Diese moralische Herausforderung verwandelt David von einem unbeteiligten Zuschauer zu einem engagierten Akteur der Geschichte.
Bei Ramsey bedeutet aber "commitment" nicht nur eine moralische Herausforderung, oder ein moralisches Engagement, wie aus diesen zwei Beispielen hervorgeht. Bei jeder disclosure ereignet sich eine Einsicht und ein Engagement für diese Einsicht. So fordert auch bei der religiösen disclosure, wo der Gegenstand der Einsicht Gott selber ist, die Einsicht zu einem Engagement heraus, die in diesem Kontext Glaube heißt (7). Auch die wissenschaftlichen Modelle sind in einer disclosure geboren, und auch diese disclosure verlangt ein "commitment": "The ontological commitment arises in a disclosure, and the model, whether in science or theology, provides us with its own understanding of, and its own inroad into, what

the disclosure discloses" (8). Hier sind zwei Elemente festzuhalten: zunächst wächst und entsteht in der disclosure das "commitment". Zweitens, das Modell will uns die disclosure weiter geben. Aber bleiben wir noch eine Weile bei der Untersuchung des Begriffes "Einsatz", "Engagement", "commitment".
Wenn Einsicht und Engagement die disclosure ausmachen (9), und wenn, wie bereits nachgewiesen, auch die Metapher eine disclosure ist, dann müßte auch jede Metapher das Element des Engagements enthalten. Wir berufen uns dabei auf ein Werk von Donald D. Evans (10). Er legt eine Analyse von Sätzen vor, die er "onlooks" benennt; es sind solche Sätze:

>"I look on my life as a game"
>"I look on all Tories as vermin"
>"I look on alcoholism as a disease"
>"I look on students as parasites"
>.... (11)

Das Wort "onlook" hat er selber erfunden, weil andere Ausdrücke wie "view", "opinion", "conception", "outlook", "perspective" zu vage sind, und das Element des "commitment" nicht zum Ausdruck bringen (12). Das sagt uns schon, wie D.D.Evans denkt: die "onlooks" enthalten das Element des Engagement.
In der Tat, sagt D.D.Evans, gibt es eine große Mannigfaltigkeit von "onlooks", aber einige Merkmale sind allen gemeinsam:
a) "The commissive Element": Wenn man sagt: "I look on X as Y", dann bringt man zum Ausdruck, daß man etwas mit "X" zu tun hat, daß man seine Beglaubigung dem "onlook" gibt, daß man endlich wirklich das meint: z.B.: "I look on death as the mockery of human hopes"
  "I look on God as an all-knowing Judge, to be feared". (13)
b) Autobiographisches Element: Ein "onlook" bringt zum Ausdruck einerseits ein Verhalten, andererseits eine Denkweise des Autors des Satzes.

Die anderen Merkmale der "onlooks", die D.D.Evans analysiert, interessieren uns momentan weniger (14).
Wir können also das "commitment" von Ramsey als Engagement in zwei Richtungen verstehen: es ist ein Engagement auf der Ebene der Weltanschauung und auf der Ebene des Verhaltens.
D.D.Evans unterscheidet zwischen beschreibenden und metaphorischen "onlooks": z.B.: "I look on Smith as a future district manager" hat einen deskriptiven Sinn (15), "I look on death as the gateway to a spiritual form on life" hat einen metaphorischen Sinn (16). Wichtiger ist für unsere Untersuchung die Erwähnung von anderen Formen von "onlooks", die D.D. Evans selber angibt: Statt "I look on X as Y" könnte man sagen: "I see X as Y" (17). Diese Formula erinnert uns gerade an die Theorie der Metapher als "Sehen als ...", die wir oben untersucht haben. Auf diese Weise kann man also sagen, daß jede Metapher, wenn sie verstanden und akzeptiert wird, das Element des Engagements enthält; einen persönlichen Einsatz. Denn "die Interpretation der Welt" (und jede Metapher ist eine Interpretation der Welt) "hängt auch von dem Sinn ab, den man seiner Erfah-

rung geben will" (18). Andererseits drückt sich diese engagierte Einstellung der Welt gegenüber auch in einem Verhalten aus, das das Gefühl, die Denkweise und womöglich die Handlungen einschließt. Wenn wir nun von der Einsicht/Engagement des Autors der Metapher zur Metapher als gesprochener bzw. geschriebener Stilform kommen, drängt sich die Frage auf: Was will diese Stilform (bzw. ihr Autor durch sie) bezwecken? Warum wird die disclosure der Metapher sprachlich artikuliert? Die erste ungefähre Antwort, die man geben kann, ist die, daß der Autor durch die Versprachlichung seiner disclosure (= Modell) den Hörer bzw. Leser zur selben disclosure (= Einsicht + Engagement) bringen will. Bevor wir aber eine bessere Antwort geben können, wollen wir den Kontext unserer weiteren Untersuchung näher beschreiben. Es geht hier nicht mehr um die Semantik der disclosure oder der Metapher, sondern um ihre Pragmatik. Die Pragmatik der disclosure steht im Zentrum des Interesses Ramseys (19) und seine Technik der disclosure-Modelle beweist es. Die Pragmatik der disclosure ist auch von großem Gewicht auch für unsere spätere Untersuchung der Gleichnisse Jesu.

Es geht also darum, die Pragmatik der disclosure/Metapher zu untersuchen, und womöglich gemeinsame Merkmale aufzuzeichnen. Die Mittel, die uns die Sprachphilosophie einerseits und die Literaturwissenschaft andererseits bieten, sind dazu geeignet, die Theorie Ramseys zu ergänzen. Ramsey selber beruft sich auf J.L.Austin (20). Und es sind gerade seine Gedanken und an die durch seine Schule in die Literaturwissenschaft aufgenommene Philosophie der Sprechakte, woran wir anknüpfen. Wir werden zunächst versuchen, eine Texttheorie der Sprechakte zu skizzieren, und dann sie auf die disclosure Modelle anzuwenden. Die Leitlinien unserer Gedanken sind, außer J.L.Austin (21), J.R.Searle (22), was die sprachphilosophische Seite angeht, und D.Wunderlich (23) und S.J.Schmidt (24), was die literaturwissenschaftliche Seite angeht, entnommen.

B Das disclosure-Modell als Sprechakt

1 Die Theorie der Sprechakte

a Definition von "Sprechakt"

Gegen eine damals allgemein herrschende sprachphilosophische Ansicht, die D.Slakta (25) "L'illusion descriptive" nennt, Sprache habe einzig den Zweck, Wirklichkeit zu beschreiben, untersucht J.L.Austin solche Sätze, die nicht die Absicht haben, zu beschreiben oder festzustellen, von denen man also nicht sagen kann, daß sie wahr oder falsch sind, und trotzdem sinnvoll sind. Die beschreibenden Sätze nennt er "constatives" die nicht beschreibenden dagegen "performatives" (26). Es sind Sätze wie diese:

"Mach die Tür zu!"; "Ich wette, morgen wird es regnen" ...
"If a person makes an utterance of this sort we should say that he is <u>doing</u> something rather than merely <u>saying</u> something" (27). Durch solche Sätze "tut" man etwas. Deshalb nennt sie Austin "performatives " oder "speech acts", Sprechakte. Beispiele von solchen Sätzen sind Befehle, Aufforderungen, Fragen, Einladungen, Ratschläge ... Bei diesen Sätzen unterscheidet Austin drei Aspekte: der erste ist der phonetische Aspekt: wer einen derartigen Satz ausdrückt, macht Geräusche von der Art, die die Phonetik untersucht: Austin nennt ihn "locutionary act" (28). Der zweite Aspekt läßt sich definieren als die Absicht, der Zweck des Satzes; d.h. durch diesen Satz wird etwas bezweckt, sei es eine Warnung, oder eine Empfehlung usw. Austin nennt diesen Aspekt "illocutionary act": "I explained the performance of an act in this new and second sense as the performance of an "illocutionary" act, i.e. performance of an act <u>in</u> saying something as opposed to performance of an act <u>of</u> saying something" (29). Er nennt diese Fähigkeit der Sprache, verschiedene Funktionen zu erfüllen, "illocutionary force", im Unterschied zum Inhalt oder Referenz des Satzes, die für Austin "ancillary acts" sind, "performed in performing the rhetic act" (30). Der dritte Aspekt berücksichtigt die Konsequenzen für den Hörer, also die pragmatischen Auswirkungen des Satzes: diesen Aspekt nennt Austin "perlocutionary act" (31). Wir bringen ein Beispiel von Austin selber, um den Unterschied besser zu erläutern (32):

"Act (A) or Locution
    He said to me 'Shoot her!' meaning by 'shoot'
    shoot and referring by 'her' to <u>her</u>.
Act (B) or Illocution
    He urged (or advised, ordered, &c.) me to shoot her.
Act (C.a) or Perlocution
    He persuaded me to shoot her.
Act (C.b)
    He got me to (or made me, &c.) shoot her."

Die anfänglich scharfe Unterscheidung Austins zwischen constatives und performatives konnte von Austin selber nicht aufrechterhalten werden. Das geschah aus zwei Gründen.
Zunächst einmal muß er zugestehen: "However, although these utterances don't themselves report fact and are not themselves true or false, saying these things does often <u>imply</u> certain things are true and not false ..." (33). Auch ein performativer Satz also <u>impliziert</u> beschreibende Sätze, um überhaupt performativ zu sein. Auch anderswo schreibt er: "For a certain performative utterances to be happy, certain statements have <u>to be true</u>" (34). Das ist aber kein entscheidender Grund, um die Unterscheidung abzutun. Denn es bleibt wahr, daß "to imply that something or other is true, is not at all the same as saying something which is true itself" (35). Aber diese Feststellung läßt doch ebenfalls zu, daß "performatives" und "constatives" nicht zwei grundsätzlich verschiedene Sprecharten sind, sondern daß sie sich implizieren können.

Der zweite Grund bringt die Überlegung Austins viel weiter. Er untersucht durch das ganze Buch die Kriterien einer möglichst eindeutigen grammatischen Form der "performatives" und kommt zum Ergebnis, daß es kein eindeutiges grammatisches Kriterium gibt (36). Deshalb schließt er daraus: "Perhaps indeed there is no great distinction between statements and performative utterances" (37), und eindeutiger gegen Ende des Buches: "What will not survive ... is the notion of the purity of performatives: this was essentially based upon a belief in the dicotomy of performatives and constatives, which we see has to be abandoned in favour of more general families of related and overlapping speech acts" (38).
Was für unsere weitere Untersuchung wichtig ist, ist dies, daß keine echte Dichotomie und keine echten grammatischen Kriterien für die Unterscheidung zwischen "constatives" und "performatives" vorhanden sind. Das bedeutet aber nicht, daß Austin zu keinem Ergebnis gekommen ist. Vielmehr ist sein Ergebnis sehr wichtig. Nicht nur implizieren "performatives" "constatives", sondern auch "constatives" enthalten das performative Element. So wäre jedes Sprechen ein Sprechakt. Die Konsequenzen aus diesem Ergebnis zieht J.R.Searle.

b Ausweitung des Begriffes "Sprechakt": Sprechen als Handeln

Wir beginnen mit einem Satz von Wittgenstein: "Das Wort 'Sprachspiel' soll hier hervorheben, daß das Sprechen der Sprache ein Teil ist einer Tätigkeit, oder einer Lebensform" (39). Was hier als allgemeine Tätigkeit dargestellt wird, wird in dem "Brown Book" als "system of communication" präzisiert (40). Für Wittgenstein ist also Sprache nicht einfach ein System von Zeichen, sondern eine kommunikative Tätigkeit (41). Infolgedessen ist jedes Sprechen ein Sprechakt, und seine Beschreibung erschöpft sich kaum in der syntaktischen und semantischen Analyse, sondern schließt die pragmatische Analyse notwendig ein (42). Daraus folgt dann, daß eine Sprachtheorie immer "Teil einer Handlungstheorie ist, und zwar einfach deshalb, weil Sprechen eine regelgeleitete Form des Verhaltens ist" (43). Sprechen ist schließlich ein soziales Phänomen, mit kommunikativer Absicht.
Nach diesen Überlegungen können wir ein Schema einer "Einbettungshierarchie für sprachliche Phänomene" angeben, das S.J.Schmidt (44) entnommen wird:

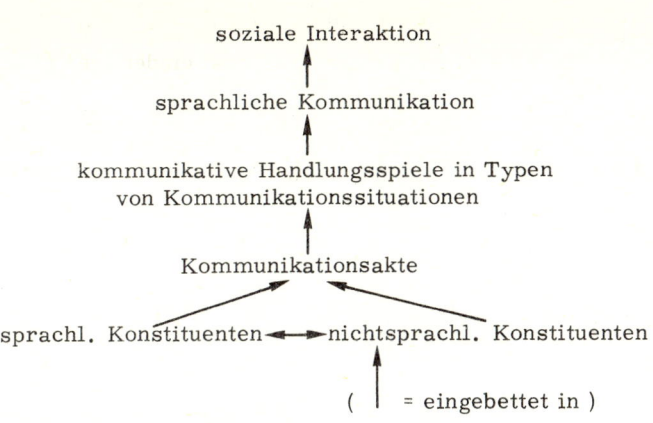

(| = eingebettet in)

Das Sprechen ist also eine Handlung; um die Handlung des Sprechens von anderen Handlungen zu unterscheiden, benützen wir mit seiner vollen Bedeutung den Ausdruck "Sprechakt". Denn, etwas sagen ist immer etwas tun. D.h. Sprechen ist ein performativer Akt.
Jeder Sprechakt vollzieht nach J.R. Searle drei Arten von Akten:
" (a) Äußerung von Wörtern (Morphemen, Sätzen) = Vollzug von <u>Äußerungsakten</u>;
 (b) <u>Referenz und Prädikation</u> = Vollzug <u>propositionaler</u> Akte;
 (c) Behaupten, Fragen, Befehlen, Versprechen usw. = Vollzug <u>illokutionärer</u> Akte." (45)
Außerdem intendiert jeder Sprechakt, einen perlokutionären Akt zu vollziehen, d.h. Konsequenzen und Wirkungen auf den Hörer zu haben.
Die Proposition des Sprechaktes ist nach Searle "von ihrer Behauptung oder Aussage streng zu unterscheiden" (46). Er definiert sie als den Gehalt des illokutionären Aktes. Für dieselbe Proposition können wir verschiedene Typen von illokutionären Akten haben nach der Formel:

$$F(p)$$

wobei /F/ für "illocutionary force", und /(p)/ für "proposition" steht (47).

Nach dieser Formel kann man die verschiedenen Typen von Sprechakten ausdrücken. Wir benutzen dabei die Formulierungen von Searle selbst (48):

(p) für Behauptungen
! (p) für Aufforderungen
V (p) für Versprechungen
W (p) für Warnungen
? (p) für Ja-Nein-Fragen usw.

Die Regeln, die jedem Sprechakt zugrundeliegen, sind nicht regulativer, sondern konstitutiver Natur (49). Diese schaffen neue Verhaltensformen, und ohne sie käme kein Sprechakt zustande: "Die semantische Struktur einer Sprache läßt sich als eine auf Konventionen beruhende Realisierung einer Serie von Gruppen zugrundeliegender konstitutiver Regeln begreifen"(50).

Searle gibt nach einer Analyse des illokutionären Aktes des Versprechens die Regeln an, die für jeden illokutionären Akt gelten sollen:
1 Regel des propositionalen Gehaltes: Der Sprechakt bringt eine Proposition zum Ausdruck.
2 Einleitungsregeln: Es sind die sogenannten Präsuppositionen des Sprechaktes, auf die wir später eingehend zurückkommen werden.
3 Aufrichtigkeitsregel: Der Sprecher beabsichtigt wirklich den Sprechakt zu vollziehen.
4 Wesentliche Regel: Jeder Sprechakt hat seine eigene wesentliche Regel, die einen Sprechakt von den anderen unterscheidet. J.R. Searle stellt fest, daß diese am Beispiel des Versprechens gewonnenen Regeln des illokutionären Aktes nicht nur den von Austin genannten "performatives" eigen sind, sondern auch anderen Sprechakten, ja dem Sprechen der Sprache an sich.
Auf diese Weise klassifiziert Searle als Sprechakte nicht nur das Auffordern, das Versprechen, die Frage, das Danken, Raten, Warnen, Grüßen und Beglückwünschen, sondern auch das Behaupten, das Referieren (Referenz) (51) und das Prädizieren (Prädikation) (52) von etwas über etwas.

Da der Indikator des illokutionären Aktes nicht immer ausgesprochen wird, so wird es manchmal schwer fallen, den Typ von Sprechakt zu bestimmen. "Es ist möglich, daß es mehrere verschiedene nichtsynonyme illokutionäre Verben gibt, durch die sich eine gegebene Äußerung korrekt charakterisieren läßt. Nehmen wir zum Beispiel an, daß eine Frau auf einer Party sagt: "Es ist wirklich sehr spät". Diese Äußerung kann auf der einen Ebene eine Tatsachenaussage sein. Für den Gesprächspartner, der gerade eine Bemerkung darüber gemacht hat, wie früh es ist, kann sie (und kann sie ihrer Intention gemäß) ein Protest sein; für den Ehemann kann sie (und kann sie ihrer Intention gemäß) ein Vorschlag oder sogar eine Aufforderung ("Laß uns nach Hause gehen") oder auch eine Warnung sein ("Du wirst dich morgen früh unwohl fühlen, wenn wir nicht gehen")" (53). Wo also der Indikator der Illokution fehlt, soll man möglichst viele Faktoren berücksichtigen, wie den perlokutionären Effekt, den Sprecher, den Hörer, den Kontext, kurz die Situation im allgemeinen, in der der Sprechakt vollzogen wird. Das Gewicht, das die Situation beim Vollzug des Sprechaktes einnimmt, wurde schon von Austin erkannt: er verweist auf die Rolle von "tone of voice", "cadence", "emphasis", "circumstances" (54), um den Typ von "performative" zu bestimmen.
Es wird hier von Kommunikationssituationen gesprochen und nicht von Situationspräsuppositionen. Auch für S.J.Schmidt ist die Einbettung des Sprechaktes in die Kommunikationssituation "(= räumliche und zeitlich lokalisierte Einbettung eines kommunikativen Handlungsspiels)" (55) zu berücksichtigen.
Texttheoretisch kann man sagen: Wie die Polysemie des Lexemes erst durch die Vertextung monosemiert wird, so wird die Unbestimmtheit oder Polysemie eines Sprechaktes erst durch die Kommunikationssituation bestimmt und monosemiert (56).
Das wird natürlich zu einem schwierigen Problem bei schriftlichen Texten. Sich auf die außertextuelle Situation zu berufen, sie wieder zu entdecken,

kann sehr schwierig, ja manchmal unmöglich sein. Diese Schwierigkeit soll aber noch nicht bedeuten, daß außersprachliche Situationen keine Bedeutung mehr besitzen. "Dieses Problem einer Formalisierung der Umstände ist noch zu lösen. Aber es wäre falsch, wenn die Semiotik, nur weil das Problem nicht auf formal elegante Weise gelöst ist, den enormen Einfluß negierte, den der Umstand auf die Kommunikation hat. Nicht nur <u>verändert der Umstand den Sinn der Botschaft</u>, sondern er <u>verändert auch deren Funktion</u>" (57). Es ist dann nicht zu verstehen, wie man sagen kann, ein schriftlicher Text entziehe sich völlig den außersprachlichen Umständen, ja seinem Autor selber, und werde ganz selbständig. Denn würde der Autor noch leben, könnte man immer Rückfragen stellen, um den <u>gemeinten</u> Sprechakt zu rekonstruieren. Ist der Autor aber gestorben, so soll man sich mit dem intratextuellen Kontext begnügen. Das ist aber eben ein Notzustand, und daraus läßt sich eine Hypostasierung des Textes kaum ableiten. Das bedeutet aber noch zweierlei. Erstens: "In vielen Fällen hängt die semantische Interpretation eines Textes in kommunikativen Situationen von unserem empirischen Wissen, von Präsuppositionen und im Kommunikationsprozess stillschweigend investierten Zusatzinformationen ab" (58). So daß die Interpretation eines Textes sich "in einem <u>ständigen Hin und Her</u>, vom Werk zur Entdeckung des ursprünglichen Codes ... und von dieser Entdeckung zum Versuch einer werktreuen Lektüre" (59) abspielt. Erstens dann sind solche Versuche, Zusatzinformationen über den Sprechakt zu bekommen, immer zu befürworten. Andererseits aber kann man über diese Entdeckungen nie ganz sicher sein, so daß man mit einer gewissen "Unbestimmtheit" des Textes rechnen muß. Diese Unbestimmtheit ist nicht zuletzt der Grund eines gewissen Freiheitsraums der Lektüre des Textes und der Konstitution der Appellstruktur der Texte (60).
Wir haben die Wichtigkeit der Kommunikationssituation etwas lange betrachtet, weil dieses Problem überhaupt sehr wichtig ist für die Untersuchung der Gleichnisse Jesu als Sprechakte.

c <u>Präsuppositionen und Regeln für das "Glücken" der Sprechakte</u>

Beginnen wir mit einem Beispiel, das von D. Slakta analysiert wird (61). Damit der Satz "Ich taufe dich im Namen des Vaters ...." nicht nur ein korrekter Satz sei, sondern auch illokutionäre Kraft bekomme, müssen einige Konventionen, oder, wie D. Slakta sagt, muß eine Institution da sein. Diese christliche Institution, Taufe genannt, schreibt vor, daß der Adressant (Sprecher) eine von der Institution anerkannte Person sei, daß der Adressat gewisse Charakteristika besitze (daß er z.B. ein Mensch sei), und drittens, daß der Ritus genau vollzogen wird.
Nicht immer aber geht es um Institutionen. Nehmen wir ein anderes Beispiel: Damit der Satz "Bitte, öffnen Sie die Tür" als Befehl oder Aufforde-

rung aufgenommen wird (62), muß man einige Voraussetzungen machen: Daß z.B. die Tür geschlossen ist, und daß der Hörer weiß, um welche Tür es geht. Hier geht es allgemein um pragmatische Voraussetzungen, die Hörer und Sprecher machen, um einen Satz als illokutionären Akt aufzufassen. Damit sind wir einen Schritt weiter gegangen: Bei einem Illokutionsakt macht man Voraussetzungen. Diese Voraussetzungen sind auf der Kommunikationsebene zu sehen und nicht auf der semantischen Ebene. D.h., damit die Kommunikation zustandekommen kann, muß man Voraussetzungen machen. Wichtig ist, festzuhalten, daß nicht der Satz Präsuppositionen macht, sondern der Sprecher und der Hörer. D.Wunderlich schreibt: Die Kommunikation funktioniert dadurch, daß "Sprecher implizit eine Reihe von Voraussetzungen machen, die sie für gegeben bzw. evident halten, und daß der Hörer dann nicht nur zu den expliziten Aussageinhalten, sondern auch zu den impliziten Voraussetzungen (sofern er sie zu rekonstruieren vermeint) Stellung nimmt" (63).

Damit aber sind nur die Voraussetzungen des illokutionären Aktes angedeutet worden. Damit aber der Illokutionsakt auch perlokutionären Effekt hat, müssen die Voraussetzungen auch vom Hörer akzeptiert werden. Und das ist eben eine Präsupposition des Perlokutionsaktes.

Wir können mit S.J.Schmidt die Präsupposition folgendermaßen definieren: "Präsuppositionen sind alle Arten von impliziten (mitbehaupteten) Voraussetzungen, die vom Sprecher gemacht werden, wenn sie einen Kommunikationsakt erfolgreich durchführen (wollen). Präsuppositionen müssen - soll der Kommunikationsakt erfolgreich sein - von allen Kommunikationspartnern aus einer Äußerung entnehmbar sein und für wahr gehalten werden" (64). Wenn die Präsuppositionen des Sprechers vom Hörer nicht angenommen werden, bleibt der Illokutionsakt ohne Effekt, d.h. wird nicht zu einem Perlokutionsakt.

Die Regeln für das "Glücken" eines Illokutionsaktes können wir mit D.Wunderlich zusammenfassen (65):

1. Regel: Es gelten normale Kontaktbedingungen:
2. Regel: Bedingungen des propositionalen Gehaltes:
   Der Sprecher (S) drückt in der Äußerung von T aus, daß p (Proposition).
   Indessen drückt S eine zukünftige Handlung A (action) von H (Hörer) aus.
3. Regel: Voraussetzungsbedingungen:
   S und H akzeptieren ihre gesellschaftliche Rolle.
   S nimmt an, daß H A tun kann.
   H kann A tun.
   S glaubt, es sei Interesse von H, A zu tun.
   Es ist nicht sicher, daß H A tun würde, wenn S T nicht sagen würde.
4. Regel: Bedingung der Ernsthaftigkeit:
   S will die Interessen von H.
5. Regel: Wesentliche Bedingungen für den Sprechakt:
   S will H überzeugen, A zu tun, und daß es in seinem Interesse ist.
6. Regel: Bedingung des Verstehens:
   S möchte, daß H T als Äußerung seiner Absicht nimmt, ihn zu überzeugen.

7. Regel: Akzeptionsbedingung:
   H akzeptiert T als Äußerung der Intention von S
8. Regel: perlokutive Bindung:
   H akzeptiert, daß es in seinem Interesse ist, A zu tun, und tut A.

d Typen von Illokutionsakten

Es ist angebracht eine allgemeine Klassifizierung von Sprechakten anzugeben.
J.L. Austin gibt diese Klassifizierung an:
1. Die Klasse der "Verdiktives".
   Solche Sprechakte sind charakterisiert durch "the giving of a verdikt, as the name implies, by a jury, arbitrator, or umpire" (66).
   Sie müssen aber nicht endgültig sein. Sie können auch eine Wertung sein, oder Vermutungen, Berechnungen ...
2. Klasse der "exercitives".
   Es sind Sprechakte, die die Ausübung von Macht und Recht oder Einfluß darstellen: Beispiele: Befehle, Aufforderung, Rat, Warnung ...
3. Klasse der "commissives".
   Beispiele: Versprechung, Willenserklärung, Schwur, Einverständnis, Wette ...
4. Klasse der "Behabitives".
   Diese Klasse von Sprechakten haben mit sozialem Verhalten zu tun. Beispiele: Entschuldigung, Beileidsausdruck, Gratulieren, Empfehlen, Fluchen ...
5. Klasse der "expositives".
   Beispiele sind Beschreibungen, Berichte, Feststellungen usw.

Damit ist so kurz wie möglich über die Theorie der Sprechakte berichtet worden. Nun besteht unsere Aufgabe darin, zu bestimmen, inwiefern und zu welchen Klassen von Sprechakten die Metapher als disclosure-Modell gehört.

2 Die Metapher als Sprechakt

Obwohl der Sprechakt sich erst auf der Ebene der Kommunikation vollzieht, ist es angebracht, zunächst zu bestimmen, welche Elemente des Illokutionsaktes schon auf der Ebene der disclosure des Autors in nuce gegeben sind (67). Das haben wir schon am Anfang dieses Kapitels untersucht (68).

Wir wollen es kurz wiederholen und die Analyse erweitern. Dabei berufen wir uns wieder hauptsächlich auf das Werk von D.D.Evans.
Betrachten wir wieder die folgende Metapher:
"Der Tod ist der Spott menschlicher Hoffnung" (69).
Die Voraussetzungen, die eine solche Metapher auf der Ebene des Autors macht, sind verschiedene.
Zunächst ist das "commissive" Element vorhanden. Der Autor der Metapher sieht den Tod als den Spott menschlicher Hoffnung. Es ist seine Vision des Todes, und diese Vision engagiert sein Leben und seine Weltanschauung.
Dann ist das "verdiktive" Element gegeben. Durch diese Metapher klassifiziert er den Tod, gibt ein Urteil über ihn.
Drittens ist auch das "expositive" Element vorhanden. Die Metapher drückt aus, stellt fest, wie der Autor über den Tod denkt.
Viertens ist auch das "behabitive" Element gegeben, denn das Urteil des Autors über den Tod impliziert Konsequenzen für sein Verhalten. Das ist, was wir eben als Engagement in der disclosure oder in der Metapher als disclosure bezeichnet haben. Man kann diese Analyse verallgemeinern und sagen, daß jede Metapher schon als Versprachlichung einer disclosure diese Elemente hat. Was geschieht dann, wenn man die disclosure/Metapher sprachlich artikuliert und kommuniziert?
Die Metapher als Sprechakt, als kommunikative Handlung dann, verliert keines der Elemente, die wir bis jetzt analysiert haben, sondern projiziert sie in die Kommunikation hinein. Die versprachlichte Metapher gilt dann als disclosure-Modell. Der Sprecher/Autor der Metapher teilt dem Hörer mit, daß die Metapher seine Auffassung zum Ausdruck bringt ("expositive" Element), daß sie auch seine Überzeugungen wiederspiegelt ("commissive" Element), Überzeugungen, die er selber durch die Metapher mitteilen will, und die eine gewisse Weltanschauung von ihm enthalten ("verdiktive" Element), und endlich daß er an diese Überzeugung hält und danach handelt ("behabitive" Element).
Aber die Mitteilung der Metapher, die Kommunikation der Metapher an den Hörer seitens des Sprechers, um kommuniziert zu werden, setzt voraus, daß der Hörer die Metapher versteht. In dieser Hinsicht ist jede Kommunikation der Metapher eine Aufforderung, dieselbe Übertragung zu machen. Der Sprecher der Metapher befindet sich in einer übergeordneten Position, wenigstens in dem Sinn, daß er eine Einsicht gehabt hat, die der Hörer voraussichtlich noch nicht so hatte. Es ist dann einleuchtend, daß die Kommunikation der Metapher das Element des Aufforderns hinzugewinnt: die Metapher als disclosure-Modell ist dann ein "exercitive" Sprechakt.
Um den Inhalt des "exercitive" Sprechaktes der Metapher näher zu definieren, können wir sagen, daß der Sprecher den Hörer dazu bringen möchte, sich seine "verdiktive", "commissive", "behabitive" Elemente, also sein Engagement der Metapher gegenüber zu eigen zu machen, durch das Verstehen und Annahme der "Mitteilung" ("expressive element" der Metapher). Das kann nur geschehen, wenn der Hörer bereit ist, und fähig ist, die Übertragung, die vom Sprecher gemacht wurde, selber nochmal zu machen

und zur selben Einsicht und zum selben Engagement (zur selben disclosure) kommt wie der Sprecher.
Anders gesagt, versucht der Sprecher zu zeigen, was er gesehen hat, damit der Hörer dasselbe sieht.

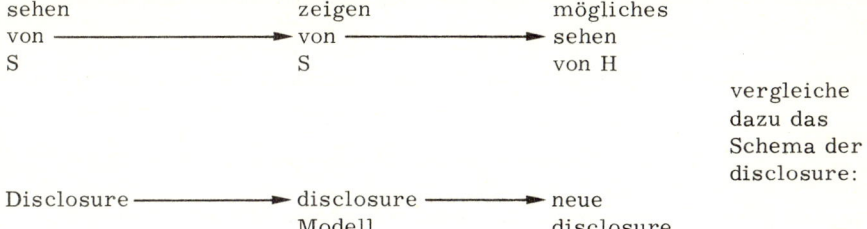

Damit der Sprechakt der Metapher glückt, müssen alle Regeln für das Glücken eines Sprechaktes befolgt werden.
1. Es müssen normale Kontaktbedingungen gelten: d.h. man müßte alle "Störungen" im "Kanal", beim Sprecher und Hörer und im "Code" beseitigen.
2. Es müssen die Bedingungen des propositionalen Gehaltes erfüllt werden. Bei der Metapher aber ist immer zu berücksichtigen, daß die Proposition nie getrennt von der Metapher zu haben ist. Deshalb besteht die Eigenart der Metapher dieser Regel gegenüber, daß der propositionale Gehalt nur im Zusammenspiel von Bildspendergeschichte und Bildempfängergeschichte zu gewinnen ist. Wer diese Bedingung nicht erfüllt, zerstört die Metapher und deshalb den Sprechakt.
3. Es müssen die Voraussetzungsbedingungen erfüllt werden: Hörer und Sprecher müssen ihre Rolle akzeptieren. S muß annehmen, daß H dasselbe "sehen" kann als er. H kann tatsächlich dieselbe Übertragung der Metapher machen. Es liegt im Interesse von H, das zu tun. Es besteht Zweifel, daß H dasselbe "sehen" würde ohne das "Zeigen" von S.
4. Die Bedingung der Ernsthaftigkeit muß erfüllt werden: S wünscht im Interesse von H, daß H dieselbe Einsicht hat als er.
5. Es muß die wesentliche Regel erfüllt werden: S muß H dazu bringen wollen, die Übertragung der Metapher seinerseits zu vollziehen. S gibt auch zu verstehen, daß er diese Übertragung schon gemacht hat und daß er sie für gut hält.
6. Es muß die Bedingung des Verstehens erfüllt werden: S möchte, daß H versteht, daß die versprachlichte Metapher ein Zeichen dafür ist, daß S H überzeugen möchte, zur selben Einsicht zu kommen.
7. H akzeptiert, daß die Metapher die Äußerung der disclosure von S ist.
8. H akzeptiert, daß es in seinem Interesse liegt, zur selben disclosure zu kommen, und will es.
Wenn eine von diesen Bedingungen nicht erfüllt wird, dann wird der Sprechakt nicht richtig vollzogen, und dann ist auch keine richtige Kommunikation da.
Die Gefahr der Metapher besteht eben darin, daß man sie als Sprechakt

nicht zur Geltung kommen läßt. Dann hört man eben die Geschichte bzw. die aufeinander projizierten Geschichten, aber man wird unfähig, den Sinn zu verstehen, und löst die Spannung der Metapher überhaupt nicht, so daß die Metapher zur Verdunkelung des Sinnes, zur Verhüllung des Lichtes wird, wo sie doch als Sprechakt zu einer disclosure führen wollte.

Schlußwort zum ersten Teil

Es ist inzwischen klar geworden, daß es uns bei unserer Untersuchung nicht um irgendeine disclosure geht, sondern um jene, die sich in der Metapher vollzieht.
Drei Hauptansätze wurden aufeinander bezogen, um einen neuen Standpunkt zu gewinnen, aus dem her die Gleichnisse Jesu gesehen werden können. Die drei Ansätze wurden nicht zwanghaft aufeinander bezogen: viele Vergleichspunkte waren gegeben. Zunächst ist die auffallende Gemeinsamkeit von vielen Punkten zwischen disclosure und Metapher, die die Anwendung der Technik der disclosure auf die Gleichnisse ermöglicht. Zweitens ist die Theorie der Sprechakte eine notwendige Ergänzung der Technik und der Theorie der disclosure und der Metapher. Es scheint, daß gerade diese Koppelung von Theorien eine angemessene, wenn auch nicht vollständige, geschweige denn die einzige Theorie sein kann, die ein tieferes Verständnis der Gleichnisse Jesu gerade auf der Ebene der Pragmatik bringen könnte.

Zweiter Teil

GLEICHNIS, METAPHER UND DISCLOSURE

EINLEITUNG

Es gilt in diesem zweiten Teil der Arbeit, die Konsequenzen und Schlußfolgerungen, die im ersten Teil gewonnen wurden, auf die Gleichnistheorien anzuwenden, und zu den Gleichnissen theoretisch Stellung zu nehmen. Deshalb wird in diesem zweiten Teil keine nähere Einzelanalyse von Gleichnissen gemacht, obwohl man die Gleichnisse nicht mehr außer Acht lassen kann. Sie werden jetzt aber nur als Belegmaterial für die Theorie, als Beispiele also, angesehen. Einzelanalysen von einigen Gleichnissen werden erst im dritten Teil der Arbeit ausführlich gebracht.
Die Auseinandersetzung mit den Gleichnistheorien will auch begrenzt sein. Die Gleichnisse Jesu sind seit je eines der beliebtesten Auslegungsobjekte der Exegese. Wir können aber nicht mehr zu den Kirchenvätern zurückkehren. Diesbezüglich stellt A. Jülicher einen Meilenstein dar. Wir wollen also gerade mit dem Werk von A. Jülicher die Grenze unserer Betrachtung ziehen, gerade weil er sich entscheidend mit den früheren Gleichnistheorien auseinandergesetzt, ein klares Wort über die Beziehungen zwischen Gleichnissen und Metapher gesagt und entscheidend die spätere Gleichnisauslegung beeinflußt hat.
Die Bedeutung, die A. Jülicher in der Auslegungsgeschichte einnimmt, kann durch die berechtigte Kritik an Grenzen seines Ansatzes nicht vermindert werden. Gerade die Feststellung, daß alle modernen Gleichnisausleger sich nicht mehr mit der vor Jülicher herrschenden Auslegung auseinanderzusetzen brauchen, beweist, daß er der Exegese der Gleichnisse einen großen Dienst geleistet hat. Dieser Dienst besteht weniger darin, daß er die allegorisierende Auslegung der Gleichnisse bekämpft hat, sondern vielmehr darin, daß er nachgewiesen hat, daß man die Gleichnisse nicht nach Belieben ex- bzw. eisegetisieren darf, daß man eben Kriterien für die Auslegung haben muß. Diese Kriterien sucht Jülicher in der zeitgenössischen Literaturwissenschaft (1) und er bietet dabei viel mehr linguistische Ansatzpunkte als die folgende Forschung (2).

Es wird also in diesem zweiten Teil versucht, die Gleichnisse Jesu (3) als Metapher und deshalb als disclosure-Modell und als Sprechakt anzusehen. Durch diese Methode wird versucht, einige der traditionellen Probleme der Gleichnisauslegung zu lösen bzw. einige Vorschläge für ihre Lösung zu machen.

I. Kapitel: DAS GLEICHNIS ALS METAPHER

A In der Auslegungsgeschichte

Das Werk von A.Jülicher (4) gilt dem Kampf gegen die allegorisierende Auslegung der Gleichnisse Jesu (5). Der Eifer des Kampfes, der gewiß berechtigt war, hat ihn aber irgendwie geblendet. Einer der vielen bezeichnenden Sätze von Jülicher bringt ein schwerwiegendes Mißverständnis von ihm zum Ausdruck: "Der Sinn des Wortes 'Allegorie' muß hier in erster Linie genau umschrieben werden, weil es der Kampf gegen die <u>allegorisierende</u> Auslegung von Jesu-'Parabeln' ist, an dem ich mich mit dieser Arbeit beteiligen möchte" (6). Auf den Unterschied zwischen "Allegorie" (7) und "Allegorese" (8) wird von Jülicher nicht genau oder überhaupt nicht hingewiesen. Und dies ist die Ursache, daß er eine ganze Reihe von Kurzschlüssen zog. Der erste Kurzschluß ist, daß die Allegorien der Evangelien auch Allegoresen sind, also Handwerk der Evangelisten (9), und deshalb dem ersten Anschein nach willkürlich (10). Der zweite Kurzschluß ist, daß Jesus nicht mit Allegorien gesprochen hat: "Trotz der Autorität so vieler Jahrhunderte, trotz der größeren Autorität der Evangelisten kann ich die Parabeln Jesu für Allegorien nicht halten; es spricht nämlich nicht weniger als alles dagegen" (11). Daß es dabei nicht nur um einen Kurzschluß, sondern auch um ein Vorurteil von Jülicher geht (12), beweisen gerade die Gründe, die er angibt: "Unwahrscheinlich darf ich es nennen, daß Jesus die Allegorie so überaus gern angewendet haben sollte. Denn die Allegorie ist eine der künstlichsten Redeformen ... Die Herstellung einer geordneten Reihe von Bildern erfordert Arbeit ..." (13). Als ob Jesus die Arbeit nicht hätte leisten können. Das Vorurteil Jülichers beruht auf nicht bewiesenen Prämissen: Die Allegorie sei eine dunkle Redeform, während die Parabeln umgekehrt eine eigentliche und erhellende Redeform seien (14); Jesus wolle der Volksmenge seine Lehre beibringen, darum konnte er nicht eine dunkle Redeform wählen (15). Uns geht es nicht darum, alle Vorurteile Jülichers aufzuzählen. Es genügt, das Unbewiesene aufzudecken und es womöglich, wo es nötig ist, anders zu erklären.
A.Jülicher folgt den Grundsätzen der Poetik und Rhetorik des Aristoteles (16). Jülicher übersetzt das Wort εἰκών mit "Bild" bzw. "Vergleichung" (17). Somit unterscheidet er grundsätzlich die Redeform der Metapher von der des Vergleichs (18). Vom Vergleich her entstehen die erweiterten Formen von Gleichnis, Parabel, Fabel und Beispielerzählung; von der Metapher dagegen die erweiterten Formen der Allegorie und des Rätsels (19). Die Grundformen und die abgeleiteten Formen haben grundsätzlich dieselben Merkmale. Auch die Metapher ist eine uneigentliche Rede: man muß sie deuten, wenn man sie verstehen will. Der Vergleich dagegen nicht; er deutet: also er ist eine eigentliche Rede. Es liegt also nahe, daß auch Jesus keine Metapher verwendet hat, wenn er seine Lehre durch Beispiele und Vergleiche erläutern wollte. Jülicher geht so weit, daß er die Gleichsetzung von Allegorie und Metapher voll akzeptiert: ἀλληγορία ἢ μεταφορά (20).

Bei Jülicher bleiben sehr viele Fragen offen. Zunächst einmal, ob die schroffe Unterscheidung und Scheidung des Vergleichs von der Metapher berechtigt ist, ob also auch der Vergleich eine Metapher sein könnte. Ferner, ob Gleichnis und Parabel tatsächlich eigentliche Rede sind. Ferner, ob die Unterscheidung auf höherem Niveau zwischen Parabeln und Allegorien praktisch immer durchführbar ist, und endlich, ob auch für Gleichnis und Parabel nicht dasselbe zutrifft, was er von der Metapher schreibt: "Außerhalb des Zusammenhanges ist jede Metapher ein absolutes Geheimnis" (21). Ob es also nicht vertretbar ist, daß "der Bezug auf die Situation aus der bildhaften Geschichte ein Gleichnis" macht (22). Bevor wir eine Antwort geben, wollen wir die weitere Entwicklung der Gleichnisauslegung in ihrem Einverständnis bzw. ihrer Auseinandersetzung mit Jülicher verfolgen. Einige Antworten wurden schon von anderen gegeben.

Es hat einige Zeit gedauert, bis sich die Auslegung der Gleichnisse Jesu von dem Schock, den Jülicher provoziert hatte, einigermaßen befreien konnte. Inzwischen hat sie unter einer gewissen Schizophrenie gelitten. Einerseits waren nach der Untersuchung von P.Fiebig (23), der altjüdische Gleichnisse und die Gleichnisse Jesu verglichen hat, die Ausleger der Gleichnisse gezwungen zuzugeben, daß Jülichers Werk den Blick verbaut hatte, um die Eigenheiten der Gleichnisse Jesu zu erkennen. Sie mußten zunächst anerkennen, daß die Gleichnisse Jesu keine reinen Gleichnisse sind, sondern daß sie manchmal Einzelmetaphern in sich eingebaut hatten (24), daß deshalb auch gemischte Formen vorhanden sein können (25). Andererseits hat die formgeschichtliche Methode, trotz ihrer hervorragenden Ergebnisse, nicht erlaubt, eine methodische Erklärung dafür zu finden, so daß man immer wieder die alte Unterscheidung zwischen Metapher und Vergleich machte, natürlich auf Kosten der Metapher (26). Die Allegorie wurde weiterhin als Allegorese der Evangelisten abgetan und als nicht authentisch erklärt (27). Obwohl man gezwungen war, zuzugeben, daß Jesus doch auch Metaphern und Allegorien hat gebrauchen können (28), hat man ständig eine gewisse Distanz und Antipathie gegenüber der Metapher und ihrem angeblich einzigen Kind, der Allegorie, gepflegt (29). Der Höhepunkt der Inkonsequenz auf diesem Gebiet ist gerade in einem der letzten Bücher über die Gleichnisse Jesu zu finden, in dem Buch von Dan O.Via (30). Er versucht mit allen Mitteln die Situationsunabhängigkeit der Gleichnisse zu retten. Deshalb muß er die Allegorie abwerten (31). Er kommt zur Einsicht, daß auch der "einzige Berührungspunkt" zwischen Bild- und Sachhälfte eine allegorisierende Auslegung und deshalb Zerstörung der ästhetischen Selbständigkeit des Gleichnisses ist (32), vertritt aber die These, daß die verschiedenen Einzelmetaphern, die in den Gleichnissen zu finden sind (also Hinweise auf außertextuelle Größen) das Gleichnis nicht zur Allegorie machen (33). Er merkt nicht ganz klar, daß das in Widerspruch steht mit dem, was er nur zwei Seiten weiter behauptet, nämlich daß Berührungspunkte mit außertextuellen Referenzen die Lösung der Einheit der Gleichnisse bedeuten (34).

Wir wollen nun keineswegs bestreiten, daß Vergleich, Gleichnis, Parabel und Allegorie verschiedene Redetypen sind. Wir vertreten nur die Ansicht,

daß sie alle Metapherntypen sind, daß also der so oft vertretene Gegensatz zwischen Metapher und Vergleich nicht zu Recht besteht, und daß der Unterschied zwischen Parabel und Allegorie immer ein Unterschied innerhalb der metaphorischen Redeweise ist.
Schon Ch. Dodd hatte das eingesehen, aber nicht konsequent entfaltet: "At its simplest the parable is a metaphor or simile" (35). "Now such a simple metaphor may be elaborated into a picture, by the addition of detail ... This is the type of parable which is called by the Germans Gleichnis" (36).

M. Hermaniuk (37) übersetzt das hebräische Wort "Maschal" mit Symbol, und leitet alle Formen des Maschals und der etlichen Parabel aus dem Symbol ab.
A. M. Hunter sagt ausdrücklich: "In germ, then, a parable is a figurative saying: sometimes a simile ('Be wise as serpents') sometimes a metaphor ('Beware of the leaven of the Pharisees'). What we call parables are simple expansions of these" (38). Nur deshalb kann man die logische Schlußfolgerung richtig einordnen, daß nämlich die Grenzen zwischen Allegorie und Parabel nicht sauber zu ziehen sind (39). Dieselben Autoren haben daraus allerdings nicht die Konsequenzen gezogen. Man kann sagen, ihre Aussagen sind nur aus einer texttreueren Untersuchung abgeleitet worden, passen aber im Ganzen mit ihrer Methodik nicht zusammen.
Neulich haben W. R. Funk (40) und J. D. Crossan (41) der Parabel als Metapher größere Aufmerksamkeit gewidmet, und es scheint, daß ihre Ansätze, wenn konsequent durchgeführt, sehr weit führen können.
Im Ganzen scheint die Infragestellung des Ansatzes Jülichers, was die Beziehung Metapher/Vergleich und Parabel/Allegorie betrifft, berechtigt. Das haben schon mehrere gemacht (42) und dies aus guten Gründen.
Es gibt in der Auslegungsgeschichte der Gleichnisse Jesu eine andere Richtung, die man als den Gegenpol zu Jülichers These bezeichnen könnte, obwohl einige von ihnen sich Jülicher nicht ganz entzogen haben, was bestimmte Einzelheiten angeht.
Charakteristisch für sie ist, daß sie alle die Gleichnisse als Selbstoffenbarung oder Zeugnis des Selbstbewußtseins Jesu auffassen. Deshalb neigen sie dazu, die Parabeln als Allegorien oder ganz nahe zu der Allegorie zu sehen. So vertritt J. J. Vincent nicht nur die Ansicht, daß Jesus in Allegorien gesprochen haben kann, sondern daß die Allegorie eine sehr große Rolle für die Selbstoffenbarung Jesu spielt (43). E. Fuchs stellt die Analogie als Basis der metaphorischen Redeweise hin (allerdings nicht die analogia entis (44)). Dann meint er, daß Jesus die Metapher näherliegt als das eigentliche Bildwort, und daß die Parabel näher der Allegorie als dem Bildwort steht (45). Das Fehlen von literaturwissenschaftlichen Methoden läßt aber diese Behauptungen nicht begründen. Dieselbe Einstellung hat auch E. J. Tinsley, der aber konsequenterweise die Metapher als Grundform von Vergleich, Gleichnis, Parabel und Allegorie hinstellt (46). Er sagt ausdrücklich, daß die Parabeln Allegorie sind und daß Jesus 'an allegorical mind' war (47).
Die verschiedenen Ansichten wurden ziemlich klar dargestellt. Auch die letzte läßt sich a priori nicht belegen. Es kann wohl sein, daß Jesus seine

Parabeln allegorisch verstanden hat, und daß sie erst durch den Verlust
des Situationsbezugs, "Parabeln" wurden. Wir wollen aber in diesem ersten Kapitel auf diese Problematik noch nicht eingehen. Wir wollen zunächst die moderne Metaphorik nach der Beziehung Metapher/Vergleich
und den anderen Formen des Gleichnisses, der Parabel und Allegorie befragen, und möglicherweise eine Metapherntypologie aufstellen. Danach
werden wir versuchen, andere Probleme, die schon angedeutet wurden,
anhand der modernen Metaphorik zu lösen, oder wenigstens Vorschläge
für ihre Lösung zu machen.

B Eine Metapherntypologie

Zunächst scheint angebracht, das Verhältnis zwischen Metapher und Vergleich zu bestimmen.
Die Definition von Quintilian: "metaphora brevior est similitudo" (48) wird
von H. Weinrich wiederholt angefochten. Für ihn ist eher das Gegenteil zu
vertreten: "Das Phänomen der Metapher ist ursprünglich; man kann den
Vergleich als eine erweiterte Metapher auffassen" (49). Das ist seine auch
anderswo vertretene Auffassung (50). Wir wollen zunächst aber darauf verzichten, zu bestimmen, welches Phänomen ursprünglicher ist. Wichtig ist
festzustellen, daß beide Redetypen untrennbar sind. Ist die Metapher ein
abgekürzter Vergleich oder, umgekehrt, der Vergleich eine erweiterte Metapher, bleibt es klar, daß sie beide zusammen gehören und daß trotz aller
Verschiedenheit, was den pragmatischen Erfolg und die syntaktische Zusammenstellung anbelangt, beide zusammenhängen.
Schon Aristoteles hatte das erkannt: er glaubt auch, daß die Metapher ein
Vergleich werden kann, und umgekehrt. "Auch der Vergleiche ist eine Metapher, denn es gibt nur einen kleinen Unterschied" (51). "Der Vergleich ist
eine Metapher, der sich nur durch die Hinzufügung von einem Wort unterscheidet" (52). Diese erste Feststellung ist sehr wichtig: Vergleich und Metapher sind zwei Ausdrücke derselben menschlichen Tätigkeit: der Übertragung.
Es wurde aber schon darauf hingewiesen (53), daß das Entscheidende für
die Metapher sich nicht auf der Ebene der Syntax abspielt, sondern auf der
Ebene der Semantik (54). Das gilt natürlich auch für die Bestimmung des
Verhältnisses zwischen Metapher sensu stricto und Vergleich. Es scheint
aber auf der semantischen Ebene klar, daß die Partikel "wie", die syntaktisch den Vergleich von der Metapher unterscheidet, belanglos ist. Wo immer eine Aufeinanderprojizierung von zwei auf verschiedenen Isotopieebenen liegenden Geschichten vorhanden ist, dort ist auch metaphorische Rede,
kurz: eine Metapher vorhanden. Es muß also noch einmal betont werden,
daß zwischen Metapher und Vergleich nicht die große Welt liegt, wie Jülicher und andere behaupten: ja, sie sind auf der semantischen Ebene die
gleiche Redefigur.

Der Unterschied ist dann auf der syntaktischen Ebene zu suchen, und auf dieser Ebene hat Ch.Brooke-Rose recht, zu behaupten, daß zwischen den beiden ein Unterschied besteht (55). Aber der Unterschied kommt erst später, nachdem man den gemeinsamen Ursprung erkannt hat. Zweitens, da die syntaktische Ebene nicht ausschlaggebend ist, so ist auch der Unterschied nicht wichtig. M.B.Hester schreibt diesbezüglich: "There is no essential difference between a simile and an implicit metaphor except for the case with which the former is recognizable due to its having a grammatical 'red flag' in the words "like", "as", etc." (56). Er nennt die zwei Redefiguren "implicit metaphor" und "explicit metaphor" oder "simile" (57). Auch W.H.Shibles vertritt dieselbe Ansicht (58). Wir brauchen also die Gemeinsamkeit der zwei Redefiguren nicht weiter zu betonen. Eine Typologie der Metapher setzt voraus, daß alle Metapherntypen etwas Entscheidendes gemeinsam haben: sie sind alle Typen der metaphorischen Redeweise. Den Unterschied werden wir zunächst auf der syntaktischen Ebene und dann auf der pragmatischen Ebene suchen, obwohl man auch auf diesen Ebenen das Gemeinsame nicht vergessen soll. Darauf werden wir noch eingehend zurückkommen.

Es ist hier vielleicht wichtig, bevor wir mit dem Gedankengang fortfahren, eine terminologische Erklärung zu geben. Wir werden noch weiterhin für Metapher, Parabel, Gleichnis usw. die Terminologie von H.Weinrich gebrauchen, um die zwei Pole dieser Redegruppen zu bezeichnen: <u>Bildspender (-geschichte)</u> für den Pol, der auf den anderen Licht spendet, also erklärt, für den also, der früher als <u>Bild</u> bezeichnet wurde; <u>Bildempfänger (-geschichte)</u> für den Pol, der erklärt werden soll, der <u>Licht braucht.</u>

Bevor wir eine Typologie der Metapher aufstellen, wollen wir einige scheinbare Aporien lösen. Wir haben gesagt, daß die Metapher eine Aufeinanderprojizierung von zwei auf verschiedenen Isotopieebenen liegenden Geschichten ist.

In dieser Definition sind drei Bedingungen für die Metapher aufgestellt:
    es müssen wenigstens zwei Termen vorhanden sein
    diese Termen enthalten eine Geschichte
    diese Geschichten liegen auf zwei verschiedenen Isotopieebenen.

Gegen die erste Bedingung scheint der nicht seltene Fall zu sprechen, daß die Metapher auch aus einem Term bestehen kann. Die Antwort scheint eindeutig zu sein: meistens wird der Bildempfänger nicht genannt. Er wird aber vorausgesetzt und durch den Kontext bestimmt, so daß immer zwei Terme vorhanden sind (59). Die zweite Bedingung scheint auch nicht immer erfüllt zu werden, denn oft besteht die Metapher nicht aus zwei Geschichten, sondern nur aus zwei Lexemen. Wir können den Einwand mit der Antwort kontern, daß nicht nur zwei Lexeme aufeinander projiziert werden, sondern ihre ganze Geschichte wird auf die andere projiziert, so daß also das Lexem als Vertreter seiner Geschichte anzusehen ist, einer Geschichte, die aus dem Lexem jederzeit entfaltet werden kann. D.h.: Die Bildspender- und Bildempfängerlexeme sind jederzeit ausdehnbar (60). Auch die dritte Bedingung ist für die Metapher unerläßlich. Es scheint aber, daß einige Redefiguren, wie die Synekdoche und die Metonymie, sich

dieser Bedingung entziehen. Das Gleiche würde dann für die Beispielerzählungen gelten. Dagegen ist festzuhalten, daß auch in der Metonymie und Synekdoche eine Übertragung von einer Ebene zu einer anderen stattfindet (61). Was die Beispielerzählungen angeht, werden wir später noch entscheiden, inwiefern und ob sie überhaupt als Metapher anzusehen sind.
Wir wollen noch eine terminologische Präzisierung einführen. Wir haben bis jetzt fast gleichgültig von metaphorischer Redeweise und Metapher gesprochen, um die sprachliche Funktion der Übertragung zu bezeichnen. Auch Stephen J. Brown spricht von Metapher in diesem Sinn: "The name of metaphor is meant to cover the figures known to grammarians and rhetoricians as metaphor proper, simile, metonymy, synecdoche, personification" (62). Damit keine Verwirrung in der Terminologie entsteht, werden wir die Funktion der Übertragung als "metaphorische Redeform" und die eigentliche Metapher einfach als "Metapher" bezeichnen. Was wir nachweisen wollen, ist, daß die Metapher die erste metaphorische Redeform ist, und daß alle anderen metaphorischen Redeformen von der Metapher abzuleiten sind. Es wird also das Schema verworfen, nach dem Metapher und Vergleich zwei ursprüngliche metaphorische Redeformen sind, von denen dann die anderen abgeleitet werden:

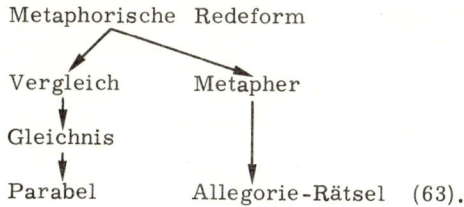

Wir legen unserer Typologie dagegen das folgende Schema zugrunde:

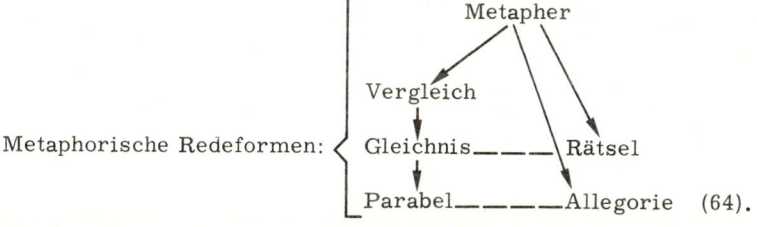

Fangen wir mit einem Beispiel einer Metapher an: "Achilles ist ein Löwe". Hier haben wir eindeutig eine Bildspendergeschichte (bzw. -Lexem) und eine Bildempfängergeschichte (bzw. -Lexem als Vertreter für die Geschichte), die auf zwei verschiedenen Isotopieebenen liegen. Wir können die Bildempfängergeschichte mit /A/ und die Bildspendergeschichte mit /B/ bezeichnen, und die Metapher folgenderweise umschreiben und verallgemeinern:

A ist B

Falls nur eine der zwei Stellen /A/, /B/ besetzt ist, sind zwei Möglichkeiten vorhanden: Es wird nur /A/ besetzt, /B/ dagegen nicht, dann erhalten wir eine Aussage, die keine Metapher ist: "Achilles". Damit also der Ausdruck eine Metapher bleibt, muß /B/ immer besetzt werden. /A/ kann dagegen auch unausgesprochen bleiben: "Der Löwe". Auch in diesem Fall aber soll eine Bedingung erfüllt werden: /B/ soll als Bildspender angesehen werden. D.h. /A/ kann wohl unausgesprochen bleiben, muß aber als Bildempfänger vorausgesetzt werden, damit /B/ als Metapher gilt (65). /A/ kann gelegentlich durch den Kontext oder durch die Situation determiniert werden. Wir nennen eine solche Metapher "verkürzte Metapher" (66). Wenn beide Stellen besetzt sind, handelt es sich um eine normale Metapher.

Syntaktisch, aber nicht semantisch, unterscheidet sich der Vergleich von der Metapher durch die Einführung der Partikel "wie" oder dergleichen. "Daß der Bildspender mit "wie" angeschlossen ist, gilt als sekundär gegenüber der Tatsache, daß das Prädikat den Bildempfänger umformt" (67). Statt /A/ ist /B/ haben wir dann: /A/ ist wie /B/. Wir hatten schon gesagt, daß der Bildspender dehnbar ist. Diese Ausdehnung kann verschieden geschehen. Den Vergleich: "Achilles war wie ein Löwe" nennen wir einen "offenen Vergleich". Den Satz "Achilles war wie ein Löwe an Kraft" einen "geschlossenen Vergleich", so wie "Achilles ist ein Löwe" eine offene Metapher und "Achilles ist ein Löwe an Kraft" eine geschlossene Metapher ist. Nicht nur der Bildspender ist dehnbar, sondern auch der Bildempfänger, weil beide Lexeme Vertreter einer "Geschichte" sind. Es können beide oder nur eine Stelle ausgedehnt werden. Wenn die Ausdehnung das Gefälle eines "Geschehens" einnimmt, spricht man von einem Gleichnis oder von einer Parabel (68). Die Parabel unterscheidet sich vom Gleichnis oft dadurch, daß das Gleichnis eine allgemeine, meist im Präsens geschilderte Geschichte erzählt, während die Parabel eine partikuläre, meist in der Zeitform der Vergangenheit geschilderte Geschichte erzählt.
Auch in dem Fall eines Gleichnisses oder einer Parabel kann gelegentlich - meist geschieht das in dem Fall der Parabel - der Bildempfänger bzw. die Bildempfängergeschichte unausgesprochen bleiben.
Es gilt aber so wie für die Metapher auch für das Gleichnis und für die Parabel, daß die Bildempfängergeschichte vorausgesetzt wird und durch den Kontext oder die Situation erkannt wird. Nur wenn beide Stellen dem Leser/Hörer gegenwärtig sind, kann man von einer Metapher bzw. von einem Gleichnis oder einer Parabel reden. "Solange man also nicht das bildspendende und das bildempfangende Feld gleichzeitig im Auge hat, ist von Metaphorik gar nicht die Rede" (69). Das ist ausdrücklich zu betonen; denn wie wir später sehen werden, lief die Gleichnisauslegung immer wieder die Gefahr, die Bildspendergeschichte zu isolieren, und dadurch das Gleichnis und die Parabel nicht mehr als Metapher anzusehen. H.Weinrich schreibt: "Als besonders verführerisch hat sich in der Metaphernforschung die Isolierung der bildspendenden Felder erwiesen" (70). Das ist in der Auslegungsgeschichte der Gleichnisse Jesu reichlich zu bezeugen.
Auch in dem Fall des Rätsels und der Allegorie ist die Bildempfängergeschichte vorauszusetzen. Nur daß im Fall des Rätsels die Bildempfängergeschichte als unbekannt angegeben wird: man soll 'raten'. Bei der Allegorie wird meist die Situation oder die Bildempfängergeschichte nicht als

unbekannt angegeben. Sie kann unausgesprochen bleiben oder auch ausgesprochen werden.
Wir können die Beziehungen zwischen Gleichnis, Rätsel, Parabel und Allegorie so aufstellen: Das Gleichnis steht zur Parabel wie das Rätsel zur Allegorie, in dem Sinn, daß Gleichnis und Rätsel als Redefigur allgemeine im Präsens geschilderte Geschichten erzählen, Parabel und Allegorie dagegen einmalige Geschichten und in der Zeitform der Vergangenheit.
Andererseits besteht zwischen Gleichnis und Parabel einerseits und Rätsel und Allegorie andererseits ein anderer Unterschied. Die ersten zwei projizieren Bildspender- und Bildempfängergeschichte als Ganzes aufeinander. Die anderen zwei projizieren die Bildspender- und Bildempfängergeschichte als Ganzes und in den einzelnen Punkten der Geschichten aufeinander:

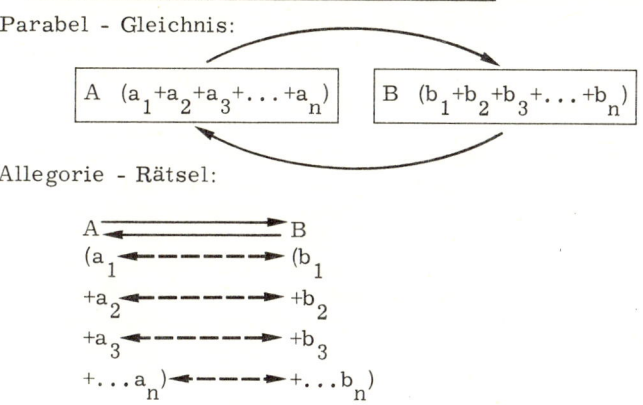

Parabel - Gleichnis:

$A\ (a_1+a_2+a_3+\ldots+a_n)$ $B\ (b_1+b_2+b_3+\ldots+b_n)$

Allegorie - Rätsel:

$A \longleftrightarrow B$
$(a_1 \longleftrightarrow (b_1$
$+a_2 \longleftrightarrow +b_2$
$+a_3 \longleftrightarrow +b_3$
$+\ldots a_n) \longleftrightarrow +\ldots b_n)$

Das scheint theoretisch gesprochen, im allem klar zu sein. Die Schwierigkeit beginnt erst, wenn man bestimmen will, ob eine metaphorische Redeform ein Gleichnis, eine Parabel oder eine Allegorie ist. Denn nicht nur im Alten und Neuen Testament, in der altjüdischen und neueren jüdischen Literatur gibt es Mischformen von Parabeln und Allegorien (71), sondern auch in der profanen Literatur. Oft sind auch im Gleichnis und in der Parabel Züge vorhanden, die klar von der Bildspendergeschichte unmittelbar auf Einzelzüge in der Bildempfängergeschichte verweisen. In diesem Fall ist es schwierig zu bestimmen, ob nicht die Parabel doch eine Allegorie sein kann, besonders schwierig, wenn die Situation verlorengegangen ist. Man könnte sogar zu sagen wagen, daß vielleicht keine reine Parabel möglich ist, wenn es war ist, daß die Bildspendergeschichte sich stets auf eine bildempfangende Geschichte bezieht: es wird immer einzelne Züge geben, die allegorischen Charakter haben.
Dieses Phänomen wird von H. Bosse als "Partnerschaft von Metaphern" bezeichnet (72). Der Bildspender kann allein da sein oder einen anderen einbeziehen. Die zwei Bildspender können voneinander ziemlich unabhängig sein, sie können auch untereinander verbunden sein, oder einige metaphorische Züge können direkt auf andere Züge des Bildempfängers verweisen.

Es wird in der Auslegungsgeschichte weithin angenommen, daß die Parabel und die Fabel als Stilfiguren praktisch die gleiche Figur sind (73), und daß der einzige Unterschied in der Moral besteht: die Parabel hätte eine übernatürliche Moral (74). Im übrigen werden Parabel und Fabel der Allegorie so grundsätzlich gegenübergestellt, daß man nicht mehr versteht, warum die klassischen Schreiber von Fabeln, Äsop und Phädrus, der eine vom Felsen gestürzt wurde, der andere von Sejanus bestraft wurde, wegen der persönlichen und situationellen Anspielungen ihrer Fabeln (75). Wenn man dann die These von E. Fuchs (76) und E. Linnemann (77) als Parallele heranzieht, daß Jesus wegen seiner Parabeln gekreuzigt wurde, dann wird man natürlich zu bedenken haben, ob Parabeln und Allegorien immer so verschieden sind.

Unsere These ist, daß aus einem unkritisch angenommenen scharfen Unterschied zwischen Parabeln und Allegorien der Schluß, daß die allegorischen Züge in den Parabeln sekundär sind, oder gar, daß Jesus unmöglich in Allegorien gesprochen hat, unberechtigt ist. Dafür muß man andere Kriterien angeben.

Andererseits ist auch der Unterschied zwischen Gleichnis und Parabel nicht immer so klar, wie man es möchte. Und auch zwischen Rätsel und Gleichnis bzw. Parabel sind die Grenzen nicht klar, wenn das Gleichnis nur die bildspendende Geschichte darstellt. Nehmen wir ein Beispiel eines klaren Rätsels (78): "Verborgenes Haus; es hat weder Tür noch Fenster; das Kind ist drin". Die Lösung des Rätsels (also der Bildempfänger) lautet: das Ei. Wir können aber durch eine Operation das Rätsel in ein Gleichnis verwandeln: "Das Ei ist wie ein verborgenes Haus, das weder Tür noch Fenster hat, und doch ist das Kind drin". Somit erhalten wir ein normales Gleichnis mit Bildspender- und Bildempfängergeschichte, das wie eine erweiterte Metapher bzw. ein erweiterter Vergleich funktioniert. Das besagt aber vielerlei. Es kann der Fall gewesen sein, daß die Situation, also die Bildempfängergeschichte der Gleichnisse Jesu den Evangelisten nicht gegenwärtig war, oder daß sie auch zur Zeit Jesu nicht leicht zu identifizieren war, oder daß wir sie im Evangelium nicht leicht identifizieren können. So haben wir vor uns nur die Bildspendergeschichte, die wie ein Rätsel aussieht. Das alles wird natürlich ein großes Gewicht gehabt haben, was die Parabeltheorie der Evangelisten anbelangt. Niemand kann aber daraus schließen dürfen, daß Jesus nicht so hat sprechen können.

Wenn man von dieser Perspektive her die Evangelien liest, entdeckt man, daß die Worte Jesu (79) alle Typen der metaphorischen Rede decken, von der einfachen Metapher bis zur Parabel und Allegorie. Es gibt einfache Metaphern wie Mt 6, 3-4: "Du aber, wenn du Almosen gibst, soll deine Linke nicht wissen, was deine Rechte tut", wo "wissen" eindeutig metaphorisch gebraucht wird und als Bildspender für den ganzen Satz dient. Manchmal werden einfache Metaphern erweitert bzw. der Bildspender wird zu einer kleinen Bildspendergeschichte, und man könnte vielleicht von einem Gleichnis reden, wenn auch die typischen Kennzeichen des Gleichnisses (80) oft fehlen. Man könnte dafür Mt 5,13/Mk 9,49-50/Lk 14,34-35 zitieren: Die einfache Metapher "Ihr seid das Salz der Erde" wird in ihrem

Bildspender erweitert: "Wenn aber das Salz schal geworden ist, womit soll man es salzen? Es taugt zu nichts mehr, als daß es hinausgeworfen und von den Leuten zertreten wird". Dasselbe geschieht mit der in Mt unmittelbar folgenden Metapher "Ihr seid das Licht der Welt". Die Bilder, die dieser Metapher folgen sind nicht andere, unabhängige Bilder, sondern eine Ausführung der Bildspendergeschichte "Licht". Alle Bilder gehören zum Bezugsfeld des Bildspenders.

In diesem zweiten Fall kann man ohne weiteres auch von einem Gleichnis reden, denn auch die Bildempfängergeschichte wird erweitert und mit einem "so" eingeleitet. Dieses "so" gilt als Signal für ein Gleichnis. Man merkt aber, daß der Unterschied zwischen einer erweiterten Metapher wie Mt 5,13 und einem Gleichnis wie Mt 5,14-16 wenigstens in diesem Fall ein rein syntaktischer ist, daß aber semantisch die zwei Metaphern auf gleiche Weise erweitert werden, um die Polysemie der Metapher in etwa zu reduzieren, oder fast um eine Bildermeditation zu bieten.

Zum selben Zweck dienen mehrdimensionale Metaphern, d.h. Metaphern, die aus mehreren Bildspendern für einen Bildempfänger bestehen. Es handelt sich auch in diesem Fall um jene "Partnerschaft der Metaphern", von der H.Bosse spricht (81). Als Beispiel kann Mt 7,6 gelten: "Gebt das Heilige nicht den Hunden und werft eure Perlen nicht vor die Schweine", oder Lk 11,9-10: "Bittet und es wird euch gegeben werden; suchet und ihr werdet finden; klopfet an, und es wird euch aufgetan werden".

Vergleiche sind auch vorhanden, wie z.B. Mt 10,16/Lk 10,3: "Seht, ich sende euch wie Schafe mitten unter die Wölfe. Seid also klug wie die Schlangen und ohne Falsch wie die Tauben". Es ist ein interessanter Fall, wie einige Metaphern von denselben Evangelisten zu Gleichnissen erweitert werden. Das ist insofern für uns interessant, indem wir eben zu zeigen versuchen, und zwar nicht nur theoretisch sondern auch anhand von Beispielen, daß Gleichnisse und Parabeln wie auch der Vergleich die Metapher als Stammutter haben. Nehmen wir wieder als Beispiel einer Metapher Lk 11,9: "Bittet und es wird euch gegeben werden". Das ist für sich genommen keine Metapher. Sie kann bloß eine normale Aufforderung sein, die zwischen den Menschen gilt. Sie wird jedoch zur Metapher, wenn sie Bildspender einer anderen Geschichte wird, nämlich einer Geschichte vom Beten. Daß das der Fall ist, beweist das unmittelbar folgende Gleichnis: "Wo ist unter euch ein Vater, den sein Sohn um Brot bittet und der ihm einen Stein gebe? Oder wenn er ihn um einen Fisch bittet, wird er ihm statt des Fisches eine Schlange geben? Oder wenn er ihn um ein Ei bittet, wird er ihm etwa einen Skorpion geben? Wenn nun ihr, die ihr böse seid, euren Kindern gute Gaben zu geben wißt, wieviel mehr wird euer Vater im Himmel Heiligen Geist denen geben, die ihn bitten!" (Lk 11,11-13).

Hier ist also zweierlei geschehen: Erstens: eine einfache Aufforderung wird zu einer metaphorischen Aufforderung, indem Lukas durch die Übertragung des Bittens und des Empfangens auf eine andere Isotopieebene (beten - erhört werden) eine Metapher erhält (erster Transformationsprozeß). Zweitens: die einfache Metapher wird zu einem Gleichnis ausgebaut, indem der Bildspender und in etwa auch der Bildempfänger in eine "Geschichte"

erweitert werden (zweiter Transformationsprozeß).
Eine zweite Metapher aus dem Kontext (Lk 11,9; vgl. Mt 7,7-8): "Klopfet an und es wird euch aufgetan werden", wird in ein zweites Gleichnis erweitert, das auch denselben Bildempfänger hat, nämlich das Gebet: "Wer von euch hätte einen Freund und ginge mitten in der Nacht zu ihm, um ihm zu sagen: "Freund, leihe mir drei Brote, denn ein Freund von mir ist auf der Reise zu mir gekommen, und ich habe ihm nichts vorzusetzen" - würde jener von drinnen antworten: "Belästige mich nicht; die Türe ist jetzt geschlossen, und meine Kinder und ich sind jetzt im Bett; ich kann nicht aufstehen und dir geben?" Ich sage euch: wenn er auch nicht deswegen aufstehen und ihm geben würde, weil er sein Freund ist, so würde er doch wegen seiner Zudringlichkeit aufstehen und ihm alles geben, was er braucht" (Lk 11,5-8).

Man kann darum sagen, daß das Gleichnis eine erweiterte Metapher ist, oder, daß die Metapher ein Gleichnis in nuce ist. Es ist nicht nötig nachzuweisen, daß Jesus auch in Parabeln gesprochen hat. Was wir hier noch eigens betonen möchten, ist folgendes: Wenn es stimmt, daß sowohl die Allegorie wie auch das Gleichnis von der Metapher ableitbar sind, dann kann man nicht mehr behaupten, Jesus hätte nicht in Allegorien sprechen können, weil die Allegorie dunkel ist, das Gleichnis dagegen anschaulich. Wir behaupten jetzt nur, und später werden wir es nachzuweisen versuchen, daß in der Metapher beide Momente vorliegen und daß sie auch im Gleichnis und in der Allegorie erhalten bleiben.

Wenn wir, dem Vorurteil Jülichers folgend, daß Jesus nie in Metaphern und Allegorien gesprochen habe, alles von den Evangelien wegstreichen was metaphorisch ist, dann bliebe vielleicht sehr wenig übrig. Um sich davon zu überzeugen, braucht man nur die Evangelien unter dieser Perspektive zu lesen.

II. Kapitel: DIE GLEICHNISSE ALS DISCLOSURE-MODELLE

A Die Nathan-Parabel bei I.T.Ramsey

R.W.Funk betrachtet die Parabel als eine erweiterte Metapher. Wie die Metapher so erschließt auch die Parabel den Sinn, indem sie durch das Erzählen zum Mysterium führt. Während die deskriptive Erzählung die Bedeutung beschreibt ("forcloses"), erschließt ("discloses") die Metapher den Sinn, der verborgen ist (1).
Es ist nicht nur der Gebrauch desselben Ausdrucks, der Funk an Ramsey annähert, sondern die gesamte Auffassung der Parabel. Eine Parabel ist ein Versuch, den Hörer durch das Phänomen (bzw. "Modell" bei Ramsey, "Bildspender" bei H.Weinrich) zum Sinn des zu erhellenden Geheimnisses (in der Terminologie der Metapherntheorie: zum Sinn des zu erhellenden Bildempfängers) zu führen.
Auch A.C.Thiselton sieht Berührungspunkte zwischen der Parabeltheorie und der Theorie von I.T.Ramsey: "It is fruitful, for example to compare the logical relationship between the Bildhälfte and the Sachhälfte in parables with I.T.Ramsey's important suggestions about models and qualifiers" (2). Die Analyse der Theorie I.T.Ramseys, die in dem ersten Teil der Arbeit erfolgt ist, muß jetzt bewertet werden, freilich nur unter Berücksichtigung der durch die Metaphorik und die Sprechaktanalyse gewonnenen Perspektiven.
Wir wollen mit der Analyse einer alttestamentlichen Parabel durch Ramsey anfangen; es handelt sich um die Nathan-Parabel (3).
Der Sprecher der Parabel ist ein Prophet und deshalb analysiert Ramsey diese Parabel im Zusammenhang der prophetischen Rede als disclosure-Sprache. "Es waren zwei Männer in derselben Stadt; 'der eine war reich, der andere arm'. Der reiche Mann besaß eine große Zahl von Kleinvieh und Rinder; der arme Mann besitzt nichts anderes als ein kleines Lamm. Es kommen Gäste; der reiche Mann hat Bedenken, das eigene Vieh zu schlachten; er holt sich das Lamm des armen Mannes und kocht es für sein großes Fest".
Hier haben wir eine "objektive" Geschichte. Dieser Situation gegenübergestellt urteilt David, daß der Mann, der das tat, "den Tod verdient hat" und "das Lamm vierfach ersetzen soll". So weit ist die Geschichte eine, die in der "Law Court" hätte erzählt werden können, und David hat ein objektives Urteil abgegeben. ... Der charakteristische Zug kommt erst im Vers 7: "Du bist der Mann". "The penny drops"; hier gibt es tatsächlich eine disclosure. David erkennt, daß die Geschichte von niemand anderem spricht als von <u>ihm selbst</u> ...
Aber es <u>gibt mehr</u> darüber zu sagen als dies. Betrachten wir 2 Sam 12 noch weiter. Nathan erinnert an die Großzügigkeit Gottes David gegenüber; er verurteilt David, weil er Gott verachtet hat; und dann "prophezeit" er David, daß Gott konsequenterweise "über dich Unheil aus deinem eigenen Haus kommen lassen" wird. Nun was "prophezeit" wird, wird auf diese Weise - nicht wahr? - zum Ausdruck dessen, was erschlossen wird. Es formuliert die disclosure ..." (4).

B Die Gleichnisse als "qualified models"

Einige Beobachtungen an der Analyse Ramseys können unsere Überlegungen systematisch weiter bringen.
Nicht nur die Metapher ist ein "qualified model", sondern jeder Typ von Metaphern, auch das Gleichnis und die Parabel. Bei der Analyse der Nathan-Parabel haben wir drei Elemente: zunächst eine Erzählung, die an sich eine normale (Ramsey sagt: eine "objektive") Geschichte ist. An sich ist diese Geschichte noch keine Parabel. Erst wenn sie als Bildspendergeschichte aufgefaßt wird, wird sie zu einer Parabel. In diesem Moment wird sie auf eine Bildempfängergeschichte übertragen und projiziert. Das zweite Element also ist die Bildempfängergeschichte, die nicht in der "erzählten Welt" zur Sprache kommt, sondern in der "besprochenen Welt" (5). Stellvertretend für die ganze Bildempfängergeschichte steht ein Satz: "Du selber bist der Mann". Daß er selber nicht der Mann der Geschichte ist, dürfte klar sein. Und doch, er ist andererseits der Mann der Geschichte. Das Lexem "sein" bzw. "ist" ist metaphorisch aufzufassen. David soll sich "als" diesen Mann "sehen", oder der Mann der Geschichte widerspiegelt ihn selber. So widerspiegelt auch die ganze Bildspendergeschichte die Bildempfängergeschichte, die vom Kontext der größeren Erzählung her bekannt ist.
Das dritte Element ist die weitere Rede des Nathan zu David. Ramsey sagt, diese Rede sei die Versprachlichung der disclosure. Man kann noch unterscheiden. Es handelt sich zweifelsohne um die Versprachlichung einer disclosure, allerdings der disclosure Nathans, d.h. des Erfinders der Geschichte bzw. des Erfinders der Übertragung oder des Bildfeldes David-reicher Mann. Er, Nathan, hatte David als den reichen Mann der Geschichte gesehen (6), so hatte er schon eine disclosure gehabt und diese durch eine Parabel zunächst metaphorisch zur Sprache gebracht, dann aber durch Drohworte, die das Urteil Davids auf diesen selbst anwenden.
Die disclosure Davids (und das wäre ein viertes Element), wie Ramsey gut sagt, ist nicht in seinem Urteil gegen den reichen Mann zu suchen, sondern in der Übertragung dieses Urteils auf ihn selbst. Dies kommt in einem Selbstbekenntnis zur Sprache: "Ich habe gegen Jahwe gesündigt" (7). Was ist inzwischen geschehen? David hat sich in die Rolle des reichen Mannes der Geschichte versetzt, sich in ihm gesehen, die Geschichte als Parabel (Metapher) für seine Geschichte verstanden, und die Konsequenzen gezogen. Wir haben dabei die zwei charakteristischen Elemente der disclosure: Einsicht und Engagement. Man kann sagen, die Parabel von Nathan ist in jeder Hinsicht eine geglückte Parabel.
Versuchen wir das Ganze durch ein Schema zu formalisieren:

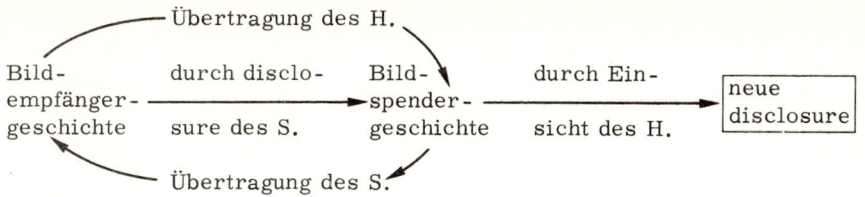

Wenn man dieses Schema mit dem des "qualified model" vergleicht, fällt auf, daß dieselben Elemente und dieselbe Struktur beim "qualified model", bei der Metapher und bei den Gleichnissen und Parabeln vorhanden sind (8).
Der Sprecher geht von einer Situation aus. Diese Situation kann eine konkrete sein, oder auch eine gedachte. Er reflektiert über sie und sieht sie unter einem metaphorischen Licht: er versprachlicht diese Vision oder disclosure in einer Geschichte (Bildspendergeschichte). Der Hörer wird durch die Geschichte oder über das Modell aufgefordert, die Situation oder die Bildempfängergeschichte aus der Perspektive des Modells zu sehen, also die Situation in die Geschichte zu versetzen. Es wird gehofft, daß der Hörer dadurch zur selben Vision wie der Sprecher kommt, das heißt zu einer persönlichen disclosure, daß er sich also die disclosure des Sprechers zu eigen macht. Die neue disclosure des Hörers muß nicht unbedingt in der "erzählten Welt" zur Sprache kommen. Ja, es kann auch der Fall sein, daß er nicht zur Einsicht kommt und die Parabel nicht "glückt". Es geschieht auch sehr oft, daß bei schriftlichen Texten nur die disclosure des Sprechers ausgesprochen wird und die Parabel selbst offen bleibt für den Hörer, so daß sie dadurch zu einem Appell wird.
Noch eins soll wieder betont werden, obwohl es eigentlich schon gesagt wurde. Nicht die Geschichte (Bildspendergeschichte oder Modell) ist die Parabel, sondern sie und die Situation zusammen. Ohne die Situation ist keine Erzählung eine Parabel. David hatte zwar die Geschichte Nathans wohl verstanden, aber nicht die Parabel. Er hatte die Geschichte bejaht, nicht jedoch die Parabel. Damit man die Parabel bejahen kann, muß man die Erzählung verneinen. Die Metapher und die Parabel haben doch das Moment der Verneinung und des Widerspruchs in sich eingebaut. David hätte, als Nathan die Geschichte erzählte, die Geschichte selber verneinen sollen: "es geht nicht um den reichen Mann, es geht um mich". Nur als er diese Operation machen konnte, infolge der Aufforderung des Propheten selbst, konnte er die Parabel bejahen: "Ich habe gegen Jahwe gesündigt". Formalisieren wir die ganze Geschichte:

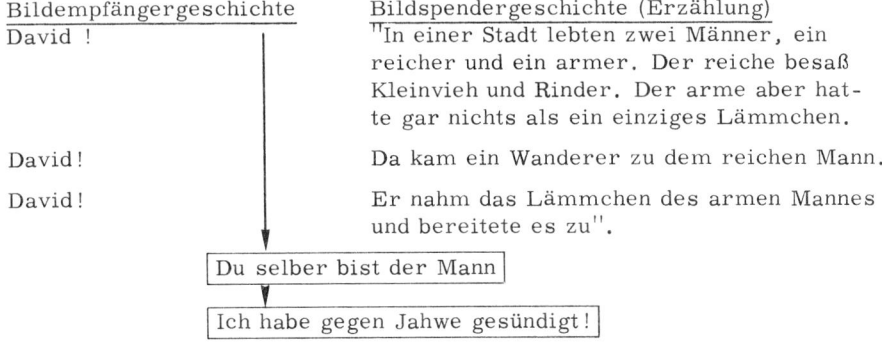

Die ganze Erzählung wird durch die Bildempfängergeschichte verneint (9). Nur wenn auch der Hörer zur Synthese der disclosure kommt, wird sie als Parabel bejaht.

Nebenbei bemerkt: Fast alle Autoren, die diese Parabel analysieren, sind der Meinung, daß sie eine Parabel und keine Allegorie sei (10). Es ist aber gerade an diesem Beispiel schwierig, zu sagen, wo die Grenze liegt. Denn nicht nur die Hauptgedanken haben selbständige Beziehungen zu Elementen der Außenwelt, sondern mit ein bißchen gutem Willen können alle Elemente allegorisch gedeutet werden. Es ist klar, daß die Möglichkeit einer vollständigen Allegorese noch nichts über die Möglichkeit besagt, daß Nathan die Geschichte ganz allegorisch gemeint hatte. Aber darüber kann man heute schlecht entscheiden, denn wir kennen die historische Situation nicht genügend.

Wenn E. Linnemann von der Allegorie spricht, sagt sie, sie sei unverständlich "wenn man nicht nur die allegorische Erzählung vor Augen hat, sondern auch den Sachverhalt, auf den sie sich bezieht" (11). Dann sagt sie etwas später, auch die Parabeln wurzeln in einer Ursprungssituation, und man kann sie verstehen "erst dann .. wenn man weiß, was das Gleichnis in jener konkreten Situation den ursprünglichen Zuhörern zu verstehen gab" (12). Gerade diesbezüglich existieren die Grenzen zwischen Allegorie und Parabel überhaupt nicht. Denn in beiden Fällen muß eine Situation (Bildempfänger oder "qualifier") vorhanden sein, damit eine Parabel oder eine Allegorie gegeben ist.

Wir wollen diese Polemik aber nicht weiter treiben, wenigstens nicht momentan. Dadurch wird aber nochmals nachgewiesen, daß der Unterschied zwischen Parabel und Allegorie theoretisch klar ist, aber praktisch sehr oft schwer erkennbar. Was hier versucht wurde, ist der Nachweis, daß die Gleichnisse als Metapher zu den von Ramsey genannten "disclosure models" zu rechnen sind.

C Vorschläge für die Lösung einiger Probleme

Anhand dieser neu gewonnenen Perspektive und anhand der Metaphorik soll nun versucht werden, einige der klassischen Probleme der Gleichnisauslegung neu zu betrachten.

a Sach- und Bildhälfte und das tertium comparationis

Zunächst verschiedene Meinungen:
Jülicher: "Das Gleichnis will, wie die Vergleichung ein Wort, so einen Gedanken durch ein ὅμοιον beleuchten, daher man auch bei ihm nur von einem tertium comparationis redet, nicht von mehreren tertia. Hiernach ist das Gleichnis zunächst notwendig zweigliedrig, besteht aus einem Satze, den der Schriftsteller nach einer besonderen Beleuchtung bedürftig findet und aus einem Satze, den er behülfs solcher Erleuchtung bildet ... Ich schlage vor, diese beiden Teile des Gleichnisses als "Sache" und "Bild" zu bezeichnen" (13).
Ch. Dodd gibt als "the most important principle of interpretation" folgendes an: "The typical parable, whether it be a single metaphor, or a more elaborate similitude, or a fulllength story, presents one single point of comparison" (14).
R. Bultmann bestreitet keineswegs dieses Interpretationsprinzip. Er zeigt auch, wo man das tertium comparationis findet: nicht in der Anwendung, sondern in dem Schluß der Gleichnisse (15). Einige Seiten später gibt er Jülicher gegen P. Fiebig in seinem Unternehmen völlig recht. Die Metaphern und allegorischen Züge, die man in den Parabeln findet, sind sekundär. Er selber fände die allegorischen Züge der jüdischen Gleichnisse eben nicht als allegorisch. "Im übrigen wäre, falls solche Fälle sich fänden, immer noch zu bestreiten, daß Fiebigs Folgerungen für die synoptischen Gleichnisse richtig sind, und zu fragen, ob die etwaigen allegorischen Züge in Rabbinengleichnissen nicht auch sekundär sind" (16). Das ist ein Musterbeispiel dafür, wie man einen Grundatz allen Gegebenheiten zum Trotz verteidigen kann.
J. Jeremias wirft Jülicher vor, daß er einen verhängnisvollen Fehler gemacht hat, und zwar "daß man die Gleichnisse als ein Stück wirklichen Lebens faßt und ihnen nur jeweils e i n e n und zwar (hier sitzt der Fehler) möglichst allgemein zu fassenden Gedanken entnimmt" (17). Wie man sieht, bestreitet Jeremias weniger den einzelnen Punkt als vielmehr, daß der einzige Punkt als ein allgemein zu fassender sei. Er bleibt also zweifellos insoweit auf der Seite Jülichers.
Auch E. Fuchs bleibt entschieden bei der Auffassung Jülichers, daß das Gleichnis aus Bild- und Sachhälfte besteht, und daß jedes Gleichnis jeweils einen Berührungspunkt zwischen den zwei Konstituenten enthält (18).

So auch seine Schülerin E.Linnemann. Die Gleichnisse haben "nur einen Vergleichspunkt". Deshalb: "Sobald wir einem Gleichnis eine Metapher von bedeutsamen Gedanken entnehmen, dürfen wir sicher sein, daß wir den Sinn verfehlen, den das Gleichnis im Munde seines ersten Erzählers hatte". "Dieser Vergleichspunkt, das 'tertium comparationis', ist der Angelpunkt, der das Gleichnis und die Sache, auf die es gemünzt ist, oder - wie man zu sagen pflegt - 'Bildhälfte und Sachhälfte' miteinander verbindet" (19). Man sieht, wie E.Linnemann das Gleichnis auffaßt. Für sie ist das Gleichnis nur die Erzählung, und die Sache gehört nicht zum Gleichnis. Dieser Verdacht ist auch bei der Lektüre des folgenden Zitats gerechtfertigt: "Die Formulierung Bild- bzw. Sach-Hälfte kann leicht irreführen, wenn man nicht bedenkt, in welchem Zusammenhang sie gehört. Die Bezeichnung der Gleichniserzählung, als Bild-Hälfte bedeutet nicht, daß diese für sich genommen unvollständig sei und der Ergänzung durch eine Deutung bedarf. Die Gleichniserzählung ist das ganze Wort des Erzählers an seine ursprünglichen Hörer. Es bedarf für diese keiner Deutung; aus der Situation heraus können sie das Gleichnis unmittelbar verstehen" (20). Für Linnemann ist also Gleichnis mit Erzählung gleichzusetzen; Sachhälfte mit Deutung. Die Deutung hat die ursprüngliche Situation ersetzt. F.Mussner faßt in seinem Buch über die Gleichnisse Bild- und Sachhälfte anders auf. Das Gleichnis ist eine Nebeneinanderstellung von einer religiösen und einer profanen Wirklichkeit. "Doch wird im Gleichnis diese 'Nebeneinanderstellung' der profanen und religiösen Wirklichkeit gewöhnlich nicht ausdrücklich vollzogen, sondern nur die profane Geschichte erzählt, die das religiöse Anliegen bildhaft zum Ausdruck bringt. Die religiöse Wirklichkeit bleibt also größtenteils in der 'Bildhälfte' ('Geschichte') eines Gleichnisses verhüllt, und es ist dem Hörer (oder Leser) überlassen, die in den Erzählungen bildhaft zum Ausdruck kommende 'Lehre' (die 'Sachhälfte') selbst zu erkennen" (21). Hier scheint "Sachhälfte" mehr die Situation zu bezeichnen, und Gleichnis wird nicht mit der "Bildhälfte" gleichgesetzt, sondern als "Nebeneinanderstellung" aufgefaßt. Es bleibt aber zu fragen, ob die "Sachhälfte" eine "Lehre" ist. M.Dibelius zweifelt daran, ob man nur von einem tertium comparationis reden soll. Einige Gleichnisse können zwei oder mehrere Berührungspunkte auszeichnen (22).
E.Jüngel bestreitet bei der Auseinandersetzung mit Jülicher, daß man von Bild- und Sachhälfte reden kann, ebensowenig wie von einem tertium comparationis. Man soll vielmehr von einem primum comparationis reden (23), das das Gottesreich ist. Wenn wir Jüngel richtig verstehen, sollte das Gottesreich zugleich die zu vergleichende Größe (in der alten Terminologie "Sachhälfte") und terminus ad quem der Gleichniserzählung darstellen. Die Terminologie ist aber vielleicht nicht glücklich, sie ist eher verwirrend; denn vieles bleibt in der Schwebe.
Auch für E.Lohmeyer ist es schwierig, von Sach- und Bildhälfte zu sprechen. Auch für ihn beziehen sich alle Gleichniserzählungen auf das eschatologische Gottesreich. "Man kann sie deshalb für sich überliefern, kann Gleichnis an Gleichnis reihen, und gerade in solcher Reihung tiefer den Zusammenhang der eschatologischen Sache fassen, als es durch begriffliche

Worte geschehen könnte. Darum ist es schwer, zwischen Bild- und Sinnhälfte zu unterscheiden, und das tertium comparationis ist kaum zu finden" (24).
Als letzten lassen wir Dan O. Via zu Worte kommen. Nach ihm läuft die Auslegung der Gleichnisse vom tertium comparationis aus die Gefahr, einerseits andere Elemente zu übersehen, andererseits läuft eine solche Auslegung gerade die Gefahr, die sie vermeiden wollte, nämlich die Allegorisierung (25). Einige Seiten später kritisiert er die Auffassung von E. Fuchs. Fuchs sagt, "das Gleichnis (Bildhälfte) basiere auf die Situation, auf die es sich beziehe (Sachhälfte)". Somit verkehrt E. Fuchs "durch Definition das Gleichnis in eine Allegorie" (26). Seine Lösung: "Es gibt mehr als ein bedeutsames Element in einem Gleichnis, und alle diese Züge müssen beachtet werden, aber sie beziehen sich nicht primär und zunächst auf ein Ereignis, Ereignisse oder Ideen außerhalb des Gleichnisses. Sie beziehen sich zunächst einmal innerhalb des Gleichnisses aufeinander, und die Struktur der Verbindungen dieser Elemente wird nicht bestimmt durch Ereignisse oder Ideen außerhalb des Gleichnisses, sondern durch die schöpferische Komposition des Autors" (27).
Was am meisten auch bei Dan O. Via auffällt, ist die Gleichsetzung von Gleichnis mit Bildhälfte. Man hat fast den Eindruck, der Autor nähme sich die Musse, eine situationsunabhängige Erzählung zu erfinden, die er dann bildhaft versteht, und die man später auf eine beliebige Situation, lieber auf eine existentielle Situation überträgt. Oder, wenn man das Risiko auf sich nimmt, etwas in die Auffassung von Via hineinzulesen, hat man den Eindruck, daß eine an sich existierende Klasse von ästhetischen Objekten, Gleichnisse genannt, eine Gattung der Erzählung im Reich der platonischen Ideen bilden (28), die man dann gelegentlich herunterholt, um eine irdische Situation zu beleuchten.
Demgegenüber muß festgehalten werden, daß das Gleichnis nicht identisch ist mit der Erzählung, sondern das Aufeinanderprojizierung von zwei verschiedenen Geschichten. Es ist also nur und erst diese neue Verbindung, die das Gleichnis ausmacht. Eine Erzählung ist an sich keine Parabel und kein Gleichnis.
In dieser Hinsicht ist es verfehlt, zu sagen, daß das Gleichnis die Bildhälfte ist, oder daß das Gleichnis (die Bildhälfte) situationsunabhängig ist. Wenn das Gleichnis eine Metapher ist, dann ist es die Übertragung selber. Einerseits gibt es also keine Übertragung ohne etwas, das übertragen wird, und ohne etwas, auf das es übertragen wird. Andererseits ist weder das Übertragene noch das, auf das übertragen wird, das Gleichnis, sondern eben die Übertragung.
Betrachten wir einige Beispiele verschiedener Metapherntypen bei den Synoptikern.
Nehmen wir zunächst ein kurzes Beispiel: "Niemand näht einen Lappen ungewalkten Tuches auf ein altes Kleid. Sonst reißt der Flicken davon ab, das neue vom alten, und der Riß wird noch schlimmer. Auch gießt niemand neuen Wein in alte Schläuche. Sonst wird der Wein die Schläuche zersprengen und der Wein geht zugrunde samt den Schläuchen. Sondern neuen Wein

(gießt man) in neue Schläuche" (Mk 2,21-22). Diese zwei "Geschichten" sind in zweierlei Hinsicht situationsabhängig. Zunächst einmal sind sie ohne einen Bildempfänger eben keine Bildspender, sondern nur zwei triviale Aussagen, die jede Hausfrau und jeder Winzer oder jeder "Sachkenner" schon weiß. Deshalb kann man sie nicht mit Gleichnissen gleichsetzen. Ohne Bildempfänger sind sie keine Metaphern und deshalb keine Gleichnisse. Es stimmt also, daß das Gleichnis nur die Übertragung von zwei Geschichten aufeinander ist. In diesem Fall soll man den Bildempfänger im Kontext suchen. Er ist nicht direkt ausgesprochen. Zweitens sind die zwei Aussagen situationsabhängig insofern man mit ihnen verschiedene Gleichnisse bilden kann. Das könnte, so könnte man meinen, Dan O.Via recht geben, der eben in dieser Hinsicht die Ästhetizität der Gleichnisse (in seiner Terminologie, der Bildspender also) vertritt. Dieser Einwand ist natürlich ernst zu nehmen, kann aber erst durch die Theorie der Sprechakte gelöst werden (29). Einerseits muß man also an der Notwendigkeit des Vorhandenseins der Bildempfängergeschichte festhalten, andererseits aber muß man nochmals betonen, daß sie zusammen gehören. Diese Zusammengehörigkeit kommt nicht selten auch in der Syntaxis der Erzählung zum Vorschein. "Mit wem nun soll ich die Menschen dieses Geschlechtes vergleichen? Wem sind sie gleich? Kindern gleichen sie, die auf dem Markte sitzen, usw." (Lk 7,31ff). Oder wie sollte man Bildspender und Bildempfänger in dem Gleichnis vom bittenden Freund auseinanderreißen und das Gleichnis nicht vergewaltigen?: "Wer von euch hätte einen Freund, usw." (Lk 11,5), wobei das "Wer von euch" nicht nur eine Aufforderung zur Stellungnahme ist (30), sondern als Vertreter einer "Bildempfängergeschichte" da steht, in die die Zuhörer mitverwickelt werden (31).

Wir ziehen es vor, die Terminologie "Bild-Sachhälfte" zu verlassen, gerade weil sie die Gefahr läuft, das Gleichnis zu spalten oder die Zweigliedrigkeit des Gleichnisses so stark zu betonen, daß seine Einheit verlorengeht. Was Ch.Brooke-Rose für die Metapher vertritt, gilt auch für alle Metapherntypen, also auch für das Gleichnis: sie kritisiert die Terminologie von I.A.Richards ("tenor" und "vehicle") und schreibt: "It seems to me perfectly obvious that a metaphor consists of two terms, the metaphoric terms and the proper term which it replaces. But the result is a new entity ... and there is no need to emphasise its separateness" (32). Das Gleichnis ist eine neue Realität. Deshalb soll man gerade die neue Einheit betonen. Andererseits aber ist kein anderer Weg möglich, um diese neue Einheit zu sehen, als zu sagen, daß die zwei Pole die neue Einheit bilden. Wir haben uns an Weinrichs Terminologie gehalten, wenn auch mit Vorsicht. Sie betont zwar einerseits diese Einheit, indem man von "Bild-spenden" und "Bild-empfangen" spricht; andererseits aber läßt sie die Wechselwirkung der zwei Pole nicht richtig zu Worte kommen. Deshalb ist sie durch die Terminologie I.T.Ramseys zu ergänzen. Die Situation ist nicht nur eine "bildempfangende" Situation, sie korrigiert auch die Bildspendergeschichte, indem sie sie in ein neues Licht stellt: d.h. sie macht erst, daß die andere Geschichte zum Bild wird. Der bildempfangenden Geschichte muß also die Funktion des "qualifier" zugeschrieben werden.

Es muß noch ein Mißverständnis der alten Terminologie beseitigt werden. Die Sachhälfte wurde weitgehend mit der Deutung des Gleichnisses gleichgesetzt (33), was den Anlaß zu einigen Mißverständnissen gegeben hat, nicht zuletzt zu der Problematik, ob und inwiefern die Deutungen authentisch sind oder nicht (34). Man hat behauptet, die direkte Situation, auf die Jesu Gleichnisse Bezug nahmen, ging verloren und die Evangelisten hätten sie durch die Deutung oder Anwendung zu ersetzen versucht (35). Die Deutung der Gleichnisse ist nicht die Bildempfängergeschichte.
Andererseits scheint es unglücklich, die Sachhälfte mit der Situation gleichzusetzen (36), wenn mit "Sachhälfte" zugleich die Deutung der Gleichnisse bezeichnet wird. Wir sagen lieber: die Bildempfängergeschichte ist die im Gleichnis mitgemeinte "Sache" die durch die Bildspendergeschichte bildhaft zur Sprache kommt. Die Deutung dagegen stellt die Versprachlichung der Intuition oder disclosure dar, die der Erzähler (sei es Jesus oder der Evangelist) im dem Gleichnis (also in der Nebeneinanderstellung, in der Übertragung von Bildspender- und Bildempfängergeschichte) gehabt hat. Deshalb ist sie eben eine "Deutung" des Gleichnisses (also der Übertragung der zwei Geschichten) oder eine "Anwendung" des Gleichnisses. Aber das Gleichnis besteht nicht aus Bildspendergeschichte und Deutung, sondern aus Bildspendergeschichte und aus der anderen Geschichte, die oft nur durch ein Lexem in der Einleitung der Gleichnisse repräsentiert wird, oft aber überhaupt nicht zu Zuge kommt, sondern in der Bildspendergeschichte und in dem Kontext zu erkennen ist. Deshalb ist es ungeschickt, von Sach-Hälfte zu reden. Von daher nochmals zu den Deutungen:
Der Erzähler sagt durch sie, wie er die Bildempfängergeschichte im Licht der Bildspendergeschichte sieht. Es ist also eine Hilfe für den Hörer oder eine Aufforderung an ihn, die Bildempfängergeschichte im Licht der Bildspendergeschichte so und nicht anders zu sehen.
Das bringt uns direkt auf das Problem des tertium comparationis.
Das tertium comparationis ist dann nicht mehr zwischen Bildspendergeschichte und Deutung zu setzen oder zu suchen, sondern eben zwischen Bildspendergeschichte und Bildempfängergeschichte. Die Deutung bringt die Berührungspunkte, bzw. einen davon zum Ausdruck, die bzw. den der Erzähler unterstreichen möchte, bzw. den Berührungspunkt, den er sieht. Aber es ist wohl möglich, daß dasselbe Gleichnis (d.h. dieselbe Übertragung einer Bildspender- auf eine Bildempfängergeschichte) viel mehr Berührungspunkte hat, als die Deutung oder der Erzähler betonen.
Eine Metapher ist an sich polysem. Die Technik der "qualified models" hat gezeigt, daß man durch die Weiterspinnung der Bildspendergeschichte die große Polysemie der einfachen Metapher verschränkt. Jede Erweiterung aber der Bildspendergeschichte (wenn also ein Gleichnis, oder eine Parabel vorhanden ist) vermag, die Polysemie der Metapher nie völlig zu monosemieren. Die Polysemie wird zwar verschränkt, aber zugleich, wenn man auch die bildempfangende Geschichte vor Augen hält, sieht man mehrere Berührungspunkte oder sieht nur einen.
Dieses "Sehen" kann man wohl als disclosure bezeichnen. Das sagt aber noch nicht, daß ein anderer Hörer nicht einen anderen Punkt oder andere

Punkte sehen kann. Denn das Gleichnis bleibt polysem, auch wenn in geringerem Grad. Wir wollen das durch ein Schema darstellen:

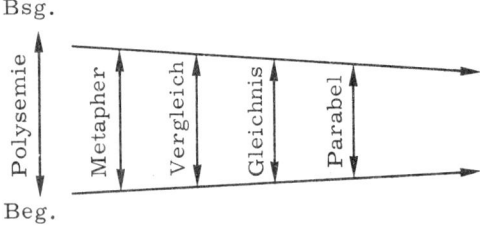

Gegeben sei also eine Bildspendergeschichte (Bsg) und eine Bildempfängergeschichte (Beg). Die einfache Metapher hat die größte Polysemie. Wenn man die Bildspendergeschichte entfaltet, verschränkt sich die Polysemie. Die Parabel besitzt unter den Metapherntypen die kleinste Polysemie. Aber sie bleibt noch polysem. Es zeigt sich zugleich noch ein anderes Phänomen: Die Polysemie wird nicht nur verschränkt, sondern durch die gleichzeitige Entfaltung der Bildempfängergeschichte werden mehrere mögliche, potentielle Berührungspunkte der Polysemie aktualisiert bzw. gesehen. Die Allegorese dann ist die vollständige Monosemierung der einzelnen Punkte der Polysemie. Man kann sich darüber streiten, ob die Allegorese immer gerechtfertigt und richtig geschieht, aber nicht, ob der Erzähler selber die Polysemie der Metapher in den einzelnen Punkten vollständig monosemiert, und also in Allegorie spricht, auch wenn das Jesus ist. Diese Auffassung löst ein großes Problem: nämlich die Tatsache, daß dasselbe Gleichnis (es ist immer zu betonen: Bildspender und Bildempfänger) in den verschiedenen Evangelien verschiedene Deutungen erhält. Denn jedes Gleichnis ist ja polysem und kann aufgrund dieser Polysemie verschiedene Deutungen erhalten. D.h.: Das Gleichnis kann zu verschiedenen disclosures führen. Man kann also dasselbe Gleichnis verschieden verstehen, obwohl Bildspendergeschichte und Bildempfängergeschichte die gleichen bleiben (37). Es bleibt noch zu bestimmen, in welchem Sinn die Bildempfängergeschichte der Gleichnisse Jesu zu verstehen ist.

Der Bildempfänger wird auf die verschiedensten Weisen zum Ausdruck gebracht: entweder in der Einleitung der Gleichnisse, oder selbst in der Bildspendergeschichte, oder erst in der Deutung, oder in dem Schluß der Gleichnisse; manchmal aber soll der Bildspender erst durch den unmittelbaren Kontext des Gleichnisses herausgelesen werden; manchmal kommt er wiederholt in verschiedenen Punkten zum Vorschein.

In der Einleitung der Gleichnisse wird oft der Bildempfänger genannt; das ist besonders dort der Fall, wo Ausdrücke wie ὅμοιος oder das Verb ὁμοιόω gebraucht werden. Die Bildempfänger heißen jeweils ἡ βασιλεία τῶν οὐρανῶν (38) oder ἡ βασιλεία τοῦ θεοῦ (39) oder gelegentlich "Jeder der diese meine Worte hört ..." (40), "dieses Geschlecht" (41), "jeder Schriftgelehrte, der ein Jünger des Himmelreiches geworden ist" (42), "Ihr" (43). In der Deutung der Gleichnisse werden auch oft Beziehungen zwischen Bildspender und Bildempfänger hergestellt: der Bildempfänger ist oft "der himmlische Vater" (44), oft die Menschen (45), oft der Menschensohn (46). In dem Schluß der Gleichnisse werden die Hörer selber als Vertreter der Bildempfängergeschichte genannt (47). Die Verschiedenheit der Bildempfänger soll nicht verwirren. Man soll sie nicht einzeln nehmen, sondern alle zusammen. Denn sie sind eben nur Vertreter einer breiteren Bildempfängergeschichte, an der Jesus, der himmlische Vater und die Hörer gemeinsam teilnehmen. Diese Geschichte ist die Geschichte des Himmelreiches. Wir sind darum der Meinung, daß Matthäus am besten die Bildempfängergeschichte zu Worte kommen läßt (48).

Mit "Bildempfängergeschichte" wird also nicht die partikuläre Situation (Sitz im Leben) gemeint, also der Zeitpunkt, wo Jesus die Erzählung gesagt hat. Wir fassen auch den punktuellen Sitz im Leben eher als einen Fall einer viel breiteren Geschichte, die Evangelium heißt, d.h. die gute Nachricht des Gottesreiches. An dieser Geschichte nimmt Gott teil, als der Urheber und Geber des Reiches; Jesus als der Vermittler und derjenige, in dem die Gottesherrschaft schon anbricht; und die Hörer, denen die Gottesherrschaft geschenkt wird. Dann sind die Hörer nicht nur die Adressaten der Erzählungen der Gleichnisse, sondern auch der Gottesherrschaft, die gleichnishaft zu Worte kommt (49).

Diese Lösung soll nicht als eine Truglösung angesehen werden. Sie gibt zunächst eine echte Lösung des Problems, ob die Bildempfängergeschichte der Gleichnisse dieselbe für Jesus und für die Evangelisten ist. Die Antwort ist einleuchtend. Die Geschichte der Gottesherrschaft ist dieselbe geblieben für Jesus und für die Evangelisten, auch wenn die soziologische Situation oder der einzelne Sitz im Leben sich verändert hat. Die neuen Situationen lassen sich ohne Schwierigkeiten in die allgemeine Geschichte der Gottesherrschaft einordnen. Diese Geschichte hat mit Jesus begonnen, aber sie lebt weiter. Man braucht nur den Anfang und das Ende der Evangelien zu lesen, um sich zu überzeugen, daß die Evangelien nichts anderes tun wollen, als diese Geschichte weiter zu erzählen. Andererseits gibt diese Antwort eine Lösung auf die Frage, ob die Gleichnisse Jesu auch für uns heute noch eine Bedeutung haben. Auch unsere Situation läßt sich in die Geschichte der Gottesherrschaft einordnen, so daß wir auch heute aufgefordert werden, als Hörer der Gleichnisse Jesu und der Gottesherrschaft gegenüber Stellung zu nehmen.

Es läßt sich also der Schluß ziehen: Für eine einzige Bildempfängergeschichte verwendet Jesus viele Bildspendergeschichten. Was immer bleibt ist gerade die Bildempfängergeschichte. Die Bildspendergeschichte kann wechseln. Und auch die Deutungen können wechseln. Das entspricht einem der Kriterien Ramseys, um differenziert durch Modelle zu reden. Die Theologie, sagt er, soll eine große Auswahl von Modellen verwenden, um die Situation von vielen Seiten her zu erhellen. Das scheint bei den Gleichnissen der Fall zu sein. Wenn dem so ist, <u>daß die Bildempfängergeschichte die lebendige "Geschichte" des Gottesreiches ist, in der Gott, Jesus und der Hörer/Leser mitverwickelt sind</u>, dann läßt sich noch kaum von einem tertium comparationis reden. Denn schließlich ist selbst bei einer einfachen

Metapher wie: Die Sonnenstrahlen sind ihre Finger, das tertium comparationis eine Metapher. Das tertium comparationis einer Metapher ist nichts anderes als wiederum die metaphorische Übertragung eines als gemeinsam gesehenen Element des Bildspenders und Bildempfängers. Anders verhält es sich jedoch, wenn die Bildempfängergeschichte die "Geschichte" des Gottesreiches ist. Denn der Hörer wird durch die Bildspendergeschichte der Gleichnisse aufgefordert, nicht einen "lehrreichen" Punkt einzusehen. Die disclosure der Gleichnisse besteht vielmehr darin, daß der Hörer sich selber und seine Situation in der Erzählung entdeckt, und dann dem Gleichnis folgt, indem die Einsicht, die er durch das Gleichnis gewonnen hat, in die Praxis seines Lebens umsetzt.

In diesem Kontext ist das Verständnis der Deutung der Gleichnisse neu zu sehen. Die Deutungen sind weder die Bildempfängergeschichte, noch die Formulierung des tertium comparationis. Sie stellen nur die Monosemierung bzw. die Verschränkung der breiteren Polysemie des Gleichnisses dar. Das kann der Erzähler tun, in dem er dem Hörer beibringt, wie er das Gleichnis zu verstehen hat, oder der Hörer, indem er das Gleichnis monosemiert, d.h. das zur Sprache bringt, was er vom Gleichnis verstanden hat. Doch wegen der grundsätzlichen Polysemie des Gleichnisses kann es mehrere Deutungen geben, was schon in der Gleichnisüberlieferung der Evangelien festzustellen ist.

2 Die unwahrscheinlichen Züge in der Bildspendergeschichte der Gleichnisse

Seitdem A. Jülicher Metapher und Parabel auseinandergerissen, die Verhüllung auf der Seite der Metapher und die Anschaulichkeit auf der Seite der Parabel gesehen (50), die Metapher als uneigentliche, die Parabel aber als eigentliche Rede erklärt hatte (51), haben ihrerseits die Ausleger der Gleichnisse Jesu oft wiederholt, daß die Eigenschaft der parabolischen Reden Jesu gerade der Realismus ist.

Ch. Dodd ist nicht nur der Meinung, daß die Gleichnisse Jesu realistisch sind, sondern er geht noch einen Schritt weiter: "There is a reason for this realism of the parables of Jesus. It arises from a conviction that there is no mere analogy, but an innward affinity, between the natural order and the spiritual order; or as we might put it in the language of the parables themselves, the Kingdom of God is intrinsically like the process of nature and of the daily life of men" (52). Es ist interessant, daß man eher den Realismus der Gleichnisse retten möchte als das "Anders-sein" des Gottesreichs. Man fragt sich, wie Dodd diesen Schritt machen konnte; die Antwort kann vielleicht die sein, daß man die Analogie der Gleichnisse als ein in der gegebenen Wirklichkeit liegendes Analogon ansieht, so daß man den Schritt zur Entdeckung dieses gemeinsamen Analogon als natürlich betrachtete (53).

Das wurde in Frage gestellt, als wir von dem Erkenntniswert der Metapher gesprochen haben. Die Metapher stiftet in den meisten Fällen die Analogie. Man müßte sich wirklich fragen, was für ein Analogon zwischen Reich Gottes und etwa einem Weinberg zu finden ist, das nicht von der Metapher, bzw. von ihrem Erzähler, gestiftet wird.
Dieser Realismus wird weiter als ein Zeichen der Liebe Jesu zur Natur angesehen (54). Es ist ein psychologisierender Zug, den man oft auch bei den Auslegern von Dichtern findet (55). Es ist einsichtig, daß uns das weniger interessiert, aber die moderne Metaphorik ist diesbezüglich sehr zurückhaltend geworden (56). Uns geht es jetzt darum zu unterstreichen, wie sehr die Ausleger der Gleichnisse diesen angeblichen Realismus der Gleichnisse betonen, so daß man den Eindruck hat, daß dieselben nach einem Grund suchen, um die sogenannten "unwahrscheinlichen"Züge (57) fast zu rechtfertigen oder gar zu entschuldigen. Denn wenn die Gleichnisse Jesu "Gewöhnliches" bringen, dann muß das "Ungewöhnliche" erklärt werden.

Es ist kein Zufall, daß J. Jeremias diese ungewöhnlichen Züge im Zusammenhang der den Akzent der Gleichnisse verschiebenden Ausschmückungen behandelt, obwohl er dann doch zugibt, daß diese Züge in den Gleichnissen meist ursprünglich sind (58). Sie sind aber "shock tactics" (59), die die Pointe hervorheben wollen, oder sie sind nur eine Eigentümlichkeit der orientalischen Redeweise. Dan O. Via sagt, daß das Außergewöhnliche, "den vorherrschenden Realismus durchkreuzt" und sie "auf eine andere Wirklichkeitsdimension" hinweisen, "die auf die streng menschliche Dimension stößt" (60). Das Außergewöhnliche paßt aber mit seiner Theorie nicht zusammen, denn er versucht später, es zu erklären. Er schreibt, daß das Außergewöhnliche die ästhetische Selbständigkeit der Erzählung nicht sprengt. Es ordnet sich gut in das Gefüge der Erzählung ein, und verweist nur indirekt auf Gott (61). Wie man sieht, kommt man nicht ohne Schwierigkeiten herum, wenn man voraussetzt, daß die Bildspendergeschichte der Gleichnisse an sich betrachtet werden soll, um den Gleichnissen gerecht zu werden, und daß sie eine von Realismus geprägte eigentliche Redeweise ist.

Der Realismus der Gleichnisse wird heute nicht mehr nur von Einzelgängern bestritten. Schon J.J. Vincent betrachtet ihn als ein a priori (62), das die Parabel zu einer wohl bekannten Trivialität reduziert (63). Für ihn sind im voraus mehrere Einzelzüge der Gleichnisse allegorisch von dem Willen Jesu, sich selbst zu offenbaren, bestimmt.

Auch J. Drury kritisiert am Beispiel der Sämann-Parabel dieses a priori, und zeigt, daß der sogenannte Realismus den Einzelheiten der Erzählung nicht gerecht wird (64). Die Einzelzüge seien allegorisch und nicht realistisch zu verstehen. Hinter dieser Auffassung steht die Einsicht, daß die Erzählung nicht um ihrer selbst willen da steht, sondern, daß sie von der anderen Wirklichkeit mitgeprägt wird, mit der sie verglichen wird. Man muß aber nicht unbedingt von Allegorie sprechen, um diese Erkenntnis aufrecht zu erhalten. Man kann sie auch durch eine allgemeine Theorie der Metapher belegen. Diese Erkenntnis steht auch im Hintergrund dessen, was E. Biser schreibt: "Im Gleichnis wird das Wort zum Bild, das Bild zum Wort, Wort und Bild treten in ein Wechselspiel miteinander" (65). E. Biser scheint gerade gegen dieses apriori zu sprechen, wenn er etwas später von diesen "ungewöhnlichen Zügen" redet: Das apriori des Realismus erweist sich als unbegründet: "Ist das überhaupt noch eine 'Welt', wenn alles von seiner Stelle gerückt und womöglich in sein Gegenteil verkehrt wird, wenn der Herr sich gürtet und den Knecht bedient, wenn das eine verlorene Schaf mehr gilt als die ganze Herde, wenn Letzte Erste und Ferne Nächste sind? Im Sinne dessen, was aufgrund einer unvordenklichen Sprachgewohnheit 'Welt' heißt, gewiß nicht" (66). Man kann aus dem Buch von E. Biser herauslesen, daß der Grund für dieses "Zerrbild" der Welt in den Gleichnissen der ist, daß die Gleichnisse des Gottesreiches wegen da sind (67).

Zu einer ähnlichen Erkenntnis kommt auch F. Mussner, wenn er schreibt, daß diese ungewöhnlichen Züge von der "religiösen Wirklichkeit" her erfordert werden (68).

Was heißt das alles, wenn nicht, daß man eben von Metapher und von Gleichnis nicht sprechen kann, wenn man die zwei Geschichten, die Bildspender- und Bildempfängergeschichte, auseinanderreißt? Wenn die Gefahr der Metapher darin besteht, daß man die Bildspendergeschichte an sich, d.h. getrennt von der Bildempfängergeschichte, betrachtet, dann besteht die große Gefahr der Gleichnisse darin, daß man sich von dem Gefälle der Erzählung mitreißen läßt, daß man die Erzählung als realistisch betrachtet, und dadurch die Bildempfängergeschichte vergißt.

Man sollte sich mit E. Bloch fragen, was Naturalismus oder Realismus oder "eigentliche" Rede in der Metapher und in den Gleichnissen sein soll. "Von einem Tuch wie von einem Blick kann so gesagt werden, sie sei weich. Und das Sprichwort, stille Wasser seien tief, bedeutet damit gewiß nicht, nicht mehr, das Wasser. Statt des unmittelbaren Hinsehens auf Tuch oder Wasser wird hier 'übertragen'" (69).

Man kann das von der eigentlichen Metapher sagen, wie von dieser: "Stille Wasser sind tief", und von einem Vergleich wie diesem: "Der Blick ist weich wie ein Tuch". Der Blick ist eben nicht weich wie ein Tuch. Jede metaphorische Rede, auch die Redeweise des Vergleichens ist keine realistische und keine eigentliche Rede, was gegen Jülicher (70) betont werden muß.

Wir wollen noch einmal L. Wittgenstein zitieren und ihn dabei erläutern: "Ein Gleichnis, das in die Formen unserer Sprache aufgenommen ist, bewirkt einen falschen Schein; der beunruhigt uns: "Es ist doch nicht so!" - sagen wir. "Aber es muß doch so sein"" (71). Wenn für uns ein Gleichnis diesen falschen Schein nicht bewirkt, haben wir doch nicht verstanden, daß es um ein Gleichnis geht, und nicht um eine Wirklichkeit. Denn eigentlich: "es ist doch nicht so!", sollen wir sagen können, um überhaupt dann hinzufügen zu können: "Aber es muß doch so sein". In diesem "So-Sein-Müssen" steckt der ganze "Witz" des Gleichnisses, denn es handelt sich hier gewiß um eine behauptete, gestiftete, gewollte Verbindung, also irgendwie um eine unnatürliche, nicht gegebene Verbindung.

Inwiefern man dann noch von einem Realismus reden kann, ist nur dadurch einsichtig, daß man die Bildspendergeschichte isoliert betrachtet. Aber dann legt man kein Gleichnis aus, sondern eben eine alltägliche Geschichte, die den Ausleger ab und zu durch ihre "außergewöhnlichen", nicht-alltäglichen Züge stört. Die Metapher ist, wie R.W. Funk schreibt, nicht ganz glaubwürdig (72). So auch das Gleichnis und die Parabel: Sie reden von einer Welt, aber sie wollen nicht, daß man die Welt, die sie schildern, betrachtet. Sie wollen nur ein Medium sein, um zu der anderen Welt zu gelangen, die die eigentliche Wirklichkeit der Parabel und des Gleichnisses sein will. "It is in this senses that the parabolic imagery is genuinely metaphorical. It does not look at everydayness, but through it" (73). Wenn man sich von der Welt der Erzählung mitreißen läßt, verliert man eben den eigentlichen Blickpunkt des Gleichnisses. Die Metapher und das Gleichnis enthalten einen Widerspruch: sie erzählen von einer Welt, die nicht ihre Welt ist. Wir vertreten also die Ansicht, daß der Erzähler oder Autor der Metapher oder des Gleichnisses eine Wirklichkeit vor Augen hat, die er mit einer anderen Geschichte vergleichen will. Er sucht nach dieser Geschichte (Bildspendergeschichte) und mustert sie nach der ersten Wirklichkeit. Diese (Bildempfängergeschichte) prägt also und gibt der Bildspendergeschichte eine Form, die die Bildempfängergeschichte widerspiegelt. Insofern ist die Bildspendergeschichte nicht die Geschichte von sich selber, sondern von einer anderen Wirklichkeit. Wenn man die Elemente des Widerspruchs und des Widerhalles der Gleichnisse vor Augen hält, dann sind die "außergewöhnlichen" Züge nicht mehr so außergewöhnlich. Sie erfüllen gerade die Funktion, den Leser bzw. Hörer, daran zu erinnern, daß auch der Schein des "Gewöhnlichen" eben nur ein Schein ist, daß das "Gewöhnliche" und das "Reale" nicht gewöhnlich und nicht real ist, daß dieselbe Geschichte von etwas anderem erzählt. Sie sind also wie Zeigefinger in der Bildspendergeschichte, die auf die Bildempfängergeschichte verweisen.

Sie sind in derselben Bildspendergeschichte vorhanden, weil sie von der Bildempfängergeschichte, die schon beim Autor als "qualifier" wirkt, geprägt und geformt ist.

Sie sind bei der metaphorischen Rede etwas ganz Gewöhnliches, wie die moderne Dichtung reichlich belegt und wie der Manierismus schon bewiesen hatte. Auch die moderne Kunst bringt dieses Ungewöhnliche so oft zu Zuge, daß es "gewöhnlich" geworden ist (74). In der Metapher ist es nicht außergewöhnlich, daß sie zur Hyperbel wird, zum Paradox, zum Oxymoron (75). H. Weinrich schreibt dazu: "Denn paradox, widersprüchlich, das haben wir mehrfach gesagt, ist jede Metapher" (76).

Das Gewöhnliche der "ungewöhnlichen" Züge liegt also gerade darin, daß sie eine hyperbolische Übertreibung der Widersprüchlichkeit der Metapher und des Gleichnisses sind. Das tritt in den Gleichnissen entschieden klarer hervor, weil sie eine weitgesponnene Bildspendergeschichte besitzen, in der, weil sie eben von der Bildempfängergeschichte geprägt ist, einige oder viele Züge ihre Widersprüchlichkeit offen zu Tage bringen, und unmißverständlich auf die Bildempfängergeschichte verweisen.

Der Schluß daraus ist, daß die viel gelobte Anschaulichkeit des Gleichnisses betrügt. Jede Metapher, also auch das Gleichnis enthält, wie im ersten Teil gezeigt wurde, das Moment der Verhüllung und das Moment der Anschaulichkeit. Das Moment der Anschaulichkeit - das wurde auch nachgewiesen - liegt nicht in der Bildspendergeschichte, vielmehr darin, daß man das Gleichnis als Gleichnis versteht und es bejaht. Wer bei der Bildspendergeschichte stehen bleibt und sie als "real" betrachtet, der bleibt bei dem Widerspruch der Metapher und des Gleichnisses stehen, bleibt also im Dunkel, nimmt das Moment der Verhüllung als das der Anschaulichkeit. Damit man zur "Anschauung" gelangt, soll man durch die Widersprüchlichkeit, die Verhüllung, die Verneinung der Metapher hinaus schauen und die gemeinte Wirklichkeit "sehen". Das haben wir schon oft "disclosure" genannt. Und gerade das Hyperbolische in den Gleichnissen hilft dem Hörer, zur disclosure zu kommen, indem es als Richtungsweiser wirkt, der sagt: nicht diese Geschichte ist die wahre, sondern die andere.

Was P. Ricoeur über das Problem des "double-sens" schreibt, trifft das eben besprochene Problem. Er bietet die Betrachtung des "double-sens" als Basis für seine Philosophie des Symbolismus (77). Unter diesem Aspekt ist Sprache schon an sich Symbol (78), andererseits aber gerade deswegen ist jedes Symbol "opaque", weil "le symbole recèle dans sa visée une intentionalité double" (79). Deshalb gibt jedes Symbol zum denken: "Le symbole donne à penser" (80). Gerade wegen dieses "double-sens" des Symbols, wenn man bei dem einen Sinn stehen bleibt, bleibt man im Dunkel stehen.

Es wurde darum gesagt, daß die Bildempfängergeschichte die Bildspendergeschichte formt und prägt. Das ist nicht nur für die Allegorie richtig, sondern auch für das Gleichnis, für die Parabel und für die Fabel. Und das gilt nicht nur für die Gleichnisse Jesu, sondern auch für die Profanliteratur. R. Dithmar stuft die Geschichte, die Menenius Agrippa dem Volk erzählte, als Gleichnis ein (81). Die Bildempfängergeschichte ist bekannt: es wird hier die Geschichte wiedergegeben, ohne Kommentar; man soll nur beachten, wie die Bildempfängergeschichte die Erzählung selber prägt und formt, und wie die Bildempfängergeschichte durch die Personifikation und durch all das zum Zuge kommt, was an einer gewöhnlichen Geschichte der Glieder des Leibes ungewöhnlich ist, aber nicht an einer Geschichte der Glieder des Leibes, die als Bildspendergeschichte in einem Gleichnis dient: "Zu der Zeit, da im Menschen noch nicht wie jetzt, alles in eins zusammenstimmte, sondern jedes einzelne Glied seinen eigenen Willen, seine eigne Sprache hatte, zürnten die übrigen Glieder darüber, daß ihre Sorge, ihre Arbeit und Dienstleistung dem Magen alles herbeischaffe; der Magen ruhig in der Mitte, nichts weiter thue, als daß er die dargebotenen Genüsse sich behagen lasse. Sie hätten sich hierauf verschworen, die Hände sollen keine Speise zum Munde führen, der Mund keine dargebotene annehmen, die Zähne keine zermahlen. Indem sie in solchem Zorne den Magen durch Hunger bändigen wollten, seyen zugleich die Glieder selbst und der ganze Körper völlig abgezehrt. Da habe sich gezeigt, daß auch der Magen, nicht müßig, seine Dienste leiste, und eben sowohl nähre als genährt werde, indem er das, durch Verdauung der Speisen zubereitete, Leben und Kraft gebende, Blut in den Adern gleichmäßig vertheilt, in alle Theile des Leibes zurückgebe" (82). Man könnte auch von einer Allegorie sprechen. Aber wo liegt hier eigentlich die Grenze zwischen Gleichnis und Allegorie? Die Geschichte ist aber an sich keine vollständige Umcodierung der Bildempfängergeschichte, und insofern kann man von einem Gleichnis reden. Und noch: Wenn man versucht, die Bildempfängergeschichte zu vergessen, dann erhält man eine ganz schöne Fabel, die natürlich ästhetisch autonom ist. Es gilt also die Regel: Wenn es wahr ist, daß die Bildempfängergeschichte in der Erzeugung der Gleichnisse die Rolle des "qualifier" annimmt, indem sie die Bildspendergeschichte prägt, dann soll man gerade den sogenannten "ungewöhnlichen" Zügen eine besondere Aufmerksamkeit schenken, um die Bildempfängergeschichte zu erkennen.

Dieses Phänomen ist in den Gleichnissen Jesu gerade nicht selten. Das kommt in einfachen Metaphern vor wie in den längeren Gleichnissen. Betrachten wir zunächst kurze metaphorische Sätze, wie wir sie in Mt 7,3-5 par. Lk 6,41-42 finden: "Was siehst du aber den Splitter im Auge deines Bruders, doch den Balken in deinem Auge nimmst du nicht wahr? Oder wie kannst du zu deinem Bruder sagen: 'Laß mich den Splitter aus deinem Auge wegnehmen', und dabei ist der Balken in deinem Auge? Heuchler, nimm zuerst den Balken aus deinem Auge. Dann magst du sehen, wie du den Splitter aus deines Bruders Auge wegnimmst".

Diese hyperbolische Redeweise ist, wie schon gesagt, der Metapher nicht fremd. Aber gerade die Hyperbel zeigt deutlich, daß es eigentlich nicht um einen Balken und um ein Auge geht, sondern um eine andere Geschichte (vgl. Mt 7,1-3). Unsere These lautet, daß die sogenannten "ungewöhnlichen" Züge der Gleichnisse Jesu denselben Dienst leisten, wie die Hyperbel in der einfachen Metapher, und daß sie beide sprachlich verwandt sind.

In Lukas ist das Matthäische Gleichnis der Zehn Jungfrauen viel kürzer und er spricht überhaupt nicht von Jungfrauen, sondern von "Menschen". Aber der Vergleich der zwei Erzählungen kann unsere These bestätigen. "Eure Lenden seien umgürtet und eure Lampen brennend. Ihr sollt Menschen gleichen, die ihren Herrn erwarten, wenn er von der Hochzeit zurückkehrt, damit sie ihm sogleich auftun, wenn er kommt und anklopft" (Lk 12,35-36).

Was in dieser Ermahnung auffällt, ist gerade nicht eine Hyperbel, sondern, so könnte man sagen, ein überflüssiger Ratschlag: "Eure Lampen seien brennend". Man kann auch in diesem Fall mit einem gewissen Recht von einem "ungewöhnlichen" Zug reden. Es war eben nicht nur Sitte, sondern angebracht, daß die Lampen brennen sollten. Es war also nicht notwendig, das zu empfehlen. Aber gerade das zeigt, daß es nicht um die Hochzeit und um die Lampen ging, sondern um die andere Geschichte, die man durch die Metapher und mit Hilfe des ungewöhnlichen Zuges einsehen sollte. Dieser ungewöhnliche Zug in Lukas schlägt sich in der Parabel der Zehn Jungfrauen, wie sie von Mt 25,1-13 erzählt wird, nieder. Einerseits wird der überflüssige Ratschlag nicht mehr überflüssig, also der ungewöhnliche Zug wird normalisiert. Andererseits aber nimmt die Erzählung andere ungewöhnliche Züge auf (83), die die Ungewöhnlichkeit des metaphorischen Zuges in Lukas expandieren, und zusammen auf die Bildempfängergeschichte

verweisen. Man muß ja nicht eine Erklärung für die ungewöhnlichen Züge suchen und geben. Sie deuten an, sie zeigen. Sie werden erst und nur durch die Bildempfängergeschichte völlig erklärt, sonst bleiben sie rätselhaft.
Als Beweis dafür (84) wollen wir nun den Fall der Parabel vom klugen Verwalter (Lk 16,1-8) (85) als Beispiel besprechen. J.D.M. Derret (86) versucht den juristischen Hintergrund der Parabel zu erhellen. Er muß aber zugeben, daß was der Verwalter tat, zwar legal war, aber moralisch nicht untadelig, so daß das paradoxale: "καὶ ἐπῄνεσεν ὁ κύριος τὸν οἰκονόμον τῆς ἀδικίας ..." als Element der Erzählung nicht verständlich ist, und unmittelbar auf die Bildempfängergeschichte verweist. Der Zug ist so unerklärlich, wenn man ihn in der isolierten Erzählung betrachtet, daß G. Schwarz sich nochmals fragen muß, ob es möglich ist, daß im Evangelium ein solcher Satz Platz finden kann. Das darf aus moralischen Gründen nicht der Fall sein, und G. Schwarz gelingt es, καὶ ἐπῄνεσεν ὁ κύριος τὸν οἰκονόμον τῆς ἀδικίας ὅτι φρονίμως ἐποίησεν so zu übersetzen: "Und der Herr fluchte dem betrügerischen Verwalter, weil er hinterlistig gehandelt hatte" (87) mit dem Ergebnis, daß man sich den Kontrast und die Verbindung zwischen den zwei "Geschichten" der Parabel nicht mehr versteht. Gerade diese "Unannehmlichkeit", daß der κύριος einen "unmoralischen" Verwalter lobt, dürfte klar darauf hinweisen, daß nicht die Geschichte dieses Verwalters wichtig ist, sondern die andere Geschichte, die in der Bildspendergeschichte verhüllt ist.
Wahrscheinlich ist es zu vorschnell gesagt, mit J.A. Findlay zu behaupten, die ungewöhnlichen Züge seien das Wesen der Parabeln (88). Sie sind vielmehr eine gewöhnliche Erscheinung innerhalb der metaphorischen Redeformen. Sie wollen nur darauf hinweisen, daß die Welt, die erzählt wird, nicht die wahre Welt des Hörers ist, sondern nur ein Bild von ihr.
Wer nur die Welt der Erzählung sieht, bzw. nur auf sie schaut, der bekommt nur ein Bild, manchmal ein Trugbild der wahren Welt, die durch die Erzählung und jenseits von ihr zu sehen ist.
Der Erzähler will uns eine Welt zeigen, und er macht das, indem er uns ein Bild von dieser Welt gibt (wie könnte er anders?). Es ist nicht immer leicht, zu seiner Welt zu gelangen, weil uns die Gelassenheit, die Ruhe der gleichnishaften Erzählung täuschen kann. Der Erzähler aber will uns dadurch nicht befremden, sondern uns von unserer Welt entfremden, damit wir zu seiner im Bild gezeigten Welt gelangen, sie sehen, sie akzeptieren. Das geschieht eben dadurch, daß wir wie David endlich uns in der erzählten Welt entdecken, eine Vision haben von der Welt des Erzählers, die zu unserer Welt werden will.
Wenn man alle Gleichnisse Jesu von dieser Perspektive her betrachtet, entdeckt man, daß auch die gewöhnlichen Züge nicht mehr gewöhnlich sind, sondern daß sie durch und durch von der Bildempfängergeschichte geprägt und geformt sind.
Bisher wurde das Phänomen der "unwahrscheinlichen Züge" der Gleichnisse Jesu nur in dem Zusammenhang der metaphorischen Redeweise betrachtet, insofern gesagt wurde, daß sie ein deutlicher Hinweis auf die Bildempfängergeschichte sind. Die "unwahrscheinlichen Züge" der Gleichnisse Jesu sind aber ein Teilphänomen eines viel umfangreicheren Phänomens der Kunstliteratur

und der fiktiven Erzählung. Das Phänomen wurde innerhalb des russischen Formalismus als "Verfremdungseffekt" bezeichnet (89), von R. Jakobson als "Kunstmittel" oder "Kunstgriff" (90).

Die zwei verschiedenen Bezeichnungen bringen zwei Gesichtspunkte zum Ausdruck, die man kommunikationstheoretisch als den Gesichtspunkt des Sprechers und den des Hörers bezeichnen könnte. Der Klarheit wegen sollen beide getrennt betrachtet werden. Erstens der Gesichtspunkt des Erzählers. Dafür scheint der Begriff "Kunstmittel" geeignet. Das Kunstmittel wird verstanden als "Technik des bewußten 'Machens' eines dichterischen Kunstwerkes, als Formung seines Materials, seiner Sprache, und als Deformierung seines Stoffes, nämlich der 'Wirklichkeit'" (91). Diese Theorie der Kunstliteratur wird bewußt der Theorie der Literatur als "Abbildungstätigkeit" der "Wirklichkeit" entgegengesetzt. Der Künstler bildet die Wirklichkeit nicht ab. Er geht von einer persönlichen Intuition der Wirklichkeit und von der Absicht, sie zu vermitteln, aus. Schon die persönliche Intuition erlaubt ihm nicht mehr, die Wirklichkeit abzubilden. Um sie zu vermitteln, formt er seinen Stoff, den er zugegebenermaßen dem Weltmaterial entnimmt, nach dem Maßstab seiner Intuition.

Bereits die Auswahl des Materials ist eine Weise der Formung. Der Autor erzählt nicht die ganze Wirklichkeit, sondern nur einige Züge. Er wählt auch die Folge solcher Züge. Ferner unterstreicht er einige, läßt andere im Schatten. Einige Züge stellt er anderen entgegen. Endlich übertreibt er manchmal einiges, damit es auffällig wird usw.

Das ist ihm nur insofern möglich, weil er schon eine Intuition der und über die Wirklichkeit hat.

Kommunikationstechnisch will die Prägung und Deformierung der Wirklichkeit die Aufmerksamkeit des Hörers/Lesers auf die eigentliche Intention der Erzählung und des Erzählers richten. Denn die Prägung und Deformierung der Wirklichkeit seitens des Sprechers hat einen merkwürdigen Effekt auf den Hörer/Leser. Dieser Effekt heißt eben "Verfremdungseffekt". Damit sind wir zum Gesichtspunkt des Hörers gekommen.

Der Hörer hat zunächst nur Texte vor sich. Hört er den Text direkt vom Sprecher, so kann er sich auch nachträglich nach seiner Intention erkundigen. Bei schriftlichen Texten ist das allerdings nicht mehr möglich, wenn nicht durch den Text selber. Das ist aber deshalb in den meisten Fällen möglich, weil die Wirklichkeit, die erzählt wird, nicht die gewohnte Wirklichkeit ist. Durch die Prägung und Formung des Stoffes seitens des Sprechers hat die Wirklichkeit eine Sinnverschiebung erfahren.

"Der Verfremdungseffekt realisiert sich durch die Entautomatisierung der Sprache. Die Sprache hat uns daran gewöhnt, gewisse Fakten nach bestimmten Kombinationsgesetzen und durch feste Formeln darzustellen. Plötzlich gebraucht aber ein Autor, um etwas zu beschreiben, was wir vielleicht schon immer gesehen und gekannt haben, die Wörter (oder andere Arten von Zeichen) auf eine andere Art, und unsere erste Reaktion zeigt sich in einem Gefühl der Fremdheit, in einer Unfähigkeit fast, das Objekt wiederzuerkennen (...). Von diesem Gefühl der 'Merkwürdigkeit', geht man zu einer erneuten Betrachtung der Botschaft über, die uns das Dargestellte auf verschiedene Weise betrachten läßt" (92). Das Gefühl der Fremd-

heit ist dadurch ermöglicht, daß das Gewohnte schon 'verfremdet' ist; "es wird dargestellt, als sähe man es zum ersten Male" (93).
Dadurch wird aber nicht nur das Gewohnte verfremdet, sondern auch der Hörer/Leser wird von seiner Vision der Wirklichkeit ent- und verfremdet. Er soll nicht seine Wirklichkeit wiedererkennen, sondern die Intuition des Erzählers durch die Verfremdung "sehen" (94). Bei genauer Betrachtung zeigen sich Ähnlichkeiten zwischen dem durch diese Terminologie gemeinten Sachverhalt und dem, auf den die disclosure-Theorie zielt.
Wenn dieser zufolge die Bildempfängergeschichte die Bildspendergeschichte prägt und formt, so daß der Bildempfänger die Rolle des "qualifiers" innerhalb des Gleichnisses übernimmt, so läßt sich das von der Theorie des Kunstmittels her bestätigen. Hinzu kommt, daß letztere die Gestalt des Erzählers schärfer erfassen läßt: Der Erzähler prägt und formt die Bildspendergeschichte nach der Bildempfängergeschichte, oder ausdrücklicher formuliert, am Maßstab seiner persönlichen Intuition und Vision der Bildempfängergeschichte. Das setzt voraus, daß der Erzähler selbst diese Intuition und Vision hat. Man könnte also von einer "Urdisclosure" des Erzählers reden, nach der die Bildspendergeschichte geformt wird. Ob diese "Urdisclosure" eine Intuition, oder ein Wissen ist, ist nicht zu bestimmen, das ist aber momentan nicht wichtig. Wichtig ist dagegen, daß am Anfang der Gleichnisse Jesu eine "Urdisclosure" Jesu selbst steht, an deren Maßstab die Bildspendergeschichten geprägt werden. So werden die Bildspendergeschichten selber zur objektiven Versprachlichung der Urdisclosure Jesu, d.h. zu disclosure-Modellen, die die Urdisclosure Jesu in sich tragen und bergen.
Der Hörer/Leser der Gleichnisse befindet sich vor Texten, die disclosure-Modelle sind. Er kann zur Urdisclosure Jesu nur durch diese Modelle zurückgelangen.
Die Modelle sind aber nicht stumm. Sie sind von Jesu schon so geprägt worden, daß sie deutlich genug "reden" können. Man kann die Verzerrung der Wirklichkeit in den Gleichnissen Jesu deutlich genug spüren. Sie kommt manchmal durch eine bestimmte Auswahl des Materials zum Ausdruck, durch die Hervorhebung einiger Züge im Unterschied zu anderen, oft auch durch die Merkwürdigkeit, die Übertreibung, den Paradox einiger Züge, die deutlich auf die Intention und auf die Urdisclosure Jesu verweisen.
In diesem Sinn ist die Sprache der Gleichnisse Jesu eine evokative Sprache. Sie enthalten, wie sich Ramsey ausdrücken würde, Deskriptives ... und mehr!
Das Bildmaterial der Bildspendergeschichten der Gleichnisse Jesu ist natürlich zunächst scheinbar deskriptiv. Das "mehr" zeigt sich in der Strukturierung des deskriptiven Materials und oft in der "Unwahrscheinlichkeit" der Züge. Der Hörer/Leser spürt, daß die Wirklichkeit verfremdet ist, er erkennt sie nicht wieder, er fühlt sich selbst ver- und, von seiner Wirklichkeit selbst, entfremdet.
Das "mehr" aber ist schon eine Aufhebung des Deskriptiven. Das Deskriptive scheint dann, sobald der Leser das "Merkwürdige" an der Geschichte spürt, auf eine andere Ebene gestellt zu sein, wo es nicht mehr deskriptiv

sein will, sondern der ganzen metaphorischen Absicht des Gleichnisses dient. In den Gleichnissen herrscht durchaus die Ausnahme, nicht nur weil sie Unwahrscheinliches enthalten, sondern weil sie die Realität nicht beschreiben, sondern auf eine andere Realität verweisen wollen. Es ist daher unglücklich von einem "Realismus" der Gleichnisse zu reden.
Die Verzerrung der Wirklichkeit ist also ein deutlicher Hinweis auf die Urdisclosure Jesu. Daher verdienen die unwahrscheinlichen Züge der Gleichnisse und die verzerrte Wirklichkeit, die in ihnen dargestellt wird, eine besondere Aufmerksamkeit, um die Urdisclosure und die Intention Jesu zu erkennen.
Es gilt darum drei Schritte zu unterscheiden: die Urdisclosure Jesu, der sie vermitteln will; die Bildspendergeschichten als disclosure-Modelle, d.h., als verobjektivierte Versprachlichung der Urdisclosure Jesu, die zu ihrer Vermittlung dienen, damit der Hörer/Leser an der Urdisclosure Jesu partizipiert; und die disclosure des Hörers/Lesers selbst, der mittels des disclosure-Modells zur ursprünglichen disclosure und zur Intention Jesu kommt:

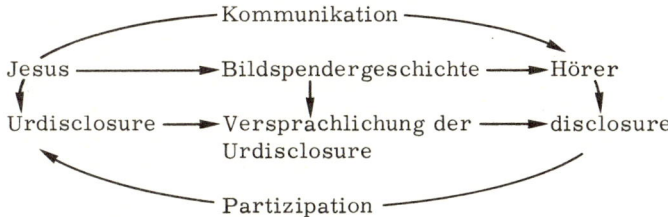

Das Gleichnis als metaphorische Redeweise stellt allerdings ein weiteres Problem. Es wurde schon gesagt, daß das Merkwürdige, das Unwahrscheinliche, ja der Paradox und die Übertreibung an sich schon ein normales Phänomen der Metapher ist.
Die Metapher und das Gleichnis besitzen aber einen tieferen Symbolismus als die fiktive Erzählung. Denn dient die fiktive Erzählung als Symbol der Absicht des Erzählers, so will die Bildspendergeschichte des Gleichnisses zunächst auf eine Bildempfängergeschichte verweisen. Bildspender und Bildempfänger zusammen verweisen dann als Gleichnis auf die Urdisclosure Jesu.
Genügt nun das Unwahrscheinliche, die Verzerrung der Wirklichkeit, um die Bildempfängergeschichte des Gleichnisses und dann die Urdisclosure Jesu festzustellen?
Nicht immer und nicht in den meisten Fällen. Das Merkwürdige an der Bildspendergeschichte ist nur ein vager Hinweis, daß die Geschichte nicht das Ganze ist, daß sie auf etwas "mehr" verweisen will. Das Merkwürdige sagt aber meistens nicht ausdrücklich was dieses "mehr" ist.
Das wollen wir mit einem Beispiel erläutern: "Das Gottesreich gleicht einem Maulwurf. Man sieht ihn nicht und doch unterminiert er alles" (95). Man könnte auf dem ersten Blick meinen, das kleine Gleichnis enthält nichts Merkwürdiges, es sei vollkommen beschreibend und realistisch, wenn man

von der symbolischen Funktion des Materials absieht. Es ist allerdings nur Schein. Angenommen, wir hätten nur die Bildspendergeschichte vor uns: "Der Maulwurf. Man sieht ihn nicht und doch unterminiert er alles". Man wird sich zunächst fragen, warum man vom Maulwurf redet, und nicht von einer Kuh. Die Antwort kann vielfältig sein: Man will z.B. eine Überlegung über den Maulwurf machen; oder, der Maulwurf ist geeigneter, um die Intention des Sprechers zum Ausdruck zu bringen, wenn er eine bestimmte Intention hat, und nicht irgendeine Überlegung über den Maulwurf machen will. Dann wird man sich fragen, warum der Sprecher nur zwei Charakteristiken des Maulwurfs wählt und nicht alle. Der Sprecher will anscheinend den Maulwurf nicht beschreiben, sonst hätte er viel mehr über ihn sagen müssen: wie er aussieht usw.

Schon das ist merkwürdig. Es leuchtet nun ein, daß der Sprecher etwas Bestimmtes sagen will. Merkwürdiger erscheint die Verabsolutierung der zwei Merkmale des Maulwurfs: "Man sieht ihn nicht". Absolut genommen, ist das falsch. Denn man kann den Maulwurf auch sehen. Man sieht ihn nicht, nur wenn er unter der Erde ist. Dem Sprecher geht es also darum, dieses Moment hervorzuheben und zu verabsolutieren. Die Sprache ist nicht mehr beschreibend, sondern evokativ. Sie will auf etwas Bestimmtes verweisen, aber worauf? Auch das zweite Merkmal ist verabsolutiert und an sich genommen auch falsch, denn der Maulwurf unterminiert nicht "alles", sondern nur "etwas". Man wird sich also fragen, warum nur diese zwei Merkmale gewählt werden, und warum sie so verabsolutiert werden. Es ist klar, daß der Sprecher den Maulwurf nicht beschreiben will. Merkwürdig ist auch die Kontraposition der zwei Merkmale: "Man sieht ihn nicht und doch unterminiert er alles". Warum werden die zwei Merkmale in Kontrast gesetzt? Eine ursprünglich deskriptiv klingende Sprache erweist sich als eine Konstruktion, als verfremdete Wirklichkeit. Diese Verfremdung und Verzerrung der Wirklichkeit läßt die Frage nach der Intention des Sprechers stellen, sie löst und beantwortet die Frage allerdings nicht.

Man versteht, daß die Sprache eine evokative ist, aber weder, daß es sich dabei um ein Gleichnis handelt, noch welche die Intention des Sprechers ist, wird dadurch klar. Dazu braucht man andere Kriterien. Im allgemeinen kann nur der Kontext helfen.

In diesem Fall wird die Bildempfängergeschichte ausdrücklich miterwähnt. Nicht immer ist es der Fall. Manchmal hilft der unmittelbare Kontext in den Evangelien, manchmal aber nur der Kontext "Jesus", damit man zur Intention des Sprechers und zur Bestimmung der Bildempfängergeschichte der Gleichnisse gelangt.

Inzwischen ist das Problem Sprecher angeschnitten worden. Seine Intention ist maßgebend. Natürlich handelt es sich nur um eine Intention und um eine disclosure, die man nur und ausschließlich von den Texten herausbekommen kann. Es ist allerdings wichtig, an diesem Ergebnis festzuhalten. Das Problem des Sprechers wird uns noch im Laufe dieses Teils beschäftigen, und am Ende wird in einem letzten Kapitel versucht, die Elemente zusammenzustellen und das Problem des Sprechers zu erhellen.

3 Gleichnisse als Beweismittel?

Wolfgang Harnisch wendet sich gegen die Meinung, daß die Gleichnisse einen argumentativen Charakter haben, oder daß sie von Jesu als Beweismittel gebraucht wurden (96).
Jülicher schrieb nämlich, daß die Fabel, wie auch das Gleichnis, ein Beglaubigungsmittel sei (97). Anderswo schreibt er, daß die "demonstratio ad oculos" die "volkstümliche argumentatio ist" (98). Das paßt offenkundig sehr gut in dem Zusammenhang der Auffassung Jülichers, nach der die Gleichnisse eine moralische Anwendung wünschen. Denn wo man moralische Leitsätze dem Volk durch Gleichnisse beibringen will, muß das Gleichnis einen argumentativen Charakter haben. Er schreibt nämlich "was sind die Gleichnisse, die Parabeln samt und sonders als Veranschaulichungs- und Überführungsmittel?" (99).
Es ist klar, daß man unterscheiden muß. Denn bei Jülicher haben wir wenigstens zwei Elemente, die nicht unbedingt gleichzeitig fallen müssen, wenn eins fällt. Die Veranschaulichung enthält viel mehr als die reine argumentatio. W. Harnisch schreibt mit Recht die argumentatio der Logik zu, die Gleichnisse aber bleiben offen (100). Demzufolge ist den Gleichnissen der Zweck der Veranschaulichung nicht abgesprochen. So kann man sehr schwer den Gleichnissen eine gewisse didaktische Funktion absprechen, wenn man sie nicht wieder als strenge argumentatio nimmt, und wenn man unter Didaktik nicht nur das Verhältnis zwischen Lehrer und Schüler in der Schule versteht, sondern eine Methode, etwas zu "zeigen" (101).
Die didaktische Funktion der Gleichnisse spricht den Gleichnissen selber die analogische Kraft nicht unbedingt ab, so daß sie doch offen bleiben können.
W. Harnisch bringt zwei Argumente gegen den argumentativen Charakter der Gleichnisse, das erste ist ein redaktionskritisches, das zweite wird jedoch von der Sprachkraft der Analogie gewonnen.
Das erste Argument scheint jedoch nicht überzeugend. Er betrachtet drei Gruppen von Gleichnissen, die argumentativen Charakter haben könnten: Zunächst diejenigen Gleichnisse, die am Anfang oder zum Schluß eine Frage haben, durch die die Hörer einbezogen werden. Dann eine zweite Gruppe von Gleichnissen, die im Rahmen der Streitgespräche überliefert worden sind. Und drittens die Gleichnisse, die insgesamt Fragecharakter haben, wie Lk 11,15ff; 14,28ff; 15,4ff. Der Einwand gegen die ersten zwei Gruppen ist, daß die einleitende oder abschließende Frageform sekundär, bzw. redaktionell ist, oder sein kann, so wie auch der Rahmen der Streitgespräche.
Man sollte sich aber überlegen: Was will hier bewiesen werden? Daß die Gleichnisse an sich als analogische Redefigur nicht argumentativen Charakter sind, oder daß die Gleichnisse im Mund Jesu den argumentativen Charakter nicht hatten? Von der zweiten Beweisführung von W. Harnisch, daß die Gleichnisse analogischen, also nicht argumentativen Charakter haben, scheint vertretbar zu sein, daß die Gleichnisse <u>an sich</u> nicht argu-

mentativ sind. Aus diesem Grund ist es eigentlich gleichgültig, ob die Frageform und der Rahmen redaktionell ist. Denn die Gleichnisse, die wir besitzen, sind in diesem Rahmen und haben eine einleitende bzw. abschließende Frageform. D.h., wenn der argumentative Charakter der Gleichnisse an sich in diesen Elementen liegt, dann sind sie eben argumentativ, und wenn die Gleichnisse an sich nicht argumentativ sein können, dann soll man den Rahmen und die Frageform erklären, und zwar auf der synchronischen und nicht auf der diachronischen Ebene. Zwei Möglichkeiten bieten sich: entweder haben die Evangelisten nicht gewußt, was ein Gleichnis ist, und daß es analogischen und nicht argumentativen Charakter hat, und daß sie es deshalb falsch verwendet haben. Oder der Rahmen und die Frageform haben eine andere Funktion, als den Gleichnissen argumentativen Charakter zu verleihen. Da aber die Gleichnisse eine sehr alte Redefigur sind, ist auch anzunehmen, daß die Evangelisten etwas davon gewußt haben. Die zweite Möglichkeit scheint eher richtig. Darauf werden wir zu sprechen kommen. Der Einwand von W. Harnisch gegen den argumentativen Charakter der dritten Gruppe von Gleichnissen scheint noch fragwürdiger: Er schreibt: "Muß man nicht ... fragen, warum die Formel bei keinem der voll entwickelten erzählenden Gleichnisse Jesu vorkommt." (102). Es kommt ja nicht auf die Länge und auf den erzählenden Charakter der Gleichnisse, sondern nur auf den allen Gleichnissen und metaphorischen Redefiguren gemeinsamen analogischen Charakter an, daß sie nicht argumentativ sensu stricto sein können. Aber vielleicht will W. Harnisch nur behaupten, daß die Gleichnisse im Mund Jesu keinen argumentativen Charakter hatten. In diesem Fall wäre die Beweisführung schwerwiegender, aber noch nicht überzeugend. Denn, daß der Rahmen und die Frageform redaktionell sein können, heißt noch nicht, daß sie auch redaktionell sind. Und wenn auch sie wirklich redaktionell sind, hat man damit noch nicht bewiesen, daß die Gleichnisse im Mund Jesu nicht in diesem Rahmen waren, oder daß sie die Frageform ursprünglich nicht besaßen. Immerhin, die Tatsache, daß die Gleichnisse diese Elemente aufgenommen haben, bedeutet nur, daß sie sie jederzeit aufnehmen konnten, also auch als sie von Jesus gesprochen wurden (103). Entscheidend scheinen allerdings die anderen Gründe, die W. Harnisch angibt, und die er aus der Betrachtung der Sprachkraft der Analogie gewinnt. Und hier macht er einen Schritt, der bei Jülicher natürlich nicht möglich war: "Nicht - wie Jülicher meinte - die Allegorie, sondern die Parabel ist der Metapher sachlich benachbart" (104). Der entscheidende Schritt besteht darin, daß hier auch für die Parabel dasselbe gilt wie für die Metapher.

Von dem über die Metapher Gesagten, scheint es klar geworden zu sein, daß die Metapher nicht beweisen will, sondern zeigen, nicht argumentieren, sondern "sehen" lassen. Und wenn man noch in Betracht zieht, daß die Metapher ein disclosure-Modell ist, dann liegt die Folgerung nahe, daß die Technik des disclosure-Modells und der Metapher das bezweckt, dem Hörer das zu erschließen, was dem Sprecher schon erschlossen war, also durch das Modell (Bildspender) auf den qualifier (Bildempfänger) zu verweisen. Man kann also sagen, daß die Gleichnisse nicht beweisen wol-

len, sondern "zeigen", sehen lassen, hinweisen. Die Mittelbarkeit dieser Technik (man soll durch die Bildspendergeschichte zur Bildempfängergeschichte gelangen) eröffnet "einen Spielraum, der dem anderen die Wahl läßt, ob er dem Zug des Gesagten folgen will oder nicht" (105). Aber nicht nur der Wille des Hörers, sondern auch der Verstand bekommt einen Spielraum, indem man den Vollzug der Metapher nicht mitmachen kann (Aspektblindheit), oder von der Polysemie der Metapher irregeführt wird. Denn, wie schon gesagt wurde, jede Metapher, auch die Parabel bleibt polysem, und man kann doch von einer Verhüllung der Parabel reden. Demzufolge scheint durchaus richtig, was F. Mussner schreibt: "Gerade weil Gottes Anspruch ... oft in Gleichnissen verhüllt bleibt, entsteht durch sie Raum für echte Glaubensentscheidung" (106). Auf diese Weise wird auch die Frageform einiger Gleichnisse erklärt: sie sind auf der Ebene des Performanztextes ein deutlicher Ausdruck dessen, was die Parabel bezweckt: Das "Einverständnis des Hörers zu gewinnen, ohne ihn von vornherein festzulegen" (107). Mehr noch. Sie wollen nicht nur das Einverständnis des Hörers gewinnen, sie wollen auch zum Ausdruck bringen, daß der Hörer zugleich Akteur der Bildempfängergeschichte ist, und daß die Bildspendergeschichte ein Bild einer anderen Geschichte ist, in welche der Hörer selber mithineinbezogen wird. Deshalb sind die Frageformen linguistisch als Vertreter der Bildempfängergeschichte aufzufassen.
Der jeweilige Rahmen der Streitgespräche für einige Gleichnisse kann auch eine Erklärung bekommen. Denn es ist bekannt, daß auch die Fabel eine politische und polemische Funktion haben kann (108). Das war nicht nur für Äsop und Phädrus der Fall, sondern auch für die moderne Fabel und parabolische Rede (109). So ist es nicht verwunderlich, daß Jesus sie auf dieselbe Weise verwendet haben kann. Aber dadurch werden die Gleichnisse noch nicht zu einer argumentativen Redeweise, denn die Distanz und die Mittelbarkeit bleiben erhalten. Sie bieten unter anderem auch einen gewissen Schutz durch die Verhüllung und die Einkleidung. Aber, wie R. Dithmar bemerkt, "selbst die eingekleidete Wahrheit kann für den, der sie ausspricht, gefährlich werden" (110). Wie nahe diese Bemerkung zur schon erwähnten These von E. Fuchs und E. Linnemann steht, nach der der Tod Jesu in einer logischen Folge mit dem provokativen Charakter seiner Gleichnisse steht, soll nicht weiter erläutert werden.
Auch der Rahmen der Gleichnisse, sei es auch der Rahmen der Streitgespräche, gehört zur Bildempfängergeschichte der Gleichnisse. Zu dieser Geschichte gehören also auch Jesus und der Hörer, auch wenn er ein reeller oder potentieller Gegner Jesu ist. Das sei gesagt, obwohl man genau weiß, daß der gegenwärtige Rahmen der Gleichnisse nicht derselbe wie bei Jesus sein muß.
Es gibt aber einen anderen Grund, der gegen den argumentativen Charakter der Gleichnisse Jesu spricht: und zwar die Bildempfängergeschichte an sich genommen. Wir hatten die Isotopieebene der Bildempfängergeschichte mit dem Reich Gottes identifiziert, und hinzugefügt, daß die Einzelsituation, die unmittelbare Situation als ein Einzelfall dieser breiteren Isotopieebene zu verstehen ist. Diese allgemeine Isotopieebene ist, wie auch A. J.

Greimas lehrt, nicht die Wiederholung einer einzigen Kategorie, wie sie ein einziges Gleichnis oder eine Gruppe ähnlicher Gleichnisse (111) bieten kann, sondern ein organisiertes Bündel von Kategorien (112). Die Isotopie muß nicht unbedingt in der Oberflächenstruktur der Gleichnisse erscheinen, sie kann auch nur in der Tiefenstruktur vorhanden sein, so daß, auch wenn die Einleitungsformel "Das Himmelreich gleicht ..." sekundär ist (113), nichts daran hindert, sie zu identifizieren und zum Ausdruck zu bringen, wie es besonders Matthäus mit Recht macht. Wenn es wahr ist, daß die Verkündung Jesu sich auf der Ebene der Ankündigung des Reiches Gottes bewegt hat (114), dann darf man mit Recht annehmen, daß Jesus auch durch seine Gleichnisse nichts anderes verkündet hat als dieses Reich Gottes (115). Wenn das richtig ist, dann liegt es nahe zu sagen, daß das Reich Gottes nicht bewiesen werden kann, daß es nicht argumentativ beigebracht werden kann, weil das Reich Gottes keine These und keine Argumentation ist, sondern ein Ereignis und eine Erfahrung. Ereignis und Erfahrung können nicht bewiesen, sondern nur gezeigt werden; es kann lediglich darauf hingewiesen werden, in der Hoffnung, daß der Hörer es sieht, dieselbe disclosure und dasselbe Erlebnis hat, wie der Erzähler, in diesem Fall, Jesus. Wenn das Reich Gottes in sich auch ein Geheimnis enthält, dann ist die These des argumentativen Charakters der Gleichnisse Jesu wirklich fehl am Platz. Wie kann man ein Geheimnis beweisen? Man kann es wiederum nur zeigen. Wir haben hier nicht nur die mögliche Verhüllung der metaphorischen Rede, sondern die notwendige Verhüllung des Geheimnisses, das nur durch parabolische Rede gezeigt werden kann (116).

Zum Schluß sei ein Problem erwähnt, das mit dem Gesagten angeblich nicht übereinstimmt: das Problem der Beispielerzählungen. Reden sie auch vom Reich Gottes? Von den fünf Erzählungen, die als Beispielerzählungen aufgefaßt werden (117), kann man mit Recht behaupten, sie seien Kontrast-Gleichnisse (118). Einige von diesen Kontrasten können mit anderen Aussagen Jesu in Zusammenhang gebracht werden, wo Jesus explizit vom Gottesreich spricht. Etwa mit einer symbolischen Handlung Jesu: Als die Jünger fragten, wer der Größte im Himmelreich wäre, rief er ein Kind und sagte "Wer sich für so gering hält wie dieses Kind, der ist der größte im Himmelreich" (Mt 18,1-4): Man vergleiche damit die Erzählungen von dem Reichen und dem Armen, vom Pharisäer und Zöllner, von der Rangordnung beim Gastmahl und vielleicht auch vom Barmherzigen Samariter. Oder denke man an die Metaphern Jesu über das Schätzesammeln (Mt 6,19-21) und vergleiche man sie mit der Erzählung des reichen Kornbauers, und man erhält parallele Aussagen, die eindeutig mit dem Gottesreich zu tun haben.

G. Sellin (119) ist zurückhaltend; er möchte als Gottesreich-Parabeln nicht diejenigen nennen, die das nicht eindeutig erkennen lassen, etwa durch die übliche Einleitung. Nach seiner Meinung ist entscheidend die Kontextfunktion der Parabel. Wir hatten inzwischen versucht nachzuweisen, daß der größere Kontext des Evangeliums gerade das erfordert, und daß der unmittelbare Kontext einer Parabel genauso redaktionell sein kann wie die Einleitung der Gleichnisse. Unsere These ist aber, daß auch die unmittelbare Situation in dem größeren Rahmen des Evangeliumskontextes zu sehen ist, und dieser Kontext ist eindeutig das Evangelium des Gottesreiches. Uns geht es momentan darum, zu zeigen, daß auch die Beispielerzählungen vom Gottesreich handeln, nicht aber darum, direkt zu bestimmen, ob sie noch als Metaphern anzusehen sind (120). Wir hatten die Metapher definiert als eine Aufeinanderprojizierung von zwei auf verschiedenen Isotopieebenen liegenden Geschichten. In den Beispielerzählungen wird eine Geschichte verneint und eine bejaht. Die erzählte Welt wird durch die besprochene Welt verneint, bzw. die Umkehrung der Werte, die schon in der erzählten Welt geschehen war, bestätigt. Es ist klar, daß die metaphorische Distanz der zwei Ebenen geringer und fast auf die typologisierende Funktion des Einzelfalls (Beispiel!) beschränkt wird. In diesem Sinn ist es korrekt, von Beispielerzählungen zu reden, obwohl die metaphorische Funktion und Distanz, wie auch die Distanz der Erzählung, nicht ganz entschwinden, so daß man von ihnen auch als disclosure-Modellen reden kann, die das Wesen der Gottesherrschaft erschließen wollen.

Sie beweisen also auch nicht, enthalten sensu stricto kein Argument. Auch sie zeigen das Gottesreich und die Verhältnisse, die im Gottesreich herrschen.

D Anwendung der Kriterien des "qualified model" auf die Gleichnisse Jesu

Vier Kriterien wurden für den Gebrauch von Modellen in der Theologie und in der religiösen Sprache überhaupt angegeben. Wir wollen nun nachprüfen, inwiefern sie auf die Gleichnisse Jesu anwendbar sind.

1 Das Kriterium der empirischen Verankerung. Derjenige, der die Modelle gebraucht, soll die Modelle aus seiner Erfahrung der disclosure-Situation gewinnen. D.h., die Modelle sind die Versprachlichung seiner eigenen Erfahrung und disclosure. Das würde heißen, daß Jesus, der Erzähler der Gleichnisse, seine eigene Erfahrung und seine eigene disclosure des Reiches Gottes durch die Gleichnisse zum Ausdruck bringt. Und doch: wenn die Gleichnisse Modelle des Gottesreiches sein sollen, dann muß Jesus eine disclosure und eine Erfahrung des Gottesreiches gehabt haben. Diese letzte Forderung ist wissenschaftlich nicht mehr nachprüfbar, wenn sie jemals nachprüfbar war. Denn die Erfahrung des anderen kann man kaum nachprüfen (121). Die Erfahrung Jesu kann man nur dadurch bejahen (und das ist auch die Funktion des Modells und des Gleichnisses), daß man dieselbe Erfahrung und dieselbe disclosure durch das Gleichnis macht. Es wird dabei einsichtlich, wo der Glaube an Jesus seinen Ort findet, was das Gottesreich anbelangt: daß man als Voraussetzung annimmt, daß Jesus diese disclosure und diese Erfahrung schon gemacht hat, und daß er sie uns vermitteln will.

2 Das Kriterium des "empirical fit". Das Modell soll die Situation erhellen und klären. Die Gleichnisse also sollen das Gottesreich erhellen und klären. Es geht hier nicht um eine Beschreibung des Gottesreiches. Das will das disclosure-Modell an sich nicht. Es geht also um eine Evokation des Gottesreiches. Und das ist wiederum nicht nachprüfbar, sondern erst durch die eigene disclosure des Gottesreiches, zu der man durch die Gleichnisse gelangt, einzusehen. Man merkt wiederum, daß die Gleichnisse als Metapher und als religiöse Sprache nur evokativ zu verstehen sind, und daß jede beschreibende Deutung der Gleichnisse eine Fehldeutung sein muß. Man merkt auch dabei, daß die Gleichnisse immer ein Moment der Verhüllung, der Unverständlichkeit enthalten, und daß dieses Moment erst durch die disclosure zu beheben ist. Man fragt sich natürlich in diesem Zusammenhang, ob die sogenannte Parabeltheorie des Markus ohne weiteres falsch ist, und ob sie doch Wahrheitselemente in sich hat. Drittens, wenn das Reich Gottes keine beschreibbare Größe ist, dann liegt es nahe, daß die Gleichnisse die einzige Vermittlung sein können, und daß man nur durch sie das Reich Gottes "einsehen" kann. Dabei ist nicht zu vergessen, daß das Modell eben ein Bild ist, und daß es, wie jedes metaphorische Modell, eine "Theorie" ist, also eine Hypothese, die bildhaft dargestellt wird.

3 Kriterium der Kohärenz der Modelle. Ein Modell soll mit den anderen kohärent sein. Die Gleichnisse als "qualified models" sollen auch unter sich kohärent sein. Es kann durchaus der Fall sein, daß ein Gleichnis einen anderen Zug des Gottesreiches zum Ausdruck bringt als ein anderes. Die zwei Züge müssen aber nicht kontradiktorisch sein. Da aber das Reich Gottes eine unkontrollierbare Größe ist, wird es immer schwierig sein, zu behaupten, daß zwei Züge kontradiktorisch sind, z.B. die präsentische und die eschatologische Dimension des Reiches Gottes. Es gilt auch hier die Regel, daß man die verschiedenen Züge der Gleichnisse miteinander in Zusammenhang zu bringen versucht. Das ist eine logische Übung, die in der religiösen Sprache überhaupt notwendig ist. Bevor man zwei Züge als kontradiktorisch erklärt, soll man doch überlegen, ob einige Valenzen von ihnen nicht doch vereinbart werden können (122). Umgekehrt gilt es, daß man durch die Gleichnisse ein zusammenhängendes Bild des Gottesreiches bekommen kann. Auch dieses in sich zusammenhängende Bild bleibt aber eben ein Bild, das wiederum die Bildspendergeschichte des Gottesreiches ist. Das Bild ist wiederum eine Theorie, die sich zwar auf das Gottesreich bezieht, es aber nicht beschreibt.

4 Das Kriterium der großen Auswahl von Modellen. Dieses Kriterium ist deutlich erfüllt. Wenn alle Gleichnisse vom Reich Gottes sprechen, dann haben wir für eine einzige Bildempfängergeschichte eine Fülle von Bildspendergeschichten, die das Reich Gottes von verschiedenen Seiten und Perspektiven zu erhellen versuchen. Sie werden auch oft für dieselbe Hörerschaft bestimmt. Diese Verschiedenheit von Modellen ist eindeutig eine Hilfe, um den Hörer zur disclosure des Reiches Gottes zu bringen. Jesus versucht oft und mit verschiedenen Gleichnissen, seine Erfahrung des Gottesreiches zu erhellen, und zu vermitteln. Das bedeutet aber auch, daß

zunächst das Gottesreich nicht beschreibbar ist, und zweitens, daß kein Bild ausreicht. Jedes Bild ist unzureichend, mangelhaft, und deshalb einigermaßen dunkel, unbefriedigend. Das alles bestätigt die Auffassung, daß das Reich Gottes nur gezeigt und nicht bewiesen werden kann.

III. Kapitel: DAS ENGAGEMENT IN DEN GLEICHNISSEN:
DIE GLEICHNISSE ALS SPRECHAKTE

A Das Engagement Jesu in den Gleichnissen

Die Theorie der disclosure setzt voraus, daß der Sprecher, der durch ein "qualified model" seine disclosure zum Ausdruck bringt, selbst eine disclosure gehabt hat, d.h., selbst eine "tiefere Einsicht" (insight) gehabt hat, und sich selbst engagiert gefühlt hat (total commitment). Wenn er dann sein "qualified model" kommunizieren will, vollzieht er dadurch einen Sprechakt. Wir hatten den Sprechakt, der in der Kommunikation der Metapher immer vorhanden ist, allgemein als "Aufforderung" bezeichnet, ohne ihn näher zu definieren. Es gilt also in diesem ersten Teil des dritten Kapitels, einmal zu zeigen, wie man die Beziehung zwischen Jesus und seinen Gleichnissen in den Gleichnissen selber findet, und dann die verschiedenen Typen von Sprechakten der Gleichnisse zu definieren.

1 Das Verhältnis Jesu zu den Gleichnissen

Bei aller verschiedener Auffassung sind doch alle Ausleger der Gleichnisse der Meinung, daß hinter den Gleichnissen die persönliche Vision und das Engagement Jesu stehen. Die Analyse der Gleichnisse bestätigt also die Theorie des "onlook", die D.D.Evans anhand der Analyse von Metaphern gewonnen hat, und die wir im ersten Teil der Arbeit wiedergegeben haben. Auf diese Weise kann A.N.Wilder von einer Partizipation an der Erfahrung Jesu durch die Gleichnisse (1) sprechen.
Ähnlich spricht J.D.Crossan von den Gleichnissen als dem Ausdruck der Erfahrung, die Jesus von Gott gemacht hat (2), oder als dem Ausdruck seiner eigenen Erfahrung des Gottesreiches (3).
Auch Dan O. Via spricht überraschenderweise von den Gleichnissen als Schlüssel zu Jesu Selbstverständnis und als Ausdruck des Glaubens Jesu (4).

Daß Jesus vom Gottesreich in Gleichnissen redet, setzt voraus, daß er eine Vorstellung des Gottesreiches hatte, die er dann kommunizieren wollte. Die Vorstellung Jesu vom Gottesreich muß nicht unbedingt eine normale bzw. rein menschliche Erfahrung und Glaube sein. Es bleibt offen, ob er diese Vorstellung direkt gehabt haben kann, als Gesandter bzw. Sohn Gottes. Es wird hier noch nicht näher bestimmt, welche Voraussetzungen bei Jesus in Frage kommen. Zunächst ist es genügend, nur von der Vorstellung und von der Erfahrung Jesu zu sprechen.
Nach E. Linnemann ist diese Vorstellung Jesu vom Gottesreich eine neue, die sich der Vorstellung vom Gottesreich der Hörer Jesu gegenüberstellt.

Diese Gegenüberstellung hat einen Bruch zwischen Jesus und seinen Hörern verursacht, so daß Jesus durch die Gleichnisse versucht hat, diesen Bruch zu überwinden und seine eigene Vision akzeptieren zu lassen (5). Diese Vision Jesu räumte ein, daß er selber ein Hauptakteur in der Geschichte des Gottesreiches war. Und zwar nicht nur als Ansager und Verkünder, sondern auch als der Bringer und Erfüller (6). Dieser Anspruch Jesu, der auch in dem Logion vorkommt: "Wenn ich aber durch den Geist Gottes die Dämonen austreibe, ist folglich das Reich Gottes zu euch gekommen" (Mt 12,28), oder in dem anderen: "Hier ist mehr als Jona", "hier ist mehr als Salomo" (Mt 12,41.42)(7), das im Zusammenhang einer Gerichtsaussage steht, die auch in der "Geschichte" des Gottesreiches eine Rolle spielt (vgl. Mt 25,31-46 oder die Krisis-Gleichnisse); dieser Anspruch kommt auf verhüllte, aber unmißverständliche Weise auch in vielen Gleichnissen zum Ausdruck (8). J.J.Vincent spricht von den Gleichnissen als Selbstoffenbarung Jesu und bringt viele Beispiele aus den Gleichnissen dafür (9); z.B. Mk 2,17: "Nicht die Gesunden brauchen den Arzt, sondern die Kranken. Ich bin nicht gekommen, Gerechte zu berufen, sondern Sünder", und andere: Mt 12,25-30; 10,25...

Man kann also doch von einem totalen Engagement Jesu sprechen, das die echte Folge seiner Vorstellung vom Gottesreich war. Die Vision Jesu vom Reich Gottes und das totale Engagement dem Gottesreich gegenüber, kann man als eine echte disclosure bezeichnen. Jesus steht ganz persönlich hinter seinen Gleichnissen.

Mit seinem Anspruch ging Jesus ein Wagnis und ein Risiko ein. E.Fuchs und E.Linnemann gehen so weit, daß sie den Tod Jesu als die Folge dieses Wagnisses ansehen (10). E.Fuchs räumt ein, Jesus habe nicht nur sich selbst aufs Spiel gesetzt, sondern auch Gott (11) und sein Reich, nicht nur weil er Gotteswort und -reich verkündet hat, sondern weil er an die Stelle Gottes getreten ist (12), indem er Gotteswort und -reich geltend gemacht hat. Trotzdem, wörtlich genommen, scheint das Verhalten Jesu als Rahmen der Gleichnisse (13) eine Verengung der "Geschichte" des Gottesreiches. Das Gottesreich wurde als die Bildempfängergeschichte der Gleichnisse Jesu bestimmt. Das Gottesreich erschöpft sich aber nicht in der Person Jesu. Man muß aber zugeben, daß die Gleichnisse Jesu einen neuen Charakter einnehmen, wenn man die Person des Verkünders als einen der drei Hauptakteure in der "Geschichte" des Gottesreiches ansieht. Die anderen sind Gott und die Hörer. Man kann also mit voller Berechtigung sagen, daß Jesus sich selber verkündigte (14), wenn man vor Augen hält, daß er sich selber als den Bringer dessen, was er tatsächlich verkündigte, ansah, und daß er durch einige Gleichnisse, aber nicht durch alle, sein Verhalten rechtfertigen wollte (15).

Damit ist das Engagement Jesu in seinen Gleichnissen geschildert. Es geht nicht nur um ein intellektuelles oder weltanschauliches Engagement, das auch im persönlichen Leben Rückwirkungen haben kann, wie es in einer üblichen Metapher, wie "Ich sehe das Leben als den Spott aller Hoffnungen" vorhanden ist. Es geht vielmehr um das Engagement eines Menschen, der weiß, daß das Schicksal seiner Gleichnisse auch sein Schicksal ist und das

Schicksal zugleich des Gottesreiches.
Wenn wir also die Gleichnisse Jesu einmal als die Kommunikation der Vision und des Engagement Jesu ansehen, dann dürfte es klar sein, daß er damit bestimmte Sprechakte vollzogen hat, die sich von dem Sprechakt einer Übergabe einer moralischen Lehre völlig unterscheiden, und zwar aufgrund des Objektes der Kommunikationshandlung.

2 Die Typen von Sprechakten in den Gleichnissen Jesu

Wenn wir davon ausgehen, daß Jesu Gleichnisse eine geschlossene Zusammenfassung der Botschaft Jesu (16) über das Reich Gottes sind, dann dürfte der Sprechakt dieser Botschaft mit Mk 1,14-15 allgemein definiert werden: "Jesus kam nach Galiläa und verkündete die Heilsbotschaft Gottes, indem er sprach: "Erfüllt ist die Zeit und nahegekommen ist das Reich Gottes. Kehrt um und glaubt an die Heilsbotschaft". Diesen Sprechakt kann man allgemein als Aufforderung bezeichnen, wobei sie ihrerseits jeweils spezifiziert wird in anderen Sprechakten. Schon in Mk 1,14-15 sind wenigstens zwei Sprechakte zu unterscheiden: einmal ist der Text eine Ansage, ähnlich einer Feststellung: "Erfüllt ist die Zeit und nahegekommen ist das Reich Gottes". Diese Ansage hat aber eine besondere Funktion: den nächsten Sprechakt vorzubereiten. Der zweite Sprechakt kann als Anordnung bezeichnet werden: "Kehrt um und glaubt an die Heilsbotschaft". Die Anordnung enthält zugleich das Element der Mahnung und der Drohung: diese zwei Elemente, die hier nur impliziert sind, kommen in Mk 16,15-16 (die Stelle, die mit Mk 1,14-15 eine inclusio ist) offen zum Ausdruck: "Gehet hin in alle Welt und verkündet die Heilsbotschaft allen Geschöpfen. Wer glaubt und sich taufen läßt, wird gerettet werden, wer aber nicht glaubt, wird verdammt werden". Das Element der Drohung ist einem anderen Element, dem der Verheißung oder Versprechung gegenüber gestellt. Diese Elemente sind die Konstituenten des jeweiligen Sprechaktes, die in Mk 1,14-15 und 16,15-16 enthalten sind: allgemein: Aufforderung; spezifisch: Ansage, Anordnung, Mahnung, Verheißung, Drohung.
Betrachten wir aber die Gleichnisse nun näher. Wir erinnern uns daran, daß sich der Sprechakt als das definieren läßt, was eine Handlung oder Kommunikationshandlung bezweckt.
Ohne den Anspruch auf Vollständigkeit erheben zu wollen, kann man eine ungefähre Liste von Sprechakten aufstellen, die in verschiedenen Gleichnissen vorhanden sind:
<u>Ansage und Angebot</u>: Gleichnisse vom Schatz im Acker und von der Perle (Mt 13,44-46), vom verlorenen Schaf (Mt 18,12-14/Lk 15,4-7), von der verlorenen Drachme (Lk 15,8-10), von dem verlorenen Sohn (Lk 15,11-32); die Sämann-Parabel (Mt 13,3-8/Mk 4,3-8/Lk 8,5-8); das Gleichnis von dem Starken (Mt 12,29); von dem Fasten und dem Bräutigam (Mk 2,19-20 Par.).

Ermutigung und Verheißung: Sämann-Parabel (Mt 13,3-8 Par.), Gleichnis vom Senfkorn (Mt 13,31-32 Par.) und vom Sauerteig (Mt 13,33/Lk 13,20-21), von der selbstwachsenden Saat (Mk 4,26-29), von dem Fischnetz (Mt 13,47-48), von dem Unkraut (Mt 13,24-30), von dem bittenden Freund (Lk 11,5-8), von dem ungerechten Richter (Lk 18,1-8).

Aufforderung zur Entscheidung: Das Gleichnis von dem großen Abendmahl (Mt 22,1-13 Par.), von dem betrügerischen Verwalter (Lk 16,1-8), von dem Schuldner (Mt 5,25-26; Lk 12,58-59), von dem Reichen und dem Armen (Lk 16,19-31). Mit dem Ton der Anordnung: Das Gleichnis von dem barmherzigen Samariter (Lk 10,30-37), von dem Schalksknecht (Mt 18,23-35).

Rechtfertigung (Verteidigung): Das Bildwort von dem Arzt (Mk 2,17), vom Fasten (Mk 2,19-20), von dem Lappen und dem Wein (Mk 2,21-22), das Gleichnis von den zwei Söhnen (Mt 21,28-31), von den zwei Schuldnern (Lk 7,41-43), von dem verlorenen Schaf, der verlorenen Drachme und dem verlorenen Sohn (Lk 15,4-31), von den Arbeitern im Weinberg (Mt 20,1-15), vom großen Abendmahl (Mt 22,1-13 Par.), vom Pharisäer und Zöllner (Lk 18,9-14).

Warnung und Mahnung: Das Gleichnis von den Arbeitern im Weinberg (Mt 20,1-15), von den zwei Söhnen (Mt 21,28-31), von den Kindern auf dem Marktplatz (Mt 11,16-19; Lk 7,31-35), vom Pharisäer und Zöllner (Lk 18,9-14), vom treuen und ungetreuen Knecht (Mt 24,45-51; Lk 12,42-46), von den anvertrauten Geldern (Mt 25,24-30; Lk 19,12-27), von dem Türhüter (Mk 13,33-37; Lk 12,35-38), von den Tischplätzen (Lk 14,7-11).

Einige nehmen den Ton der Drohung ein: Zum Beispiel das Gleichnis von den Kindern auf dem Marktplatz (Mt 11,16-19; Lk 7,31-35), vom unfruchtbaren Feigenbaum (Lk 13,6-9), vom reichen Kornbauer (Lk 12,16-21), von den bösen Pächtern (Mk 12,1-11 Par.), von den zehn Jungfrauen (Mt 25,1-13) und von dem großen Abendmahl (Mt 22,1-13 Par.).

Die erste Beobachtung, die man leicht machen kann, ist, daß verschiedene Gleichnisse mehrere Sprechakte vollziehen können. Das ist ein anderer Grund, zu sagen, daß die Theorie des tertium comparationis unhaltbar ist. Wenn nämlich ein einziges Gleichnis mehrere Zwecke hat, dann kann man kaum von einem tertium comparationis reden.

Es bestehen Beziehungen zwischen den verschiedenen Typen von Sprechakten in den Gleichnissen. Es kann nämlich kein Angebot des Gottesreiches gemacht werden, ohne daß es auch angesagt wird. So setzen die Ermutigung und die Verheißung die Ansage und das Angebot des Gottesreiches voraus. Dasselbe kann man von der Aufforderung und Entscheidung sagen. Andererseits schließt die Ansage und das Angebot, wegen des Heilscharakters des Gottesreiches, auch die Aufforderung zur Entscheidung ein. So setzen die Mahnung, die Warnung und die Drohung die Aufforderung zur Entscheidung und also das Angebot und die Ansage voraus. Und endlich setzt die Rechtfertigung (Verteidigung) voraus, daß Jesus irgendwie provoziert hat, und wie sonst, wenn nicht gerade durch sein persönliches Angebot und die eigenartige Ansage des Gottesreiches?

Man könnte die verschiedenen Typen von Sprechakten auf diese Weise organisieren, wenn man die bereits erwähnten Beziehungen bedenkt:

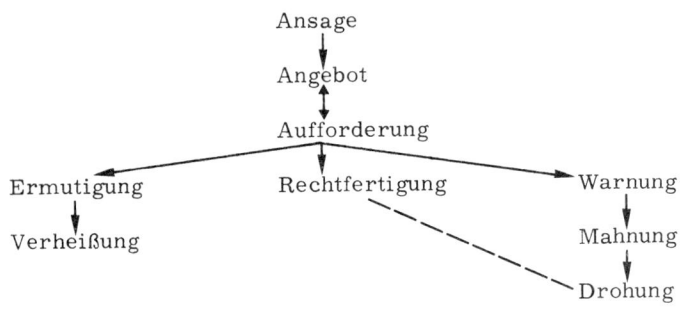

Aus theoretischer Sicht können die meisten Typen der Sprechakte in den Gleichnissen allen Hörern gerichtet sein. Nur die Gleichnisse, die nur die Rechtfertigung und die Drohung beabsichtigen, wenn es solche gibt, dürften an die Gegner allein gerichtet sein. Die anderen können jeweils einen Sprechakt mehr als einen anderen unterstreichen, und das dürfte auch bedeuten, daß sie mehr für eine Gruppe der Hörerschaft gedacht sind als für die andere Gruppe, obwohl sie grundsätzlich offen für die ganze Hörerschaft bleiben.

3 Die Voraussetzungen der Sprechakte der Gleichnisse

Es werden hier nur die Aufrichtigkeitsbedingungen der Sprechakte in Betracht gezogen und die Einleitungsregeln, die den Sprechakt seitens des Sprechers (Jesus) ausmachen. Es wird also gefragt, was diese Sprechakte bei Jesus voraussetzen, damit sie wirklich Sprechakte sind, um das bei den Sprechakten zu vermeiden, was J.L.Austin "infelicities" (Uneigentlichkeiten) nennt (17). Wenn man ein Versprechen macht, setzt man voraus, daß man das Versprechen auch halten will. Fehlt diese Voraussetzung bei dem Sprecher, dann ist das Versprechen verfehlt.
Es werden, was die Sprechakte der Gleichnisse angeht, nur die Voraussetzungen erwähnt, die eine wichtige Rolle spielen. Der Sprechakt der Ansage setzt voraus, daß der Verkünder des Gottesreiches, das Objekt der Verkündigung besser kennt als die anderen; weiter, daß das Gottesreich, wie es der Verkünder kennt, noch nicht im Bewußtsein und in der Realität der Hörer vorhanden ist; weiter, daß er aufgrund dieser Erkenntnis (18) eine höhere Rolle in der "Geschichte" des Gottesreiches hat als die Hörer. Der Sprechakt des Angebots setzt voraus, daß Jesus das Angebot auch tatsächlich machen kann, d.h. daß er entweder der ursprüngliche Besitzer, oder der Vermittler des Gottesreiches ist. Das setzt wiederum voraus, daß Jesus etwas mehr hat als der Hörer, und daß er deshalb auf einer höheren Ebene steht als die Hörer. Der Sprechakt der Aufforderung zur Ent-

scheidung setzt voraus, daß Jesus es für gut hält, daß sich der Hörer für
das Gottesreich entscheidet, und daß er es wünscht (19).
Der Sprechakt der Rechtfertigung (Verteidigung) setzt voraus, daß Jesus
mit dem Gottesreich etwas persönlich zu tun hat, daß es "seine" Sache ist,
bzw. daß er es zu "seiner Sache" gemacht hat.
Die Sprechakte des Anordnens und der Drohung setzen voraus, daß Jesus
Autorität über die Hörer hat (20). Die Sprechakte der Verheißung, Ermutigung, Warnen und Mahnen setzen endlich voraus, daß Jesus glaubte, ein
gewisses Ereignis würde eintreten. Die Drohung setzt wiederum voraus,
daß er darüber sicher war (21).
Eine oberflächliche Betrachtung aller dieser Bedingungen sagt uns, daß sie
alle nicht verifizierbar waren und sind, daß sie also von dem Hörer nur
akzeptiert werden konnten. Das macht einsichtig, daß die Gleichnisse Jesu
ein Risiko waren, und daß die Annahme dieser Voraussetzungen schon der
Anfang des Glaubens sein konnte.
E. Linnemann merkt diese Situation, wenn sie schreibt, daß Jesu Worte weder durch einen anerkannten Ausweis göttlicher Vollmacht, noch durch ein
Amt gestützt waren: "Was Jesu Worten Gewicht verleihen konnte, waren
also einzig seine Worte selber" (22). Deshalb war das Einverständnis mit
Jesu Worten und mit den Voraussetzungen seiner Worte nicht von vornherein klar, aber es bedeutete ohnehin den Anfang des Glaubens an das Reich
Gottes und an seinen Bringer (23).
Die Vertreter der unbeschränkten Anschaulichkeit der Gleichnisse Jesu
rechnen wahrscheinlich nicht ernsthaft mit diesen Voraussetzungen. Die
Nicht-Annahme dieser Voraussetzungen kann tatsächlich blind machen,
und man kann nur die Geschichte hören, aber sie nicht verstehen bzw.
nicht verstehen wollen. Man kann durchaus im Dunkel bleiben: ἐκείνοις δὲ
τοῖς ἔξω ἐν παραβολαῖς τὰ πάντα γίνεται (24). Aber es muß noch ein
Punkt hervorgehoben werden. E. Fuchs schreibt, daß die Gleichnisse keine
Einkleidung von Ideen und Vorstellungen sind (25), daß sie aber berufen,
verheißen, fordern, geben (26).
Von dem Standpunkt der Metaphorik ist es durchaus richtig, zu sagen, daß
das Gleichnis keine Einkleidung von Ideen ist, aber das Gleichnis ist notwendig das einzige Mittel für die Mitteilung von Erfahrungen und auch Vorstellungen. Die Sprechakt-Theorie überbrückt diese Trennung von Inhalt
und Form eines Sprechaktes. Denn es gibt einfach keine Verheißung ohne
einen Inhalt der Verheißung; und es gibt kein "geben" ohne das Objekt des
Gebens. In der Sprechakt-Theorie werden diese Inhalte Voraussetzungen
des Sprechaktes genannt. Diese Voraussetzungen müssen wahr sein, damit der Sprechakt aufrichtig sein kann. Auf diese Weise müssen einige
"statements" wahr sein, damit die "performative" des Gleichnisses aufrichtig sein kann (27).
Die allgemeinste Voraussetzung für die Gleichnisse als Sprechakte ist,
daß Jesus wirklich glaubte, daß das Gottesreich mit ihm anbricht, so daß
er es ansagen, verheißen konnte. Damit aber er das Gottesreich anbieten,
geben konnte, mußte es tatsächlich mit ihm anbrechen.
Hier kann man direkt merken, wie brüchig die Verkündigung des Reiches

Gottes seitens Jesu war. Denn der Glaube Jesu allein, daß es mit ihm anbricht, reicht nicht aus, um das Gleichnis als Sprechakt aufrichtig zu machen. Wenn in Wirklichkeit nicht der Fall war, daß er der Geber des Gottesreiches war, oder daß das Gottesreich wirklich mit ihm oder auch durch seine Verkündigung anbricht, dann waren die Gleichnisse Jesu in Wirklichkeit leere Sprechakte, die keine echte Folgerung hatten. Feststellen, ob das alles Wirklichkeit war, oder nur Einbildung von Jesus, war nicht möglich. Wie konnte man das irgendwie erfahren?
Die Wurzel von allem ist der Glaube. Einmal der Glaube Jesu, und dann der Glaube der Hörer. Der einzige Beweis waren eben nur die Gleichnisse. Man mußte sich auf die Gleichnisse einlassen, das Sprachspiel der Gleichnisse annehmen, ihre Regeln akzeptieren. Der Glaube ist an diesem Punkt völlig radikalisiert. Entweder läßt man sich auf die Gleichnisse ein, dann versteht man auch das Gottesreich, oder nicht, dann wird man nie erfahren, ob der Glaube Jesu Wirklichkeit war oder Einbildung. Man bleibt im Dunkel, wenn man das schwache Licht der Gleichnisse ablehnt.

B Das Engagement der Hörer: die disclosure und der Glaube

Der Hörer der Gleichnisse wurde schon in Betracht gezogen. Und das geschah zwangsläufig, gerade weil der Hörer in die Kommunikationskette der Gleichnisse gehört. Der Hörer aber ist kein Zuhörer allein, wie es z.B. im Theater der Fall ist. Die Gleichnisse interessieren ihn direkt, nicht wie die Geschichte eines Romans, sondern wie seine Geschichte selbst. Die Appellstruktur der Gleichnisse will den Hörer in die Geschichte des Gleichnisses, die zugleich die Geschichte des Gottesreiches ist, einbeziehen. Der Grund ist einleuchtend, wenn man bedenkt, daß Jesus seine Hörer nicht unterhalten, sondern ihnen das Gottesreich ansagen, anbieten, sie zur Entscheidung auffordern, ermutigen, mahnen, ihnen drohen wollte, wie oben schon gezeigt wurde (28). In diesem Sinn schreibt A. N. Wilder mit Recht: Jesus "is leading men to make a judgment and to come to a decision. The stories are so told as to compel men to see things as they are, by analogy indeed" (29). Einsicht und Engagement in Form einer Entscheidung sind vorhanden. Man kann also sagen, daß Jesus den Hörer zu einer disclosure bringen wollte, d.h. zur selben Einsicht und zu demselben Engagement, die er selber hatte, und die er durch die Gleichnisse vermitteln wollte. Nach E. Fuchs will Jesus nichts anderes als "wahren Gehorsam", weil die neue Zeit mit Jesus angebrochen ist (30). Die Gleichnisse werden also gerade um des Hörers willen gesprochen, wie G. Eichholz merkt. Das deswegen, weil das Gottesreich ja ihm angeboten wird. Der Hörer kommt auf eine verhüllte Weise in der Erzählung selber vor. Seine Aufgabe ist also, sich selber in dem Gleichnis zu entdecken (31), das Gleichnis zu seiner Geschichte zu machen. Den Hörern sollte das ge-

schehen, was David geschehen ist, als Nathan ihm gezeigt hat, um welchen Mann es sich handelte: "Du selber bist der Mann". Der Hörer der Gleichnisse Jesu soll das aber selber einsehen. Die Einsicht allein aber reicht nicht aus. Damit der Sprechakt der Gleichnisse Jesu wirklich realisiert wird, muß sich der Hörer persönlich engagieren und auf den Appell des Gleichnisses seine persönliche Antwort geben (32). Der Prozeß, den der Hörer machen muß, damit der Sprechakt zur Erfüllung kommt, wird von E.Biser als "Vernehmen" (33), "Hingabe" (34), Aneignung (35) und Handlung (36) beschrieben. Oder, wenn man den hermeneutischen Ansatz von E.Fuchs auf das Hören der Gleichnisse anwendet, könnte man auch sagen, daß der Hörer sich von den Gleichnissen auslegen lassen soll, sich in Frage stellen lassen, damit sein Selbstverständnis durch das Einverständnis mit dem Selbstverständnis Jesu, das in den Gleichnissen zum Ausdruck kommt, zu einem neuen "christlichen" Selbstverständnis wird (37). Hier wird von Sprechakt gesprochen, nicht aber von Sprachereignis im Sinn E.Fuchs oder E.Jüngels. Nach Jüngel ist das Gleichnis als Gleichnis, d.h. also Form und Inhalt schon ein Sprachereignis (38). Nach der Sprechakt-Theorie kommt der Sprechakt nicht zustande, wenn alle Präsuppositionen nicht erfüllt werden. Eine der wichtigsten Präsuppositionen des Angebots, der Verheißung, der Mahnung oder Aufforderung ist, daß die Verheißung, das Angebot usw. angenommen werden. Man kann das auch mit E.Linnemann so formulieren: "Ein geglücktes Gleichnis ist ein Ereignis, das die Situation entscheidend verändert" (39). Das heißt, daß ein Gleichnis, das die Situation des Hörers nicht verändert, kein geglücktes Gleichnis ist, in unserer Terminologie: der Sprechakt des betreffenden Gleichnisses kommt nicht zustande. Nach A.M.Hunter gibt Jesus dem Hörer eine Chance, und fordert ihn auf, sie auszunützen. Wenn der Hörer seiner Aufforderung folgt, wird die Situation des Hörers eine andere (40).
Das wird auch ein Kriterium für die Analyse der Texte sein. Für manche Gleichnisse wird bereits im Kontext angegeben, wie die Hörer auf die Gleichnisse reagieren. So z.B. wird am Ende des Gleichnisses von den bösen Winzern bei Lukas gesagt: "Die Hohenpriester und Schriftgelehrten hätten in jener Stunde gern Hand an ihn gelegt, fürchteten aber das Volk. Sie hatten nämlich verstanden, daß er dieses Gleichnis mit Bezug auf sie gesagt hatte" (Lk 20,19). Die Stelle bestätigt die These, daß die Einsicht, daß das Gleichnis für den Hörer gesagt wird, nicht ausreicht, um den Sprechakt des Gleichnisses zustande kommen zu lassen. Man muß sich positiv engagieren und eine positive Antwort auf das Gleichnis geben.
Die meisten Gleichnisse bleiben aber im Text des Evangeliums offen. Und das geschieht mit Recht. Denn das Gleichnis an sich ist offen und bleibt offen. Und das wenigstens aus zwei Gründen: zunächst einmal ist das Evangelium als Heilsbotschaft kein Bericht darüber, wie die Hörer der Gleichnisse Jesu auf sie reagiert haben. Die Gleichnisse sind im Evangelium auch für die späteren Hörer geschrieben worden; und zweitens, weil das Gleichnis nicht ganz monosemiert werden kann. Das Gleichnis bleibt immer irgendwie polysem. Ein Gleichnis, das für einige Hörer eine Drohung ist, kann für andere Hörer, die sich schon auf die Seite Jesu gestellt hatten,

eine Ermutigung sein. Das Gleichnis bleibt polysem nicht nur auf der Ebene der Semantik, sondern auch auf der Ebene der Pragmatik. Das wird dadurch bestätigt, daß, wie schon darauf hingewiesen wurde, ein einziges Gleichnis zwei oder mehrere Sprechakte zugleich vollziehen kann. Das Gleichnis von dem verlorenen Sohn z.B. erzählt von drei Hauptakteuren. Auch wenn der Text die Einladung, sich mit dem Vater für die Heimkehr des jüngeren Sohnes zu freuen, mehr unterstreicht, bleibt das Gleichnis insofern offen, als ein Hörer sich mehr in der Figur des jüngeren Sohnes entdeckt, und somit nimmt das Gleichnis für ihn einen völlig neuen Sinn ein. Die meisten Gleichnisse bleiben in diesem Sinn offen und polysem (41).

Wenn man das Evangelium Jesu als den großen Rahmen der Gleichnisse ansieht, dann kann man daraus schließen, daß die Gleichnisse, wie die ganze Botschaft Jesu, den Hörer vor eine Wahl stellen: sich für Gott und für Jesus zu entscheiden, oder aber die Gleichnisse und mit ihnen Gott und Jesus abzulehnen. In dem Evangelium können wir merken, wie sich die zwei Gruppen bilden und unterscheiden. Dieses Phänomen hat vielleicht die Jünger selber gewundert, die sich wahrscheinlich gefragt haben, warum viele an das Wort Jesu nicht geglaubt haben. Vielleicht bildet diese Frage auch den Hintergrund der sogenannten Parabeltheorie, von der im dritten Teil der Arbeit gesprochen wird. Diese Frage können wir uns auch stellen, und zwar an diesem Punkt. Die Antwort, was die Gleichnisse angeht, kann nicht anders als deskriptiv sein. Wir werden versuchen, zu zeigen, warum die Gleichnisse als Sprechakte nicht immer und für alle zustande gekommen sind, warum die Gleichnisse und das Gottesreich nicht von allen angenommen wurden. Das versuchen wir anhand der Analyse der Präsuppositionen der Sprechakte, die wir im ersten Teil dargestellt haben.

Wir können das Gleichnis Jesu für sich genommen als Illokutionsakt bezeichnen. Wenn das Gleichnis die beabsichtigte Folge erhält, dann wird der Illokutionsakt zu einem Perlokutionsakt, d.h. der echte Sprechakt des Gleichnisses kommt zustande.

Die erste Regel für das "Glücken" eines Illokutionsakts ist, daß zwischen den Gesprächspartnern normale Kontaktbedingungen gelten. D.h. alle Störungen im Kanal, im Code, beim Sender und Empfänger sollen beseitigt werden, damit sich die Gesprächspartner hören und verstehen.

Wenn man sich gewundert hat, was die seltsame Formel "Wer Ohren hat zum hören, der höre" (Mk 4,9) sagen will, dann weiß man auch dies: nur derjenige, der hören will, kann auch hören. Oder in der Terminologie der Kommunikationstheorie kann man sagen, daß der Hörer die Störungen beim Empfangen beseitigen soll. Es sei angemerkt, daß es hier um ein bestimmtes Hören geht, das auch das Verstehen einschließt. Es geschieht aber nicht selten, daß zwei Gesprächspartner auf den andern überhaupt nicht hinhören, weil sie von ihrer Überzeugung befangen sind, oder weil die Diskussion zu "heiß" geworden ist, so daß das Gespräch tatsächlich die Form eines Gespräches zwischen Tauben annimmt. Das kann durchaus für viele der Hörer der Gleichnisse Jesu der Fall gewesen sein. Es wurde schon darauf hingewiesen, daß einige Gleichnisse in dem Zusammenhang der Streitgespräche überliefert worden sind (42). Es kommen zunächst in Frage die

Bildworte, die in Mt 15 und 16 zu finden sind: Mt 15,10-11 Par. Mk 7,14-16: Von dem, was unrein macht; 15,13: "Jede Pflanze, die nicht mein himmlischer Vater gepflanzt hat, wird ausgerissen werden" (43); 15,14: "Wenn ein Blinder einen Blinden führt, so werden beide in die Grube fallen"; 15,24: "Ich bin nur zu den verlorenen Schafen des Hauses Israel gesandt" (44); 16,6: "Gebt acht und hütet euch von dem Sauerteig der Pharisäer". Dann kommen noch in Frage das Gleichnis von den zwei Söhnen und von den bösen Winzern, von denen Matthäus wie Lukas anmerken: "Als nun die Hohenpriester und Pharisäer seine Gleichnisse hörten, erkannten sie, daß er von ihnen redete und hätten sich gerne seiner bemächtigt" (Mt 21,45-46).
Wenn man bedenkt, daß ein Grund für die Polemik zwischen Jesus und seinen Gegnern sein Umgang mit den Sündern war (45), dann kommen auch wahrscheinlich die Gleichnisse von den Arbeitern im Weinberg (Mt 20,1-16), von dem großen Abendmahl (Mt 22,1-14 und Par.), von dem unfruchtbaren Feigenbaum (Mk 13,28-30 und Par.), von dem barmherzigen Samariter (Lk 10,29-37) und endlich das ganze Kapitel 15 von Lukas in Frage.

Die Tatsache, daß die Gegner Jesu die Voraussetzung für ein "normales" Gespräch nicht erfüllten, hängt wahrscheinlich davon ab, daß sie, statt den Anspruch Jesu anzunehmen, seine Rolle als Bringer des Gottesreiches nicht akzeptierten (46), und daß sie nicht annehmen konnten, daß die in den Gleichnissen zu Worte kommende Botschaft Jesu des Gottesreiches für sie eine Heilsbotschaft war. Die Folge daraus war, daß sie Jesus kein Gehör geliehen haben, und daß sie die Heilsbotschaft nicht annahmen (47).

Und trotzdem waren die Gleichnisse der Weg, der zum Gottesreich führen konnte. Auch wenn Jesus sich rechtfertigen wollte, hat er seinen Gegnern immer eine Chance geben wollen. Es lag schließlich in ihrer Hand, die Chance auszunützen. Aber es wurde schon gesagt, daß das einzige, was für die Gleichnisse Zeugnis ablegen konnte, nur die Gleichnisse selber waren. Dann war das Verhalten der Gegner Jesu auch verständlich. Aber sie haben eben diese einzige Chance verpaßt. Wie könnte man sonst die Wahrheit der Erfahrung und der disclosure Jesu anders erfassen, als dadurch, daß man sich auf die Gleichnisse einläßt? Die Wahrheit der Gleichnisse ist eben nur und allein die Wahrheit der Gleichnisse. Der Glaube kann nicht bewiesen werden, sondern nur erfahren. Jesus hatte seine Vision und sein Engagement dem Gottesreich gegenüber in Gleichnissen formuliert. Nur durch diese disclosure-Modelle konnte man zur Erfahrung der Wirklichkeit des Gottesreiches selber gelangen.
Das ist auch der Ursprung des Glaubens der Jünger gewesen, die die Voraussetzungen erfüllt haben, damit das Gleichnis "glücken" konnte. Somit ist auch das Gottesreich in ihnen zur Erfüllung gekommen: "Euch ist das Geheimnis des Reiches Gottes gegeben. Jenen draußen aber wird alles zu Rätsel, auf daß sie sehend sehen und doch nicht schauen, und hörend hören und doch nicht verstehen" (Mk 4,11-12).
Daß dieser Weg brüchig ist, kann man nicht bestreiten. Der Glaube ist radikal, er wird auch von den Evangelisten und von Jesus bis ins letzte radi-

kalisiert. Nur wer glaubt, sieht und kommt zur Einsicht, und nur derjenige der durch den Glauben zur Einsicht kommt, glaubt. Das kann man mit I.T.Ramsey wohl disclosure nennen. Einsicht und Engagement machen die disclosure und den Glauben aus.
"Würdet ihr den Gleichnissen folgen, dann wäret ihr selbst Gleichnisse geworden, und damit der täglichen Mühe frei" schrieb F.Kafka (48). Das gilt im Grunde genommen auch für die Gleichnisse Jesu. Es galt damals für die Hörer Jesu. Es gilt natürlich auch heute.

C Die Gleichnisse Jesu als religiöse Sprechakte

In der Geschichte der Gleichnisauslegung ist eine gewisse Spannung festzustellen. Das Ideal Jülichers und dann später der form- und traditionskritischen Methode war, auf die ipsissima Verba Jesu zurückzukommen. Jülicher schreibt: "... ihren ungeheuren Wert haben diese Parabeln doch nur, insofern sie Zeugnisse aus Jesu Munde sind, als Zeugnisse über Stimmungen, Geschmack, religiöse Anschauung innerhalb der christlichen Gemeinde, die sie an uns überliefert hat, blos einen sekundären; wollen wir wirklich über die Gleichnisse Jesu etwas Brauchbares aussagen, müssen wir möglichst die Zuthaten der Tradition erst abschälen" (49). Auch J.Jeremias nimmt sich vor, auf die ipsissima Vox Jesu zurückzukommen: "es muß versucht werden, den ursprünglichen Sinn der Gleichnisse wiederzugewinnen" (50). "Jedes seiner Gleichnisse hat einen bestimmten historischen Ort in seinem Leben. Den Versuch zu machen, ihn zurückzugewinnen - das ist die Aufgabe" (51). Das Resultat dieses Unternehmens ist ein Auseinanderreißen vom Text, Wort um Wort, deren eins vielleicht ipsissimum verbum Jesu ist, das andere aber nicht. Ein anderes Resultat war, daß die Erzählung oder Bildspendergeschichte im allgemeinen Jesus zugeschrieben wurde, der Kontext, die Deutung aber dem Redakteur, was natürlich aus der synoptischen Analyse durchaus vertretbar ist. Aber da die Deutung als "Sachhälfte" bezeichnet wurde, geschah ein seltsames Phänomen. Das Ideal, das herauszufinden, was Jesus gesagt hatte, wurde unerreichbar. Einmal, weil die unmittelbare Situation, in welche ein jedes Gleichnis hineingesprochen wurde, sich nicht rekonstruieren läßt (52), andererseits weil hinter dem Unternehmen der Verdacht stand, daß die Redaktion auch irgendwie ein Verrat des Wortes Jesu ist (53).
Wenn man bedenkt, daß nur dann eine Metapher zustande kommt, wenn Bildspender- und Bildempfängergeschichte mitgedacht und mitberücksichtigt werden, dann ist es zweifelhaft, daß die Isolierung der Bildspendergeschichte der Gleichnisse einen guten Dienst der Gleichnisauslegung geleistet hat. Man hat die Bildspendergeschichte isoliert und gesagt, sie stamme von Jesus. Damit aber ist längst noch nicht herausgefunden worden, was Jesus sagte, bzw. sagen wollte. Was methodisch ein Fehlergebnis war,

wurde durch die Intuition der echten Bildempfängergeschichte ausgeglichen. Ch. Dodd und derselbe J. Jeremias sagen uns, wovon die Gleichnisse sprechen: vom Gottesreich.
Trotz ihres revolutionären Charakters ist die neuere Deutung der Gleichnisse Jesu als "ästhetische Objekte" ein Kind des methodischen Mißerfolgs der formgeschichtlichen Schule. Denn der Ausgangspunkt der neuen Gleichnisauslegung ist einerseits die Feststellung, daß der Sitz im Leben der einzelnen Gleichnisse nicht zu rekonstruieren ist, andererseits gerade das Ergebnis der Form- und Traditionskritik, d.h., die Isolierung der Bildspendergeschichte.
Wenn man die Bildspendergeschichte von der Bildempfängergeschichte isoliert, erhält man eine "normale" Geschichte, die an sich trivial und nichtssagend sein kann. Wenn man aber sie als Kunstwerk, d.h. als ein in sich unabhängiges Bild betrachtet, dann wird sie wieder zu einem völlig polysemen Bild, das auf irgendeinen Bildempfänger projiziert werden kann. Und somit ist jede neue Projizierung zugleich die Erzeugung einer neuen Metapher.
Betrachten wir nocheinmal das abgedroschene Beispiel: "Achilles ist ein Löwe". Wenn man den Bildspender isoliert, erhält man ein normales, beschreibendes Wort "Löwe". Man kann nicht sagen, daß dieses Wort an sich eine Metapher ist. Aber man könnte meinen, das Wort sei in diesem Fall als Bild verwendet, und zwar als situationsunabhängiges Bild, so daß man theoretisch unendlich neue Metaphern erzeugen kann:

    (1)   Achiiles ist ein Löwe
    (1a)   Richard ist ein Löwe
    (1b)   Helmut ist ein Löwe
    ...
    (1n)   Robert ist ein Löwe

Dasselbe tun die Vertreter der Situationsunabhängigkeit der Gleichnisse Jesu. Sie isolieren die Bildspendergeschichte und dann sagen sie, diese isolierte Geschichte sei ein Bild für die existentiale Situationen des Menschen (54). Man muß aber diesem Ansatz gegenüber doch wichtige Fragen stellen. Zunächst einmal soll man einsehen, daß durch die Verbindung von der Bildspendergeschichte mit immer neuen Bildempfängergeschichten neue Metaphern und neue Gleichnisse erzeugt werden. Die neuen Metaphern (1a bis 1n) sind zwar syntaktisch mit der Metapher (1) ähnlich, semantisch aber nicht, und pragmatisch noch weniger, und zwar aufgrund der verschiedenen Bildempfängergeschichten. Wenn dadurch neue Gleichnisse entstehen, so entstehen zugleich neue und verschiedene Sprechakte, die mit dem Sprechakt "Achilles ist ein Löwe" nichts zu tun haben. Eine andere Feststellung soll man auch machen; der Autor der Metaphern und der metaphorischen Sprechakte bleibt, bei der Neuerzeugung, uninteressant. Es ist ja gleich, ob die Metapher Homer gebildet hat oder ein anderer.

Deshalb ergeben sich diese Fragen, die man an die existentiele Interpretation der Gleichnisse stellen soll. Läuft sie nicht die Gefahr, daß Jesus, der Autor der evangelischen Gleichnisse, uninteressant für das Leben der Hörer wird? Läuft sie nicht die Gefahr, τὸ εὐαγγέλιον Ἰησοῦ Χριστοῦ

zu irgendeinem εὐαγγέλιον zu machen, das mit Jesus Christus nichts mehr zu tun hat? Ist sie nicht eine Vergewaltigung oder wenigstens eine Akzentverschiebung (55) der Sprechakte, die <u>Jesus</u> zustandekommen lassen wollte?
Die existentiale Interpretation scheint nichts mehr zu sein als eine Abart der moralischen Interpretation der Gleichnisse Jesu, die A. Jülicher (56) und neuerdings E. Güttgemanns vertreten (57). Mit dem Unterschied, daß es A. Jülicher um die Lehre Jesu geht (58), daß E. Güttgemanns auf indirekte Weise die Gleichnisse auf das Gottesreich bezieht, indem er sagt, daß Jesus das Gottesreich als eine Aufgabe darstellt (59), während es für Dan O. Via nicht notwendig ist, die Gleichnisse auf Jesus und auf das Gottesreich zu beziehen (60), weil das eine Allegorisierung der Gleichnisse darstellt. Kein Wunder, daß, wie N. Perrin anmerkt, gerade die theologisch-existentiale Interpretation, die Via doch versucht, schwach und nicht überzeugend wirkt (61). Das Problem ist ein tiefgreifendes: Wenn man sich auf die ursprüngliche Situation des Einzelgleichnisses beschränkt, läuft man die Gefahr, die Gleichnisse Jesu unwirksam zu machen für die heutige Zeit. Wenn man aber die Gleichnisse ganz von der Historie loslöst, läuft man die andere Gefahr, den Glauben zu einer Ideologie zu reduzieren, die keinen geschichtlichen Boden mehr hat.
Die Lösung scheint aber ziemlich einfach zu sein. Sie wird von dem Evangelium des Gottesreiches selber gegeben. Das Gottesreich ist zwar mit Jesus angebrochen, es ist aber nicht zur Vollendung gekommen: die eschatologische Dimension des Gottesreiches ist eine wesentliche Dimension. Deshalb und nur deshalb soll das Evangelium weiter verkündet werden (62). Das Evangelium ist aber ein Evangelium des Gottesreiches auch heute, und zwar des Gottesreiches, das Jesus angeboten hat.
Deshalb ist ein Grundgebot für die Gleichnisauslegung dies, die Gleichnisse als Sprechakte <u>Jesu</u> anzusehen, der uns heute noch das Gottesreich ansagt und anbietet. <u>Dies</u> geschieht durch den schriftlichen Text der Evangelien. Der Glaube kann nicht zu einer Moral reduziert werden. Der Glaube muß auch einen geschichtlichen Boden haben, wenn er ein Glaube an den Gott ist, der in Jesus gesprochen hat.
Das Problem, wie man heute die Gleichnisse Jesu verständlich machen kann, ist natürlich sehr wichtig. In allen diesen Versuchen soll man aber immer beachten, daß man den selben Sprechakt Jesu und der Evangelisten weiter erzählt, d.h. daß die "Übersetzung" der Gleichnisse für den heutigen Menschen, immer eine Übersetzung von den Gleichnissen des Gottesreiches sind, und sie nicht zu <u>anderen</u> Gleichnissen werden. Mit anderen Worten, die <u>Bildempfängergeschichte</u> muß heute noch dieselbe bleiben, wie für die ersten Hörer der Gleichnisse. Nicht die Bildempfängergeschichte soll geändert werden, sondern die Bildspendergeschichte kann eine andere sein. Das hat Jesus selber getan, indem er vom Gottesreich durch verschiedene Modelle gesprochen hat. Das ist übrigens auch eine Regel der Verwendung von Modellen in der Theologie. Es soll noch ein Problem wieder aufgenommen werden. Bei der synoptischen Analyse kann man leicht feststellen, daß die Gleichnisse für verschiedene Situationen der Urkirche

und der Kathechese verwendet wurden. Daher könnte man den Schluß ziehen, daß die Gleichnisse Jesu doch situationsunabhängig sind, und nicht unbedingt vom Gottesreich erzählen sollen. Das ist aber ein Trugschluß. Es wurde schon die Lösung für dieses Problem geboten. Wenn man vom Gottesreich als der Bildempfängergeschichte der Gleichnisse redet, soll man das Gottesreich nicht mit der einzelnen Situation des einzelnen Gleichnisses verwechseln. Die Einzelsituation ist eine Situation des Gottesreiches, sie ist eine Situation, in der das Gottesreich verwirklicht werden soll. In diesem Sinn kann man doch vertreten, daß die Gleichnisse Jesu eine Polyvalenz besitzen, die sie für andere auch heutige Situationen verwendbar macht (63). Was hier vertreten wird, ist, daß diese Situationen auch Situationen des Gottesreiches sein sollen. Natürlich sprechen die Gleichnisse Jesu unsere existentiale Situation an, aber unsere Existenz, insofern sie <u>von Gott</u> angesprochen wird, ihr das Gottesreich angeboten wird.

Damit der Sprechakt Jesu bewahrt wird, soll die Bildempfängergeschichte dieselbe bleiben.

Das soll durch ein Bild zusammengefaßt werden:

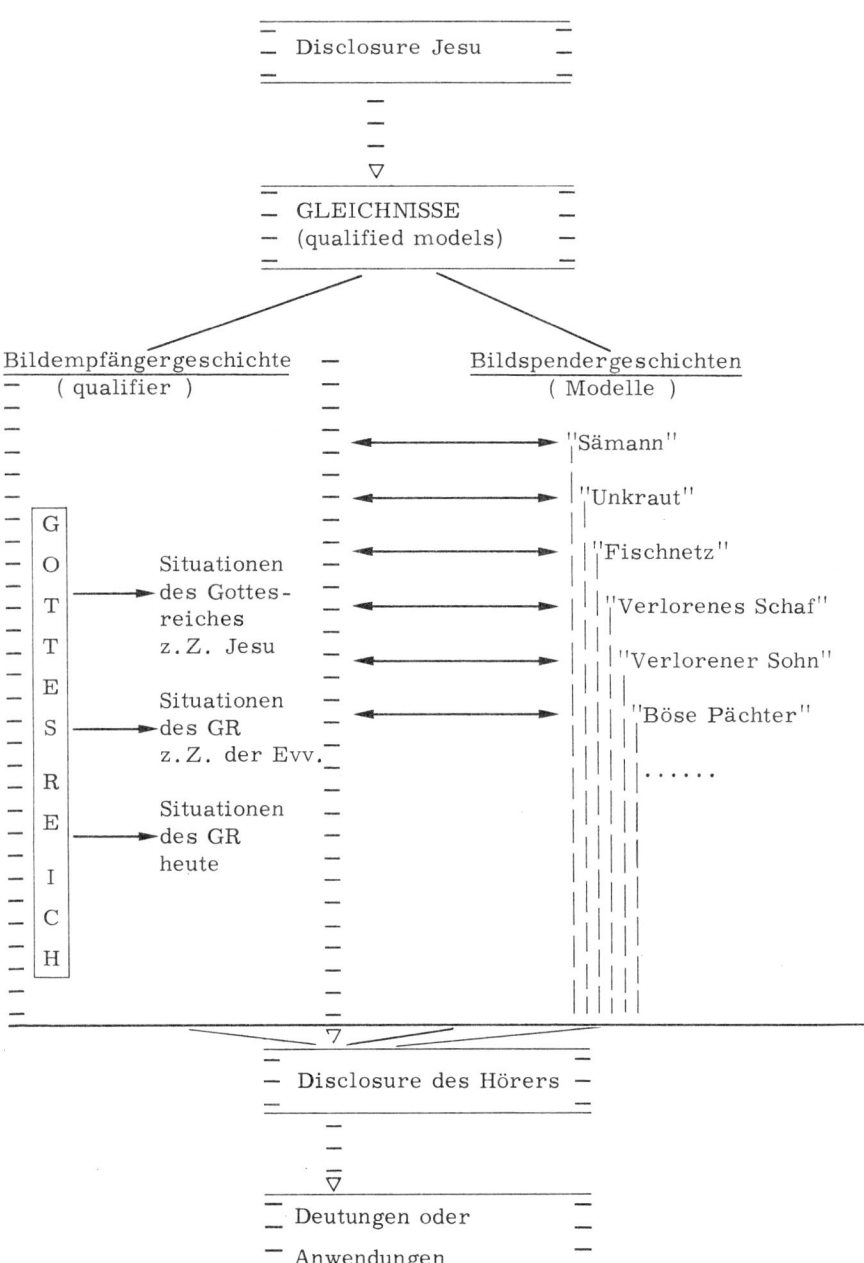

IV. Kapitel: JESUS ALS SPRECHER DER GLEICHNISSE UND DIE "WAHRHEIT" DER GLEICHNISSE

A Überlegungen aus dem Kompetenz-Performanz-Modell

Die Relevanz, die Jesus als Sprecher und Erzähler der Gleichnisse in der Kommunikation der Gleichnisse selber einnimmt, ist bisher oft nicht systematisch zur Sprache gekommen. Das Problem wurde in einem dreifachen Kontext behandelt.
Erstens im Kontext der unwahrscheinlichen Züge: dort wurde gesagt, daß das "Merkwürdige" an den Gleichnissen ein Effekt des "Kunstgriffes" des Autors der Gleichnisse ist, indem er die Bildspendergeschichte am Maßstab der Bildempfängergeschichte und seiner persönlichen disclosure vom Gottesreich mustert und prägt. In diesem Zusammenhang wurde auch ein Schaubild angegeben, das ein auf die Gleichnisse Jesu übertragenes Kommunikationsmodell darstellt.

Zweitens kam das Sprecher-Problem im Zusammenhang der Anwendung der Kriterien des "qualified model" auf die Gleichnisse Jesu zur Sprache. Dort wurde gesagt, daß das Kriterium der Wirklichkeitsverankerung der disclosure-Modelle eine Verankerung der Gleichnisse und der durch sie versprachlichten disclosures in einer Urdisclosure Jesu verlangt.

Drittens ist das Problem im Zusammenhang der Voraussetzungen der Sprechakte der Gleichnisse zum Zug gekommen. Es wurde dort angemerkt, daß Sprechakte wie Ansage des Gottesreiches, sein Angebot, andere Sprechakte, wie anordnen, drohen, mahnen, und die Selbstrechtfertigung Jesu einen persönlichen Einsatz Jesu voraussetzen, der eine unmittelbare Beziehung Jesu zum Gottesreich herstellt.

Als gemeinsames Merkmal dieser Überlegungen läßt sich erkennen: Das Problem des Subjektes der Sprache wird nicht aus der Perspektive der Semantik oder der Semiotik gestellt, sondern aus der Perspektive der Sprachphilosophie. Das Problem des Sprechers ist ein außersemiotisches und sprachphilosophisches Problem.

Die Semiotik befaßt sich ausschließlich mit innertextuellen Problemen; sie betrachtet die Sprache als geschlossenes Zeichensystem, das unabhängig von Subjekt und Referenz ist.

Das mag natürlich berechtigt sein in Hinsicht auf das Arbeitsziel der Semiotik. Nichtsdestoweniger sind beide außersemiotische Probleme für eine Philosophie der Sprache äußerst wichtig. U. Eco hatte die Grenzen der Semiotik hinsichtlich der Referenz ausdrücklich betont (1). Er sieht auch genau, wo die Aufgabe der Semiotik endet, und wo die Aufgabe des Sprachphilosophen beginnt (2).

Vielleicht soll man auch hinsichtlich des Sprecher-Problems von einer Grenze der Semiotik reden.

Die Semiotik und mit ihr der strukturalistische Ansatz der Textanalyse dürfen von einer Unabhängigkeit der Sprache vom Subjekt reden. Man wird aber solche Aussagen nicht verabsolutieren dürfen, sondern wird sie stets in dem Zusammenhang des Arbeitszieles der Semiotik sehen, die den "Sinn" eines Textes als Ergebnis der innertextuellen Relationen versteht. Als Merkmale der Semiotik lassen sich mit P. Ricoeur nennen: Die Dichotomie von "langue" und "parole"; die Subordination des diachronischen unter den synchronischen Gesichtspunkt; die Reduzierung von wesentlichen Gesichtspunkten der Sprache auf formale Aspekte; endlich die Autonomie der Sprache (3). Daß man aber einen Text und die Sprache überhaupt nicht hypostasieren darf, ist sprachphilosophisch klar, denn die Sprache existiert nicht ohne ein Subjekt, das spricht. "Ich bin" ist in dem cartesianischen "cogito ergo sum" zwar als letztes genannt, ontologisch ist es aber das Erste: Ich bin, deshalb kann ich denken(4).

Die Beziehung zwischen Sprache und Subjekt der Sprache kann man von der Unterscheidung zwischen Kompetenz und Performanz in der Sprache selber erhellen.

Diese Unterscheidung gilt primär der Lösung des Phänomens, daß der Sprecher aus einer auf der Ebene der Kompetenz gleichwahrscheinlich gegebenen Möglichkeit, unendliche Performanzen zu vollziehen, tatsächlich nur bestimmte Performanzen vollzieht.

Die umgekehrte Fragestellung gilt aber ebenso. Wenn ein Sprecher gewisse Performanzen vollzieht, kann man sich dann fragen, warum er das performieren konnte. Die Antwort lautet: weil er kompetent war!

Die Frage wird eine theologische, wenn man sie im Kontext der religiösen Sprache stellt. Ein Sprecher kann insofern religiöse Performanzen vollziehen, weil er religiös kompetent ist. Die Frage wird nun immer differenzierter, wenn der Bereich der Sprachperformanzen enger wird.

So wird man sich in Bezug auf Jesus als Sprecher der Gleichnisse die Frage folgenderweise stellen können: Die Tatsache, daß Jesus Gleichnisse gebildet hat, spricht ihm zunächst eine gewisse dichterische Kompetenz zu; die Tatsache, daß er religiöse Gleichnisse gebildet hat, sagt, daß er religiös kompetent war. Er bildet aber Gleichnisse des Gottesreiches: wie soll man nun seine Kompetenz in diesem Kontext definieren?

Das Kompetenz-Performanz-Modell kann keine nähere Antwort geben.

Die disclosure-Theorie könnte einen Schritt weiter gehen. Daß die Gleichnisse Jesu disclosure-Modelle sind, d.h. verobjektivierte Versprachlichungen von disclosures über das Gottesreich sind, und daß Jesus sie durch Gleichnisse versprachlicht, setzt voraus, daß Jesus selber diese Gottesreichsdisclosure hatte. Wir hatten vorher dies als Urdisclosures Jesu bezeichnet. Damit wird aber die Frage eine tiefgreifendere: wie soll man die Urdisclosure Jesu über das Gottesreich auffassen? Ist sie als eine zeitlich ausgedehnte Erfahrung aufzufassen, als ein plötzliches "Aha-Erlebnis", in dem ihm das Mysterium des Gottesreiches erschlossen wurde, oder als ein "Wissen", das Jesus den Hörern erschließt? Man kann auf jedem Fall von einem ursprünglichen "Wissen" Jesu reden, aber es bleibt noch die Frage zu beantworten: Woher weiß er das? Von einer Erfahrung oder wiederum von einem Erlebnis?

Die Evangelien stellen sich die Frage, wie wir im vierten Teil der Arbeit

sehen werden. Sie wissen anscheinend nichts von einer zeitlich ausgedehnten Erfahrung oder gar von einem plötzlichen Aha-Erlebnis Jesu zu berichten.
Die Sprachform der Gleichnisse kann auch keine entscheidende Antwort darauf geben. Denn man kann einerseits über eine Sache Bescheid wissen, und sie aus didaktischen Gründen für die Hörer gleichnishaft zu erhellen versuchen. Das Gleichnis aber ist andererseits auch ein Entdeckungsmittel. Man vergleicht zwei Dinge und zugleich entdeckt man neue Perspektiven, zugleich erschließt sich ein neuer Sinn. Man könnte auch sagen, daß der Sprecher selber seine disclosure hat, in dem Moment, indem er ein Gleichnis bildet.
Es scheint allerdings, daß man mit einer gewissen Sicherheit von einer Urdisclosure Jesu reden kann, wenn man die Tätigkeit des bildens von Gleichnissen seitens Jesu erklären will.
Obwohl die Art dieser Urdisclosure nicht näher zu bestimmen ist, erklärt sie vieles an den Gleichnissen des Gottesreiches.
Das Merkwürdige und Unwahrscheinliche an den Gleichnissen Jesu erfährt dadurch ein neues Licht. Es handelt sich natürlich um ein "Kunstmittel" oder einen "Kunstgriff" seitens Jesu. Dies ist aber ein notwendiger Kunstgriff, denn das Mysterium des Gottesreiches läßt sich kaum beschreiben und auch das bildhafte Material der Gleichnisse würde kaum genügen, um auf das Gottesreich zu verweisen. Deshalb nehmen die Gleichnisse eine paradoxe Dimension ein, die auf eine göttliche Dimension verweisen. Sie sind nur dann zu verstehen, wenn man sie von der Perspektive der Bildempfängergeschichte her sieht.
Auch die Tatsache, daß Jesus mehrere Gleichnisse vom Gottesreich erzählt, besagt, daß das Gottesreich eine unerschöpfliche Dimension besitzt, daß man es von vielen Seiten her erleuchten kann. Die Unterscheidung von Kompetenz und Performanz und die Notwendigkeit einer Urdisclosure am Anfang aller Rede über das Gottesreich löst auch ein anderes Problem. Nicht jeder kann Gottesreichsgleichnisse bilden, sondern nur derjenige, der die Urdisclosure hat. Das Bilden von Gottesreichsgleichnissen verlangt mehr als die Erlernung von einer Technik, sie verlangt die Kompetenz, Gleichnisse des Gottesreiches zu bilden. Diese Kompetenz kann nur eine disclosure des Gottesreiches geben.

B <u>Überlegungen aus dem Kommunikationsmodell</u>

Die Gleichnisse Jesu, das wurde schon gesagt, sind ein Kommunikationsakt. Viele der Probleme, die in diesem Zusammenhang entstehen, wurden innerhalb des Kontextes der Gleichnisse als Sprechakte besprochen. Das Kommunikationsmodell stellt aber andere theoretische Probleme, die noch, wenn auch kurz, erörtert werden sollen. Ausgangspunkt ist das folgende Kommunikationsmodell:

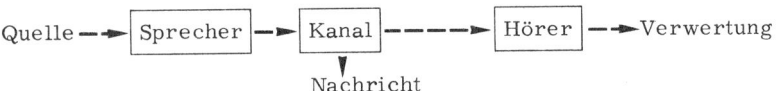

Es handelt sich um ein äußerst simplifiziertes und schon übertragenes Modell, denn "Sprecher" ersetzt "Sender" und "Hörer" ersetzt "Empfänger", Ausdrücke, die im Kommunikationsmodell der Funktechnik verwendet werden. Es handelt sich also um ein Kommunikationsmodell zwischen menschlichen Wesen.
Wir können dieses Modell auf die Gleichnisse Jesu anwenden: Es entstehen aber gleich einige Schwierigkeiten, die nicht erlauben, das Modell gleich zu übersetzen.
Man kennt den Sprecher: Jesus. Als wir von den Gleichnissen als Sprechakten redeten, wurden die Voraussetzungen für Jesus als Subjekt besprochen. Man kennt auch die Hörer: das sind einmal die, zu denen die Gleichnisse ursprünglich zugesprochen wurden, dann aber auch die heutigen Leser, an die die Gleichnisse als Teil des Evangeliums gerichtet sind. Der Kanal sind die Gleichnisse selber, die jeweils eine Nachricht enthalten. Wir haben den Kanal schon als disclosure-Modell definiert und darüber lange gesprochen. Die Nachricht der Gleichnisse ist jeweils verschieden und kann nur durch die Analyse der Gleichnisse gewonnen werden.
Es bleibt das Problem der Quelle und das Problem der Verwertung. Das Problem der Verwertung der Gleichnisse ist ein doppeltes: zunächst das Problem der vom Sprecher intendierten Verwertung der Gleichnisse und dann das Problem der möglichen Verwertung der Gleichnisse. Ein drittes Problem, das der tatsächlichen Verwertung der Gleichnisse, wurde schon im Zusammenhang der Gleichnisse als Sprechakte besprochen und bleibt letzten Endes dem Hörer selber überlassen.

1 Das Problem der Quelle

Es geht hier um die Frage, die schon vorher behandelt wurde. Diesmal wird aber die Frage auf einer tieferen Ebene gestellt. Angenommen Jesus hätte eine Urdisclosure des Gottesreiches aus einer persönlichen Erfahrung oder persönlichem Erlebnis gehabt. Die Frage nach der Quelle dieser Erfahrung oder Urdisclosure Jesu ist noch nicht entschieden. Kommunikationstechnisch nimmt man im allgemeinen an, daß Quelle und Sender zusammenfallen, wenn die Kommunikation zwischen menschlichen Wesen stattfindet (5). Überträgt man diese Annahme auf die Kommunikation der Gleichnisse Jesu, so würde das heißen, daß Jesus zugleich Quelle und Sprecher seiner Urdisclosure ist. Das Problem ist aber in unserem Fall nicht so einfach zu lösen, und zwar aus einem sprachphilosophischen Grund.

Wenn man annimmt, Jesus hätte ein Erlebnis oder eine Erfahrung des Gottesreiches gehabt, so besagen schon die Ausdrücke "Erfahrung" und "Erlebnis", daß ein Subjekt die Erfahrung eines Objektes macht: die Erfahrung, wie Ramsey sagt, ist immer zweipolig (6). Der Ausdruck "disclosure" will eben das zur Sprache bringen, daß nicht der Mensch etwas entdeckt, sondern daß der Gegenstand der disclosure sich selber erschließt (7).
Das würde in unserem Zusammenhang bedeuten, daß Jesus eine echte Urdisclosure des Gottesreiches in den Gleichnissen versprachlicht, weil das Gottesreich selbst sich Jesus erschließt.
Man kann aber die Möglichkeit des Irrtums und des Subjektivismus auch bei Jesus nicht ausschließen.
Was J.C.A. Gaskin an Ramseys Ansatz kritisiert, ist eben die Gefahr des Irrtums. Die Hauptfrage, die er Ramsey stellt ist die folgende: "Is the voice of God which speaks to me alone, which guides and sustains, something from without ... or is something generated from within ...?" (8).

Die Frage ist auf einer theoretischen Ebene schwer zu entscheiden. Die Möglichkeit, daß Jesus seine eigene subjektive Vorstellung des Gottesreiches durch die Gleichnisse vermittelt hat, ist rein theoretisch nicht auszuschließen.
Aber auch die Möglichkeit, daß Jesus eine echte und objektive disclosure des Gottesreiches vermittelt hat, ist nicht auszuschließen. Jesus selber scheint seiner Sache sicher und die Evangelien sehen eigentlich nach Ostern nur diese Möglichkeit. Die andere, daß Jesus seine Macht und seine Weisheit nicht von Gott sondern von Beelzebub hat, wird von den Evangelisten in den Mund der Gegner Jesu gelegt (Mk 3,30; Mt 12,22-32 Par.). Das bezeugt aber, daß diese Frage schon von vornherein auf zwei verschiedene Weise gelöst werden konnte.
Wer aber in Jesus und durch die Gleichnisse im Glauben erfahren hat, daß die Urdisclosure Jesu eine echte war, der wird die Frage nach der Quelle der Urdisclosure Jesu eindeutig beantworten müssen: die Quelle ist Gott.

Diese Antwort ist aber nur im Glauben möglich und innerhalb eines bereits festgelegten religiösen semantischen Universums.
Wenn man annimmt, Jesus vermittelt eine wahre Urdisclosure des Gottesreiches, der wird auch die Schlußfolgerung ziehen müssen, daß nur Gott sich selbst erschließen kann und das Mysterium seines Reiches mitteilen.

2 Das Problem der Kommunikationsintentionalität der Gleichnisse

Es gibt einen anderen Grund, warum man die Sprache vom Subjekt nicht trennen kann: die Intentionalität der Sprache selber. Sprache will sagen, zeigen, gegenwärtig machen (9), Sprache ist Vermittlung und Kommunikation, deshalb kann sie vom Sprecher und Hörer nicht losgelöst werden.

Nach P. Ricoeur spielt die Intentionalität in der Kommunikation eine große Rolle auch in der Bestimmung der Bedeutung der Sprache (10), denn die Sprache ist an sich polysem. Die Intentionalität verringert und bestimmt in den meisten Fällen den Sinn der Sprache.
Man könnte auch das so ausdrücken: die Nachricht eines Textes hängt nicht nur von syntaktischen und semantischen Komponenten, sondern auch von der Pragmatik des Textes ab. Es ist aber nicht immer der Fall, daß der Text selber seine Intentionalität ausdrücklich sagt. Die Intentionalität eines Textes hängt sehr oft, besonders bei gesprochenen Texten, von außertextuellen Faktoren ab. Sie hängt insbesondere von der kommunikativen Intentionalität des Sprechers ab.
Was die Gleichnisse Jesu angeht, so ist es natürlich unmöglich heute, die außertextuellen Komponenten zu bestimmen. An ihre Stelle tritt die kontextuelle Sprechsituation in den Evangelien.
In beiden Fällen, sei es daß die Intentionalität schon vom Text her abzulesen ist, oder daß sie erst vom Kontext zu verstehen ist, wird sie nicht nur als die Intentionalität des Textes, sondern auch die Intentionalität des Sprechers (konkret: Jesu, der die Gleichnisse erzählte) verstanden. Die Gleichnisse zeigen nun nicht immer dieselbe Intentionalität: sie vollziehen verschiedene Sprechakte, wie wir schon gezeigt haben.
Als wir versuchten, die Sprechakte Jesu in den Gleichnissen zu bestimmen, haben wir auch eine Hierarchisierung gewagt.
Es gilt nun die Frage, ob es nicht möglich ist, alle Sprechakte Jesu in den Gleichnissen durch einen einzigen Ausdruck zu bezeichnen. Man kann sagen, daß sie alle so zusammengefaßt werden können: Jesus will, daß der Hörer an seiner Urdisclosure partizipiert. Man könnte dafür Ausdrücke wie "Mitteilung", "Kommunikation", "Vermittlung" wählen; sie alle unterstreichen aber nur einen Aspekt der disclosure, den Aspekt der "Einsicht". Die disclosure enthält aber auch den Aspekt des Einsatzes, des Engagement.
Die disclosures, die Jesus durch die Gleichnisse vermittelt, lassen sich nicht auf eine "Lehre" reduzieren, sie fordern auf, bieten an, sagen an, drohen, mahnen, rechtfertigen, verheißen ... Damit wir auch den zweiten Aspekt der disclosures Jesu zum Ausdruck bringen, müssen wir also ein Wort wählen, das beide Aspekte zur Sprache bringt. Vielleicht kann man es mit "Aufforderung zur Partizipation" definieren.
Denn, sei es daß Jesus das Gottesreich ansagt, oder anbietet, sei es daß er droht oder mahnt, oder sich selbst rechtfertigt, er bezweckt damit, daß der Hörer an seiner Urdisclosure durch das Gleichnis partizipiert.
"Wer Ohren hat zu hören, der höre" (Mk 4,9) entfaltet in diesem Zusammenhang seine volle Bedeutung.
Deshalb versprachlicht Jesus seine disclosures über das Gottesreich durch Gleichnisse, damit der Hörer, ausgehend vom Modell, zur Urdisclosure Jesu gelangt und an ihr partizipiert.

3 Der Vollzug der Partizipation an der Urdisclosure Jesu

Es wurde im Zusammenhang der Gleichnisse als Sprechakte gezeigt, welche Voraussetzungen nötig sind, damit das Gleichnis als Sprechakt gelingt.
Hier soll nur gesagt werden, daß der Hörer erst durch das "verstehen" der Gleichnisse sich mit dem Sprecher positiv verbindet.
"Verstehen" will aber mehr besagen als "einsehen". "Verstehen" heißt zur disclosure kommen, also einsehen und sich engagieren. Dadurch partizipiert der Hörer an der disclosure Jesu und tritt in eine positive Beziehung mit ihm. Diese positive Beziehung mit Jesus kann man "Nachfolge" Jesu nennen, oder "Jüngerschaft", oder "Glaube", oder endlich "Gemeinschaft" mit Jesus.
Gerade weil die Gleichnisse Jesu nicht nur zu einer Einsicht, sondern auch zu einem Engagement für das Reich Gottes bringen wollen, deshalb ist die vollzogene Partizipation an der Urdisclosure Jesu weit mehr als ein "Einverständnis" (11) mit Jesus, denn das Einverständnis verlangte von selbst eine Entscheidung. "Aus dem Einverständnis mit Jesus, das durch Jesus erst bewirkt wurde, mußte die Anerkennung seiner einmaligen, gottgegebenen Vollmacht als natürliche Folge erwachsen" (12).
Es ist dann unmöglich, wenn man von den Gleichnissen Jesu spricht, von Jesus selber abzusehen.
Das verlangen nicht nur sprachphilosophische Gründe, sondern auch die Art seiner Urdisclosure, die er durch das Gleichnis vermittelt.
Den ganzen Prozeß der Kommunikation der Gleichnisse kann man wiederum mit einem schon angegebenen Schaubild zusammenfassen:

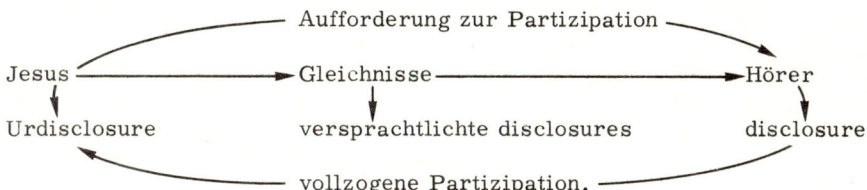

Daß man von Jesus als Sprecher der Gleichnisse nicht absehen kann, hat nicht nur die angegebenen Gründe, sondern auch theologische Gründe. Sie werden aber erst im vierten Teil besprochen werden.

Dritter Teil

DIE DISCLOSURES IN DEN GLEICHNISSEN

EINLEITUNG

In dem ersten Abschnitt des dritten Teils wird versucht, die Theorie anhand der Analyse von fünf Gleichnissen zu verifizieren.
Die Theorie, die bisher dargestellt wurde, kann man folgendermaßen zusammenfassen: Die Gleichnisse sind metaphorische Redeweise, die die Urdisclosure Jesu in sich bergen; sie sind als disclosure-Modelle zu verstehen, wodurch Jesus seine Urdisclosure zu vermitteln sucht; deshalb sind die Gleichnisse auch als Sprechakte anzusehen. Daß die Gleichnisse als disclosure-Modelle aufzufassen sind, heißt ferner, daß sie einerseits disclosures beim Hörer bezwecken wollen, andererseits, daß sie <u>in sich</u> eine disclosure tragen.
Die Verifizierung der Theorie kann aber nicht eine Konstatierung sein. Denn gerade metaphorische Rede und disclosure-Sprache sind nicht zu konstatieren.
Die Intuition der disclosure kann nur derjenige konstatieren, der die disclosure erlebt. Die disclosures der Gleichnisse könnten also jeweils nur Jesus und der Hörer/Leser konstatieren. Es kommt eigentlich nur auf den Sprecher und den Hörer an, ob eine disclosure überhaupt zustandekommt.

Die disclosure-Theorie ist eine Perspektive, von der her die Gleichnisse angesehen werden. Wenn man also die disclosure an sich nicht konstatieren kann, so kann man aber wenigstens die Theorie selber verifizieren, und festzustellen suchen, ob die Perspektive richtig ist.
Man sollte direkt den Sprecher oder den Hörer fragen können, ob und in welchem Moment sie eine disclosure erlebt haben. Das ist aber in dem Fall der Gleichnisse Jesu nicht mehr möglich. Der Ausleger befindet sich in der Situation des heutigen Lesers der Gleichnisse Jesu.
Seine Arbeit kann sich aber keineswegs darin beschränken, zu beschreiben, ob und wann er selber die disclosure erlebt. Er soll vielmehr methodische Kriterien angeben, die zur Verifizierung der These dienen sollen, daß die Gleichnisse tatsächlich disclosure-Modelle sind, daß sie also eine disclosure des Sprechers in sich bergen, und daß sie fähig sind, diese disclosure beim Hörer auszulösen.
Der Ausleger hat nun mit Texten zu tun. Der Hörer Jesu hatte nicht nur mit seinen Worten, mit einem gesprochenen Text zu tun, sondern auch mit einer Situation, die ihm eine wichtige Hilfe bieten konnte, die disclosure Jesu durch seine Worte zu ahnen, sie selbst zu erleben. Diese Situation ist für uns verloren gegangen und an ihre Stelle tritt für uns die neue Kontextuierung im Evangelium.
Es gibt zwei Gesichtspunkte, von den her man die Gleichnisse betrachten kann: der Gesichtspunkt des Erzählers und der des Hörers. Vom Gesichtspunkt des Erzählers her gesehen, unterscheidet sich das Gleichnis als metaphorisches disclosure-Modell entscheidend von einem Bericht. Ist für den Bericht das logisch und zeitlich Erste das tatsächliche Geschehen, dem dann die berichtende Erzählung folgt

Geschehen ─ ─ ─ ─ ─► Bericht

so ist für das Gleichnis als Metapher und fiktionale Erzählung die disclosure des Erzählers selbst, seine Intuition und seine Absicht, diese disclosure zu vermitteln, das logische Erste, das ihn dazu veranlaßt, ein Modell für seine disclosure zu bilden. Seine Idee übernimmt die Rolle des "qualifier". Sie prägt und formt das Material, aus dem das Modell besteht. Das geschieht durch die Auswahl des Materials, durch seine Musterung am Maßstab der Bildempfängergeschichte:

$$\text{disclosure} \dashrightarrow \text{disclosure-}$$
$$\text{des Erzählers} \qquad \text{Modell}$$

Das hat oft zur Folge, daß der Erzähler gezwungen ist, das zur Metapher erhobene Material zu manipulieren. Es entstehen oft "Geschichten", die eine leicht oder stark verzerrte Wirklichkeit darstellen. Manchmal nimmt die Verzerrung der Wirklichkeit eine paradoxe Färbung an: es entstehen Geschichten, die selten tatsächlich geschehen können, oder Geschichten, die stark von der alltäglich beobachtbaren Wirklichkeit abweichende Züge enthalten: die sogenannten "unwahrscheinlichen Züge".
Manchmal ist die Verzerrung der Wirklichkeit nur leiser zu vernehmen, manchmal endlich nur noch insofern spürbar, indem die Situation selber sagt, ob es sich dabei um einen Bericht handelt oder um eine Metapher.

Der Hörer befindet sich seinerseits vor einer Erzählung. Sieht man von der semantisch bedeutend außertextuellen Situation vorerst ab, so kann er zunächst nicht wissen, ob es sich dabei um ein Gleichnis handelt oder nur um einen Bericht.
So nimmt die starke oder leichte Verzerrung der Wirklichkeit für ihn eine bestimmte Funktion ein. Sie verfremdet ihn von der deskriptiven Wirklichkeit, um ihn in die "avisierte" Wirklichkeit einzuführen.
Die Verzerrung der Wirklichkeit gilt für ihn als ein Zeigefinger, daß es nicht um einen Bericht geht, sondern um ein Gleichnis.
Besonders die stark von der beobachtbaren Wirklichkeit abweichenden Züge sind zu beachten. Der Hörer kann hier eine erste disclosure haben: die erzählte Wirklichkeit ist nur Schein; der Sprecher meint etwas anderes!

Das gilt aber auch für die anderen Gleichnisse, wo die Verzerrung der Wirklichkeit nicht so eklatant zum Zuge kommt. Auch in diesen Fällen hat der Verfremdungseffekt der Geschichte eine entscheidende Rolle für die Auslösung der disclosure beim Hörer.
Die Analyse gilt also zunächst dem Versuch, sich mit einer Theorie der Parabeln auseinanderzusetzen, die wir die Theorie des Realismus der Parabeln nennen, und die meint, die Gleichnisse seien nichts anderes als Geschichten, die alltäglich geschehen können, und die gerade gegenüber den unwahrscheinlichen Zügen oder einem seltsamen Geschehen Bedenken äußert, als ob es sich dabei nun gleich um Allegorie handelte.
Ein Bericht will das Geschehene realistisch beschreiben. Eine fiktionale Erzählung erzählt kein Geschehen, sondern bildet eine Geschichte. Die

Wirklichkeit, die erzählt wird, ist eine Konstruktion, deshalb stellt sie eine verzerrte Wirklichkeit dar.
Damit soll nicht bestritten werden, daß die Gleichnisse deskriptives Material enthalten.
Die Gleichnisse bestehen sogar aus deskriptivem Material: man kann es beobachten, wenn auch nicht alltäglich.
Aber es ist die Art und Weise, wie das deskriptive Material verwendet wird, wie es zusammengefügt wird, die die Absicht des Erzählers verrät.

Das Vorhandensein von recht ungewöhnlichen Zügen und von Ausnahmen, oder auch nur von "seltsamen" Geschichten gelten als eine Aufforderung für den Hörer, über das Deskriptive hinaus zu schauen. Hier kann der Hörer das Deskriptive überspringen und das "mehr", das gemeint wird, einsehen.
Die disclosure des jeweiligen Gleichnisses ist aber nicht mit dem Verfremdungseffekt der Gleichnisse zu verwechseln. Er ist nur ein Hinweis, daß es um etwas "mehr" geht.
Was dieses "mehr" jeweils ist, das kann man anhand der bloßen Bildspendergeschichte nicht entscheiden. Das "mehr" kann Verschiedenes sein.
Die Situation spielt hier eine entscheidende Rolle. Der heutige Leser verfügt aber darüber nicht mehr.
Für den heutigen Leser und für den Ausleger bleibt nur der Kontext des Evangeliums oder manchmal die Einleitung der Gleichnisse: "Der Reich Gottes ist gleich ..." oder gar nur der Kontext "Jesus", also der Erzähler selber, die ihm helfen, die Bildempfängergeschichte und die jeweilige Urdisclosure Jesu, seine Intention, zu eruieren.

Das will auch die Analyse der folgenden Gleichnisse herausstellen. Das ist auch der zweite Zweck der Analyse: die theologischen Inhalte der Gleichnisse.

Man könnte für die Ordnung der fünf zu analysierenden Gleichnisse das formale oder das theologische Kriterium bevorzugen. Nach dem formalen Kriterium zeigen die Gleichnisse eine Steigerung der Verzerrung der Wirklichkeit bis ins Paradoxe hinein. Aber auch nach dem theologischen Kriterium bieten die Gleichnisse eine Steigerung: der christologische Zug ist nicht in allen gleich vorhanden. Von einigen Gleichnissen, die das Gottesreich anbieten oder die Dringlichkeit der Umkehr darstellen geht man zu ausgesprochen christologischen Gleichnissen über, wo Jesus sich selber meint.

Hier wird das inhaltliche Kriterium bevorzugt und zwar aus systematischen Gründen.
Der dritte Teil soll auch als Übergang zum theologisch systematischen Teil der Arbeit dienen.
Es wird zunächst das Doppelgleichnis vom Schatz im Acker und von der Perle behandelt (Mt 13,44-46); dann die Gleichnisse vom Pharisäer und Zöllner (Lk 18,9-14) und von den Arbeitern im Weinberg (Mt 20,1-15) nacheinander analysiert und endlich die Gleichnisse von den Zehn Jungfrauen (Mt 25,1-13) und von den bösen Winzern (Mk 12,1-12).

Inhaltlich bieten die fünf Gleichnisse eine theologische Steigerung. Formal gesehen ist die Verzerrung der Wirklichkeit beim Doppelgleichnis zwar nicht so deutlich wie in den drei folgenden Gleichnissen, aber unbestreitbar zu erkennen.

Das Gleichnis vom Pharisäer und Zöllner bietet nicht nur unwahrscheinliche Züge, sondern auch ein seltsames Geschehen! Das Gleichnis von den bösen Winzern bietet vielleicht an sich genommen keinen echt unwahrscheinlichen Zug, stellt aber ein recht unwahrscheinliches Geschehen dar.

In dem zweiten Abschnitt wird eine sechste Analyse geboten: Die Analyse von Mk 4,1-25.

Dieser Text wird aus systematischen Gründen von den anderen Texten abgesondert. Er wird fast ausschließlich vom theologischen Gesichtspunkt her gesehen, obwohl die Analyse auch für die Theorie der disclosure eine große Relevanz hat.

Die sechste Analyse wird aber zunächst als die richtige Einleitung zum vierten Teil der Arbeit angesehen. Sie stellt zugleich den theologischen Höhepunkt des analytischen Teils dar.

Es werden verschiedene Techniken der Textanalyse angewandt. Sie sind immer Mittel und nie Zweck der Analyse. Sowohl die form-, traditions- und redaktionskritische Methode, als auch Techniken des Strukturalismus, so wie auch die Theorie der Kommunikation als Sprechakt, werden, wenn sie hilfreich sind, herangezogen.

Die Verwendung einer einzigen Methode könnte vielleicht zum Zweck der Verifizierung der Fähigkeit einer Methode dienen, nicht aber zum Zweck unserer Arbeit.

1. ABSCHNITT

I. Kapitel: VOM FINDEN UND TAUSCHEN: Mt 13,44-46

A <u>Überlieferung und Zusammengehörigkeit</u>

Zwei Fragen werden von der historisch-kritischen Methode gestellt. Die erste ist die Frage nach der Zusammengehörigkeit der beiden Gleichnisse, die zweite die Frage nach der Überlieferungsgeschichte der einzelnen Gleichnisse.
Zwar kennt R.Bultmann prinzipiell die Stilfigur des Doppelgleichnisses als ein altes Mittel der Gleichniskunst (1), doch bezweifelt er die Zusammengehörigkeit von Mt 13,44 und 45-46. Der Grund dafür sei, daß die Einleitungsformel ὁμοία ἐστίν ἡ βασιλεία τῶν οὐρανῶν in 13,44, wie auch in 13,47 wiederholt wird (2). Das würde mehr an eine Gleichnissammlung erinnern, als an ein Doppelgleichnis. Auch E.Schweizer räumt die Möglichkeit der redaktionellen Zusammenfügung ein (3).
Die Tatsache, daß die zwei Gleichnisse im Thomasevangelium getrennt vorliegen (4), gilt für J.Jeremias und O.Glombitza als eine Bestätigung ihrer sonst unabhängig voneinander gewonnenen Ansicht, daß die zwei Gleichnisse ursprünglich getrennt waren. Die Skepsis von J.Jeremias wird darin begründet, daß die zwei Gleichnisse einen Tempuswechsel zeigen (5), während O.Glombitza aus einem seltsamen unterschiedlichen Sinn der zwei Gleichnisse auf ihre ursprüngliche Selbständigkeit schließt (6). Der Vergleich mit dem Thomasevangelium spielt auch in der Frage nach der Überlieferung der einzelnen Gleichnisse eine bedeutende Rolle.
Wenn hinsichtlich des Gleichnisses vom Schatz im Acker auch J.Jeremias der Meinung ist, daß Thomas das Gleichnis manipuliert hat, so scheint ihm die Thomas-Fassung des Gleichnisses von der Perle ursprünglicher (7), weil es sich dabei um einen Kaufmann handelt, der eine Warenladung hatte und eine Perle fand. Das Moment der Überraschung wäre bei Matthäus verwischt, denn er spricht von einem Perlenhändler, der nach schönen Perlen sucht.
Über die zweifelhafte Bedeutung des Thomasevangeliums für die Gleichnisauslegung wurde schon in der Einleitung der Arbeit geredet (8). Das gilt auch für die Entscheidung seiner Bedeutung für die Überlieferung und Zusammengehörigkeit der zwei Gleichnisse. Die gnostische Absicht des Thomasevangeliums läßt jeden Zweifel als berechtigt zu, daß das Thomasevangelium eine abweichende Fassung und Stellung der Gleichnisse bietet (9). Damit bleiben aber die Fragen offen. Sie müssen nach anderen Kriterien entschieden werden.
Wichtiger als die Frage nach der ursprünglichen Zusammengehörigkeit ist allerdings die Frage, ob die zwei Gleichnisse tatsächlich ein Doppelgleichnis bilden. Das kann jedoch erst dann entschieden werden, wenn man nachgewiesen hat, daß sie trotz aller Differenzen im Wesentlichen übereinstimmen. Denn die sekundären Differenzen, wie z.B. daß ein Gleichnis von einem Armen spricht, das andere aber von einem Reichen (10), das erste

von einem Finden, das zweite anscheinend von einem Suchen (11), würde bei einer Übereinstimmung im wesentlichen Sinn nur die Funktion des Doppelgleichnisses stärker zum Zuge bringen. Es bleibt also auch offen, ob Matthäus 13,44-46 als Doppelgleichnis verstanden hat, oder nur als Anreihung von zwei verschiedenen Gleichnissen.

B Die Bildspendergeschichten: Mt 13,44-46 als Metaphern

Sieht man von der üblichen Einleitungsformel, die zugleich als Texteröffnungssignal (12) funktioniert, ab, so erhält man zwei kurze Geschichten, die die Rolle des Bildspenders übernehmen. Die Erzählungen sind äußerst knapp. Sie verzichten völlig auf die Drittfigur und nur bei der ersten Erzählung werden zwei Circumstanten erwähnt ($\dot{\varepsilon}v$ $\tau\tilde{\omega}$ $\dot{\alpha}\gamma\rho\tilde{\omega}$, $\dot{\alpha}\pi\dot{o}$ $\tau\tilde{\eta}s$ $\chi\alpha\rho\tilde{\alpha}s$ 13,44).
Die Erzählungen können auf die Erstfigur, Verb und Zweitfigur reduziert werden (13). Auf diese Weise bilden die zwei Bildspendergeschichten zwei völlig parallele Erzählungen, die aber im ersten Teil Leerstellen aufzeigen. Von der Erst- und Zweitfigur, die jeweils die Variabeln der Erzählungen darstellen, kann man vorläufig absehen, so daß man das folgende Erzählgerüst erhält:

13,44:   ∅   - verborgen sein vs finden vs verstecken -
13,45-46: suchen -   ∅   vs finden   ∅   -
13,44:   gehen - verkaufen vs kaufen.
13,45-46: gehen - verkaufen vs kaufen.

Einige Beobachtungen erlauben eine weitere Reduzierung und Vervollständigung des Erzählgerüsts.
1 Nicht alle Verben sind wichtige Texteme (14). So z.B. "verstecken" (13,44) und "gehen" (13,44-46). Man kann also von diesen Lexemen absehen, ohne dabei das Wesentliche zu versäumen:

13,44:   ∅   - verborgen sein vs finden - verkaufen vs kaufen
13,45-46: suchen   ∅   vs finden - verkaufen vs kaufen

2 "Verborgen sein" und "suchen" sind keine parallelen Verben, denn das Subjekt und das Objekt sind jeweils verschieden mit dem Subjekt und dem Objekt des "finden". Verborgen ist das Wertobjekt, das man findet. In der zweiten Erzählung sucht man aber nicht nach dem Wertobjekt, das man findet. Der Kaufmann sucht nach "schönen Perlen", findet aber (15) $\ddot{\varepsilon}v\alpha$ $\pi o\lambda\dot{u}\tau\iota\mu ov$ $\mu\alpha\rho\gamma\alpha\rho\dot{\iota}\tau\eta v$. Objekt des Suchens des Kaufmanns sind normale "schöne" Perlen, er findet aber eine Perle, die er sich nicht erwartete. "Suchen" in 13,45 ist parallel zu einem unausgesprochenen Verb der ersten Erzählung. War der Mann der ersten Erzählung ein Tagelöhner, dann hat er wahrscheinlich den Acker gepflügt. "Frucht" seiner Arbeit, die er sich erwartete, war der Lohn, nicht der Schatz. Frucht des Suchens des Perlenhändlers, die Absicht seiner Tätigkeit, war der Erwerb

gewöhnlicher schöner Perlen, nicht aber die Perle, die er fand. Sie war ihm so verborgen, wie der Schatz für den Tagelöhner. Wir versuchen also das Erzählgerüst zu ergänzen, durch die Füllung der Leerstellen:
13,44: pflügen - verborgen sein vs finden - verkaufen - vs kaufen.
13,44-45: suchen - verborgen sein vs finden - verkaufen vs kaufen.
Die "normalen" Handlungen "pflügen" und "suchen" werden durch die Überraschung des "Findens" gesprengt. Auf der Ebene der Textsyntax erweisen sie sich als entbehrlich. Sie sind zwar Texteme, aber keine unentbehrlichen Texteme des Erzählgerüstes. Man kann es also weiter und endgültig reduzieren:
13,44: verborgen sein vs finden - verkaufen vs kaufen.
13,45-46: verborgen sein vs finden - verkaufen vs kaufen (16).
Somit zeigen die beiden Erzählungen, trotz der Unterschiede auf der Textoberfläche, dieselbe Tiefenstruktur. Sie kann auf zwei Grundfunktionen (17) reduziert werden, die jeweils durch eine semantische Achse (18) ausgedrückt werden. Beide Grundfunktionen sind unentbehrlich für das Erzählgerüst und keine darf verwischt werden, sonst erhält man zwei andere Geschichten, als die, die Jesus erzählte.
Es muß allerdings noch auf einen Unterschied der zwei semantischen Achsen hingewiesen werden, bevor versucht wird, die zwei Grundfunktionen zu definieren.
Im ersten Fall - "verborgen sein vs finden" - ist es dasselbe Wertobjekt, das verborgen ist und gefunden wird: man kann sie also so formulieren: "das Verborgene finden". Bei der zweiten semantischen Achse - "verkaufen vs kaufen" ist das Objekt nicht dasselbe. Verkauft wird etwas und gekauft etwas anderes: man kann sie so formulieren: "kaufen durch verkaufen". Will man die zwei semantischen Achsen durch jeweils ein Lexem ersetzen, so könnte man für die erste "Fund" und für die zweite "Tausch" setzen. Die zwei Lexeme geben aber nur die Endsituation an. Damit wir die zwei Grundfunktionen definieren können, kehren wir zu den semantischen Achsen zurück.

1 "Verborgen sein vs finden": Hier werden die Anfangs- und Endsituation der Funktion angegeben. "Finden" beschreibt die Beseitigung eines Mangels, der in dem Textem "verborgen sein" zum Ausdruck kommt: Verborgen sein (Mangel) vs finden (Beseitigung des Mangels).
Dieser Mangel ist ein Mangel im Wissen. Der Kaufmann und der Tagelöhner "wissen nicht", dann finden sie und wissen von dem Vorhandensein des Wertobjektes.
2 "Verkaufen vs kaufen" beschreiben auch die Beseitigung eines Mangels. Die Akteure wissen nun vom Wertobjekt, sie haben es aber nicht: es ist ein fremdes Wertobjekt. Durch den Verkauf und den Kauf kommen sie in Besitz des Wertobjektes. Und somit ist der Mangel beseitigt.
Die Beseitigung des ersten Mangels bringt den zweiten Mangel zum Bewußtsein: die Akteure wissen nun, daß das Wertobjekt existiert, aber ihnen "fremd" ist.
Man kann versuchen, die Beseitigung der zwei Mängel mit den Proppschen Kategorien (19) besser auszudrücken.

Der Held bekommt eine unerwartete Nachricht (Information), die einen Mangel (Lack) enthüllt. Der Held faßt dann einen Entschluß (Beginning Counteraction), geht hin (Translocation), durch einen Adjuvanten (Receiving an Adjuvant), der von seiner Habe dargestellt wird, kauft er das Wertobjekt und somit beseitigt er den Mangel (Lack Liquidation).
Schematisch: Inform - L - BC - Transl - RA - LL.

Somit sind beide Gleichnisse auf eine einzige "Nachricht" reduziert worden. Der Sprecher gibt dem Hörer eine einzige Nachricht durch zwei Bildspendergeschichten.

Dieses Ergebnis gibt uns nun eine Antwort auf die Frage, ob Mt 13,44 und 45-46 ein Doppelgleichnis darstellen. Es ist natürlich nicht entscheidbar, ob Jesus sie als Doppelgleichnis verwendet hat, noch ob Matthäus sie bewußt als Doppelgleichnis verstanden hat. Das ist nicht mehr kontrollierbar. Sie können aber als Doppelgleichnis verstanden werden.

Das Doppelgleichnis als Stilfigur ist "ein altes und verbreitetes Mittel der Gleichniskunst" (20). Das Kennzeichen des Doppelgleichnisses ist nach J. Jeremias, "daß die beiden Gleichnisse ... je denselben Gedanken in verschiedenen Bildern bringen" (21). Auch G. Eichholz verweist auf diese Stilfigur. Das Merkmal des Doppelgleichnisses ist nach Eichholz, daß zwei verschiedene Vorgänge dieselbe Pointe haben (22).

Die Wichtigkeit der Stilfigur muß hervorgehoben werden; wir wollen aber zugleich die Terminologie ändern. Es ist nämlich verwirrend von einem Gedanken oder einer Pointe des Gleichnisses zu reden. Wir haben von einer einzigen "Nachricht" gesprochen. "Nachricht" ist umfangreicher als "Pointe" und rationalisiert zugleich das Gleichnis nicht (wie "Gedanke").

Wir ziehen es jedoch vor, wieder mit unserer Terminologie zu reden. Merkmal eines Doppelgleichnisses ist, daß zwei Bildspendergeschichten eine einzige Bildempfängergeschichte haben.

In der Metaphorik hatten wir dieses Phänomen in Anschluß an H. Bosse (23) als "Partnerschaft von Metaphern" definiert. Diese Definition bringt einen anderen Zug zum Ausdruck: Die zwei Bildspendergeschichten unterstützen sich gegenseitig, damit die Bildempfängergeschichte besser eingesehen werden kann. Hier spielen die sekundären Differenzen der zwei Bildspender eine große und positive Rolle. Auch in unserer Theorie der disclosure wurde dieses Phänomen besprochen. Die Theorie der disclosure räumt nämlich nicht nur ein, sondern empfiehlt sogar, verschiedene Modelle für dieselbe disclosure zu verwenden, damit der Hörer besser und leichter sich die disclosure vergegenwärtigen und an ihr teilnehmen kann (24).

C Die Bildempfängergeschichte. Mt 13,44-46 als disclosure-Modelle

Man darf auf keinen Fall bei der Bildspendergeschichte stehen bleiben. Damit legt man keine Metapher und kein Gleichnis aus, sondern nur eine deskriptive Geschichte. Damit man aber die disclosure des Erzählers versteht, muß man von dem Sinn der Bildspendergeschichte ausgehen. Sie stellt das disclosure-Modell dar, in dem die disclosure versprachlicht wird.
Die vorausgehende Analyse hatte die beiden Bildspendergeschichten auf eine einzige Nachricht reduziert. Das Gemeinsame ist also viel wichtiger als die Differenzen (25).
Die Nachricht der Bildspendergeschichten besteht aus zwei nicht weiter reduzierbaren semantischen Achsen. Aus diesen syntaktisch verknüpften semantischen Achsen entsteht auch die semantische Bedeutung der Nachricht.
Dieses Ergebnis stellt zugleich eine Kritik an einigen Auslegern dar, die einige Züge überbetonen, die in der Tiefenstruktur des Textes entweder nicht erscheinen oder sekundär sind.
So ist die Erhebung der "Freude" zur "Pointe" der Gleichnisse nicht berechtigt (26). Dieser Zug erscheint nur auf der Textoberfläche eines Gleichnisses. Das zweite Gleichnis entbehrt ihn, ohne dadurch das Wesentliche zu versäumen. Auch die Auslegung der Gleichnisse vom Gesichtspunkt des Opfers aus (27) scheint nicht richtig zu sein. Denn das "verkaufen" ist dem Kaufen untergeordnet, und das seinerseits dem Entdecken. Die Analyse hatte ferner gezeigt, daß das "verkaufen von allem, was man hatte" als "Adjuvant" zu bezeichnen ist.
E. Fuchs verwischt ganz und gar die erste semantische Achse. Seiner Meinung nach ist das tertium comparationis der Gleichnisse: "großer Einsatz- größerer Gewinn", wobei nur die Endsituation gilt, die Anfangssituation dagegen schon vorausgesetzt wird (28).
Von diesem Ansatz dürfte die Auslegung der Gleichnisse als totaler Einsatz stammen (29), die, wenn sie als die Pointe der Gleichnisse verstanden wird, nur einen untergeordneten Pol der semantischen Achse "verkaufen vs kaufen" - nämlich "verkaufen" unterstreicht.
Die Bildspendergeschichten reden primär auch nicht von einem "Wert" an sich (30), sondern von einem Finden eines bisher verborgenen Wertes und von dem Kauf dieses Wertes durch Tausch. Über Wertobjekte kann man tausend Geschichten schreiben. Wir befinden uns aber vor zwei Bildern, die dieselbe Nachricht geben: Ein Mann hat ein verborgenes Wertobjekt gefunden und es durch Tausch erworben (31).
Die zwei Gleichnisse können als klassisches Beispiel dafür gelten, daß es manchmal unmöglich ist, von einem tertium comparationis zu reden, ohne Wesentliches zu übersehen.
Der Akzent liegt in den beiden Gleichnissen nicht auf dem Wert an sich, sondern auf dem Finden und Tauschen des Wertobjekts.

1 Verborgen sein vs finden

Es ist sicher ein Glücksfall, daß der Mann auf dem Acker und der Perlenhändler unerwartet, unerhofft den Schatz und die kostbare Perle finden. Sie suchen nicht. Sie finden. Die Paradigmatik des Schatzes (32) und der Perle würde noch andere Geschichten erlauben. Ein Mann kann auch nach dem Schatz suchen. Hier sucht man nicht. Das Verborgene kommt zufällig ans Licht, zeigt sich selber. Man hat nicht gewußt, daß es dieses Wertobjekt gibt. Nun weiß man es. Das Wissen entsteht nach der Offenbarung des Verborgenen. Das Wissen erzeugt zugleich den Wunsch, das Wertobjekt zu besitzen.

2 Verkaufen vs kaufen

Dem Wunsch folgt gleich ein Entschluß: man will das Wertobjekt besitzen (33). Darum verkauft man alles, was man hat, um den Acker oder die Perle zu kaufen.
Man muß E. Linnemann recht geben. Das Verkaufen ist von der Regie des Erzählers gewollt (34). Nicht nur das Verkaufen, sondern auch das Kaufen. Denn Jesus hätte auch eine andere Geschichte erzählen können, von einem Mann z.B., der einen Acker besitzt und in seinem Acker einen Schatz findet. Der Mann hätte den Acker nicht kaufen müssen. Oder Jesus hätte die Geschichte eines Kaufmannes erzählen können, der unter seinen Perlen eine entdeckt, derer Wert ihm vorher unbekannt war, die er billig gekauft hatte, die aber überaus wertvoll war. Jesus erzählt aber zwei Geschichten, wo man das gefundene Wertobjekt kaufen muß, weil es einem anderen gehört.
Das Kaufen ist von der Regie gewollt, genau wie das Finden und das Verkaufen.
Jesus hätte nämlich auch zwei Geschichten erzählen können, in welchen die glücklichen Finder, nicht alles hätten verkaufen müssen. Oder sie hätten auch das Geld bereit haben können.
Sie müssen aber alles verkaufen. Das will die Erzählung. Und das will auch Jesus als Erzähler.
Gerade die Versprachlichung dieser Geschichten und das Schweigen über die anderen möglichen Geschichten über Schätze und Perlen sprengt den sogenannten "Realismus" der Gleichnisse. Mögen die zwei Erzählungen an sich deskriptiv sein. So ist es doch seltsam, daß Jesus nur diese Möglichkeit erwähnt und nicht die anderen.
Die Hand des Erzählers prägt und mustert die Erzählungen nach dem Muster seiner disclosure und der Bildempfängergeschichte. Die disclosure des Erzählers kommt immer vor der Erzählung selber. Sie ist das logische primum.

So verhält es sich mit dem Reich Gottes (35). Aber wie "so"? Kann man das Reich Gottes "finden"? Oder es "kaufen". Ist es möglich, das Gottesreich mit all dem, was man besitzt, zu tauschen?
Der metaphorische Charakter der Handlungen der Erzählungen verbietet ihre buchstäbliche Übertragung von der Bildspender- auf die Bildempfängergeschichte.
Man kann mit recht sagen - und das ist noch das verhüllende Moment der Metapher -, das Gottesreich ist <u>nicht</u> der Schatz noch die Perle; das Gottesreich wird <u>nicht</u> gefunden und <u>nicht</u> erworben.
Wie verhalten <u>sich</u> also die zwei <u>Bildspendergeschichten</u> zum Reich Gottes? Der Sinn des Gleichnisses als Gleichnis übertrifft den Sinn der Bildspendergeschichten. Die disclosure Jesu, die aus der Aufeinanderprojizierung von der Vision des Reiches Gottes und der zwei Erzählungen entsteht, übertrifft die Erzählungen selber.
Das "normale", "alltägliche" Material, wenn auch vom Erzähler geprägt, reicht nicht aus, um etwas über das Gottesreich genau und unmißverständlich zu sagen. Das ist aber die Gefahr jeder Metapher. Sie ist nie unmißverständlich und klar. Man hofft, daß der Hörer den richtigen Sinn erfaßt, daß seine disclosure der disclosure des Erzählers entspricht.

D <u>Die disclosure des Gottesreiches</u>

Eine mögliche disclosure, zu der der Hörer/Leser bei der Betrachtung der zwei Gleichnisse kommen könnte, ist die folgende: "Das Gottesreich erschließt sich selber", oder, "es gibt eine disclosure des Gottesreiches", oder, "Das Gottesreich offenbart sich" (36).
Das Gottesreich wird nicht gesucht. Man lebt das gewöhnliche Leben: arbeitet auf dem Acker, oder handelt auf dem Perlenmarkt. Der Alltag kann von sich aus sich selber nicht überbieten. Vom Alltag kann nur das "normale", geplante, "alltägliche" Leben kommen. Man sucht nicht nach dem Reich Gottes. Man weiß auch nicht, daß es so was geben kann. Es ist verborgen.
Das ganz Andere zeigt sich, offenbart sich überraschenderweise. Man findet ohne zu suchen: auch die disclosure des Gottesreiches ist Gnade und Geschenk: auf einmal sieht man ein, erschließt sich dem Menschen ein neuer Horizont. Das Gottesreich ist ein plötzliches Aha-Erlebnis: eine unerwartete Offenbarung.
Diese Offenbarung erschließt einen ungeheuren Mangel im Menschen: das Verborgene ist nun offenbar. Aber trotzdem ist es noch "fremd".

E Das Engagement und das Reich Gottes

Den Acker und die Perle kann man kaufen. Man muß aber alles verkaufen.
Kann man das Gottesreich kaufen? Oder ist nicht gerade das Gottesreich, das den Menschen durch die plötzliche disclosure ergreift, "erwirbt", in Besitz nimmt?
Die metaphorische Dimension der Erzählung verbietet, die Worte "verkaufen" und "kaufen" buchstäblich auf das Reich Gottes anzuwenden. "Tausch" kann vielmehr "Ablösung" bedeuten: Das Neue löst das Alte ab.
"Niemand setzt doch einen Flicken ungewalkten Tuchs auf ein altes Kleid. Denn der Flicken reißt vom Kleid ab, und der Riß wird noch schlimmer. Auch gießt man nicht neuen Wein in alte Schläuche. Sonst zerreißen die Schläuche, der Wein wird verschüttet, und die Schläuche sind verdorben. Sondern neuen Wein gießt man in neue Schläuche. Dann bleiben beide erhalten" (Mt 9,16-17).
Sobald das Neue anbricht, wird das Alte unbrauchbar und überflüssig. Man muß auf das Alte verzichten, bzw. das Alte wegwerfen, um das Neue, das Geschenk des Reiches, zu bekommen.
Es ist sicher nicht angebracht in diesem Zusammenhang von "Opfer" zu reden. Wer das Gottesreich einsieht, wer diese disclosure hat, verläßt das Alte "mit Freude" (13,44). Das Überflüssige wirft man gerne weg, wenn das Neue viel besser ist. Man verkauft mit Freude alles, was man hat. Nicht der Mensch engagiert sich für das Reich Gottes, sondern das Gottesreich engagiert ihn ganz und gar. Sobald sich ihm das Reich Gottes erschließt, wird er zu einem neuen Menschen.
"Kommt mir nach. Ich will euch zu Menschenfischern machen! Und sofort verließen sie ihre Netze und folgten ihm nach" (Mk 1,17-18). Und wenig später ruft Jesus Jakobus und Johannes: "Da ließen sie ihren Vater Zebedäus mit den Tagelöhnern im Boot und gingen weg, ihm nach" (Mk 1,20).
Sie waren alle Fischer. Sie werden nun zu Menschenfischern, deshalb werden Boot und Netz überflüssig. Das Überflüssigwerden des Alten durch die radikale Ablösung durch das angebrochene Neue kommt noch öfter zum Ausdruck: "Folge mir, und laß die Toten ihre Toten begraben" (Mt 8,22). Was schon tot ist, muß verlassen werden, um dem Neuen zu folgen. Das Reich Gottes ist die disclosure des Neuen und zugleich das Überflüssigwerden des Alten. Es geschieht schon ein Tausch. Und trotzdem muß sich diese Ablösung auch im Einzelnen vollziehen.
Hat man die disclosure des Reiches gehabt, hat man die erste Gnade erhalten, so geschieht der zweite Schritt mit Freude. Hat man, wie der reiche Jüngling, keine echte disclosure des Reiches gehabt, dann wird das Alte noch als wertvoll geschätzt, man verzichtet nicht darauf, und so wird das Neue in ihm nicht wirksam (Mt 19,16-24).
So ist nicht nur die disclosure des Reiches, sondern auch der "Einsatz" in dem Reich eine Gnade Gottes. Der Verzicht ist zwar notwendig, weil eben das Alte ein Hindernis für das Neue ist. Wenn man aber die disclosure des

Reiches hat, dann kann man den Verzicht nur mit Freude vollziehen. Das
Reich ergreift den Menschen ganz: er wird zu einem Neuen Menschen.
Man kann also diese zwei Gleichnisse in den Kontext der Berufung zum
Reich Gottes setzen (37).
Disclosure des Reiches und Nachfolge des angebrochenen Neuen durch Verwerfung des überflüssig gewordenen Alten geben in der Bildempfängergeschichte den Sinn der zwei semantischen Achsen der Bildspendergeschichten wieder. In dem Ruf Jesu ist zugleich die disclosure (Offenbarung) und
das Engagement des Reiches versprachlicht.

F Über das Beobachtbare hinaus

Wer kann behaupten, daß es hier um zwei alltägliche Geschichten geht?
Man kennt den Alltag, und man weiß, daß man nicht jeden Tag einen Schatz
oder eine überaus wertvolle Perle findet. Der Hörer Jesu wußte das genau, wie es der heutige Leser weiß.
Was für eine Welt wäre das, wenn man so leicht Schätze und wunderbare
Perlen unerwartet fände?
Der Verfremdungseffekt der Erzählungen kommt gleich bei den ersten
Worten voll zum Vorschein. Es ist nicht das beobachtbare, "normale",
"alltägliche" Leben, konnte der Hörer gleich feststellen. Es ist eine Ausnahme. Die beiden Erzählungen stellen aber nicht nur eine Ausnahme vor,
eine einmalige Gelegenheit. Stilistisch kann man auch gewisse märchenhafte Züge wahrnehmen. Die Erzählung verfremdet den Hörer von seiner
bisherigen Welt. Er muß sich in eine andere Welt versetzen.
Will ihn Jesus unterhalten? Was will sonst Jesus sagen?
Und warum müssen die zwei Männer den Schatz und die Perle unerhofft
und plötzlich entdecken, und sie nicht nach langer Suche finden?
Solche und ähnliche Fragen sind natürlich hier reflektiert, und scheinen
deshalb unglaubwürdig. Das erreicht aber die fiktionale Erzählung zwangsläufig von selbst. Das erreicht die metaphorische Erzählung noch leichter.

Wenn man nämlich ahnt, daß man eine Metapher erzählt, dann spitzt man
die Ohren, um das Gemeinte zu erraten.
Die Situation half den Hörern Jesu dabei, zu verstehen, daß es um eine
Metapher ging, und auch die Erzählung selber.
Es wird ein merkwürdiges Geschehen erzählt. Mann kann kaum von einem
unmöglichen Zug reden. Die Geschichten sind aber an sich nicht normal.
Davon träumt man vielleicht, daß man einen Schatz oder eine solche Perle findet, das geschieht jedoch nicht jeden Tag. Dem Hörer wird durch die
Erzählung selber über das Beobachtbare hinaus geholfen.
Sobald er versteht, daß nicht die dargestellte Geschichte das letzte Wort
ist, versucht er über die Deskription hinaus das "mehr" zu verstehen.

An diesem Punkt kann die disclosure des Hörers ausgelöst werden. Und wenn er weiß wovon Jesus spricht - dazu hilft ihm die Situation, der Kontext -, kann er selber die Bildspendergeschichte besser verstehen. Man findet unerwartet und plötzlich den Schatz und die Perle, weil Gott und sein Reich sich selber dem Menschen erschließen. Wenn man aber diese Erschließung erlebt, dann wird das Andere unbedeutend und überflüssig. Man sieht nur das, was einem erschlossen wurde. Er will es für sich haben.

Und an diesem Punkt wird die disclosure des Hörers, seine Partizipation an der Urdisclosure Jesu zu einem Appell. Der Hörer wird aufgefordert, dasselbe zu tun, wie die Helden der Geschichten.

Wenn der Hörer den Appell der Gleichnisse wahrnimmt, dann ist auch bei ihm die intendierte disclosure zustandekommen. Er soll nun handeln.

II. Kapitel: DER PHARISÄER UND DER ZÖLLNER (Lk 18,9-14)

A Das Gleichnis und seine Kontextuierung im Lukasevangelium

1 Die Problematik dieser Erzählung ist, was die traditionsgeschichtliche Methode angeht, leicht zu formulieren.
Das übliche Texteröffnungssignal 18,9 wird allgemein als redaktionell anerkannt (1); ebenso 18,14b (2), das, wahrscheinlich ein ursprüngliches Wanderlogion, von Lukas hier kontextuiert wird.
Die echte Frage scheint aber die zu sein, ob die redaktionelle Kontextuierung den Sinn der Erzählung trifft.
Was V.9 angeht, so ist R.Bultmann der Meinung, daß der Sinn der Erzählung getroffen wird (3). Auch J.Jeremias scheint dieser Meinung zu sein (4), obwohl er das ὅτι mit "weil" übersetzt und das Ganze so wiedergibt: "Zu einigen von denen, die ihr Vertrauen auf sich selbst (statt auf Gott) setzen, weil sie 'Gerechte' sind", und den Sinn mit T.W.Manson (5) folgenderweise zusammenfaßt: "das auf ihrem frommen Lebenswandel beruhende Selbstvertrauen tritt bei ihnen an die Stelle des Gottesvertrauens" (6).
Nach E.Linnemann jedoch wird die Kontextuierung und damit die redaktionelle Auslegung der Erzählung "ihrem ursprünglichen Sinn nicht gerecht" (7).
Bezüglich V.14b sind sich fast alle Ausleger einig: dieser Vers treffe den Sinn nicht und entschärfe die Zuspitzung des Gleichnisses (8).

2 Nach Lukas wird das Gleichnis zu Leuten gesprochen, die selbstgewiß sind, sie seien Gerechte (9) und die anderen verachten. Das gleiche wird dann in V.14b wiederholt. Das Gleichnis würde nach Lukas sagen: Jeder, der sich selbst erhöht, wird erniedrigt, wer sich aber selbst erniedrigt, wird erhöht werden.
Damit wird aber das Gleichnis von Lukas auf eine allgemeinere Ebene gestellt, als auf die Ebene des richtigen Gebetes. Das Gleichnis stellt zwei Betende vor. Demnach könnte man behaupten, das Gleichnis bringe dem Hörer den richtigen Geist des Gebetes bei. Lukas faßt aber das Gebet nur als einen Fall eines umfassenderen Horizontes auf, wo diejenigen, die sich erhöhen, erniedrigt und diejenigen, die sich erniedrigen, erhöht werden.

In dem größeren Kontext (18,1-7, 15-27) nimmt die Erzählung vom Pharisäer und Zöllner eine unsicherere Stellung ein. Die Erzählung dient anscheinend für Lk als Übergang zwischen 18,1-7, wo Jesus lehrt, unermüdlich zu beten, und 18,15-17, wo Jesus die Hörer auffordert, das Reich Gottes wie Kinder anzunehmen.
Zieht man nur 18,1-7 in Betracht, dann könnte man behaupten, Jesus lehre durch das Gleichnis, mit welchem Geist man beten soll. Betrachtet man aber auch 18,15-23, so scheint Lk zu sagen, Jesus fordere die Hörer auf, auf die Selbstgerechtigkeit zu verzichten, um ins Reich Gottes zu gelangen.

B "Pharisäer" und "Zöllner": "Schock-Taktik" oder "Überredungskunst"?

E. Linnemann warnt vor einem heutigen Vorurteil, daß man nämlich von vornherein die Pharisäer als Heuchler, die Zöllner aber als Idealtypen der Demut ansieht.
Sie und J. Jeremias fordern mit Recht auf, den Pharisäer und den Zöllner mit den Augen der Zeitgenossen Jesu zu sehen. Für sie galt der Pharisäer weithin als Musterbild der frommen Gerechtigkeit und der Zöllner als Paradigma des Sünders (10). Das Gebet des Pharisäers war durchaus ein ehrliches Gebet. Er dankt Gott für seine Führung (11). Er dankt nur. Anscheinend das beste Gebet, das man tun könnte (12).
Dann wäre E. Linnemann zuzustimmen: Am Ende der Darstellung des Gebetes des Pharisäers hätten die Hörer sagen müssen: "Das ist ein Mann nach dem Herzen Gottes" (13). Wie steht es denn mit dem Zöllner? Jesus - so Jeremias (14) - stellt ihn auf seinen richtigen Platz: weit entfernt, ist er selbst seiner verzweifelten und aussichtslosen Lage bewußt. Man wußte ja, daß, wenn er Buße tun wollte, er alle seine Missetaten wiedergutmachen sollte. Die Reue war nur der erste Schritt der Bekehrung (15).
Dann auf einmal kommt die Überraschung. Der letzte geht gerechtfertigt nach Hause, der erste aber nicht.
Hat Jesus das Gleichnis tatsächlich an Leute gerichtet, die sich für Gerechte hielten, dann müßte dieses Urteil Jesu wie ein Schock wirken. Es käme nicht nur darauf an, daß der Zöllner, nach den Schriftgelehrten, alles noch wiedergutmachen sollte, sondern vielmehr darauf, daß der Ungerechte gerechtfertigt, und der Gerechte ungerechtfertigt nach Hause geht. Jesu Urteil wäre für die Hörer "völlig unerhört" (16), sie wären darauf nicht gefaßt gewesen (17), ja das Ärgernis der Hörer wäre hier bis zum Äußersten getrieben (18).

Nach einer anderen Interpretation des Gleichnisses bietet das Gleichnis eine Karikatur eines hochmütigen Gebets eines Pharisäers und eine Identifikationsfigur: die Gestalt des Zöllners (19). Jesus würde bewußt die Gestalt und das Gebet des Pharisäers karikieren und dem Hörer das Ideal des demütigen Gebets vorstellen. Am Schluß der Erzählung hätte der Hörer eigentlich selber urteilen können: Man soll beten wie der Zöllner. Auf diese Weise käme das Urteil Jesu nicht mehr zu überraschend vor, weil es schon im Gleichnis vorbereitet war.
Die beiden Interpretationen stimmen jedoch in einem Punkt überein: Jesus kehrt durch das Gleichnis die Werte um. Geschieht das aber durch eine Schock-Taktik, indem Jesus die herrschende Meinung im Gleichnis darstellt, um sie dann mit seinem Urteil zu verkennen, oder durch die Kunst des Überredens, des Nahebringens, indem er durch das Gleichnis schon die Werte umkehrt durch eine Karikatur des Pharisäers und die Darstellung des idealen Gebets? Beide Techniken wären an sich äußerst geeignet, die Hörer auf die Bildempfängergeschichte zu verweisen, und bei ihnen die disclosure auszulösen. Das "Ironische" (20) käme in beiden Fällen ohne

weiteres zum Ausdruck, und durch das Ironische könnte der Hörer auf das Gemeinte des Gleichnisses aufmerksam gemacht werden.

C Die disclosure in dem Gleichnis: der Schock des Urteils

Die zwei Auslegungen mögen so aussehen, als ob sie sich gegenseitig ausschließen. In Wirklichkeit unterscheiden beide zwischen der Absicht des Sprechers (Jesus) und dem Standpunkt der Hörer nicht genügend.
Jesus hat nicht erst nach beendeter Erzählung gewußt, wie er über die beiden Protagonisten urteilen soll. Für ihn stand das von vornherein fest. Der Hörer hingegen hat möglicherweise den Pharisäer bewundert, den Zöllner gehaßt, und als Sünder angesehen.
Der Gegensatz der zwei verschiedenen Ansichten kommt dann im Urteil 14a ganz zum Zuge. Jesus widerspricht der geläufigen Meinung der Hörer.
Sicher konnte das Urteil Jesu einen Schock bewirken. Das Urteil gibt dem Gleichnis seine Aufgipfelung. In ihm explodieren die Gegensätze. Das geschieht nicht nur, weil Jesus anders urteilt als die Hörer, sondern vielmehr weil dieses Urteil nicht als eine Privatmeinung Jesu, sondern als Urteil Gottes abgegeben wird.
14a gehört zwar nicht mehr zur Erzählung an sich, die mit 18,13 endet, aber ist eng mit ihr verbunden. Jesus hätte das Urteil auch erzählerisch abgeben können, indem er, ähnlich wie im Gleichnis von dem törichten Bauer, hätte weitererzählen können: "Aber Gott sprach zu ihnen: 'Dieser wird gerechtfertigt nach Hause gehen, anders als jener'" (vgl. Lk 12,20).
Der so transformierte Text läßt erkennen, daß Jesus das Urteil ausspricht, das Gott selber abgeben würde.
Das ist sicher ein "Aha-Erlebnis" für die Hörer, dies ist der eigentliche Schock des Urteils, der dann die Hörer rückblickend auf das ganze Gleichnis und auf das Urteil selbst aufmerksam machte.
Die Ausleger des Gleichnisses haben dies nicht genügend ausformuliert. Wenigstens nicht in Hinblick auf die Reaktion der Hörer.
Zwar schreiben alle, daß Jesus an die Stelle Gottes tritt und in seinem Namen das Urteil spricht (21). Das ist aber nur ein Ergebnis theologischer Exegese.
Es gilt aber, das als eine Technik der Erzählung hervorzuheben. Der Hörer mußte wissen: Es geht nicht um eine Meinungsverschiedenheit, über die man streiten kann. Gott urteilt so!
Hier wird der Hörer von der deskriptiven Darstellung der zwei Gestalten verfremdet, und damit wird seine Meinung als ungültig erklärt.
Die Umkehrung der Werte wird sanktioniert, indem sie von Gott selber vollzogen wird.
Was Jesus hier erzählt, ist grundsätzlich verschieden von der Fabel der

Aesopica, die L. Schottroff zitiert (22): "Homo quidam solitus erat tarde venire ad ecclesiam et super genua prostratus has semper oraciones facere: 'Domine deus, propicius esto michi et uxori mee et filiis meis et amplius nulli'. Quod cum alius forte audivit, oravit et ipse sic, illo audiente: 'Domine, Domine, Deus omnipotens, confunde istum et uxorem suam et filios suos et amplius nullum'" (23). Hier wird die Ironie der Erzählung offensichtlich, aber die Erzählung erhebt keinen Anspruch, außer der Ironie selbst, gegen den Egoismus des Gebetes.
Anders bei Jesus. Er sagt, daß Gott so denkt. Diese Autorität Gottes war nötig, damit die Umkehrung der Werte begründet wird. Denn die Hörer dachten anders!
Der Anspruch Jesu ist zu auffällig, um nicht gehört zu werden. Das ist eigentlich das Schockierende am Urteil selbst. Jesus will durch das Gleichnis keine billige Ironie treiben, sondern er will prophetisch reden.
Der dadurch ausgelöste Schock hebt die Deskription auf. Der Hörer wird auf eine andere Ebene gerissen, und wird eingeladen, die Denkart Gottes zu teilen.
Das Neue, das "mehr", das das Gleichnis Jesu enthält, ist, daß es eine prophetische Rede ist. Die deskriptive Erzählung kann sich nicht überbieten. Das Urteil Jesu durchbricht das Deskriptive an der Erzählung und zeigt, daß es dabei um "mehr" geht. Aus dieser ersten disclosure mußten nun die Hörer rückblickend das Gleichnis beurteilen, und damit den Pharisäer und den Zöllner.

D Die Verzerrung der Wirklichkeit in der Erzählung selbst

Gott würde also durch Jesus, falls ein solcher Fall vorkäme, sagen: der Zöllner geht gerechtfertigt nach Hause, der Pharisäer nicht. Das sagt das Urteil aus. Sagt das Jesus aber erst und nur durch das Urteil in 14a?
Hier muß zwischen der Perspektive Jesu und der Perspektive des Hörers unterschieden werden.
Von der Perspektive des Hörers her, ist das Urteil sicher der Gipfel der Erzählung, wo der Schock in seiner ganzen Auswirkung zum Vorschein kommt. Jesus aber bildet dieses Gleichnis, gerade um zu diesem gewollten Urteil zu kommen. Jesus will auch, daß der Hörer seine Ansicht teilt. Will er nun den Hörer erst durch das Urteil auf eine heilsame Weise provozieren, oder bereitet er das Urteil schon im Gleichnis vor?
Stellt, mit anderen Worten, das Gleichnis eine realistische Beschreibung eines alltäglichen Gebetes eines Pharisäers dar, oder beschreibt er einen Grenzfall? Dasselbe gilt für das Gebet des Zöllners.
Hier muß man L. Schottroff Recht geben. Die Ausleger, die sich bemüht haben, den Pharisäer von dem heutigen Vorurteil zu befreien, ihn als wirklich gerecht, sein Gebet als das Schönste darzustellen, geraten hier in

Schwierigkeiten. Angenommen der Hörer hätte den Schock der Erzählung erst beim Urteil Jesu wahrgenommen. Dieses neue Licht wirkt sich nun aber beim Hörer aus, indem er sich Fragen stellt, wie die folgenden: Warum denn wurde der Zöllner gerechtfertigt und der Pharisäer nicht? Aber weiter: Hatte <u>auch</u> der Pharisäer eine Rechtfertigung nötig? Anscheinend konnte er nur Gott danken, er mußte nicht um Rechtfertigung bitten, denn er war ja gerecht.
Viele Ausleger fühlen sich wieder gezwungen, den Pharisäer doch schlecht zu malen: Er war grundsätzlich falsch eingestellt (24). Wo ist denn die falsche Einstellung zu finden? In seiner Frömmigkeit? Anscheinend nicht, wenn sein Gebet von Jesus als ein Mustergebet dargestellt wurde. Falsch war seine Selbstgerechtigkeit (25), oder der Maßstab seiner Gerechtigkeit (26). Diese Ausleger müssen also doch zugeben, daß die Gerechtigkeit des Pharisäers falsch war. Worin lag aber das Falsche an seiner Gerechtigkeit?
E. Linnemann antwortet: Jesus "läßt das Gesetz nicht als letzte Instanz gelten" (27).
Sei dem auch so. Es bleibt unbestritten, daß der Pharisäer einer, wenn auch unbewußten, Selbsttäuschung unterlag. Er meinte, er sei gerecht; Gott aber ist nicht dieser Meinung. Der Pharisäer hat sich getäuscht. Damit wird nicht negiert, daß er alle die Werke getan hatte, die er in seinem Gebet aufzählt; und auch nicht, daß sein Gebet ehrlich gemeint war. Aus der Selbsttäuschung des Pharisäers kann man auch nicht ableiten, daß sein Gebet Heuchelei war (28). Es muß aber daran festgehalten werden, daß sich der Pharisäer täuschte, indem er an seine Gerechtigkeit glaubte, die Gott aber seinerseits nicht billigt.
Jesus will eben diese Selbsttäuschung entlarven.
Die Frage drängt sich wieder auf: Entlarvt Jesu die Selbsttäuschung des Pharisäers erst im Urteil 14a, oder geschieht das schon früher? Der Hörer, der den Schock des Urteils vernommen hatte, konnte nun wenigstens rückblickend sehen, daß schon das Gleichnis nicht die alltägliche Wirklichkeit des Gebetes eines Pharisäers darstellte, sondern einen seltsamen Grenzfall, eine verzerrte Wirklichkeit.
Bevor aber die stilistischen Eigentümlichkeiten des Performanztextes analysiert werden, wird es vielleicht von Nutzen sein, die Tiefenstruktur zu betrachten. Dazu werden hier wiederum die Kategorien der Erzählforschung, wie sie V. Propp formuliert hat, verwendet.
Das Gericht Gottes 14a beseitigt einen Mangel beim Zöllner und entlarvt einen vorhandenen, aber nicht bewußten Mangel des Pharisäers, ohne ihn zu beseitigen (29). Das setzt voraus, daß beide einen Mangel hatten (L), daß aber der erste ihn zugibt, der zweite nicht, weil er meint, er habe ihn nicht (LL). Die Beseitigung des Mangels (LL) des Zöllners kann man mit den Proppschen Kategorien als Belohnung, oder besser, Inthronisation bezeichnen, die Entlarvung und das Verbleiben des Mangels (L) beim Pharisäer als Entpuppung (Demasquerade) und Bestrafung (Pun):
Die Erzählung kann so symbolisiert werden:

Masq(vermutetes LL)—▶Demasq(Pun. -L)◀—▶$\overline{\text{Masq}}$(L)—▶Inthr(LL) (30).

Die Analyse der Tiefenstruktur des Textes zeigt wiederum das, was sich schon früher herausgestellt hatte: Man darf das Urteil 14a vom Gleichnis nicht absondern. Das Urteil bleibt in der Logik der Erzählung.
Wenn dem so ist, dann schildert das Gleichnis nichts anderes als die unbewußte Selbsttäuschung des Pharisäers und das Bekenntnis der Schuld des Zöllners.
Der Performanztext des Gleichnisses bringt die Tiefenstruktur durch eine starke Verzerrung der Wirklichkeit zu Tage. Der Hörer konnte, wenigstens von dem Schock des Urteils rückblickend, die Erzählung nun als einen übertriebenen Grenzfall wahrnehmen.
Die Absicht Jesu kommt auch in der Bildspendergeschichte deutlich zum Vorschein. Der Hörer wird nun auch von der Erzählung selber verfremdet. Sicher ist sie eine deskriptive Erzählung. Sie ist aber nicht die Realität des Alltags.

"Zwei Menschen gingen hinauf in den Tempel".
Es fängt eine Erzählung an. Der Hörer weiß: von den hunderten von Menschen, die in den Tempel hinaufgehen, interessieren jetzt nur zwei, die vielleicht in der Wirklichkeit auch nicht existieren. Die Fiktionalität der Erzählung hebt die fiktive Wirklichkeit von der erlebten ab.
Schon hier fängt Jesus an, sein Material zu wählen und das Gleichnis zu konstruieren. Er will etwas über diese zwei Menschen sagen. "Der eine war ein Pharisäer und der andere ein Zöllner". Zwei bekannte Protagonisten der Geschichte des Volkes werden hier gegenüber gestellt. Schon diese Gegenüberstellung ist merkwürdig. Aber vielleicht sieht man am besten von den "Pharisäern" und den "Zöllnern" zunächst ab. Es handelt sich hier um einen Pharisäer und um einen Zöllner. Wer daraus das Wesen der Pharisäer und der Zöllner ableiten will, der begeht Kurzschlüsse. Die metaphorische Distanz der Erzählung, ihre Fiktionalität erlaubt eine solche Ableitung nicht (31). Es handelt sich hier auch um einen typischen, aber nicht alltäglichen Fall. Nicht alle Pharisäer und alle Zöllner mußten sich so verhalten.
Der Pharisäer stellt sich auf. Er dankt Gott. Aber wofür dankt er? Das Dankgebet ist sicher ein schönes Gebet. Man kann aber aus verschiedenen Gründen danken. Der Pharisäer dankt Gott, weil (ὅτι) er nicht wie die anderen ist. Er dankt nicht, weil er von Gott von dem Bösen bewahrt wurde. Er dankt, weil er anders ist als die anderen. Wer sind die anderen? "Die übrigen Menschen" (οἱ λοιποὶ τῶν ἀνθρώπων). Wem kann die starke Betonung des Grenzfalls entgehen? Wie sind aber die übrigen Menschen? Sie sind Räuber, Ungerechte, Ehebrecher. Er nicht. Auch hier wird der Grenzfall bis zum Äußersten getrieben. Auf einer Seite ein Mensch, der sich als Gerechter fühlt, auf der anderen die übrigen Menschen, die alles andere sind als Gerechte. Die Erzählung ist scheinbar deskriptiv, aber von Alltag, von Realismus kann keine Rede sein.
Die Kluft zwischen dem Pharisäer und den übrigen Menschen wird stark hervorgehoben. In dem Dank kommt ironischerweise die Freude an der Kluft zum Ausdruck (32). Und diese Freude an der Kluft findet nun ein Objekt im Tempel selbst, in einem anderen Mann, der auch betet: "Auch

nicht wie dieser Zöllner da". Zwei Männer beten zu demselben Gott, und einer verachtet den anderen (33).
Was nun folgt, soll auch für Gott ein Beweis sein, daß die Kluft aus guten Gründen besteht. Denn er macht vieles, was Gott an ihm lieben sollte.
Das Gebet des Pharisäers ist nicht realistisch dargestellt. Das ähnliche Beispiel, das J. Jeremias bringt (34), ist nur in dem Dank an Gott mit unserem Gleichnis ähnlich, nicht aber in der Freude an der Kluft zwischen einem Mann und den übrigen Menschen.
Das Irreale ist in der Erzählung überspitzt: "In Wirklichkeit - so H. Kahlefeld - hat wohl nie ein Pharisäer gewagt, mit solchen Worten zu beten" (35).

Die Pharisäer selber, obwohl sie sich als Gruppe, wie der Name selber besagt, als "Abgesonderte" fühlten und die nicht-Pharisäer als verachtetes "Volk des Landes" als "Gottlose" bezeichneten (36), waren davor gewarnt, sich als Selbstgerechte vor Gott zu fühlen (37): "Vertraue nicht auf dich selbst ... bis zum Tage deines Todes" (38). Der Pharisäer des Gleichnisses hatte Gott selber auf die Sünde der anderen und des Zöllners hingewiesen, seine aber nicht gesehen. Die bewußte oder unbewußte Selbsttäuschung des Pharisäers war für die Hörer durch die starke Verzerrung der Wirklichkeit zu vernehmen.
Jesus beschreibt einen Grenzfall. Der Grenzfall aber will durch die Deskription den Hörer auf das "mehr" verweisen. "Der Zöllner aber stand weit entfernt". Sein Platz, seine Gebärde, seine Worte, alles weist darauf hin, daß er seiner Schuld bewußt ist. Er bittet auch um das Einzige, worum er bitten kann: "Gott sei mir gnädig". Kurz dargestellt, ist diese Gestalt ein Geschöpf der Sympathie Jesu und Gottes. Der Hörer mußte schon in der Erzählung spüren, für wen Jesus, und damit Gott, Partei nimmt: für jenen, der seiner Schuld bewußt, Gott um Gnade bittet.

Es gibt also eine gewisse Steigerung des Verfremdungseffektes im Gleichnis. Schon die Bildspendergeschichte verfremdet den Hörer von seiner alltäglichen Wirklichkeit. Der Schock aber wird am deutlichsten im Urteil Jesu 14a gespürt, und das nicht zunächst, weil die Werte umgekehrt werden, sondern vielmehr, weil diese Umkehrung, die schon in der Erzählung zu vernehmen war, nun deutlich von Gott selber durch Jesus bestätigt wird.

Das Gleichnis ist fern von jedem Realismus.
Sicher ist die Erzählung zunächst deskriptiv. Das Deskriptive beschreibt aber nicht das reale Leben, sondern einen Grenzfall. Die Verzerrung des Alltags verweist schon den Hörer auf das "mehr". Die evokative Sprache des Gleichnisses wird dann paradox und eklatant in 14a, wo Jesus prophetisch das Urteil abgibt.
Im Urteil wird jede Beschreibung aufgehoben. Die Sprache wird ganz und gar evokativ, weil prophetische Sprache nicht anders als evokativ sein kann.

E Die disclosure des Gleichnisses

Die disclosure, die Jesus vermitteln wollte, ist nicht ausschließlich mit dem Urteil in 14a zu identifizieren (39). Strukturell gehört das Urteil zum Gleichnis und führt die Erzählung weiter.
Der Hörer mußte sich noch fragen, warum Gott und Jesus so urteilen. Denn das Urteil selber und die Erzählung insgesamt wollten nur den Hörer dazu bringen, sich nach der Intention und nach der disclosure Jesu zu fragen.
Der Hörer konnte zunächst zu einem Schluß kommen: Gott denkt anders als wir. Das genügt aber nicht. Wie denkt Gott anders, und warum?
Es gibt, wie es J.D.Crossan formuliert (40) einen "complete, radical, polar reversal of accepted human judgment, even or especially of religious judgment, whereby the Kingdom forces its way into human awareness". Und diese Umkehrung formuliert erst das Urteil 14a: der Pharisäer hat sich als Gerechten vorgestellt und bleibt nicht gerechtfertigt. Der Zöllner hat sich als Sünder bekannt und wird gerechtfertigt.
Es ist aber nicht so, wie man vielleicht auch von J.D.Crossan herauslesen könnte (41), daß die Menschen meinen, der Pharisäer sei der Gerechte und der Zöllner der Sünder, während Gott umgekehrt denken würde, daß der Pharisäer ein Sünder und der Zöllner schon ein Gerechter wäre. Denn Jesus selber stellt den Zöllner als Sünder dar. Der Zöllner ist ein Sünder. Darüber sind Hörer und Jesus, und auch Gott also, einig. In diesem Fall denkt Gott nicht anders. Was Sünde ist, bleibt Sünde auch für Jesus und Gott. Worüber denkt Gott anders? Gewiß, über den Pharisäer.
Der Fehler des Pharisäers war natürlich nicht der, daß er zweimal in der Woche fastete, und den Zehnten von allen seinen Einkünften gab. Das ist an sich kein Grund zum Tadel.
Sein Fehler bestand vielmehr darin, daß er die anderen verachtete, daß er sich schon als Gerechten empfand, weil er diese Opfer brachte, und besonders, weil er sich die Macht Gottes anmaßte, zu urteilen, wer gerecht und wer ungerecht sei.
Der redaktionelle V.9 trifft genau den Sinn des Gleichnisses. Lukas hat das Gleichnis auch so verstanden. Jesus stellt die Selbsttäuschung des Pharisäers dar.
Die Verachtung der anderen kommt im Gleichnis deutlich zum Ausdruck: sie wird aber grotesk, wenn sie im Dankgebet ausgesprochen wird.
Wenn aber das Gleichnis nur in der Distanz der Fiktion das zu verstehen gibt, was in Gottes Auge nicht "gut" ist, so gibt das Urteil 14a jede Distanz auf, und sagt deutlich, daß der Pharisäer einen Fehler begangen hatte.
Die Täuschung der Selbstgerechtigkeit mag von der Annahme entstanden sein, daß die Werke und das Opfer den Menschen vor Gott gut machen. Man darf aber hier nicht mit der paulinischen Rechtfertigungslehre arbeiten. Vielmehr gelten hier die prophetischen Kategorien.
Der Pharisäer hat Schuld am Zöllner und an dem Mitmenschen, nicht (we-

nigstens der Pharisäer des Gleichnisses nicht) weil er, wie L. Ragaz meint (42), ihn in die religiöse und soziale Knechtung gestoßen hat, sondern weil er den Mitmenschen und den Zöllner verachtet und verurteilt.
Es scheint also, daß die disclosure dieses Gleichnisses dieselbe ist, wie die des Gleichnisses von der Tischordnung (Lk 14,8-11). Derjenige, der sich würdiger hält als die anderen, und sich den ersten Platz aussucht, wird vom Hausherrn auf die hinteren Plätze verwiesen, und derjenige, der sich unwürdig hält, darf aufrücken. Somit scheint auch 14b den Sinn des Gleichnisses zu treffen (43). Die Ortsangaben haben semantische Relevanz sowohl in dem Gleichnis von der Tischordnung als auch im Gleichnis vom Pharisäer und Zöllner (44). Setzt man sich auf die Ehrenplätze, so befindet man sich schließlich nach dem Urteil Gottes oder nach der Aufforderung des Hausherrn weit hinten. Bescheidet man sich mit der Hinterbank, so befindet man sich am Ende vorne:

Anfangssituation : Vorne (Gerecht)   Hinten (Sünder)
                          (Pharisäer)   (Zöllner)

Endsituation : Vorne (Gerechtfertigt)   Hinten (nicht gerechtfertigt)
                      (Zöllner)   (Pharisäer)

Diese Umstellung der Plätze geschieht eben aufgrund des Urteils Jesu und Gottes. Die erzählte und die besprochene Ebenen bilden eine unlösbare Einheit.
Diese Umstellung der Plätze nennt Lukas Erniedrigung bzw. Erhöhung, und somit bringt er den semantischen Wert der Plätzeangabe zum Ausdruck. Das dürfte auch die disclosure, die Jesus vermitteln wollte, richtig formulieren.

F   <u>Der Anspruch Jesu: Der Sprechakt des Gleichnisses</u>

Jesus stellt sich durch dieses Gleichnis in der Reihe der großen Propheten Israels.
Schon Tritojesaja (Jes 58,1-12) verkündet die Nichtigkeit von Opfergaben und Fasten, wenn ihnen die Werke der Liebe dem Nächsten gegenüber nicht vorausgeschickt werden.
Was die Jesaja-Stelle zum Gleichnis Jesu am meisten nahe rückt, ist das Gebet und der Ruf derjenigen, die fasten und Opfer bringen zu Gott: "Sie befragen mich zwar Tag für Tag und möchten meine Wege kennenlernen, als wären sie ein Volk, das Gerechtigkeit übt und das Recht seines Gottes nicht verläßt" (58,2a; vgl. ferner Amos 5,21-25; Joel 2, 12-14).
Auch Jesaja stellt nicht in Frage, daß das Volk fastet und Opfer bringt. Er sagt aber, daß das alles vor Gott nicht gerecht macht.

Wird das bei Jesaja ohne fiktionale Distanz gesagt, so wird es von Jesus durch die Verhüllung des Gleichnisses und dann unverhüllt durch sein Urteil hervorgehoben.
Auch Jesus zweifelt nicht daran, daß der Pharisäer das richtig gemacht hat, was er in seinem Gebet aufzählt. Er wendet sich aber prophetisch gegen den Anspruch auf Gerechtigkeit, der aufgrund dieser Taten erhoben wird, und gegen die Verachtung der anderen. Dagegen erbarmt sich Gott des reumütigen Sünders, der nichts anderes Gott bieten kann als seine Reue. Aber auch hier ist Jesus nicht allein. Er bleibt durchaus in der Tradition des Alten Testaments, besonders der Propheten (vgl. Js 57,15; 66,23; Dn 3,39) und der Psalmen (vgl. Ps 51,19; 34,19; 138,16).
Der Anspruch Jesu ist klar: er redet wie die alten Propheten als Stellvertreter Gottes, als einer der an der Stelle Gottes ein Urteil fällt, bzw. als einer der die Meinung und das Urteil Gottes kennt! Aus dieser neuen Perspektive soll der Hörer das Gleichnis beurteilen und seinen Appell vernehmen.
Die Worte der Propheten sind selten bloß Lehre, sie sind vielmehr ein Appell. Ebenso wird im Gleichnis Jesu der Hörer persönlich und direkt angesprochen. Jesus will nicht nur seine disclosure lehrhaft vermitteln, sondern an den Hörer appellieren, sie zu teilen. Zwar verfremdet die fiktionale Erzählung den Hörer, damit er in der neuen Perspektive des Gleichnisses, seine alltägliche Wirklichkeit besser und neu beurteilt und ist somit ein Fenster zur alltäglichen Wirklichkeit (45).
Doch genügt es nicht, daß der Hörer die disclosure Jesu versteht. Er soll sich vielmehr selbst in dem Gleichnis entdecken. Gehört er selbst zu denen, die wie der Pharisäer denken? Dann bedarf er des Umdenkens. Denkt er wie der Zöllner? Dann darf er auf die Gnade Gottes hoffen, bzw. dann ist sie ihm im Urteil Jesu zugesprochen. Ein Gleichnis ist immer fähig, mehrere Anwendungen zu erhalten, je nach dem, sich ein Hörer in dem Gleichnis entdeckt. Es muß aber seine persönliche Anwendung finden, sonst kommt die Absicht Jesu, ein Illokutionsakt nicht zustande. Der Hörer darf nicht nur verstehen, sondern er muß auch das Gleichnis auf sich anwenden. Nur dann partizipiert er an der Urdisclosure Jesu.

G Lk 18,9-14 als Gleichnis des Gottesreiches

Seit Jülicher gilt dieser Text als eine Beispielerzählung. Eine Ausnahme bietet J.D. Crossan (46). Als Beispielerzählung verstanden, böte der Text Anleitung zu rechtem Gebetsverhalten.
Man kann ihn aber durchaus als ein Gleichnis des Gottesreiches betrachten.
In diesem Fall würde die ganze Erzählung einen stärkeren metaphorischen Charakter besitzen, der nicht nur typologisch auf das Gebet im allgemei-

nen übertragen wird, sondern auf das Reich Gottes überhaupt. In diesem Fall wäre die menschliche Tätigkeit des Gebetes, genau wie die Tätigkeit des Säens oder des Wartens auf den Bräutigam, als Parabel des Gottesreiches verstanden.

Für diese Hypothese spricht einiges. Schon die Stellung des Gleichnisses im Lk-Kontext ist ambivalent. Bezieht man die Erzählung auf die folgenden Verse 15-27, scheint sich die Hypothese zu bewähren: Damit man in das Reich Gottes hineingelangt, soll man es wie ein Kind annehmen, oder auf das, was man hat, verzichten. Dem entspräche die "Lehre" des Gleichnisses. Man soll auf die Selbstgerechtigkeit verzichten und auf das Gottesreich, so wie der Zöllner, warten.

Nicht die Selbstgerechten werden in das Reich Gottes gelangen, sondern diejenigen, die sich vor Gott als Sünder bekennen und auf die Gnade seines Reiches warten.

So gesehen ist das Gleichnis nicht weit entfernt von der üblichen Auffassung und Tätigkeit Jesu, der Umgang mit Sündern und Zöllnern pflegte. Sie werden den "Gerechten" in das Reich Gottes vorangehen (vgl. Mt 21,31).

Diese Ansicht stellt das Gleichnis vom Pharisäer und Zöllner in die Nähe der Gleichnisse von den zwei Söhnen, von den Arbeitern im Weinberg und vom verlorenen Sohn.

Der Appell des Gleichnisses wird also noch stärker. Es geht nicht nur um die richtige Einstellung im Gebet, sondern um die richtige Lebenseinstellung angesichts des Gottesreiches. Der Hörer muß sich entscheiden, wenn nötig umdenken und auf das Gottesreich wie der Zöllner des Gleichnisses warten. Indessen hat sich das Warten des Zöllners bereits in der Feststellung Jesu erfüllt, daß der Zöllner vom Tempel "gerechtfertigt hinabging" (so im griechischen Originaltext). Der "gerechtfertigte" Zöllner ist nun der "Gerechte" (vgl. den Eingangsvers). Die Gottesherrschaft ist schon am Werk. Dafür wird ein fiktionales Beispiel erzählt.

III. Kapitel: DIE ERSTEN WERDEN LETZTE SEIN:
Die Arbeiter im Weinberg (Mt 20,1-16)

A Die Kontextuierung des Gleichnisses im Matthäusevangelium

Es scheint nicht bestreitbar, daß Matthäus die ursprüngliche Situation des Gleichnisses nicht mitüberliefert hat (1). Es ist also als sicher anzunehmen, daß durch die neue Kontextuierung des Gleichnisses ein Hörerwechsel stattgefunden hat (2). Im Kontext des Matthäusevangeliums handelt es sich um ein Jüngergleichnis. Petrus fragt Jesus, was sie (die Jünger), die sie alles verlassen haben, um Jesus nachzufolgen, bekommen werden (19,27). Die Antwort Jesu ist eine doppelte. Diejenigen, die ihm nachgefolgt sind, werden hundertmal soviel empfangen, als das, worauf sie seinetwegen verzichten mußten (19,29). Aber (3) - und das ist die Rückseite der Antwort Jesu - "viele Erste werden Letzte sein und Letzte Erste" (19,30). Ob die neue Kontextuierung eine unglückliche ist (4), ob sie in scharfem Kontrast mit dem Inhalt des Gleichnisses steht (5), das kann man nicht gleich entscheiden, sondern erst nach der Analyse des Gleichnisses.
Nach der Matthäus-Auffassung soll das Gleichnis eine Erläuterung von 19,30 sein. Denn das Gleiche wird unter anderer Formulierung in 20,16 wiederholt. Die vollständige inclusio ist so zu lesen:
19,30: πολλοὶ δὲ ἔσονται πρῶτοι ἔσχατοι καὶ ἔσχατοι πρῶτοι
20,16: οὕτως ἔσονται οἱ ἔσχατοι πρῶτοι καὶ οἱ πρῶτοι ἔσχατοι.
Der vollständige Gedankengang Jesu sollte also nach Matthäus der sein: Ihr, die mir nachgefolgt seid, werdet das Hundertfache erhalten und das ewige Leben gewinnen. Viele aber, die Erste sind, werden Letzte sein und Letzte Erste, wenn sich die Ersten so benehmen werden wie die Arbeiter der ersten Stunde, von den das Gleichnis erzählt.
Die Absicht des Matthäus kommt im Kontext klar hervor, und sie will ernst genommen werden. Man fragt sich aber, ob der Schluß 20,16 der redaktionell zu sein scheint, den Inhalt des Gleichnisses (20,15) trifft oder nicht.

Die zwei Ebenen sind auseinander zu halten. Man kann nämlich 20,16 als redaktionell ansehen (6) und trotzdem behaupten, daß der Schluß auf derselben Isotopie liegt wie das Gleichnis, oder behaupten, daß der Schluß den Sinn des Gleichnisses verfehlt.
Der zweiten Meinung sind, außer J.Jeremias, der meint, man solle von 20,16 absehen, um das Gleichnis richtig zu verstehen (7), auch A.M.Hunter, der empfiehlt, 20,16 zu vergessen (8), Ch.Dodd (9), E.Linnemann (10) und D.O.Via (11), der mit J.Jeremias meint, 20,16 bringe nur 20,8b zum Ausdruck.
Nach E.Bisers Meinung ist 20,16 der richtige Schluß der Parabel: "So verhält es sich denn mit dem Gottesreich wie mit Letzten, die Erste, und Ersten, die Letzte werden" (12). Derselben Meinung scheint auch H.Kahlefeld zu sein, der richtig bemerkt, den Schluß "auf die Reihenfolge bei der Lohnzahlung zu beziehen, wäre oberflächlich" (13). Er empfiehlt, den Schluß "freier und wesentlicher zu verstehen": Nach seiner Meinung be-

sagt der Schluß wie auch das Gleichnis: "Gottes Maße sind anders als die der Menschen" (14). Auch diese Frage kann erst nach der Analyse entschieden werden. Es kann aber vorweggenommen werden, daß die Analyse wenigstens eine Isotopie aufzeichnen kann, die auch in dem Schluß zu Worte kommt. Unsere Methode der Analyse, von der Bildspendergeschichte zur Bildempfängergeschichte zurückzugehen, kann von 20,16 durchaus absehen. Nicht, damit man das Gleichnis verstehen kann, sondern aus methodischen Gründen. Erst wenn die Analyse die Strukturen der Bildspendergeschichte gezeigt hat, kann man über den Sinn des Gleichnisses (Bildspender- und Bildempfängergeschichte) reden, und damit die Anwendung kritisch beurteilen.

B Die Bildspendergeschichte

Die Bildspendergeschichte besteht aus zwei Teilen. Zunächst werden Arbeitsverhältnisse dargestellt. Ein Hausherr geht auf den Marktplatz, um Arbeiter für seinen Weinberg zu dingen. Er vereinbart mit ihnen den Lohn und schickt sie in den Weinberg. Gegen Abend läßt er ihnen den Lohn auszahlen. Nicht alle hatten gleich gearbeitet. Einige nur eine Stunde, einige den ganzen Tag. Trotzdem gibt der Hausherr allen den gleichen Lohn. Diese Tat des Hausherrn wird zum Thema des zweiten Teils. Der zweite Teil ist ein Metatext über den ersten: sind die Arbeitsverhältnisse unter einem solchen Hausherrn gut oder schlecht? Ein Schaubild zeigt, wie die semantische Achse und die Isotopie des Textes gewonnen werden.

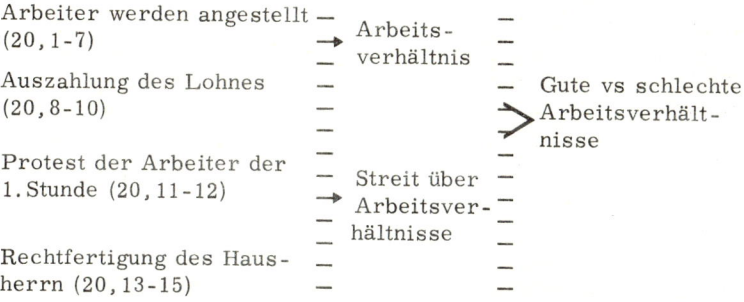

Auf dieser Isotopieebene - gute vs schlechte Arbeitsverhältnisse - liegen nicht nur der Streit zwischen Arbeitern und Hausherrn und seine diskutierte Tat, sondern auch die Anfangssituation mit ihren Voraussetzungen und die Endsituation. Um das ganze zu überblicken, müssen wir aber das semantische Sechseck gewinnen (15):

Arbeitsverhältnisse

gute Arbeits- verhältnisse	A — — — — — — B	schlechte Arbeits- verhältnisse
nicht schlechte Arbeitsverhält- nisse	B̄ · · · · · · Ā	nicht gute Arbeits- verhältnisse

keine Arbeitsverhältnisse

Die Arbeiter sind Tagelöhner (16). In der Bildspendergeschichte kommt ihre Situation auch auf der Textoberfläche zum Ausdruck: Sie stehen auf dem Marktplatz und warten, daß jemand sie anstellt: Die Anfangssituation ist eine Situation von Arbeitern, die keine Arbeit haben (C̄): sie stehen da ἀργοί (20,3.6) (17). Diese "Zwangsmuße" (20,7 "Niemand hat uns gedungen") schildert die Situation der Selbstentfremdung (18) eines Arbeiters, der keine Arbeit hat. Die Situation ist aber eine allgemeine: Sie gilt nicht nur für die Arbeiter, die spät angestellt worden sind. Solange ein Arbeiter nicht gedungen wird, befindet er sich in einer schlechten Lage. Die Anstellung der Arbeiter ist schon der Übergang von einer schlechten zu einer guten Lage: Von der Arbeitslosigkeit (C̄) zum Arbeitsverhältnis (C).
Die Arbeitsverhältnisse werden schon von Anfang an "gut" (A). Der Hausherr vereinbart den Lohn (20,2), oder verspricht, das zu geben, was "richtig" ist (20,4). Dasselbe gilt auch für die Arbeiter der elften Stunde, sei es, daß sie auf den Mindestlohn Recht hatten, sei es, daß sie auf das "Richtige" gehofft hatten.
Das "gute" Arbeitsverhältnis dauert bis Abend, als die Arbeiter den Lohn empfangen. Die Zuletztgekommenen erhalten als erste einen Denar. Sicher mehr als erhofft. Die Ersten denken, sie werden mehr bekommen, aber sie erhalten auch nur den vereinbarten Denar. Sie protestieren. Ihrer Meinung nach ist es nicht richtig, was der Hausherr tut. Durch diese Verstimmung sind die Arbeitsverhältnisse zwar schon "schlecht" geworden (B), sie drohen aber noch schlechter zu werden. Der Hausherr erklärt, er habe recht gehandelt, er sei ἀγαθός, sie dagegen πονηροί.

Der Protest der Arbeiter der ersten Stunde und die Antwort des Hausherrn haben innerhalb der Erzählung die Funktion der Erkenntnisszene (19). D.O. Via betrachtet die Antwort des Hausherrn als ein Gericht, ein Urteil, das das Schicksal der murrenden Arbeiter festlegt, und deutet die Worte: "Nimm, was dir zusteht, und geh" (20,14) als einen Befehl, den Weinberg zu verlassen, also als eine Entlassung (20).
In diesem Fall wäre das fehlerhafte Verständnis der Arbeiter der ersten Stunde die Ursache ihres Schicksals: die Entlassung von der Arbeit (C̄). Sie waren ja die Ersten, die angestellt worden waren. Sie sind aber auch diejenigen, die ausdrücklich entlassen werden. Sie waren Erste und werden tatsächlich Letzte.

Die Arbeiter der ersten Stunde gehen von der Situation der Arbeitslosigkeit ($\bar{C}$) zu einer Situation über, wo sie Arbeitsverhältnisse bekommen (C), und zwar gute (A). Durch ihren Protest werden die Arbeitsverhältnisse schlecht (B) und das Urteil des Hausherrn versetzt sie wieder in die Anfangssituation der Arbeitslosigkeit ($\bar{C}$). Die Arbeiter der letzten Stunde dagegen bleiben bei den "guten" Arbeitsverhältnissen: Schematisch

Arbeiter der ersten Stunde: $\bar{C}$ - C - A - B - $\bar{C}$.
Arbeiter der letzten Stunde: $\bar{C}$ - C - A.

Man könnte aber auch der Meinung sein, daß die Antwort des Hausherrn und besonders 20,14-15 kein Gericht sein wollen, sondern eine Mahnung oder Drohung für die Ganztagsarbeiter. Die Frageform von 20,15b kann diese Hypothese bestätigen. In diesem Fall nimmt die ganze Bildspendergeschichte den Appellcharakter der Aufforderung ein, die Großzügigkeit des Hausherrn zu verstehen und anzunehmen. Es wird tatsächlich nicht erzählt, ob die Arbeiter der ersten Stunde diese Aufforderung annehmen oder nicht. Die Erzählung bleibt offen (21) und der Hörer erhält am Schluß nur eine Frage, die er sich überlegen soll. Er soll sich selber entscheiden. Will er den Standpunkt des Hausherrn teilen oder nicht? Wenn nicht, dann droht ihm wieder die Anfangssituation der Arbeitslosigkeit.
Wenn man die Erzählung nur als Drohung versteht, dann gilt für die zwei Gruppen von Arbeitern folgende schematische Darstellung:

Arbeiter der ersten Stunde: $\bar{C}$ - C - A - B - !? ($\bar{C}$).
Arbeiter der letzten Stunde: $\bar{C}$ - C - A.

Von der Struktur der Bildspendergeschichte her ist zu schließen, daß das Gleichnis nicht an Leute gerichtet war, die in den Arbeitern der letzten Stunde, sondern an Leute, die in der ersten Gruppe von Arbeitern symbolisiert waren. Auf dieser Isotopieebene ist 20,16 sehr geeignet, den Inhalt der Bildspendergeschichte zum Ausdruck zu bringen. Die Ersten werden tatsächlich oder können, wenn sie den Standpunkt des Hausherrn nicht annehmen wollen, Letzte werden, und die Letzten Erste.
Das Gleichnis ist in diesem Sinn ein Kontrast-Gleichnis. Von den Arbeitern der dritten, sechsten und neunten Stunde wird nicht mehr geredet; sie interessiert die Erzählung nicht mehr. Das Erzählgerüst gibt 20,16 völlig Recht. 20,16 bezieht sich nicht auf 20,8b, sondern auf die Struktur der Bildspendergeschichte.
Versteht man die Erzählung nicht als vollzogenes Gericht, sondern als Drohung des Gerichtes, so wird man 20,16 als eine mögliche Verwirklichung der Drohung verstehen (22).

C Über den Alltag hinaus: Mt 20,1-16 als Metapher und disclosure-Modell

1 Der Hausherr ist das grammatische Subjekt der meisten Verben und somit der meisten Motifeme der Erzählung. Diese Tatsache macht ihn aber noch nicht zum Protagonisten der Bildspendergeschichte. Er wird vielmehr als Donator (Adressant) dargestellt. Er überreicht den Adressanten, die zugleich Protagonisten werden, das Objekt (die Arbeit), und dadurch beseitigt er einen anfänglichen Mangel (Arbeitslosigkeit: 20,1-7)(23). Die Protagonisten sind also mit den Arbeitern zu identifizieren. Sie warten (Anfangssituation) und übernehmen das Objekt (Arbeit), indem sie sich in den Weinberg begeben. Sie erhalten durch den Adjuvanten des Donators (ὁ ἐπίτροπος) ihren Adjuvanten (den Lohn). Indem einige aber nicht richtig reagieren, werden sie vom Donator demaskiert (Erkenntnisszene) und zurückgewiesen (Strafe bzw. Drohung der Strafe). Das kann durch das Aktantenmodell verdeutlicht werden:

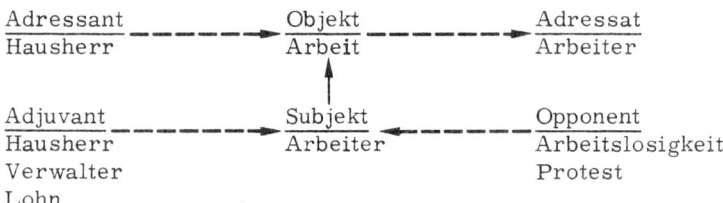

Daß die Arbeiter und nicht der Hausherr die Protagonisten und somit das Subjekt der Erzählung sind, zeigt auch die folgende Überlegung.
Von den meisten Auslegern wird der wiederholte Gang des Hausherrn auf den Marktplatz mit der Annahme erklärt, daß die Arbeit drängt (24). Von einer Dringlichkeit der Arbeit wird aber überhaupt nicht gesprochen. Noch wird der gleiche Lohn für alle dadurch gerechtfertigt, daß auch die letzten viel geleistet hatten, um die Arbeit fertig zu machen, bzw. sie entscheidend voranzutreiben. Das Leistungsprinzip wird ausdrücklich zurückgewiesen (20,11ff)(25).
Es wird andererseits von der Beseitigung eines Mangels erzählt. Der wiederholte Gang des Hausherrn zwischen Weinberg und Marktplatz will vielmehr die Beseitigung dieses Mangels und dadurch den Unterschied zwischen Marktplatz und Weinberg hervorheben. Der Marktplatz ist der Ort der Arbeitslosigkeit (20,3 6-7), der Selbstentfremdung des Arbeiters. Demgegenüber steht der Weinberg als Symbol der Selbstfindung und Selbsterfüllung des Arbeiters: dort kann er arbeiten, seine gesellschaftliche Funktion erfüllen. Sein Platz ist nicht auf dem Markt, sondern im Weinberg. Auf diese Weise kann man die Frage des Hausherrn in 20,6: "Warum steht ihr hier den ganzen Tag unbeschäftigt?", und die Antwort der Arbeiter 20,7: "Weil niemand uns gedungen hat" besser verstehen. Der Hausherr hat Sorgen nicht um den Weinberg, auch nicht um die dringliche Arbeit. Von dieser Sorge findet man in der Bildspendergeschichte nichts. Die Sorge des Hausherrn sind die Arbeiter selber. Wenn man die Bildspen-

dergeschichte unter diesem Gesichtspunkt liest, kann man vieles verstehen, was sonst in einer "normalen", alltäglichen Geschichte recht ungewöhnlich scheint.
Der Hausherr geht wiederholt auf den Marktplatz, um nach Arbeitern zu suchen. Er schickt sie in den Weinberg (20,2.4.7). Er geht nicht nur am Morgen hinaus, sondern noch zur dritten, sechsten, neunten und elften Stunde; auch noch eine Stunde vor dem Tagesabschluß. Das mag recht ungewöhnlich scheinen (26). Es ist aber nicht so, wenn es dem Hausherrn nicht um die Arbeit geht, mag sie noch so dringend sein, sondern um die Arbeiter selber.
Werden aber diese sekundären "ungewöhnlichen" Züge erklärt, so erhebt sich andererseits die Figur eines ungewöhnlichen Hausherrn, dem es mehr um die Arbeiter selber geht, als um die Arbeit.
Die leichte Verzerrung der Wirklichkeit in den sekundären ungewöhnlichen Zügen wird nur durch die paradoxe Figur des Hausherrn erklärt. Beides ist ein Merkmal der Metapher. Die Figur des Hausherrn übertrifft sich selber, gerade indem sie so paradox erscheint. In diesem Sinn, auch wenn der Hausherr nicht der Protagonist der Erzählung ist, ist die Bildspendergeschichte gewissermaßen auch die Geschichte eines ungewöhnlichen Donators, eines nicht alltäglichen Hausherrn (27). Die Zentralität der Figur des Hausherrn innerhalb der Erzählung, seine ungewöhnlichen Züge, verleihen ihm eine "allegorische Tendenz" (28). Hier zeigt sich nocheinmal, daß die Bildspendergeschichte nicht selbständig sein kann (29). Die Frage drängt sich auf: Von welchem Hausherrn wird hier gesprochen, von welchem Weinberg, und von welchen Arbeitern?

2 Wir wollen aber weiter die Bildspendergeschichte analysieren. Wenn es richtig ist, daß sie die Versprachlichung einer disclosure des Erzählers ist, dann kann sie uns Anhaltspunkte geben, um zur Bildempfängergeschichte und dadurch zur disclosure des Erzählers zurückzugehen.
Geht es in der zweiten Hälfte der Bildspendergeschichte um eine Lohnfrage? Scheinbar ja, in Wirklichkeit werden die paradoxen Züge so zahlreich und ungewöhnlich, daß man schließen muß: Es geht eigentlich nicht um eine Lohnfrage.
Der Hausherr läßt von dem Verwalter den Lohn auszahlen. Es ist bemerkenswert, daß der Hausherr nicht von einem πλεῖον spricht. Er sagt dem Verwalter: "Rufe die Arbeiter und zahle ihnen <u>den Lohn</u> aus". Er sagt nicht: "Gib allen einen Denar", sondern: "Zahle ihnen <u>den Lohn</u>". An ein πλεῖον denken erst und nur die Arbeiter der ersten Stunde. Hier zeigt sich schon der unterschiedliche Standpunkt.
J.D.M.Derret versucht, durch eine umfassende Dokumentation über die Lohnverhältnisse im Palästina Jesu, nachzuweisen, das das Verhalten des Hausherrn nicht ungewöhnlich war (30):
"The eleventh-hour men were entitled to their minimum wage, and got something more, because they had not refused offers of employment during the other eleven hours, and they were not covetous, and in good faith eagerly relied upon the employer's urgency" (31).
Seine Erklärung verwischt allerdings den springenden Punkt, die quaestio

disputata, den Grund des Streits, des Protests der Arbeiter der ersten
Stunde und der Rechtfertigung des Besitzers. Man versteht dann nicht mehr,
warum die Arbeiter der ersten Stunde protestieren, und gerade diesen Zug
darf man von der Erzählung nicht verwischen (32).
Man versteht auch nicht, wenn alles so "normal" war, wie J.D.M.Derret
meint, warum der Hausherr sich nicht mit dem Grund gerechtfertigt hat,
daß die Arbeit dringend war.
Das Ganze ist so gebaut, daß die Ersten zuschauen müssen, was die Letzten bekommen. Dadurch kommen ihre Ansichten über das richtige Maß zum
Ausdruck. Sie hoffen, sie werden mehr erhalten, bekommen aber einen Denar wie die anderen. Dann empören sie sich und murren gegen den Hausherrn. Zwei Ansichten werden gegenübergestellt. Wer hat Recht? Die Arbeiter der ersten Stunde, die meinen, der Hausherr handle ungerecht, oder
der Hausherr, der auf seinem Recht besteht?
Die Antwort des Hausherrn überzeugt zunächst nicht ganz. Denn, es ist
wahr, er behandelt die Ganztagsarbeiter nach dem Vereinbarten, also nach
dem Recht. Den anderen will er etwas mehr geben, er will sie mit Güte
behandeln. Aber gerade in der Tatsache, daß er die Ersten mit einem,
die Letzten mit einem anderen Maß mißt, besteht nach der Meinung der
murrenden Arbeiter die Ungerechtigkeit; das werfen sie ihm vor (33). Daß
sie dann zuschauen müssen, wie sie nicht mit Güte belohnt werden, das ist
die Provokation (34).
Die "normale" Geschichte gibt ihnen doch Recht. Und trotzdem besteht der
Hausherr darauf, daß er Recht hat, und nicht die murrenden Arbeiter: Er
ist ἀγαθός, die anderen πονηροί.
Die Bildspendergeschichte zielt auch darauf ab, das Recht des Hausherrn
zu bestätigen. Worin besteht aber sein Recht und seine Güte? Darin, daß
er nur einige mit Güte behandelt? Die Bildspendergeschichte spricht von
einem Lohn, sie will aber über die Lohnfrage hinausweisen.
Die Ansicht der Ganztagsarbeiter war, das der Lohn nach der Leistung gemessen werden soll.
Den Hausherrn interessiert die Leistung nicht im geringsten. Was ist dann
dieser Lohn (20,8b), den alle gleich erhalten? Man muß die Lohnfrage vergessen, damit der Hausherr Recht hat. Es wird hier schließlich keine
Lohnpolitik getrieben (35), sondern etwas anderes: "Man kann also wohl
sagen, das Gleichnis erledige den Lohnbegriff, gerade indem er ihn anwende" (36). Der Lohngedanke wird vom Hausherrn erledigt. Welches Maß
wird aber dafür eingeführt? Nicht das Maß einer Güte, die nur für einige
gilt, sondern das Maß einer Güte, die alle gleich behandelt. Der gleiche
Lohn von 20,8b ist als Symbol dessen aufzufassen, was alle Arbeiter schon
gehabt hatten, nämlich als Symbol der Arbeit selber.
Die Arbeit im Weinberg, und der Situationswechsel von der Arbeitslosigkeit zu der Anstellung im Weinberg; die Arbeit, die den Arbeitern die
Selbstfindung und -erfüllung schenkt; der Weinberg, der den Ort der Selbsterfüllung darstellt, sind schon der "Lohn", der allen gleich geschenkt wird.
Darin besteht die alle gleich behandelnde Güte des Hausherrn. In diesem
Sinn waren die zuletzt Angestellten doch die Benachteiligten, die Ersten

die Bevorzugten. Die murrenden Arbeiter verstehen die Mentalität des Hausherrn nicht, deshalb droht ihnen wieder die Entlassung (20,14) und der Marktplatz. Wenn dem so ist, dann geht es hier in der Bildspendergeschichte um einen ungewöhnlichen Besitzer, dem es mehr um die Arbeiter geht als um die Arbeit und um den Weinberg; es geht um eine ungewöhnliche Arbeit, die selbst Lohn ist, und um einen ungewöhnlichen Weinberg.
Will man innerhalb der Bildspendergeschichte bleiben, dann versteht man nicht mehr, worum es eigentlich geht. Sie entfremdet den Hörer/Leser. Das ist die Gefahr der Metapher, ihre dunkle, rätselhafte Seite. Wenn man von ihr hinausschauen kann, wenn man den Ver-fremdungseffekt der leichten, paradoxen Ironie begreift, dann kommt die disclosure auch für den Hörer. Er versteht, worum es geht. Er kann aufeinmal die Metapher bejahen, und an der disclosure des Erzählers partizipieren.
Was wollte also Jesus sagen?

D Das Ungewöhnliche als Verweis auf das "mehr"

Bei der Analyse der Bildspendergeschichte sind wir auf zahlreiche "ungewöhnliche" Züge gestoßen.
Geht man von dem Standpunkt des Realismus aus, indem man meint, Jesus erzähle hier wiederum eine "normale", alltägliche Geschichte, so wird man versucht sein, das Ungewöhnliche zu erklären, was auch viele getan haben.
Nach unserer Theorie der Parabeln als disclosure-Modelle, sind nicht die ungewöhnlichen Züge zu erklären, vielmehr sind sie es, die eine Erklärungskraft besitzen.
Das Ungewöhnliche hat innerhalb der Erzählung eine bestimmte Funktion: den Hörer über das Deskriptive der Erzählung hinauszuführen.
Jesus will ihn auf das "mehr" verweisen. Der Hörer soll nicht bei der Bildspendergeschichte stehen bleiben, sondern sie als Bild für etwas anderes verstehen.
Der Hörer mag das Ungewöhnliche an dem Weinbergbesitzer zunächst nicht vernommen haben. Er hat vielleicht die Geschichte noch als eine normale Beschreibung verstanden. Ihm ist aber der Paradox nicht entfallen, daß der Besitzer allen den gleichen Lohn auszahlen läßt.
An diesem Punkt, gerade weil dann der Protest der Ganztagsarbeiter diesen Paradox hervorhebt, mußte sich der Hörer fragen, was eigentlich Jesus mit der Geschichte bezwecken wollte. So konnte er nun rückblickend auch die ganze Geschichte neu ansehen. Nicht nur der gleiche Lohn für alle war ungewöhnlich, sondern noch vieles dazu: daß der Besitzer so oft nach Arbeitern sucht, daß er sich vor den Arbeitern nur dadurch rechtfertigt, indem er sagt, daß er gut sei, und die anderen schlecht, usw.
Der Hörer konnte nun die ganze Geschichte als eine seltsame Geschichte

von einem seltsamen Hausherrn, von seltsamen Arbeitern, von einem seltsamen Weinberg und Lohn ansehen.
Das wollte Jesus bei den Hörern bezwecken, daß sie über das Deskriptive hinaus gehen. Der Hörer mußte durch das seltsame Gefälle des Geschehens und durch die ausgesprochenen seltsamen Züge von dem Bild selber verfremdet werden, um eine erste disclosure zu erleben: es geht eigentlich um etwas "mehr", als das, was erzählt wird.
Wenn der Hörer aber einmal das "mehr" verstanden hat, wenn er die Urdisclosure Jesu eingesehen hat, und sie selber erlebt, dann kann er selber noch einen weiteren Schritt gehen. Die unwahrscheinlichen Züge, die Züge, die ihm vorerst seltsam vorgekommen waren, erhalten nun eine volle Bedeutung innerhalb der Bildempfängergeschichte.
Die unwahrscheinlichen Züge hatten ja die literarische Funktion, ihn auf das "mehr" aufmerksam zu machen. Aber sie konnten nicht "wahrscheinlich", "normal", "alltäglich" sein, weil die disclosure Jesu sich nicht anders versprachlichen konnte als auf eine seltsame Weise. Sie haben nicht nur eine literarische Funktion, sie sind auch notwendig. Jesus konstruiert das Gleichnis wiederum am Maßstab seiner Urdisclosure. Die Urdisclosure Jesu hat die Bildspendergeschichte geprägt und geformt.
Von der Perspektive des Hörers her, klingen diese Züge recht unwahrscheinlich, von der disclosure Jesu her sind sie recht normal.

E Die Bildempfängergeschichte: Die disclosure in Mt 20,1-16

Über die Bildspendergeschichte hinauskommen ist das Grundgebot jeder Metaphorauslegung. Im Grunde geht es auch in Mt 20,1-16 nicht um Arbeitsverhältnisse, nicht um einen Hausherrn, und nicht um Arbeiter. Und trotzdem wird das Himmelreich von Jesus gesehen als ... Was Arbeitsverhältnisse mit dem Reich Gottes zu tun haben, ist schwer zu sagen. Keine vorgegebene Analogie ist da. Die Analogie ist erst durch das "sehen als ...", durch den Akt der disclosure gestiftet. Die Bildspendergeschichte ist der Wegweiser. Ein Wegweiser will aber nur gelesen werden. Dann soll man den Weg gehen.
Aus diesem Grund scheint völlig verfehlt, in der Bildspendergeschichte ein soziales Mitleid Jesu für die Arbeitslosen und ihre Familien vernehmen zu wollen (37). Nicht, daß Jesus das nicht hat haben können. Das Gleichnis interessiert es aber nicht im geringsten.
Es geht wiederum um das Gottesreich, und der Weinberg war als Einzelmetapher deutlich genug für den Hörer Jesu (38). Wenn dem so ist, was für eine disclosure will Jesus vermitteln? Sicher keine ökonomische disclosure. Deshalb ist es tatsächlich schade um die vielen Seiten, die im Kontext dieses Gleichnisses geschrieben worden sind, um das Gleichnis durch wirtschaftliche Zusammenhänge zu erklären. Das bedeutet, sich in

der Bildspendergeschichte zu verlaufen, sich nicht mehr hinauszukennen, den Blick nicht mehr frei zu haben, den Wegweiser minuziös zu analysieren, und dennoch den Weg nicht mehr zu sehen.
Die Figur des Besitzers wird in der Erzählung so betont, seine ungewöhnlichen, nicht normalen Züge so hervorgehoben, daß das alles auf eine göttliche Dimension, "die unsere alltägliche Wirklichkeit" (39) kreuzt, hinweist.
Gott ist derjenige, der sucht. Wie der Hirte, der sein verlorenes Schaf sucht, so sucht der Hausherr nach arbeitslosen Arbeitern, um ihnen Arbeit zu geben.
Gott ist der, der den Menschen aus der Situation der Selbstentfremdung, des Verlorenseins rettet. Gott ist gut, wie der Hirte gut ist, wie der Hausherr gut ist. Gott interessiert nicht primär, wie, mit welchem Geist die Arbeit gemacht wird (40). Ihn interessieren die arbeitslosen Arbeiter, d.h., die Menschen, die weit von ihm leben. Und so sind alle Menschen: mögen sie als Erste oder als Letzte berufen werden.
Gott, sagt Jesus in dem Gleichnis, ist ständig auf der Suche, den ganzen Tag bis zur letzten Stunde. Solange die Zeit zur Verfügung steht, kann man immer von Gott berufen werden, auch in der letzten Minute.
Die Berufung des Menschen zum Gottesreich wird symbolisiert in dem Befehl: "Geht auch ihr in den Weinberg" (20,4.7).
Man kann wohl merken, wie die sogenannten ungewöhnlichen Züge von der Bildempfängergeschichte her erklärbar sind, und wie die letzte, die disclosure Jesu und Jesus selber die Bildspendergeschichte gestalten und mitprägen.
Der zweite Teil des Gleichnisses läßt die Ausleger leicht fehlgehen. Tatsächlich ist der Ent-fremdungseffekt so stark, daß man sich leicht in die Polemik hineinziehen läßt. Wenn der Lohngedanke so metaphorisch gemeint ist, wie der Hausherr und die ganze Erzählung, dann muß man über ihn und über die Polemik hinausgehen.
Es geschieht aber praktisch sehr oft, daß die Ausleger den metaphorischen Charakter des zweiten Teils nicht mehr sehen. Einige finden in dem Gleichnis gar Gelegenheit, ihren eigenen konfessionellen Standpunkt zu beweisen, und den Standpunkt einer anderen christlichen Konfession zu kritisieren (41).
Zu behaupten, das Gleichnis lehre, daß Gott einige nach dem Verdienst, andere aber nach der Gnade behandle (42), heißt am Gleichnis vorbeigehen. Das Gleichnis will auch nicht die Größe des Lohnes der Letzten betonen (43), denn die Arbeiter der ersten Stunde empören sich, weil die Letzten gleich wie sie behandelt wurden (20,12). Man kann auch nicht behaupten, im Reich Gottes gebe es keinen Unterschied (44). A. Jülicher führt ein anderes Logion Jesu an, das so ursprünglich ist wie das Gleichnis. Nach Mt 19,28ff gibt es doch Unterschiede (45).
Man muß den ersten Teil des Gleichnisses nicht vergessen, damit man den zweiten versteht. Wenn Gott derjenige ist, der sucht, der den Menschen von dem Verlorensein, von der Selbstentfremdung durch die Berufung in sein Reich rettet, dann ist die Berufung und die Rettung für alle gleich, auch wenn man zur letzten Stunde berufen wird: "Nicht darauf kommt es

an, wie lange und wieviel einer gearbeitet hat; nur darauf, daß er angeworben wurde und den Ruf gehört hat" (46).
Der Protest der Ganztagsarbeiter ist dann ein Beweis, daß sie vergessen hatten, daß der Hausherr mit ihnen genau so gut gewesen ist, wie mit den Letzten. Gott behandelt nicht einige mit Güte und andere auf der Basis des Verdienstes, sondern alle auf der Basis der Gnade. Wer das vergißt, übersieht auch, daß auch seine Arbeit im Weinberg, seine Zugehörigkeit zum Gottesreich Gnade ist, daß er doch der Bevorzugte ist, weil er den ganzen Tag im Weinberg sein konnte, und nicht auf dem Marktplatz (vgl. die Antwort des Vaters an den älteren Sohn Lk 15,31).
Wer diesen ersten Akt der Gnade Gottes vergißt, versteht das Verhalten Gottes nicht mehr. Dann möchte er selber bestimmen, wie die Zuletztgekommenen behandelt werden sollen, und auch, ob sie überhaupt für das Gottesreich taugen oder nicht.
Gerade dieser Anspruch aber, gerade indem man seinen Vorteil sichern will, bewirkt, daß man auch die erste Gnade verlieren kann.
Man mag die Antwort des Besitzers als vollzogenes Gericht (47) oder als eine Drohung des Gerichtes verstehen, es ist auf jeden Fall klar, was Jesus im Gleichnis sagen will: Man kann die erste Gnade der Berufung wieder verlieren, vom Weinberg hinausgeworfen werden, wenn man die Maßstäbe Gottes gegenüber den Zuletztgekommenen nicht teilt. Der Erste kann der Letzte werden, wenn er Gottes Handeln nicht teilt.
Will man die konkrete Situation herausfinden, die die Bildempfängergeschichte "historisch"konkret macht, dann wird man ohne Zweifel an das Verhalten Jesu den Zöllnern und Sündern gegenüber (48) und an den Anstoß der Schriftgelehrten und Pharisäer daran denken.
Jesus hält symbolische Tischgemeinschaft mit Sündern und Zöllnern, als Zeichen ihrer Berufung zum Gottesreich. Seine Gegner werfen es ihm vor.
Jesus will zu verstehen geben, daß auch Sünder und Zöllner zum Gottesreich berufen sind, seine Gegner betrachten sie aber als abzulehnende Leute, die für das Gottesreich nichts taugen (49).
Wer hat Recht? Jesus, der auf seinem Recht besteht, sie zum Reich Gottes zu berufen, und mit ihnen Tischgemeinschaft hält, oder seine Gegner, die, als erste Arbeiter im Weinberg, sie ablehnen wollen?

F Mt 20,1-16 als Sprechakt

Die Antwort Jesu, wiederum ein Gleichnis, ist eine Rechtfertigung seines Handelns. Das geschieht aber auf eine merkwürdige Weise. Er rechtfertigt sich selber durch Anspielungen, die Gott und sein Handeln miteinbeziehen. Gott wird zum Anwalt Jesu (50).
Die Figur des Hausherrn, aufgrund des "historischen" setting des Gleichnisses hat ihre Referenz zunächst in Jesus selber (51), aufgrund aber sei-

nes Absolutheitsanspruches auf Recht, ihrer "göttlichen Dimension", hat sie ihre Referenz in Gott selber (52). Jesus sagt praktisch: Gott handelt so, und ich handle auch so (53).
Somit werden die Gegner Jesu zu Gegnern Gottes. Jedenfalls macht sie Jesus darauf aufmerksam. Doch sofort in bezug auf dieses Gleichnis von Jesus als Stellvertreter Gottes zu reden (54), ist nicht unbedingt notwendig. Sicher scheint allerdings, daß Jesus dadurch einen ungeheuren Anspruch erhebt: er behauptet, er handle an den Sündern, wie Gott selber an ihnen handeln würde (55). Das kann man durchaus auf eine einzigartige Erfahrung Jesu von Gott beziehen, in der er die disclosure eines Gottes gehabt hat, der selber auf der Suche nach dem Sünder ist, um ihn zu retten und zu seinem Reich zu rufen (56). Diese Urdisclosure Jesu von Gott setzt er in sein Leben um, indem er als Verkünder des Gottesreiches sich selber berufen weiß, so an den Sündern zu handeln, wie Gott an ihnen handeln würde.

Mt 20,1-16 wird dann zu einer Versprachlichung dieser Urdisclosure Jesu.

Das Gleichnis als Sprechakt Jesu ist nicht nur ein Versuch, seine Urdisclosure zu vermitteln, sondern das Gleichnis nimmt einen prophetischen Charakter an (57). Es bringt die Dringlichkeit zum Ausdruck, diese Urdisclosure zu teilen, sonst wird sich das Gericht Gottes über die Ersten vollziehen: sie werden Letzte werden.

Mt 20,1-16 ist als Sprechakt mehr als eine milde Einladung, die Urdisclosure Jesu zu teilen. Es ist eine Drohung.

Der Illokutionsakt Jesu impliziert, daß Jesus wenigstens subjektiv seiner disclosure über Gott sicher war, und daß er es für notwendig hielt, daß der Hörer seine Überzeugung teilt, wenn er selber im Reich Gottes bleiben will.

Das Gleichnis schließt mit einer Frage. Das gibt dem ganzen Gleichnis einen größeren Appellcharakter. Es geht um das Schicksal der Hörer. Die Ersten können Letzte werden, wenn sie die disclosure Jesu nicht akzeptieren.

Der Appellcharakter des Gleichnisses gilt aber nicht nur für die Hörer Jesu. Eine solche Situation kann es innerhalb des Gottesreiches immer geben. Deshalb scheint die neue Kontextuierung des Gleichnisses im Matthäusevangelium nicht "unglücklich" zu sein, sondern sie besitzt ihr theologisches Recht.

Das Gleichnis kann auch für die Jünger Jesu, für die Christen gelten, die schon im Gottesreich sind, die die Ersten sind. Sie sind aber noch in der Gefahr, so meint Matthäus, die Letzten zu werden, wenn sie sich so benehmen, wie die Ganztagsarbeiter des Gleichnisses.

IV. Kapitel: ZWISCHEN CHRONOS UND KAIROS:
Die Zehn Jungfrauen (Mt 25,1-13)

A <u>Tradition und Redaktion</u>

Die eigentliche Frage der traditionsgeschichtlichen Exegese, ist nicht, ob die Erzählung der Zehn Jungfrauen im Kontext des Matthäusevangeliums auf die Parusie hingeordnet ist: Das wird von allen Auslegern ohne Ausnahme zugegeben, auch von denen, die bestreiten, die Erzählung hätte ursprünglich diesen Sinn gehabt (1).
Die eigentliche Frage ist, ob das Gleichnis ursprünglich ist oder nicht, und wenn ja, ob der ursprüngliche Akzent wesentlich von Matthäus (2) verschoben wurde.
Mit dieser Frage sind andere verknüpft, nämlich, ob die Erzählung ein Gleichnis ist, oder eine Allegorie, oder ein allegorisches Gleichnis; weiter, ob die Erzählung von der Verzögerung der Parusie spricht; und endlich, welche Züge ohne Zweifel dem Evangelisten zuzuschreiben sind.

1 Man kann die Frage, ob Mt 25,1-13 von Jesus stammt, nicht mit dem Argument von I.Maisch beantworten: "Da wir beim heutigen Stand der Forschung mit einiger Wahrscheinlichkeit davon ausgehen können, daß Jesus zwar in Gleichnissen sprach, aber <u>keine</u> (3) Allegorien verwendete, wäre die Entscheidung für die reine Allegorie zugleich ein Hinweis auf die Entstehung des Textes in der Gemeinde" (4).
Ein solches Kriterium taugt "beim heutigen Stand der Forschung" nicht mehr. Man kann sich für irgendeine Metaphernart entscheiden, man wird daraus kaum ein Argument gewinnen, daß Mt 25,1-13 nicht von Jesus stammt. Das wurde im zweiten Teil der Arbeit genügend nachgewiesen.

2 Wichtiger ist das Argument, das zunächst G.Bornkamm (5) und später E.Grässer (6) und A.Strobel (7) vertraten. Wenn nämlich $\chi\rho o\nu\dot{\iota}\zeta o\nu\tau o\varsigma$ (V.5) ein vom Autor der Erzählung allegorisch intendierter Zug für die Verzögerung der Parusie ist, dann wäre die ganze Erzählung nicht Jesus, sondern der Urgemeinde zuzuschreiben.
Dieser Meinung sind auch R.Bultmann (8) und E.Linnemann (9).
Es ist aber sehr schwierig, zu entscheiden, ob der Ausdruck $\chi\rho o\nu\dot{\iota}\zeta o\nu\tau o\varsigma$ in V.5 tatsächlich vom Autor allegorisch gemeint, oder ob er erst später allegorisch gedeutet wurde. Der Unterschied zwischen Allegorie und Allegorese muß unbedingt festgehalten werden.
E.Schweizer schreibt: "Ob das Gleichnis auf Jesus selbst zurückgeht oder nicht, hängt daran, ob der Zug von der Verzögerung der Ankunft des Bräutigams bis Mitternacht von Anfang an dazu gehört, und für das Gleichnis wichtig ist oder nicht" (10). Er selber ist der Meinung, daß das Gleichnis auf Jesus zurückzuführen ist, aber ohne V.5, der eine Ausschmückung der Gemeinde wäre. Das ist ohne weiteres eine vertretbare, aber vielleicht schwer kontrollierbare Hypothese, die das Problem von V.5 differenzierter sieht, als die Konklusionen der anderen genannten Ausleger.

Eine andere vertretbare, aber ebenfalls schwer kontrollierbare Hypothese
ist die von A.Jülicher (11) und J.Jeremias (12), die meinen, die heutige
Fassung sei eine allegorisierende Überarbeitung eines ursprünglich von
Jesus anders gemeinten Gleichnisses (13).
Was Jesus eigentlich gemeint hat, ist allerdings schwer zu entscheiden,
wenn nicht durch den Text selber.

3 Einige äußern Bedenken gegenüber 25,13. Der Vers gehört zur besprochenen Welt, und stellt die Anwendung des Gleichnisses dar. Nach vielen
ist der Vers Matthäus zuzuschreiben und nicht Jesus. Allerdings ist der
Grund, den D.O.Via (14), I.Maisch (15) und T.W.Manson (16) angeben,
daß nämlich 25,13 von Wachen spricht, wobei in 25,5 gesagt wird, daß alle Jungfrauen, auch die Klugen schlafen, nicht genügend überlegt worden.
Denn auf einmal wird verlangt, daß metaphorischer Text und Anwendung
dieselben Lexeme mit derselben deskriptiven Bedeutung gebrauchen. Außerdem bezieht sich 25,13 als Anwendung nicht auf 25,5b, sondern auf das
ganze Gleichnis, wobei noch anzumerken ist, daß γρεγορεῖν auch eine
erweiterte Bedeutung, wie "bereit sein", hat (17). Nach J.Jeremias (18)
und E.Linnemann (19) verfehlt die Anwendung den Sinn des Gleichnisses,
oder läßt ihn nicht ganz zum Ausdruck kommen.
Das wird zu überprüfen sein.

B Die Analyse der Bildspendergeschichte

1 Zehn Jungfrauen nehmen ihre Fackeln (20) und gehen hinaus, den Bräutigam zu empfangen. Fünf von ihnen sind töricht, fünf aber klug. Man fragt
sich, warum die törichten töricht sind, und die klugen klug. Es steht der
freien Erfindungsgabe des Erzählers zu, seine Akteure so darzustellen,
wie er will. Sie sind letzten Endes sein Geschöpf. Er sagt uns auch den
Grund: Fünf Jungfrauen sind töricht, weil (αἱ γάρ) sie zwar Fackeln mitnehmen, aber nicht das Öl, um die Fackeln zu begießen. Fünf sind klug,
weil sie mit den Fackeln auch das Öl mitnehmen.
Der weitere Verlauf der Erzählung erklärt, warum es so wichtig war, das
Öl mitzunehmen. Die Angst der fünf törichten davor, daß ihre Fackeln ausgehen, impliziert, daß es nach der Absicht der Erzählung notwendig war,
den Bräutigam mit brennenden Fackeln zu empfangen, und es konnte durchaus der Fall eintreten, daß der Bräutigam nicht pünktlich kommt, daß er
sich verspätet (21) und auf sich warten läßt.
Die fünf Jungfrauen, die das Öl nicht mitnehmen, sind töricht, weil sie den
Empfang nicht richtig vorbereiten. Die Mittel sind unangemessen zum
Zweck. Das macht, daß sie den Weg zurückgehen müssen und dadurch Zeit
verlieren, gerade dann, wenn keine Zeit mehr zu verlieren ist, weil der
Bräutigam kommt.

2 Nicht die Verspätung des Bräutigams legt die Isotopie der Bildspendergeschichte fest, sondern die Tatsache, daß die Ankunft des Bräutigams einige gut vorbereitet, andere schlecht vorbereitet findet. "Gut vorbereitet vs schlecht vorbereitet" ist die semantische Achse, aus der sich das semantische Sechseck bilden läßt, das die ganze Erzählung erklärt:

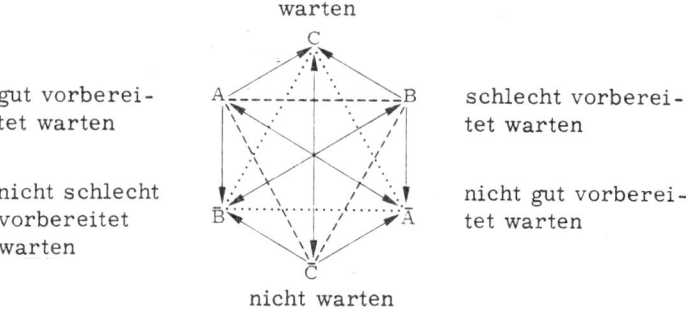

Diese Isotopie ist ein Bündel von wenigstens drei sekundären semantischen Faktoren. Der erste Faktor ist dominant gegenüber den anderen zwei: es ist der zeitliche Faktor (22). Es gibt in der Erzählung ein implizites "Früh", wo die zehn Jungfrauen auf den Bräutigam warten; ein "Jetzt", als der Bräutigam kommt; und ein explizites "Spät" (ὕστερον V.11), das nur für die törichten gilt: Sie haben das "Jetzt" versäumt, und damit das Fest und den Bräutigam.
Der räumliche Faktor (der zweite Faktor, der mit der Zeit die menschliche Existenz ausmacht) gibt dem "Jetzt" seine volle Dimension: Alle zehn Jungfrauen ἐξ-έρχονται, gehen hinaus zum Ort des Empfanges, wo der Bräutigam kommen soll. Um Mitternacht ruft man ihnen zu: ἐξ- ἔρχεσθε: "geht hinaus", den Bräutigam zu empfangen (V.6).
Gerade in dem Moment, wo sie alle ἐξ-έρχεσθαι, entgegengehen sollten, müssen die fünf törichten weggehen, sich vom Ort entfernen (ἀπ-ερχομένων V.10). Und dann kommt (ἦλθεν V.10) der Bräutigam. Auch die fünf törichten kommen (ἔρχονται V.11) zurück, aber es ist spät (ὕστερον V.11). Das "Jetzt" ist nicht nur zeitlich gemeint, sondern auch räumlich: "Hier". Alle Jungfrauen gehen früh genug dem Bräutigam entgegen. Es gibt einen Ort und eine Zeit des Empfanges. Wenn man schon am Ort des Empfanges ist, und wenn es noch früh ist, weil sich der Bräutigam inzwischen verspätet, dann kann man an dem Ort auch einschlafen (V.5) (23).
Aber wenn das "Hier" auch "Jetzt" wird, dann soll man da bleiben und nicht weggehen. Das "Hier" darf man nicht riskieren, sonst läuft man die Gefahr, das "Jetzt" zu versäumen. Warum mußten die fünf törichten das "Hier" und damit das "Jetzt" riskieren? Den Grund gibt der dritte Faktor, die aus den Motifemen (24) "nehmen" (λαβοῦσαι V.1.3) und "nicht nehmen" (V.3) besteht.
Einige waren gut gerüstet, andere nicht. Diese Anfangssituation, die eini-

ge "klug" macht, andere "töricht", bestimmt auch den weiteren Verlauf
der Erzählung. Die Torheit und die Klugheit kommen dann ganz zum Zug,
"explodieren" fast, wenn das "Jetzt" und das "Hier" zusammen kommen.
"Jetzt-Hier- und gerüstet sein", die drei Faktoren bilden den positiven Pol
der semantischen Achse der Isotopie; "Jetzt - woanders - nicht gerüstet
sein" bilden den negativen Pol. Die zwei konträren Pole haben ihrerseits
eine neutrale "Mitte". Man mag gut vorbereitet oder schlecht vorbereitet
warten (A vs B), man wartet aber (C). Der Wille ist da, er reicht aber
nicht aus. Die erweiterte semantische Achse lautet also "Gut vorbereitet
warten vs warten vs schlecht vorbereitet warten".

καὶ ἐκλείσθη ἡ θύρα (V. 10). Man kann sich streiten, ob es Brauch
war, bei der Hochzeit, nach dem Empfang, die Tür zu schließen oder nicht
(25). Letzten Endes kann man an einer geschlossenen Tür noch klopfen,
sie kann auch wieder aufgemacht werden (26).
Der Schock (27) der Erzählung besteht nicht unbedingt darin, daß die Tür
geschlossen wird, sondern darin, daß sie ihre Funktion, die Leute ins
Haus hinein zu lassen, verliert. Möchte man der Logik einer normalen
Hochzeit folgen, könnte man tausend Gründe finden, um zu sagen, daß die
Erzählung hier unlogisch wird. Hätte Jesus "von einer wirklichen Hochzeit" erzählt (28), dann wäre er zum Schluß "unlogisch" geworden. Denn
auch die fünf Jungfrauen, die spät gekommen sind, haben doch auf den Bräutigam gewartet. Und außerdem konnte der Bräutigam in seiner Freude auch
die Verspäteten aufnehmen, oder wenigstens ihre Glückwünsche entgegennehmen, sich dafür bedanken. Er antwortet aber hart: οὐκ οἶδα ὑμᾶς.

Der Schluß der Erzählung sprengt die Logik einer Hochzeitsfeier: der "Realismus" der Erzählung, wenn je eine Metapher "realistisch" sein kann,
ist gesprengt. Die Bildspendergeschichte ist nicht selbständig. Die "Unlogik" des Schlußes verweist auf eine andere Geschichte, die hinter der Erzählung steht.
καὶ ἐκλείσθη ἡ θύρα nimmt deutlich eine metaphorische Relevanz ein,
die die Metaphorik der ganzen Erzählung erleuchtet. Wenn man das "Jetzt"
versäumt, versäumt man alles. Das Tor der Zeit kann offen bleiben, das
Tor des "Jetzt" bleibt nur einen Moment offen, dann geht sie endgültig zu.
Man kann noch bitten, klopfen, rufen, aber die Zeit selber sagt, daß es
nicht nur spät ist, sondern zu spät. Schließlich kennt die Zeit selber den
verspäteten nicht mehr (29).
Die Verse 10-12 zeigen also deutlich, daß die ganze Erzählung eine Metapher
ist. Die Erzählung spricht von einer Hochzeit sowenig, wie die Metapher
"Achilles ist ein Löwe" von einem Löwen spricht.
Auch abgesehen vom Kontext und dem Rahmen kann ein Licht aufgehen,
man kann "einsehen", der neue Sinn kann sich erschließen.
Es ist die erste notwendige disclosure für den Leser, die es zu verstehen
gibt, daß die Erzählung kein Bericht ist, sondern lediglich eine Bildspendergeschichte, die eine disclosure des Erzählers einschließt und kommunizieren will, damit der Hörer/Leser an seiner disclosure teilnimmt.

C Auf der Suche nach der Bildempfängergeschichte:
Mt 25,1-13 als Metapher, disclosure-Modell und Sprechakt

1 Eine Metapher verstehen zu wollen, bedeutet, sich zu fragen: Wovon spricht eigentlich die Metapher? Wenn man einsieht, daß das "Eigentliche" nicht das "Erzählte", sondern das "Gemeinte", was im Hintergrund steht, das "sous entendu" ist, hat man schon eine disclosure gehabt. Auch das ist ein Aha-Erlebnis: Es geht eigentlich gar nicht um eine Hochzeit, sondern um etwas anderes!

a) Aus diesem Grund bleibt es in etwa unverständlich, daß man sich solange mit der "archäologischen" Arbeit beschäftigt, um zu wissen, ob Jesus tatsächlich einen jüdischen Hochzeitsbrauch beschreibt oder nicht. Wenn man dann die Ergebnisse vergleicht, fragt man sich, wozu der Aufwand.
Wenn es zutrifft, daß die Quellenlage über die Hochzeitsbräuche "nicht vollständig", daß das Bild ja "außerordentlich bunt" ist, daß die Hochzeitsbräuche "regional verschieden" waren (30), dann ist es schwierig zugleich zu behaupten, Jesus schildere eine wirkliche Hochzeit (31), oder "nur einen Vorgang an ihrem Rand" (32), oder auch, er schildere keinen üblichen Brauch, wie D.O.Via und E.Linnemann meinen (33).
Der Unterschied zwischen D.O.Via und E.Linnemann besteht darin, daß der erste die Frage sehr kurz behandelt, die zweite dagegen länger, um dann zu einem Schluß zu kommen, der eigentlich theoretisch zu gewinnen ist. E.Linnemann schreibt: "Überdies besteht Grund zu der Annahme, daß der Erzähler gar nicht an einen feststehenden Brauch anknüpft, sondern Erzählzüge, die damals zum Bilde jeder Hochzeit gehörten, nach seinen Absichten zu einem Ablauf der Ereignisse zusammenstellte, der vorkommen konnte, ohne doch die Regel zu sein" (34), und D.O.Via seinerseits: "Angesichts unserer ungenauen Kenntnis der Hochzeitspraktiken Palästinas wird die Voraussetzung am besten sein, daß in dem Gleichnis kein üblicher Brauch im Blick ist, sondern daß verschiedene mögliche Hochzeitssitten zusammengetragen worden sind, um Jesu Erzählungsabsicht zu dienen" (35).

b) Was von D.O.Via und E.Linnemann vertreten wird ist ein Zweifaches. Erstens: Die Absicht des Erzählers kommt nicht nur zeitlich, sondern logisch und funktional vor der Erzählung. Zweitens: Die Erzählung schildert nicht den üblichen Hochzeitsbrauch. Das Erstere ist das eigentlich Wichtige, das Zweite an sich diskutabel.
Aus unserer Theorie der Parabel als disclosure-Modell und als Metapher ist der Schluß, daß die Absicht des Erzählers das Erstere ist, theoretisch zu gewinnen. Wir hatten nämlich das disclosure-Modell als die Versprachlichung der Urdisclosure des Erzählers verstanden, durch die dann der Hörer/Leser zurück zur Urdisclosure gehen und an ihr teilnehmen kann:

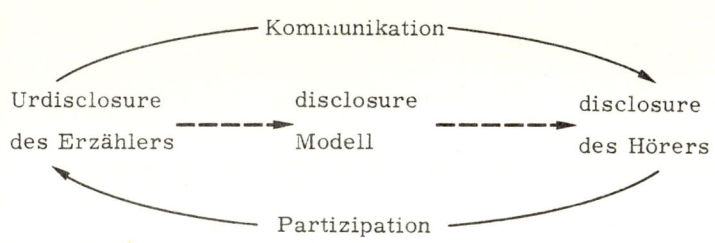

Das Erste ist dann immer die Urdisclosure des Erzählers, seine "Absicht" in der Terminologie von D.O. Via und E. Linnemann.
Es wurde auch gesagt, daß die Urdisclosure keine passive Bildempfängergeschichte ist, sondern daß sie die Funktion eines "qualifier" hat. D.h., sie (und damit natürlich der Erzähler) prägt von vornherein das Material, wie der Geist die Materie prägt.
Es genügt also dieser theoretische Schluß, damit die Fragestellung umschlägt. Die Bildspendergeschichte kann die Schilderung einer wirklichen Hochzeit sein, wenn sie sich als geeignetes Material für die Urdisclosure bietet; oder aber eine Zusammenstellung aus verschiedenen Hochzeitsbräuchen, wenn eine solche Zusammenstellung besser die Urdisclosure versprachlichen kann. Was interessiert, ist nicht die Bildspendergeschichte, sondern nur das Gleichnis (in unserer Terminologie ist ein Gleichnis ein disclosure-Modell, also Bildspender- und Bildempfängergeschichte zusammen).
Was W. Stenger (36) über Prediger schreibt, muß man leider auch von vielen Exegeten sagen: "Man erzählt vielfach weitschweifig das Gleichnis kommentierend nach, macht Exkurse über Ackerbauverhältnisse oder Hochzeitsbräuche im Palästina der Zeit Jesu, ermüdet das an dem intellektuellen Rätselmoment des Gleichnisses erwachte Interesse des Zuhörers und endet dann mit ein paar dürren lehrhaften oder moralischen Sätzen".
Wenn es wahr ist, daß man die Absicht des Erzählers erst durch die Erzählung selber zu rekonstruieren ist, so ist es auch wahr, daß die Absicht, die Urdisclosure logisch das Erste ist.

c) Das macht aber Mt 25,1-13 noch nicht zu einer Allegorie, sonst würden gerade E. Linnemann und D.O. Via in Widerspruch geraten, die einerseits die Priorität der Absicht des Erzählers vertreten, und andererseits der Meinung sind, daß Mt 25,1-13 keine Allegorie ist (37).
Die Urdisclosure des Erzählers, seine Absicht, sie zu kommunizieren, stehen am Anfang der Erfindung jeder Metaphernart, jeder Sprache überhaupt.
Daß Mt 25,1-13 später allegorisch gedeutet wurde, ist unbestreitbar. Ob sie aber schon vom Erzähler allegorisch gemeint wurde, ist nicht nachweisbar.
Fest steht, und die Analyse der Bildspendergeschichte hat es gezeigt, daß die Erzählung einen inneren Zusammenhang hat. Man muß daran die Einzelzüge nicht allegorisch deuten, um die Bildspendergeschichte zu verstehen. Man braucht dazu keinen Schlüssel (38).

Der innere Zusammenhang sagt aber nicht, daß die Erzählung ein Gleichnis sein muß, denn auch die Allegorie ist eine zusammenhängende Geschichte (39). Es kommt also lediglich darauf an, ob der Erzähler die Geschichte allegorisch gemeint hat oder nicht. Die Grenzen, wo eine Erzählung aufhört, ein Gleichnis zu sein, und beginnt, eine Allegorie zu sein, sind nicht eindeutig zu ziehen. Man kann auch nicht verallgemeinernd behaupten, wie I. Maisch tut, daß das Gleichnis von jedem verstanden wird, bei der Allegorie aber die Kenntnis des Sachverhaltes vorausgesetzt wird (40). So einfach ist die Unterscheidung nicht, wie im theoretischen Teil der Arbeit nachgewiesen wurde.

Die Analyse der Bildspendergeschichte hat gezeigt, daß man sie ohne Schlüssel verstehen kann. Damit hat man aber noch nicht das Gleichnis verstanden, sondern nur die Bildspendergeschichte. Man muß also von der Bildspender- zur Bildempfängergeschichte zurückgelangen und dann die beiden zusammen sehen. Das kann auch für die Allegorie der Fall sein, wie es auch beim Gleichnis und bei der Allegorie möglich ist, daß man bei der Bildspendergeschichte stehen bleibt, sie versteht, aber das Ganze, (d.h. die Metapher) nicht versteht.

Die Grenzen sind immer fließend, so daß auch ein Gleichnis Einzelmetaphern enthalten kann, die direkt auf die Bildempfängergeschichte Bezug nehmen.

Man kann Mt 25,1-13 durchaus als ein Gleichnis ansehen, das Einzelmetaphern enthält.

d) Das Gleichnis enthält Einzelbildfelder, die nicht nur in Matthäus (41), sondern schon im Judentum vorhanden waren, und die auch Jesus gekannt hatte.

Die eschatologische Hochzeit ist ein Bildfeld, das schon im Altjudentum (42) vorhanden war, wie auch das andere Bildfeld: Bräutigam = Jahwe.

Die zwei stammen eigentlich von einem einzigen Bildfeld, das das eschatologische Heilsgeschehen mit einer Hochzeit vergleicht.

In Mt 25,1-13 haben wir also zwei Phänomene: das Bildfeld wird als Grundmetapher genommen und in ein Gleichnis erweitert: das Gleichnis ist nichts anderes als die in eine Erzählung erweiterte Metapher. Bei der erzählerisch erweiterten Metapher bleiben aber noch direkte metaphorische Verbindungen, die dem Bildfeld angehören, und die eine sekundäre metaphorische Partnerschaft bilden.

Das Vorhandensein dieses Bildfeldes und der Metaphern, die zu ihm gehören, wird auch vom Gleichnis vom königlichen Hochzeitsmahl (Mt 22,1-14 Par. Lk 14,16-24) und weiter vom symbolischen Mahl Jesu mit den Zöllnern und Sündern als Zeichen der angebrochenen Gottesherrschaft (Mt 9,10-13 Par. Mk 2,15-17; Lk 5,29-32) und von dem Bildwort, mit dem Jesus die Fastenfrage beantwortet (Mt 9,14-17 Par. Mk 2,18-22; Lk 5,33-39) bestätigt.

Die Tatsache, daß solche Bildfelder nicht nur bei Matthäus, sondern auch bei den anderen Synoptikern zu finden sind, besagt, daß solche direkten metaphorischen Beziehungen nicht nur zur Theologie des Matthäus gehören, sondern zu Jesus selber, weil nichts typischer jesuanisch ist, als die Verkündigung der kommenden Gottesherrschaft, die mit ihm schon anbricht, die aber auf ihre volle Erscheinung hinzielt.

2 Daher kann das Gleichnis ohne Schwierigkeit Jesus zugesprochen werden. Der Schock von 25,10-12, der die Logik einer normalen Hochzeit sprengt, hatte die Frage stellen lassen, von welchem "Jetzt" Jesus spricht. Die alltägliche Geschichte wird gebrochen. Nun hat sie nur die Funktion, uns vom Alltag durch eine disclosure in das zu leiten, was "mehr" ist als der Alltag selber.

Der Hörer kann, mit Hilfe solcher im Bewußtsein der Juden vorhandenen und von Jesus mehrmals gebrauchten Bildfelder, die Bildempfängergeschichte erraten: Auch durch dieses Gleichnis verkündet Jesus nichts anderes als das, was er sonst verkündete: das Kommen der Gottesherrschaft. Auch ohne den vermutlich redaktionellen Rahmen (25,1a), kommt die Bildempfängergeschichte in der Bildspendergeschichte zum Zuge. Die Urdisclosure Jesu schafft und prägt die Bildspendergeschichte und läßt in ihr ihre Spuren erkennen.

Hat man durch 25,10-12 die erste notwendige disclosure gehabt, daß der Schein des Alltags der Erzählung überwunden werden muß, um das Gleichnis zu verstehen, hat man dann die zweite disclosure gehabt, und die Bildempfängergeschichte eingesehen, so kann man versuchen, beide Geschichten aufeinander zu projizieren, um das Gleichnis zu verstehen.

a) Geht man von der Bildspendergeschichte aus, so wundert man sich, daß die Erzählung nicht so realistisch ist, wie man gerne annehmen möchte, daß z.B. die Braut nicht genannt wird (43), daß die zehn Jungfrauen einschlafen (V.5), daß die "Klugen" den Törichten empfehlen, Öl kaufen zu gehen, wenn sie wußten, daß der Bräutigam schon kommt, und daß es keine "Geschäftszeit" war, und besonders, daß der Bräutigam ohne einen Grund so arg antwortet, und die Tür nicht mehr öffnet.

Nimmt man an, die Bildspendergeschichte sollte "realistisch" sein, dann scheinen solche Züge recht unwahrscheinlich (44), und man könnte versucht werden, sie zu erklären, wobei man nicht merkt, daß nicht solche Züge erklärt werden wollen, sondern daß sie selber erklären, eine Hilfe sind, damit man sich von der Ent-fremdung des deskriptiven Alltags nicht gefangennehmen läßt, sondern zur Urdisclosure Jesu kommt. Geht man aber von der entdeckten Urdisclosure Jesu aus, dann sieht man auch den Zusammenhang solcher "unwahrscheinlichen" Züge ein. Wenn Jesus das Kommen der Gottesherrschaft verkünden will, dann würde die Erwähnung der Braut in der Bildspendergeschichte das Bildfeld unnötig und verwirrend erweitern. Außerdem ist es wahrscheinlich, daß Jesus selber dabei an sich gedacht hat, und sich mit dem Bräutigam identifiziert.

Die Gottesherrschaft ist nicht ein Geschehen, das sich in einem Moment ereignet. Es gibt eine Zeit der Ankündigung (45), eine Zeit des vertrauensvollen Wartens, daß der Same Frucht bringt (46), und die Zeit der Ernte (47). Wenn man die Botschaft der Gottesherrschaft aufgenommen hat und auf sie wartet, dann kann man auch vertrauensvoll einschlafen, ohne sich Sorgen zu machen, denn die Gottesherrschaft wird kommen. Die Ernte kann früher oder später kommen, aber sie wird erfolgen. Auch Jesus wartet und hat Vertrauen darauf, daß die Ernte, die gute Ernte kommt (vgl. Mk 4,8 Par.). Während der Wartezeit kann man sich wie der sorgenlose Bauer verhalten, der "schlafen geht und wieder aufsteht" (Mk 4,27) ohne sich Sorgen zu machen. Die Zeit des Wartens ist eine Zeit des Vertrauens. Man hat Zeit, man kann sich Zeit nehmen und auch schlafen. Klug ist aber derjenige, der alles vorbereitet hat. Töricht derjenige, der die Zeit des Wartens nicht richtig ausnützt (vgl. auch Mt 25,24); der für seine Fackel kein Öl besorgt und trotzdem einschläft. Es gibt also einen richtigen Schlaf, den Schlaf des Klugen, der alles schon bereit hat, den gesunden, ausruhenden Schlaf. Und es gibt den "törichten", ungesunden Schlaf desjenigen, der nicht alles bereit hat und trotzdem schläft.

Man kann sich Zeit nehmen, solange man Zeit hat und wenn man alles vorbereitet hat. Man soll sich aber nicht zu viel Zeit nehmen (48). Damit läuft man die Gefahr, daß man sich nicht mehr vorbereiten kann.

Aber wenn man im letzten Moment merkt, daß man sich zu viel Zeit genommen hat? Solange man noch Zeit hat, kann man alles versuchen. Der Bräutigam kommt, er ist aber noch nicht da. Man kann versuchen, Öl zu kaufen. Man muß sich beeilen, aber es kann noch gut gehen. Die Gefahr war aber zu groß für die fünf Törichten.

Die Zeit des Wartens ist um. Man muß zur richtigen Zeit da sein: "Sobald aber die Frucht es zuläßt, legt er alsbald die Sichel an, denn die Ernte ist da" (Mk 4,29).

Die Zeit des Wartens, der Chronos ist um. Entscheidend ist der Kairos, die Zeit der Ankunft des Bräutigams (49). Entscheidend, weil sie das nicht mehr wiederkehrende "Jetzt" darstellt; entscheidend, weil sie das Schicksal der Jungfrauen bestimmt.

Deshalb ist auch die Antwort des Bräutigams zu verstehen. Wer beim entscheidenden Moment nicht da ist, wird auch in Zukunft mit ihm nicht feiern.

Chronos und Kairos. Nach der Zeit gibt es noch Zeit, nach dem Kairos gibt es nur eine verschlossene Tür, die die Außengebliebenen draußen läßt. So verhält es sich mit dem Reich Gottes. Man hat Zeit, um die Botschaft aufzunehmen und sich zu bereiten. Wenn aber der Bräutigam kommt, wenn die Zeit der Ernte kommt, dann bleiben die Unentschiedenen, diejenigen, die Zeit verloren haben, draußen.

b) Das Gleichnis spricht nicht notwendigerweise von der Verzögerung der Parusie. Das Lexem χρονίζοντος in V.5 ist ohne weiteres ein wichtiges Textem innerhalb des ductus des Gleichnisses, es schafft aber in keiner Weise die Isotopie der Bildspendergeschichte.

Schon auf der Ebene der Kontextuierung des Gleichnisses innerhalb des Matthäusevangelium ist es zweifelhaft, ob Matthäus das Gleichnis auf eine Verzögerung der Parusie bezogen hat. Matthäus spricht zwar von der Parusie des wiederkommenden Messias, aber das Gleichnis muß nicht unbedingt von der <u>Verzögerung</u> der Parusie reden, auch nicht in der neuen Kontextuierung.

Der breitere Kontext Mt 24-25 läßt sich auch mit Hilfe des oben angegebenen semantischen Sechsecks überblicken.

Die Parusie kommt, wenn man es nicht vermutet, plötzlich. Deshalb muß man sich bereit halten. Wann wird es geschehen? "Jenen Tag und jene Stunde kennt niemand, auch nicht die Engel des Himmels, auch nicht der Sohn, sondern nur der Vater" (24,36).
Wenn die Stunde ungewiß ist, so kann es sein, daß sie kommt, bevor man es merkt und sich bereiten kann: "Dann werden zwei auf dem Feld sein: Der eine wird aufgenommen, der andere zurückgelassen. Zwei mahlen an der Mühle: Die eine wird aufgenommen, die andere zurückgelassen". Man wartet nicht, und die Stunde kommt. Hätte man das gewußt, daß die Stunde kommt, dann hätte man sich vorbereitet, hätte man auf sie gewartet, wie der Hausherr auf den Dieb warten würde, wenn er wüßte, daß er kommt (24,43). Oder aber man weiß, daß der weggefahrene Hausherr zurückkommt, dann wartet man auf ihn treu. Man könnte aber meinen, er läßt auf sich warten, und man nützt die Situation aus. Und siehe da, der Herr kommt vor dem erwarteten Moment (24,45-50). Oder aber man bereitet sich und wartet auf den Bräutigam. Man meint, er kommt bald, man nimmt kein Öl mit, und er läßt auf sich lange warten (25,1-13).
Die Parusie kann also plötzlich und so früh kommen, daß man auf ihn nicht wartet, oder er kommt früher als erwartet, oder später als man glaubt. Die Stunde und der Tag sind ja ungewiß; wichtig ist nicht, wann die Stunde kommt, sondern daß man sich in jedem Fall bereit hält, und richtig auf den Kairos wartet.
Mt 25,1-13 bringt also nur einen Fall der zeitlichen Möglichkeiten der Parusie zum Ausdruck. Deshalb spricht, auch nach der Meinung von Mt, das Gleichnis nicht von der Verzögerung der Parusie, sondern von ihrer ungewissen Stunde. Das ursprüngliche Gleichnis muß aber auch nicht von der Parusie unbedingt reden, sondern es kann von dem Kairos der Gottesherrschaft reden, der mit Jesus anbricht.
Das Lexem χρονίζοντος ist innerhalb des Erzählgerüstes notwendig. Es schafft aber nicht die Isotopie. D.h., das Gleichnis spricht nicht notwendigerweise von der Verzögerung des Kairos. Die Verspätung des Bräutigams muß nicht allegorisch gedeutet werden. Sie hat innerhalb der Bildspendergeschichte eine bestimmte Funktion: sie will die Torheit der fünf Jungfrauen hervorheben. Das Gleichnis redet aber nicht von dem Angebot des Gottesreiches durch Jesus, vielmehr von der Ernte, von der Ankunft des Kairos, der in Jesus und durch Jesus anbricht.
Die Ankunft des entscheidenden Kairos wird nun zu einem Appell: "Seid bereit, versäumt ihn nicht!".

3 Die Bildspendergeschichte ist ein Kommunikationsakt, der die Urdisclosure Jesu an den Hörer mitteilt, damit er an ihr teilnimmt. Damit wird die Bildspendergeschichte zu einem Sprechakt.
Jesus will seine Urdisclosure vermitteln. Der Hörer versteht erst dann das Gleichnis, wenn er durch die Bildspendergeschichte (durch das disclosure-Modell) die Urdisclosure Jesu einsieht und annimmt. Sieht Jesus das Warten auf den Kairos der Gottesherrschaft als ein Warten von Jungfrauen auf den Bräutigam, so versteht der Hörer/Leser das Bild erst dann, wenn er es so versteht, wie es Jesus gemeint hat, d.h., als ein Bild für das

Warten auf den Kairos der Gottesherrschaft.
Das mag trivial klingen. Das ist aber gegen die existential-theologische Interpretation von D.O. Via hervorzuheben. Es geht im Gleichnis nicht um den "Verlust der Gegenwart durch die Zukunft" (50), sondern um den Verlust des Gottesreiches, also um den Verlust der Möglichkeit, im Gottesreich mit dem Bräutigam zu feiern, weil man die Zeit nicht richtig ausnützt und damit den Kairos versäumt.
Es geht nicht um den Verlust der Existenz oder einer (irgendeiner) einmaligen Gelegenheit, sondern um den Verlust der Existenz vor Gott, um den Verlust der einmaligen Gelegenheit, von der Gottesherrschaft erfaßt zu werden, in ihrem Licht zu wandeln. Wer diese Gelegenheit versäumt, bleibt draußen, wo man nur rufen kann: "Herr, mach uns auf", und wo man nur noch die negative Antwort bekommt: "Ich kenne euch nicht".
Stellt man eine andere Bildempfängergeschichte der Bildspendergeschichte gegenüber, wie Via tut, dann legt man ein anderes Gleichnis aus, als das, was Jesus gesprochen hat.
Nicht ungerechtfertigt scheint dagegen die Akzentverschiebung, die das Gleichnis bei Matthäus erfährt (51). Die Urkirche hatte ihr theologisches Recht, das Gleichnis auf ihre neue Situation des Gottesreiches hin zu deuten.
Ein Sprechakt kommt nicht zustande, wenn der Illokutionsakt nicht angenommen wird. Dem persönlichen Engagement Jesu soll das persönliche Engagement des Hörers entsprechen. Der Hörer muß sich selbst im Gleichnis entdecken, und das Gleichnis auf sich selbst anwenden. Er soll in dem Gleichnis einen Appell vernehmen, ähnlich zu dem Appell Nathans an David: "Du selber bist der Mann". Das Gleichnis muß dem Hörer sagen: "Dich habe ich gemeint".
Der Appellcharakter des Gleichnisses kommt durch den Schock von 25,10-12 am deutlichsten zum Ausdruck. Wer nicht dasselbe Schicksal der fünf törichten Jungfrauen erleiden will, der soll nicht wie sie, sondern wie die Klugen handeln.
"Wachet also". Sicher, 25,13 stellt die neue Anwendung der nachösterlichen Gemeinde und des Matthäus dar. Aber dieser Ruf zum Wachsein, zum Bereitsein bringt deutlich den Appellcharakter des Gleichnisses zum Ausdruck. Würde dieser Ruf nicht da sein, könnte man allerdings den Appell des Gleichnisses auf dieselbe Weise wahrnehmen. Das harte Schicksal der Törichten ist nicht beneidenswert. Das Gleichnis sagt: "Seid nicht so töricht!".

D Der Bräutigam und Jesus

Jeder Zug der Gleichnisse, der direkt auf Jesus hinweist, wird meist mit Verdacht angesehen. Es wird gleich an eine Allegorese der nachösterlichen Gemeinde gedacht, und der Zug als sekundär erklärt.
Man konnte nun den Bräutigam aus dem Gleichnis von den zehn Jungfrauen nicht wegradieren. Und so bleibt die Gestalt des Bräutigams zentral für die Geschichte, die Jesus erzählt. Die Urkirche und Matthäus haben den Bräutigam mit dem am Ende der Zeiten wiederkommenden Christus identifiziert. Es bleibt aber die Frage: Hat Jesus sich selbst mit dem Bräutigam gemeint? Und wenn ja, was ist für ihn der Kairos der Gottesherrschaft?
Jeremias schreibt: "Schwerlich konnten die Hörer Jesu auf den Gedanken kommen, den Bräutigam Mt 25,1ff auf den Messias zu deuten! ... Höchstens verhüllt enthält das Gleichnis eine nur für die Jünger verständliche Selbstaussage Jesu" (52). Es steht allerdings nicht in Frage, ob die Hörer Jesu auch diese disclosure vollziehen konnten. Die Frage ist, ob Jesus sich selbst gemeint hat.
Die Frage kann man durchaus bejahen. Es gibt keine Gründe, um sie zu verneinen. Jesus hat sich durchaus auch in den Gleichnissen verkündet. Gewiß ist der Bräutigam der Bildspendergeschichte zunächst nicht Jesus, sondern eben ein "normaler" Bräutigam. Aber er ist auch selber Bild.

Hier spielen die V.10-12 wieder eine entscheidende Rolle für die Reaktion des Hörers. Es wurde gezeigt, daß der Schock der Erzählung nicht direkt darin besteht, daß die Tür verschlossen wurde, sondern darin, daß der Bräutigam so hart antwortet. Die Antwort des Bräutigams wirft dann neues Licht auch auf das Verschließen der Tür. Die verschlossene Tür vollzieht symbolisch dasselbe Gericht, das vom Bräutigam in seiner Antwort vollzogen wird.
Kein normaler Bräutigam antwortete auf diese Weise. Die Frage der Hörer konnte also die sein: Wer ist mit diesem Bräutigam gemeint, der die Macht hat, ein Gericht über die Menschen zu fällen? Wenn der Hörer dann eingesehen hatte, daß Jesus vom Gottesreich gesprochen hatte, dann war seine Frage noch tiefer: Wer ist dieser, der die Tür des Gottesreiches verschließen, und Menschen draußen lassen kann? Ob sich die Hörer diese Fragen gestellt haben, das mag dahingestellt sein.
Wichtig ist die Erkenntnis, daß der Hörer zwangsläufig in diesen Gedankengang eingebracht werden konnte.
Wenn dem so ist, wie kann man den Kairos des Gottesreiches näher bestimmen?
Man kann den Kairos mit Jesus selber identifizieren. Gewiß, das Gottesreich bricht mit Jesus erst an. Er selber ist nicht die eschatologische Vollendung des Reiches. Aber die Zeit des Wartens ist um. Der Kairos der Ankunft des Gottesreiches ist damit Jesus.
Man soll den Kairos erkennen und bereit sein, damit man ihn nicht versäumt.

In dieser Hinsicht ist das Gleichnis von den Zehn Jungfrauen sehr nahe zum Gleichnis von den auf dem Markt spielenden Kindern. Die Generation Jesu wird mit Kindern verglichen, die den Kairos nicht erkennen (53). Seine Hörer laufen die Gefahr, den Kairos zu "verspielen".
Das mag als Hypothese gelten.
Wenn dem aber so ist, dann enthält das Gleichnis von den Zehn Jungfrauen einen unverkennbaren christologischen Zug. Die letzte disclosure, die Jesus in dem Gleichnis vermitteln wollte, war gerade diese: Man muß sich für Jesus entscheiden, wenn man das Reich Gottes annehmen will.
Die Zeit der Entscheidung ist gekommen. Wer sich gegen Jesus entscheidet, oder ihn nicht ernst nimmt, der versäumt alles. Somit nimmt das Gleichnis einen dringlichen Appellcharakter ein. Der Hörer soll sich überlegen, ob er richtig auf das Gottesreich wartet oder nicht. Wenn nicht, muß er sich schnell entscheiden, denn die Zeit des Wartens ist um.

V. Kapitel: DAS GERICHT GOTTES:
Die bösen Winzer (Mk 12,1-12 Par.)

A Die Frage nach der Echtheit. Traditions- und redaktionsgeschichtliche Überlegungen

J.Blank hat sich neuerdings mit der Mk-Fassung des Gleichnisses befaßt (1). Seine Analyse will aber das Gleichnis nicht nach seiner Intention befragen, sondern geht von einem vorgenommenen Gesichtspunkt heraus: Das Gleichnis wird von dem Gesichtspunkt der Sendung des Sohnes her untersucht. Das mag berechtigt sein, man hat aber doch den Eindruck, daß das Gleichnis als Gleichnis nicht zur Sprache kommt. Will das Gleichnis die Sendung des Sohnes unterstreichen oder liegt seine Intention woanders?

Es scheint ratsam zu sein, sich mit den Einwänden gegen die Echtheit des Gleichnisses zu befassen, bevor wir auf dieses Problem zurückkommen.

1 Wir besitzen vier Fassungen des Gleichnisses: Mt 21,33-46; Mk 12,1-12; Lk 20,9-19; ThEv Log 65.
Der synoptische Vergleich zeigt viele Unterschiede, doch meist Übereinstimmungen.
Wer ständig versucht, alle "unrealistischen" Züge von den Gleichnissen wegzustreichen, und auf der Suche nach einer einfachen Geschichte ist, "die jeden Tag vorkommen könnte" (2), wird entweder das Gleichnis Jesus absprechen müssen, oder versuchen, eine "einfache" Geschichte zu rekonstruieren, so wie man sie z.B. im ThEv findet (3). Doch bleibt hier zu fragen, warum ein Gleichnis unbedingt einfach und "alltäglich" klingen muß, und warum man aus diesem Vorurteil her weniger Mißtrauen dem gnostischen ThEv als den Synoptikern gegenüber haben soll (4).

2 Das Problem sollte nicht weiter so gestellt werden: Wenn es sich um eine Allegorie handelt, dann ist das Gleichnis nicht echt. Diese Perspektive kann das Problem nicht ernsthaft lösen. Auch Jülicher, der Vertreter dieser Auffassung, vermag das Problem von diesem Gesichtspunkt her nicht zu lösen: Er glaubt einzusehen, daß "der Parabelcharakter ... dieser Perikope auf keine Weise zu retten" (5) sei, und doch gibt er zu: "Jesus hat zwar sonst nicht in Allegorien, sondern in Parabeln gesprochen, aber niemand kann beweisen, daß er nicht auch außergewöhnliche Redeformen einmal benutzt hat" (6). Man könnte allerdings noch weiter fragen, warum Jesus nur "außergewöhnlich", nur "einmal" in Allegorien hätte sprechen können, und nicht öfter (7).
Damit ist aber noch nicht entschieden worden, ob es sich dabei ursprünglich um eine Parabel oder schon um eine Allegorie handelte, noch ob die vielen direkten Bezüge die Perikope gleich zu einer Allegorie machen. Es wird nur gesagt, daß eine Allegorie nicht unbedingt unecht sein muß.
Ch.Dodd war der erste, der versucht hat, von der heutigen Fassung aus eine ursprüngliche Parabel zu rekonstruieren (8). Jeremias folgte seiner Spur (9). Doch es bleibt zu fragen, ob Jülicher nicht Recht hatte, zu be-

haupten, daß jeder solcher Versuch aussichtslos ist. Der Versuch mag berechtigt sein, das Kriterium für die Rekonstruktion der ursprünglichen Parabel kann aber nicht das sein, daß man die direkten Anspielungen der Parabel auf Jesus von der Perikope wegstreicht. J.D.M.Derret hat in seinem letzten Aufsatz über das Gleichnis nachgewiesen, daß auch die jüdischen Parabeln direkte Anspielungen auf die Situation haben (10). Man kann also auch Jesus das Recht nicht absprechen, daß er direkten Bezug auf seine Situation und auf sich selbst nimmt. Sowohl jüdische Gleichnisse wie auch die Gleichnisse Jesu enthalten außerdem geläufige Metaphern, die dem Hörer verständlich waren, und die auf die Bildempfängergeschichte direkt anspielten (11).

Das Kriterium kann aber wohl das sein, das man die verschiedenen theologischen Traditionsschichten zu unterscheiden sucht, und dann entscheidet, ob es noch möglich ist, die Erzählung in das Leben Jesu zu situieren.

3 In diesem Sinn haben sich viele bemüht, herauszubekommen, ob die Erzählung doch einen Grundbestand aufweisen kann, der auf Jesus zurückgeführt werden kann.

Die literarische Abhängigkeit von Mt und Lk von Mk scheint gesichert zu sein (12). Während aber Lk die markinische Fassung zu entallegorisieren versucht, geht Mt den Weg der Allegorisierung zu Ende (13). Akzentuiert Lk den christologischen Trend des Gleichnisses, so erfährt es bei Mt eine Akzentverschiebung auf das Ekklesiologische hin (14).

Wir können also die markinische Fassung betrachten. Nachösterlich scheint die Andeutung auf die Auferstehung (15) in den Versen 10-12, die ausdrücklich Ps 118,22-23 zitiert, so wie auch der in 10-12 ausdrückliche Bezug auf die Passion Jesu (16) und endlich auch der Ausdruck $\overset{\text{,}}{\alpha}\gamma\alpha\pi\eta\tau\acute{o}\nu$ in V. 67 (17). Eine zweite, wahrscheinlich ältere Schicht als die markinische ist auch zu erkennen. In diesem Gleichnis scheint sich die Auseinandersetzung der ersten jüdisch-christlichen Gemeinde mit dem Judentum niederzuschlagen. Die erste Gemeinde verstand sich als das neue Volk, das das Alte ablöst. Dieses Verständnis der alten Kirche spiegelt sich in der starken Erweiterung der Weinbergsmetapher wider (12,1) (18), in der großen Zahl der mißhandelten Knechte und vielleicht noch in dem Schlußurteil Jesu 12,9. Von daher gesehen, scheint auch die markinische Fassung eine nachösterliche Allegorie zu sein. Ob sie aber einen jesuanischen Kern erweitert, oder eine Gemeindebildung ist, das bleibt noch zu bestimmen.

4 Der starke Verweis auf das Alte Testament, besonders auf Jes 5,1-7 und Jer 7,25-27 ist für J.Blank verdächtig.

Mk 12,1-12 scheint tatsächlich eine literarische Konstruktion zu sein (19). Es muß aber folgendes betrachtet werden: Der Gebrauch von alttestamentlichen Metaphern ist in den Gleichnissen nachweisbar. Die Metapher des Weinbergs war auch die Grundmetapher des Gleichnisses von den Arbeitern im Weinberg. Man wird also nicht verdächtig finden, daß Jesus auf alttestamentliche Metaphern zurückgreift. Jeder lebt in einem Kulturkreis und verwendet auch Bildfelder, die zu diesem Kulturkreis gehören. Verdächtig kann höchstens die Erweiterung der Metapher des Weinbergs sein,

weil Markus praktisch Jesaja abzuschreiben scheint. Damit ist aber die
Hypothese, daß ein Kern des Gleichnisses auf Jesus zurückgeht, nicht abgeschwächt. Der Bezug auf Jer 7,25-27 ist auch nicht Grund zum Verdacht.
Die Verfolgung und Mißhandlung der Propheten seitens des Volkes und
seiner Führer war ein Leitmotiv der Streitgespräche Jesu (20). Daß Jesus
wieder auf einen Propheten Bezug zu nehmen scheint, ist auch nicht sonderbar: Was Markus tun konnte, das konnte auch Jesus. Es bleibt natürlich die Frage, ob Jesus das Gleichnis so erzählt hat, wie es vorliegt; das
ist aber noch kein Argument gegen die Annahme eines ursprünglichen Kerns
des Gleichnisses.

5 Die meisten Vertreter der Gemeindebildung des Gleichnisses bringen
ein anderes Argument. Die Erwähnung des Sohnes in 12,6 sollte ein Beweis dafür sein, daß es hier um eine spätere Gemeindebildung geht (21).
Ob der Ausdruck υἱός allerdings hellenistisch geprägt sein soll, oder auf
eine judenchristliche Tradition zurückzuführen ist, darüber streitet man
sich (22).
Es bleibt allerdings folgendes zu beachten: Die Erwähnung des Sohnes paßt
in das Gefälle der Erzählung sehr gut. Man könnte schon sagen, daß die
Logik der Erzählung diese climax verlangt (23). Hätte ein anderer als Jesus das Gleichnis erzählt, wäre diese Erwähnung nicht verdächtig. Die Erwähnung des Sohnes bringt die Spannung der Geschichte erst recht zu ihrem
Höhepunkt. Diese Spannung findet nur in dem Schluß ihre Auflösung.
Es bleibt aber noch zu fragen, ob der Sohn im Mittelpunkt des Gerüstes der
Geschichte steht, oder ob es sich nur um einen untergeordneten Zug der
Isotopie der Geschichte handelt (24). Der Sohn ist also in der Geschichte
zunächst der Sohn des Grundbesitzers, wie die Knechte nicht die Propheten,
sondern dessen Knechte sind. Damit soll nicht bezweifelt werden, daß Jesus an sich selbst gedacht haben kann. Zu behaupten, daß Jesus in den
Gleichnissen nie auf sich verwies, ist eine reine Behauptung, die keinen
Anhaltpunkt in den Gleichnissen hat (25).
Es gilt nun, den Versuch zu machen, eine Isotopie der Erzählung zu finden,
die auf Jesu Leben zurückzuführen ist. Es wird also von vornherein darauf
verzichtet, eine Rekonstruktion der ursprünglichen Parabel zu versuchen.
Wenn man aber eine Isotopie der Erzählung nachweisen kann, die sich auf
Jesu Leben zurückführen läßt, so ist damit auch die Möglichkeit eines echt
jesuanischen Kerns nachgewiesen (26).

B <u>Die Bildspendergeschichte</u>

Die Anfangssituation (Mk 12,1) schildert einen Vertrag (27). Ein Mann besitzt einen Weinberg (28). Er verpachtet ihn einigen Weingärtnern. Der
Vertrag impliziert einige Forderungen seitens des Besitzers und ihre An-

nahme seitens der Pächter, die aber in der Erzählung nicht geschildert
werden (29). Dann verreist der Besitzer in die Ferne (translocation). Zur
Zeit der Lese verlangt der Besitzer die Erfüllung der Bedingungen des
Vertrags. Dafür schickt er seine Adjuvanten. Die Winzer werden mit einer
Prüfung konfrontiert. Ihre Reaktion ist aber eine negative. Waren die Winzer nach dem Vertrag Adjuvanten des Besitzers, so drohen sie jetzt, seine Opponenten zu werden. Auch der letzte Versuch des Besitzers, sie als
Adjuvanten weiter zu haben, indem er einen besonderen Adjuvanten von
sich (den Sohn) schickt, um die Erfüllung der Bedingungen des Vertrags zu
verlangen, scheitert.
Damit ist der Vertrag gebrochen (Verbot vs Übertretung). Die Abwesenheit des Besitzers wird zunächst durch die Sendung seiner Adjuvanten überbrückt. Zum Schluß kommt er selber zurück, um die Opponenten zu bestrafen (punishment) (30). Die Isotopie der Erzählung ist nicht schwer herauszubekommen. Die semantische Achse scheint "geben vs nehmen" zu sein.
Das semantische Sechseck, das daraus gebildet werden kann, kann eine
vollständige Lektüre der Erzählung bieten:

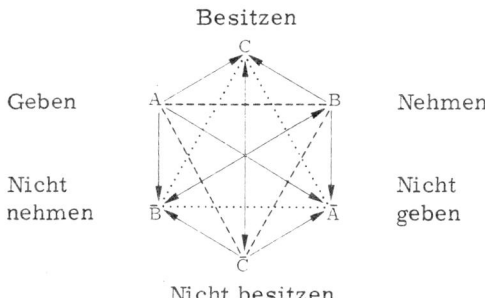

Ein Mann besitzt (C) einen Weinberg und gibt ihn als Pacht den Winzern
(A). Er will dann seinen Anteil nehmen. Er schickt dafür seine Knechte
und seinen Sohn, um die Frucht, zu holen (B). Die Winzer aber geben ihm
nicht den Anteil (Ā). Die Erscheinung des Sohnes erweckt in ihnen den
Wunsch, selber Besitzer des Weinbergs zu werden (von C̄ zu C). Dieser
Wunsch wird aber nicht erfüllt, weil der Besitzer zurückkommt und ihnen
auch den Weinberg nimmt (B).
Es gibt eine zweite semantische Achse, die allerdings untergeordnet ist:
Abwesenheit vs Anwesenheit.
Der Besitzer geht in die Fremde. Seine Abwesenheit wird durch die Sendung der Knechte und des Sohnes zum Teil überwunden, wird aber erst
durch die Rückkehr des Besitzers selber endgültig beseitigt.
Diese zweite semantische Achse ist untergeordnet und im Dienst der ersten, sie ist aber nicht zu unterschlagen. Das Ergebnis der Analyse erlaubt einige Beobachtungen.
Die Analyse bestätigt die Ergebnisse der historisch-kritischen Methode.
Die starke Erweiterung der Weinbergmetapher ist für die Logik der Erzählung irrelevant (31). Ob der Besitzer Gruppen von Knechten sendet oder

jeweils einen ist auch irrelevant. Auch der Ausdruck ἀγαπητός fällt sowenig ins Gewicht, wie auch, ob der Sohn nach oder vor seinem Tod oder überhaupt aus dem Weinberg hinausgeworfen wurde. Weiter sind die V. 10-12 für die Logik der Erzählung entbehrlich. Nicht entbehrlich ist die Sendung der Knechte, denn sie sollen die Erfüllung des Vertrages verlangen, und auch die Sendung des Sohnes, denn erst als die Winzer ihn sehen, haben sie den Wunsch, den Weinberg selber zu besitzen. Die Erscheinung des Sohnes hat in der Logik der Erzählung eine bestimmte Funktion, die nicht übersehen werden darf.

Andererseits darf man die Sendung der Knechte und des Sohnes nicht überbetonen, denn sie erfüllt nur eine untergeordnete, wenn auch notwendige Funktion innerhalb der Erzählung. Die wichtigere semantische Achse ist "Geben vs Nehmen".

Der Heros der Geschichte sind weder die Knechte noch der Sohn, sondern der Besitzer des Weinbergs, der gibt und wieder wegnimmt. Er ist zugleich auch der Adressant. Das Objekt der "Gabe" ist der Weinberg. Die Winzer sind zugleich Adressaten und Opponenten des Besitzers. Sie sind zwar anfänglich durch den Vertrag zu Adjuvanten des Besitzers erklärt, ihr Verhalten entlarvt sie aber als seine Opponenten. Die Knechte und der Sohn sind als Adjuvanten des Besitzers zu klassifizieren.

C Die Bildempfängergeschichte

Es bleibt zu fragen, ob der Sinn der Erzählung, der sich auf dieser Isotopieebene ergibt, einen Sitz im Leben Jesu haben kann. Wenn ja, dann ist jeder Zweifel an der Echtheit eines Grundbestandes des Gleichnisses unberechtigt.

Die Analyse der anderen Weinbergparabel, des Gleichnisses von den Arbeitern im Weinberg, hatte ergeben, daß Jesus seine Gegner vor einem Gericht warnte. Dort handelte es sich um eine Drohung: die Ersten können Letzte werden. Man kann mit der Geduld Gottes rechnen, sagte auch das Gleichnis von den Zehn Jungfrauen, man soll aber die Chance des Kairos nicht verspielen. Auch das Gleichnis vom großen Festmahl (Mt 22,1-10; Lk 14,16-24) sagt das gleiche: die ersten Eingeladenen können ihren Platz im Reich Gottes endgültig verlieren, wenn sie der Einladung nicht folgen; ihre Plätze werden von anderen besetzt werden. Das gleiche besagt auch das Gleichnis von den zwei Söhnen (Mt 21,28-32).

Diese Drohungen wurden von Jesus auch offen, ohne die Distanz der Gleichnisse wiederholt. Die erste Einladung "Erfüllt ist die Zeit und nahegekommen ist das Reich Gottes: Kehret um und glaubet dem Evangelium" (Mk 1,14-15) wurde gleich zu einem Drohwort: Die Gerichtsdrohungen über Chorazin und Betsaida (Mt 11,20-24; Lk 10,13-15) widerspiegeln die Drohworte in Lk 13,3.5: "Wenn ihr nicht umkehrt, werdet ihr alle auf gleiche

Weise umkommen". Jesus muß immer wieder die Verstocktheit und die Verhärtung des Herzens seiner Hörer und Gegner feststellen. Er vergleicht sie mit Kindern, die auf dem Marktplatz spielen. Es ist Johannes gekommen und Jesus ist gekommen, trotzdem glauben sie nicht (Mt 11,17-19). Sie sind ein böses Geschlecht (Mt 16,4). Allmählich hat er schließen müssen, daß seine Mission unter ihnen anscheinend gescheitert ist. Wenn das Gleichnis vom unfruchtbaren Feigenbaum bei Lk 13,69 noch ein Drohwort ist, so wird in Mt 21,18-19 und Mk 11,12-14 zu einem Gerichtsgleichnis.
Jesus weiß, daß die Ablehnung der Mahnung Gottes das Gericht über sein Volk zieht. Wenn die Väter sich an dem Blut der Propheten schuldig gemacht hatten, so machen seine Gegner daß Maß nur voll (Mt 23,32). Auch Jerusalem ist schuld daran. Und auch über die Stadt wird das Urteil gefällt: die Häuser werden verödet werden (Mt 23,37-39; Lk 13,34-35).
Damit ist der Sitz im Leben Jesu mit Wahrscheinlichkeit gefunden worden. Das kommt in Mk und Mt auch durch die Kontextuierung, die das Gleichnis erfährt, klar zum Ausdruck.
Das Gleichnis kann in der Auseinandersetzung Jesu mit seinen Gegnern seinen Ort gehabt haben, als die Ablehnung seiner Person sicher erwartbar war.
Das Gleichnis ist also nicht nur ein Drohwort (32), sondern ein Gerichtsgleichnis (33).
Die Isotopie der Bildempfängergeschichte spiegelt sich in der Isotopie der Bildspendergeschichte wieder. Diejenigen, die einst Verbündete Gottes waren, haben den Bund (Vertrag!) endgültig gebrochen. Sie geben Gott nicht mehr den Anteil, den er will. Deshalb wird ihnen der Weinberg genommen.

D Die disclosure in dem Gleichnis

Betrachtet man nur die Tiefenstruktur der Bildspendergeschichte so könnte man meinen, es handle sich hier um eine normale, informierende, beschreibende Geschichte, die über sich selbst nicht hinausragt. Die Hörer hätten auch feststellen können: "Eine schöne Geschichte", oder: "Eine unterhaltsame Geschichte", oder auch: "Der Besitzer hat Recht gehabt, so zu handeln!". Darüber hinaus aber hätte man kaum zu einem anderen Schluß kommen können.
Nicht so, wenn man sich den Performanztext anhört.
Die Hörer Jesu reagieren anders: "Und sie hätten sich gerne seiner bemächtigt, fürchteten aber das Volk; sie hatten nämlich verstanden, daß er sie mit diesem Gleichnis meinte" (Mk 12,12).
Die Hörer hatten wohl verstanden, daß Jesus sie nicht unterhalten wollte, daß die Wirklichkeit, von der er sprach eine andere war, daß die Erzählung eine Sinnwandlung enthielt, daß es um "mehr" als um die erzählte Geschichte ging.

Jesus redete nochmals in Bild (34). Die Situation, in der Jesus seine Erzählung sprach, mag den Hörern geholfen haben, das einzusehen. Aber auch die Verzerrung der erzählten Wirklichkeit, war für sie eine große Hilfe, über das Bild hinaus zu schauen.
J. Jeremias versucht (35) den realistischen Charakter der Erzählung zu retten und die Unwahrscheinlichkeit zu erklären. Er beruft sich darauf, daß der Besitzer im Ausland war. Deshalb konnten die Winzer zunächst die Knechte mißhandeln, und als sie den Sohn sahen, dann meinten sie, der Besitzer wäre gestorben (!) und der Erbe käme, den Weinberg in Besitz zu nehmen.
Die Erzählung wird damit trivialisiert. Gerade die Annahme, die Winzer hätten gemeint, der Besitzer wäre gestorben, trägt dem ungeheuren Anspruch und den Missetaten der Winzer keine Rechnung mehr.
Die Abreise des Besitzers ist ein von der Regie der Erzählung gewollter Zug: dies soll ermöglichen, daß der Besitzer seine Knechte und seinen Sohn schickt, und daß sie von den Weingärtnern mißhandelt und getötet werden. Das mag ironisch klingen, aber das liegt in der Logik der Erzählung.

Wiederum muß gesagt werden, daß das Unwahrscheinliche nicht erklärt werden muß, weil es selber Licht gibt.
Die Geschichte ist keine unmögliche. Aber die Gleichnisse Jesu erzählen nie Unmögliches, wohl aber Unwahrscheinliches (36). Das Unwahrscheinliche mag manchmal eklatant zum Zuge kommen, wie beim Gleichnis von den Zehn Jungfrauen oder von den Arbeitern im Weinberg. Manchmal, und das ist öfter der Fall, läßt sich die Verzerrung der Wirklichkeit nur leise wahrnehmen. Es gilt aber, sie wahrzunehmen, und nach ihrem Grund zu fragen.
Die erzählte Welt ist nicht die wahre, alltägliche Welt. Man erkennt sich zunächst nicht mehr in ihr. Der Hörer fühlt sich durch das Bild in eine andere fiktive Welt versetzt, wo er sich zunächst unwohl fühlt. Nur wenn er in ihr ein Bild seiner Wirklichkeit erkennt, dann geht das Licht auf: er kann nun verstehen, worum es eigentlich geht.
Wie weit verzerrt nun Jesus die reale Welt, um den Hörer von ihr zu verfremden und ihn in die gemeinte Welt zu versetzen?
Die Geschichte enthält an sich keinen unmöglichen Zug. Strenggenommen auch keinen unwahrscheinlichen, wenn man jeden Zug für sich betrachtet. Weder daß der Besitzer in die Fremde reist, noch daß er seine Knechte schickt, um seinen Anteil zu holen, noch daß er seinen Sohn schickt, ist an sich unwahrscheinlich.
Unwahrscheinlich klingt aber die Geschite als ganze (37). Die ganze Geschichte ist so meisterhaft konstruiert, daß das Urteil Jesu zum Schluß als ein notwendiges Urteil erscheint. Auch die Hörer hätten ein solches Urteil fällen können (38).
Merkwürdig erscheint zunächst in diesem Gleichnis die Tatsache, daß der Besitzer nicht nur einen Knecht, sondern drei, einen nach dem anderen schickt. Nach der Mißhandlung des ersten Knechtes hätte der Besitzer gleich selber zurückreisen können und die Winzer gerechterweise bestrafen. Aber er schickt noch einen zweiten und einen dritten (39) und andere dazu. Und nachdem sie, einer nach dem anderen, der eine geschlagen, der

andere ermordet worden waren, da denkt sich der Besitzer etwas, das auf dem ersten Blick sogar naiv scheinen könnte: "Vor meinem Sohn werden sie Respekt haben". Merkwürdig ist dieser Besitzer. Merkwürdig ist auch das Verhalten der Winzer, die die Knechte mißhandelten, obwohl sie doch mit einer Strafe hätten rechnen müssen. Noch merkwürdiger wird ihr Verhalten, als sie den Sohn sehen, weil sie unerhörte Ansprüche erheben (40) und sich noch schlimmer benehmen.

Die wiederholte Sendung der Knechte und des Sohnes hätte sie zur Vernunft bringen sollen. Doch ihre Unvernunft steigert sich. Endlich kommt auch der Besitzer. Zu spät für die Knechte und für den Sohn. Aber sein Verhalten verrät, daß es ihm weniger um den Sohn, vielmehr um den Weinberg geht. Was er mit seiner Handlung erreichen will, ist die Übergabe des Weinbergs an andere Winzer. Er bestraft sie nicht primär, weil sie die Knechte und den Sohn mißhandelt hatten, sondern weil sie durch Verbrechen den Vertrag gebrochen hatten (41), wenn auch die Härte der Strafe nur dadurch erklärbar sein kann, weil sie die Knechte und den Sohn mißhandelt hatten.

Es ist kaum möglich, diese Erzählung als eine realistische und alltägliche Geschichte einzustufen.

Die Hörer haben die Verzerrung der Wirklichkeit, die Ironie der Erzählung, ihre Sinnwandlung vernommen.

Für die Zeitgenossen Jesu war die Sinnwandlung dieser Erzählung sicher leichter zu vernehmen, denn sie erlebten die Situation Jesu mit und außerdem verwendete Jesu diesmal Bildfelder, die den Hörern durchaus bekannt waren, wie das Bildfeld Weinberg/Volk Gottes und das andere Knechte/Propheten. Das Vorhandensein der bekannten Bildfelder und die Verzerrung der Wirklichkeit haben die disclosure der Hörer ermöglicht. Man muß aber noch unterscheiden. Wenn man von der Perspektive der Urdisclosure Jesu ausgeht, dann sind die unwahrscheinlichen Züge notwendig; sie sind von der disclosure Jesu verlangt. Wenn man aber von der Perspektive des Hörers ausgeht, der natürlich zunächst nicht wußte, worum es ging, dann haben die unwahrscheinlichen Züge die Funktionen, die Hörer auf das "mehr" der Gleichnisse zu verweisen.

Den Hörern wurde klar, worum es ging: Nicht um irgendeinen Weinberg, irgendeinen Besitzer, irgendeine Pächter und Knechte, sondern um noch "mehr". Es ging in der Geschichte um sie, und um ihr Verhalten zu Gott und Jesus.

Sie erkannten sich gut in der gemeinten Welt, sie erkannten sie als ihre Welt, ihre Wirklichkeit.

Die Metapher verzerrt notwendig und absichtlich die Wirklichkeit, um sie dem Hörer unbehaglich zu machen. Wegen dieser Unbehaglichkeit fragt man sich, ob die erzählte Welt auch die gemeinte sei. Dann entdeckt man doch die gemeinte Welt, die Welt des Hörers und des Sprechers. Es wird alles klar, das Licht ist aufgegangen.

Man hat die disclosure erlebt.

E Mk 12,1-9 als Sprechakt. Der Anspruch Jesu und die Antwort der Hörer

Man könnte hier einen Vergleich zwischen der Nathansparabel (2 Sam 12,1-13) und dem Gleichnis von den bösen Winzern versuchen. David hatte selber das Urteil über den "reichen Mann" der Parabel gefällt. Er war aber zunächst beim Bild stecken geblieben. Er war noch nicht zur disclosure gekommen. Er wußte nicht, wer dieser Mann war. Nathan muß ihm zu Hilfe kommen: "Du selber bist der Mann". Dann sieht auch David ein, daß er selber der Strafwürdige war, da erkennt er selber plötzlich seine Welt und seine Geschichte. Er ist der Sünder. David bleibt aber nicht beim bloßen Verstehen. Er bereut auch seine Sünde. Damit ist die disclosure zu einem Appell geworden, und David folgt dem Appell. Einsicht und Engagement sind die notwendigen Pole der disclosure.
Die Hörer Jesu, im Unterschied zu David, sind selber zur Einsicht gekommen; Jesus muß nicht erklären "Ihr selber seid die bösen Winzer"; das hatten sie schon verstanden (42). Ihre Reaktion ist aber eine negative. Sie bereuen ihre Sünde nicht, sondern versuchen tatsächlich das Maß ihrer Väter voll zu machen (vgl. Mt 23,32). Sie versuchen auch den letzten Boten Gottes zu ermorden.
Was in der Absicht Jesu doch noch ein letzter Ruf zur Umkehr war, fällt ins Leere. Auch der letzte Ruf wird nicht gehört.
Das vollzieht auf der Ebene der Wirklichkeit, was in dem Gleichnis schon vollzogen war. Die Verstocktheit der Führer Israels ist vollkommen. Über sie wird sich das Gericht Gottes vollziehen.

Fragt man sich, warum die Führer Israels und die Mehrheit des Volkes Jesus nicht annahmen, so könnte man verschiedene Antworten wagen: Weil sie in Jesus nicht den Boten Gottes sehen konnten, oder weil sie es nicht wollten.
Aber auch diese Antwort bleibt noch eine andere Frage schuldig: Warum konnten sie nicht, und warum wollten sie nicht? Es scheint eine naive Frage. Doch die nachösterliche Gemeinde hat sich diese Frage gestellt, wie die Analyse von Mk 4,1-25 zeigen wird.

Die Analyse der Erzählung hat gezeigt, daß die Isotopie der Bildspendergeschichte die Sendung der Knechte und des Sohnes nicht entbehren kann. Obwohl es sich dabei um eine untergeordnete semantische Achse handelt, ist sie für die Erzählung notwendig. Daß die Sendung des Sohnes als die climax der Erzählung in dem Gefälle des Gleichnisses notwendig ist, heißt noch nicht, so hatten wir argumentiert, daß Jesus nicht an sich gedacht hat. Es wird aber damit auch nicht behauptet, daß Jesus sich dabei als den Sohn Gottes bezeichnete, wenigstens nicht in dem heute geläufigen Sinn. Allerdings erhebt hier Jesus einen ungeheuren Anspruch. Er bezeichnet sich als den letzten Boten Gottes (43). Er will seine Landsleute zum letzten Mal rufen, daß sie wieder dem Appell Gottes folgen. Es kommt alles darauf an, ob sie nun den Ruf Jesu wahrnehmen oder nicht.
Das scheint die eigentliche disclosure des Gleichnisses zu sein. Jesus reiht sich in die Folge der Propheten ein. Nicht nur als Bote Gottes. Auch

sein Schicksal wird wie das Schicksal der Propheten aussehen (44). Von seinem Schicksal hängt auch das Schicksal seiner Gegner ab.
Man kann auch sagen, daß Jesus sich hier auch als den Stellvertreter Gottes vorstellte. Bei der Analyse der untergeordneten semantischen Achse "Abwesenheit vs Anwesenheit" des Besitzers, wurde festgestellt, daß die Abwesenheit des Besitzers durch die Knechte und den Sohn zum Teil beseitigt wurde.
Man kann dieses Ergebnis auch auf Jesus und die Propheten übertragen: sie und Jesus sind die Gesandten Gottes; somit handeln sie in seinem Namen und vergegenwärtigen, versinnbildlichen ihn. Sie sind ein Zeichen der Gegenwart Gottes unter dem Volk.

Die Erzählung besitzt schon bei Jesus viele Anspielungen auf seine Situation und auf sich selbst. Hier kommt die Tatsache eklatant zum Ausdruck, daß die Bildspendergeschichten nie selbständig sein können, wenn man von einem Gleichnis und überhaupt von einer Metapher reden will (45).
Die Gleichnisse Jesu sprechen nicht von irgendeiner existentiellen Situation, sondern von der Situation des Menschen vor Gott und seinem letzten Boten.
Der christologische Zug des Gleichnisses kann unmöglich wegradiert werden. Jesus ist seiner Sendung und seiner Mission bewußt.
Von der Entscheidung der Hörer ihm gegenüber hängt auch ihr Schicksal ab.

ZUSAMMENFASSUNG

Der erste Abschnitt des dritten Teils hatte sich als Ziel vorgenommen, einerseits zu zeigen, was die Arbeitshypothese, daß das Gleichnis ein disclosure-Modell ist, in sich einschließt, andererseits dann die jeweilige disclosure eines Gleichnisses zu eruieren.
Das erste Ziel wurde dadurch erreicht, indem gezeigt wurde, daß schon die Bildspendergeschichten über das Deskriptive hinausweisen. Und es wurde gezeigt, daß die Gleichnisse schon durch die Bildspendergeschichten den Hörer auf das "mehr" verweisen.
Für diesen Zweck wurden Gleichnisse gewählt, wo das Unwahrscheinliche eklatant zum Zuge kommt, und andere Gleichnisse, wo das Unwahrscheinliche eher durch das Gefälle des ganzen Gleichnisses zu vernehmen ist.

Andererseits wurde gezeigt, daß gerade das Unwahrscheinliche notwendig ist, um die disclosure zu versprachlichen. D.h., die disclosure Jesu kommt schon in der Bildspendergeschichte zu Worte, weil es sonst unmöglich wäre, sie zu versprachlichen.

Die jeweilige disclosure der Gleichnisse wurde nie mit einem Satz formuliert. Das wäre auch unmöglich gewesen. Die disclosures Jesu lassen sich nicht mit einem Gedanken oder mit einem tertium comparationis wiedergeben.
Die Bildspendergeschichten wollen den Hörer von der alltäglichen Wirklichkeit verfremden, damit er besser seine eigene Wirklichkeit beurteilen kann.

Die Bildempfängergeschichte der Gleichnisse ist nicht mit einer "Sache" oder mit einer "Lehre" zu verwechseln. Es handelt sich um eine "Geschichte", in der Jesus, Gott und die Menschen mitverwickelt sind.
Deshalb ist die Einsicht der disclosure, das Verstehen, nur der erste Schritt der disclosure selber: Die disclosure ist zugleich ein Appell. Der Hörer muß der disclosure, dem Gleichnis folgen! Mehr noch: Der Hörer wird durch die Gleichnisse mit der Wirklichkeit des Gottesreiches, mit Gott selber und Jesus konfrontiert.
Die Gleichnisse, die analysiert wurden, haben auch eine Wandlung gezeigt; wenn es am Anfang allgemein um das Reich Gottes ging, so hat sich diese Geschichte des Gottesreiches allmählich von Jesus selber untrennbar erwiesen: sich für das Gottesreich entscheiden, oder gar sich für Gott entscheiden, hieß dann, sich für Jesus entscheiden. Das letze Gleichnis hat uns allerdings eine Frage gelassen: Warum haben die meisten der Hörer Jesu diese disclosure nicht gehabt, und wenn sie sie doch gehabt hatten: Warum sind sie dann Jesus und seinem Ruf nicht gefolgt?
Auf diese Frage will nun der zweite Abschnitt dieses Teils antworten. Markus versucht durch seinen Text 4,1-25 darauf eine Antwort zu geben.

2. ABSCHNITT

DER SÄMANN GING AUS ZU SÄEN
(Mk 4,1-25)

Die Behandlung der Sämannparabel als letzte Analyse hat einen systematischen und einen theologischen Grund.
Es muß innerhalb unserer These eine Aporie gelöst werden. Es wird hier die These vertreten, daß die Gleichnisse als disclosure-Modelle zur Vermittlung der disclosure Jesu an die Hörer dienen.
Dies ist freilich einer Interpretation der sogenannten markinischen Parabeltheorie entgegengesetzt, nach der Markus vertreten würde, die Parabeln dienten der Verhüllung der Lehre Jesu und der Verstockung des Volkes Israel. Dies ist zwar nicht die einzige Interpretation der markinischen Parabeltheorie, sie hat sich aber durchgesetzt und bleibt seit A. Jülichers Stellungnahme (1) der Stein des Anstoßes für alle Ausleger der Gleichnisse.

Gerade deshalb wird die markinische Fassung gewählt, weil Markus scheinbar (2) die Verstockungstheorie der Parabeln am schärfsten vertritt.
Die Analyse bietet aber auch den theologischen Höhepunkt des dritten Teils und den direkten Übergang zum vierten. Der gewählte Text enthält die gleichnishafte Überlegung Jesu über die Reaktion der Hörer auf seine Verkündigung, die allegorisierende Überlegung der Urkirche über die Verkündigung des Wortes, und die Antwort des Markus auf eine Frage, die die Urkirche selber gestellt hatte: Warum wurde die Botschaft Jesu und Jesus selber nur von einigen angenommen, vom Großteil seines Volkes aber abgelehnt? Somit sind wir aber schon mitten im Herzen der theologischen Problematik und des Geheimnisses Jesu, die im vierten Teil der Arbeit behandelt werden müssen.

A Die Bestimmung und die Gliederung des Textes

Eine erste Abgrenzung des Textes innerhalb des Großtextes des Markusevangeliums wird durch die Angabe einer neuen äußeren und inneren Situation in 4,1-2 und den Wechsel dieser Situation in 4,35 ermöglicht.
4,1-2 ist Jesus am See und lehrt in Gleichnissen das Volk. 4,35 verläßt Jesus das Volk, läßt sich von den Jüngern ans andere Ufer hinüberfahren und lehrt nicht mehr in Gleichnissen. Wir können also zunächst den zu analysierenden Text mit 4,1-34 eingrenzen. Eine weitere und endgültige Abgrenzung erlauben V.10 und V.21-24.
In 4,10 haben wir schon einen Situationswechsel: Jesus lehrt nicht mehr in Gleichnissen zum Volk am See, sondern unterhält sich κατὰ μόνας mit einer Gruppe, die mit ihm war. Das würde den Zusammenhang und die Logik der Erzählung sprengen (3), wäre Markus selber nicht darauf bedacht

gewesen, die Sonderlogik von 4,1-34 anzugeben: Der Verkündigung des Logos ἐν παραβολαῖς an die Volksmenge wird die ἐπίλυσις τοῖς ἰδίοις μαθηταῖς, κατὰ μόνας gegenübergestellt. Das führt Markus an einem bestimmten Beispiel aus, am Beispiel der Sämannparabel.
Die Einführung des Situationswechsels (4) in 4,10 gibt einem kleineren Text eine neue Einheit: man kann zunächst nur diese neue Einheit betrachten und den übrigen Text außer acht lassen.
Schwierig ist aber anzugeben, wo diese neue Einheit aufhört. Denn 4,35 setzt voraus, daß Jesus wieder mit dem Volk ist. Wo fängt Jesus wieder an, in Gleichnissen zum Volk zu sprechen?
4,33-34 sagt Markus, daß Jesus zu dem Volk nur in Gleichnissen redete, den Jüngern aber alles erklärte. Aus diesem Grund kann man auch 4,21-25 zur kleineren Einheit rechnen, weil die zwei Meschalim jeweils gedeutet werden. Man kann also auf Grund der situationellen Einheit den zu analysierenden Text mit 4,1-25 bestimmen.
Somit kann man auch eine Gliederung des Textes versuchen:

4,1-2   : Situationsangabe
3-9   : Parabel vom Sämann
10-12   : κατὰ μόνας Jünger-Frage
13-20   : Deutung der Parabel
21-23   : Gleichnis von der Lampe und Deutung
24-25   : Gleichnis vom Maß und Deutung.

B Tradition und Redaktion des Textes

Traditionsgeschichtliche Studien sind in großer Zahl vorhanden, nicht nur was den Mk-Text, sondern auch was den Mt- und Lk-Text angeht (5).
Man hat versucht, von der Endredaktion ausgehend, herauszubekommen, was von Jesus stammt, was dem Evangelisten und was den vorausgehenden Quellen zugehört.
Die Ansatzpunkte kann man auf zwei reduzieren. Einmal ist man davon ausgegangen, daß das, was in den Parabeln wichtig ist, ausschließlich die ipsissima vox Jesu ist (6).
Das Vorurteil, Jesus habe schwerlich in Allegorien gesprochen (7) hat bei einigen Forschern einen großen Einfluß. Nach diesem Ansatzpunkt wird die eigentliche Parabel (3-9) Jesus, der Rest der Redaktion zugesprochen, einschließlich der Deutung, die eine Allegorisierung der Parabel darstellt (8) und eine Abschwächung der eschatologischen Spitze der Parabel ist (9).
4,10-12 wird am meisten mit Verdacht angesehen. Denn wo doch die Parabeln in sich "sonnenklar" (10) seien, so würden die drei Verse eine Verhüllungs- und Verstockungstheorie der Parabeln vertreten (11). Man hat dann 4,10-12 vom Kontext herausgenommen und für sich analysiert (12).
Das Logion, mag es auch Jesus zugesprochen werden, gehört jedoch nicht in diesen Kontext (13).

Der andere Ansatzpunkt ist der traditionsgeschichtliche. Der Rahmen wird dem Evangelisten zugesprochen (14). Man hat weiter versucht, die verschiedenen Traditionen herauszufinden, und dies mit gutem Erfolg. Der Situationswechsel in 4,10 ist für die meisten ein Argument dafür, daß hier Markus ein vorgegebenes Traditionsstück in den redaktionellen Rahmen einbettet.
Gerade 4,10-12 gegenüber hat man die meisten Bedenken. Denn wo hier von παραβολαί gesprochen wird, wird später in 4,13 eine παραβολή gedeutet. Womöglich hat Markus diese Verse einer anderen Tradition mit einem anderen Sitz im Leben entnommen und in diesen Kontext eingeführt.

W. Marxsen (15) schreibt 4,1-2.11-12.21-23.24-25 der Redaktion zu, die anderen Verse aber gehörten schon in der vormarkinischen Vorlage zusammen.

H. Räisänen (16) unterscheidet vier Traditionsschichten. Zu der ersten sollten V.3b-8, der zweiten V.9.10b.13a.14-20, der dritten V.10a.11-12 gehören. Das alles würde die vormarkinische Quelle darstellen. Der markinischen Redaktion wären dann nur V.1-2.3a.10b.13b.21-25 zuzuschreiben. Doch scheint Räisänen zu viel herausfinden zu wollen. Das zeigt besonders die Annahme, daß V.10 einer dreimaligen Überarbeitung unterlag.

Wahrscheinlich wird man an dem Ergebnis festhalten können, daß die Parabel (1-9) einer ersten Schicht, die Deutung (V.14-20) einer zweiten, und V.11-12 einer dritten Schicht gehörten, die Markus vorfand, und die er dann übernommen hat.

Wie man sieht, kommen beide Ansatzpunkte zu einem ähnlichen Ergebnis. Natürlich treffen nicht alle Gründe genau zu. Einige, wie die Unwahrscheinlichkeit, daß Jesus in Allegorien gesprochen hat, oder die sogenannte "Natürlichkeit" und der "Realismus" der Parabeln, sind Vorurteile, die nicht sehr viel helfen. Besonders K.D. White (17) und J. Drury (18) haben es bewiesen.

R. Brown (19), J. Drury und B. Gerhardsson (20) haben gezeigt, daß Parabel und Deutung zusammengehören. Damit ist aber noch nicht entschieden worden, ob auch die Deutung Jesus zuzusprechen ist. Gewiß, Jesus hat auch in Allegorien sprechen können. Es scheint aber, daß die Deutung zu viele Spuren der urkirchlichen Tradition in sich trägt, um Jesus zugesprochen werden zu können.

Man kann gewisse Unebenheiten der Redaktion nicht leugnen: Der verschiedene Gebrauch von παραβολή in 4,2.33 (Parabel als Mittel der didaché) und in 4,11-12 (anscheinend dient hier die Parabel als Mittel der Verhüllung), ferner einmal im Plural (4,10), einmal im Singular (4,13) im selben Kontext gebraucht. Die Jünger stellen nur eine Frage (4,10), erhalten aber zwei grundverschiedene Antworten - die Spuren der Tradition lassen sich also in der Endredaktion noch deutlich erkennen.

Die Ergebnisse der Traditionskritik müssen festgehalten werden. Das Auseinanderhalten der verschiedenen Schichten erlaubt uns eine differenzierte Analyse der Antwort, die Jesus, die Urgemeinde und Markus selber auf die Frage nach dem Warum der unterschiedlichen Redaktion der Hörer auf Jesus und seine Botschaft jeweils gaben.

Wenn es genügen wird, die Parabel oder die Deutung zu analysieren, um die Antwort Jesu oder der Urgemeinde zu kennen, so muß man andererseits den ganzen Text als eine Einheit betrachten, damit man die Antwort des Markus kennenlernt.
Es wird also angenommen, daß Markus ein echter Autor ist (21), und daß er versucht, durch seine Redaktion einen neuen Sinn zu erzeugen, der die einzelnen Traditionsstücke übersteigt.
Natürlich kann man von vornherein mit der Möglichkeit rechnen, daß Markus die Parabeln mißverstanden hat (22), oder daß es ihm, wie auch nachgewiesen worden ist, nicht gelungen ist, die Spuren der Tradition ganz zu verwischen. Wichtig ist aber zu untersuchen, ob es Markus trotz alledem gelungen ist, eine isotope Ebene zu schaffen, um seine Absicht zur Geltung zu bringen.
Es wird zunächst versucht, herauszubekommen, ob der Text eine einzige isotope Ebene besitzt, dann werden die verschiedenen Schichten der Tradition hinsichtlich ihrer Aussageabsicht befragt.

C Die synchronische Ebene

1 Die Isotopie von 4,1-25

Die "Isotopie" ist eigentlich ein Gesichtspunkt, von dem her ein Text gelesen wird. Eine Isotopie schließt eine andere nicht aus. Einen Text von diesem Gesichtspunkt her zu lesen, heißt lediglich, daß der Text in dieser Hinsicht eine Bedeutungseinheit bildet. Wenn aber der Text eine Isotopie besitzt, dann kann er und zwar aus logischen Gründen, nicht die kontradiktorische oder eine konträre Isotopie besitzen. Er kann lediglich eine andere Isotopie besitzen, die die erste impliziert oder umgekehrt, bzw. eine zweite besitzen, die von der ersten impliziert wird.
L. Marin liest in seiner Analyse der Sämannsparabel in der Mt-Redaktion den Text durch die semantische Achse "clos vs ouvert" (23). Diese semantische Achse bildet bei ihm auch die Isotopie des ganzen Textes.
Wir wollen als Arbeitshypothese eine Bewegung in die von Marin entdeckte Isotopie einführen. Wir lesen den Markus-Text von dem Gesichtspunkt der "räumlichen Bewegung" her. Diese neue Isotopie impliziert die andere von Marin entdeckte Isotopie, schließt sie also nicht aus.
Die räumliche Bewegung wird durch die semantische Achse: "Hinausgehen vs hineingehen" expliziert. Von dieser semantischen Achse ausgehend kann man das logisch-semantische Sechseck bilden, von dem her der ganze Text zu lesen ist:

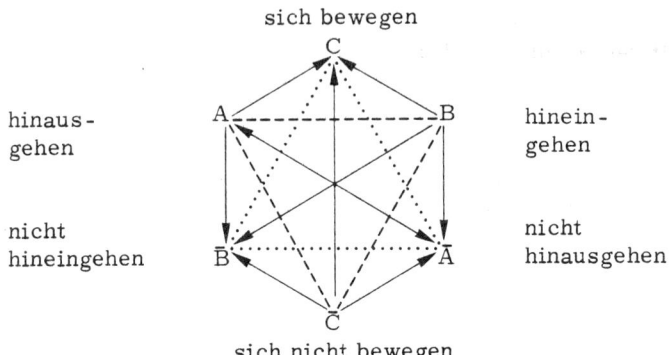

Was nun folgt, soll als Versuch angesehen werden, den Text von diesem Gesichtspunkt her zu lesen. Methodisch wird man am besten zunächst die Parabel (3-9) und die Deutung (14-20) analysieren, weil sie eine auch oberflächlich erzählerische Einheit bilden, und dann erst die übrigen Verse.

2 Analyse des Textes

a) Die Parabel (4,3-9)
Der Sämann geht aus zu säen (A).
Auch der Same wird geworfen (Bewegung nach außen) (A) und fällt (C). Dann bleibt er entweder (S') auf dem Weg liegen ($\bar{C}$) und dringt nicht in die Erde ($\bar{B}$); oder (S'') er dringt in das Erdreich (B), aber wegen des wenigen Humus, der Steine und der Dornen kann er nicht richtig wieder von der Erde herauskommen, so daß er Frucht bringt (C-$\bar{A}$); oder er (S''') dringt in die Erde hinein und kommt heraus und bringt seine Frucht (B-C-A). Stellen wir die Ergebnisse zusammen:

$$S' \quad : A-C-\bar{C}-\bar{B}$$
$$S'' \quad : A-C- \quad B-C-\bar{A}$$
$$S''' : A-C- \quad B-C-A$$

Der Weg, den der Same gehen muß, um Frucht zu bringen, ist der Weg von S''' : A-C-B-C-A: er muß gesät werden, in die Erde hineindringen und von der Erde wieder herauskommen. Der Weg von S' und S'' ist ein widersprüchlicher Weg; das fällt bei der Symbolisierung der Handlungen auf: S' enthält C und $\bar{C}$, S'' dagegen A und $\bar{A}$. Es ist widersprüchlich für einen Samen, zu fallen und dann liegen zu bleiben, wie es widersprüchlich ist, in die Erde hineinzudringen und nicht richtig herauszusprossen.
Es ist aber aus der Logik der Parabelerzählung durchaus herauszulesen, daß es nicht am Samen liegt, ob sein Weg kontradiktorisch wird oder nicht. Es werden auch Gründe angegeben, Hindernisse, die nicht vom Samen, sondern von dem Erdreich gesetzt werden: der Weg, der steinige Grund,

der nicht ausreichende Humus, die Dornen.
Ein Vergleich mit den Handlungen des Sämanns und des Erdreiches wird andere Beobachtungen ermöglichen: Der Sämann setzt immer, in allen drei Fällen zwei positive Handlungen: er sät den Samen, d.h., er wirft den Samen aus und läßt ihn fallen (A-C). In den ersten zwei Fällen setzt das Erdreich jeweils zwei (E') oder eine (E") negative, zu der des Sämanns entgegengesetzte Handlung. Nur im dritten Fall (E''') setzt das Erdreich nur positive Handlungen:

Sämann: A-C
E'   : $-\bar{C}-\bar{B}$
E"   : $B-C-\bar{A}$
E''' :   B-C-A.

Damit kann man zum Aktantenmodell übergehen.
Wenn drei der Aktanten durch einen einzigen Akteur eindeutig belegt werden können, so ist es nicht eindeutig, wer das Subjekt der Erzählung ist (24). Es gibt drei Gesichtspunkte und deshalb auch drei Subjekte. Der Sämann kann Subjekt sein; denn er selber wünscht sich den Samen zurück unter der Gestalt der Frucht. Auch der Same kann Subjekt sein, denn der Same selber wird gerade dazu gesät, um Frucht zu bringen; man könnte sagen, es ist seine "Natur", Frucht zu bringen. Aber auch das Erdreich ist Subjekt, weil es für den Samen da ist und dem Samen ermöglicht, Frucht zu bringen.
Das Aktantenmodell sieht so aus:

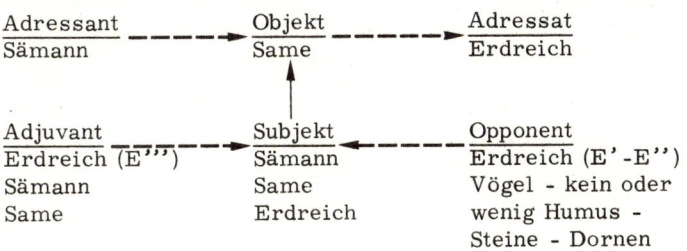

Der Adressant ist ein Sämann, der Adressat das Erdreich und das Objekt der Same. Interessanter ist die Betrachtung der Relationen zwischen den anderen drei Aktanten. Der Sämann ist zugleich Subjekt und Adjuvant seiner selbst, indem er den Samen sät, hilft er sich selber. Auch der Same ist sein Adjuvant. Der Same ist seinerseits auch Subjekt und insofern hilft er auch sich selber und es wird ihm auch vom Sämann geholfen. Das Erdreich als einziger Akteur kann zugleich Adjuvant und Opponent sein. Es kann dem Sämann und dem Samen helfen oder gegen sie handeln. Indem es aber auch Subjekt sein kann, wird es zugleich auch zu seinem Adjuvanten oder Opponenten. Gerade an diesem Punkt wird die Geschichte fast ironisch: es kommt lediglich auf das Erdreich an, ob es sich selber hilft oder nicht, denn die Hilfe des Sämanns und des Samens hat es ohnehin. Das ist das zweite Ergebnis der Analyse. Der Sämann und der Same sind positive

Akteure. Das Erdreich kann beides sein, je nach dem, wie es reagiert und handelt.

b) Die Deutung (4,14-20)

In der Deutung werden lediglich die Akteure umcodiert. Im übrigen hat man dieselbe Isotopie, dieselben Handlungen und dasselbe Aktantenmodell. Der Sämann wird in der Deutung nicht umcodiert (vgl. V.14). Um Mißverständnisse zu vermeiden, wird man lieber von "Sprecher", sowie von "Hörer" (H) reden. Das "Wort" (logos 4,14) wird im folgenden mit (W) symbolisiert.

Unter der leicht nachweisbaren Voraussetzung, daß Parabel und Deutung dieselbe Struktur haben, kann man gleich die Schemata der Struktur der Parabel umcodieren:

Handlungsschema: Die Handlungen des Wortes:

W'   : A-C-C̄-B̄
W''   : A-C- B-C-Ā
W''' : A-C- B-C-A

Handlungsschema: Die Handlungen von Sprecher und Hörer W gegenüber:

Sprecher: A-C
H'   :   -C̄-B̄
H''   :   B-C-Ā
H''' :   B-C-A.

Auch hier gelten die Beobachtungen, die bei der Analyse der Parabel gemacht wurden. Der richtige Weg, damit das Wort "Frucht" bringt ist A-C-B-C-A. Das wird nur von der dritten Gruppe von Hörern (H''') ermöglicht.

Auch das Aktantenmodell bleibt das gleiche, aber umcodiert, was die Akteure angeht:

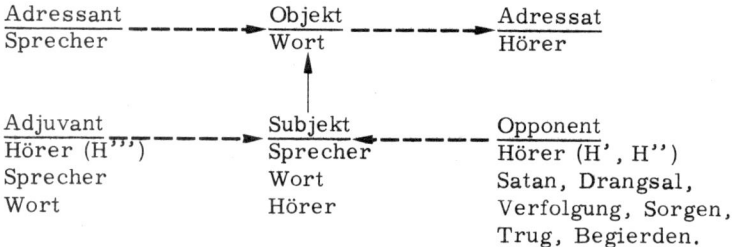

Adressant	Objekt	Adressat
Sprecher	Wort	Hörer

Adjuvant	Subjekt	Opponent
Hörer (H''')	Sprecher	Hörer (H', H'')
Sprecher	Wort	Satan, Drangsal,
Wort	Hörer	Verfolgung, Sorgen,
		Trug, Begierden.

Auch hier gelten die Beobachtungen, die man bei der Analyse der Parabel gemacht hat. Der Sprecher und das Wort sind positive Akteure. Der Hörer allein kann ein positiver oder negativer Akteur sein, je nach seiner Reaktion auf den Sprecher und das Wort. Weiter sind der Sprecher und das Wort auch hier Helfer des Hörers. Nur er wird entscheiden müssen, was er mit dieser Hilfe anfangen will.

c) 4,1-2.10-12: Der redaktionelle Text
Auch der redaktionelle Text besitzt dieselbe Isotopie wie die Parabel und
die Deutung. Die Analyse der Handlungen der Akteure dieses Textes beweisen es.
Jesus beginnt am See zu lehren. Wenn man den Kontext 3,20-35 in Betracht
zieht, dann fällt eine unausgesprochene aber implizite Handlung Jesu auf:
3,20 kommt Jesus nach Hause, wo er sich mit den Schriftgelehrten ausein-
andersetzt und wo er bis 3,35 bleibt. In 4,1 lehrt Jesus am See: man kann
hier also ein "Hinausgehen" Jesu voraussetzen (25). In 4,10 ist Jesus allein mit wenigen. Die Geschlossenheit der Gruppe kann die Geschlossenheit des Hauses ersetzen, obwohl man annehmen kann, daß κατὰ μόνας
auch die Intimität des Hauses impliziert. Es gibt also eine zweite Handlung Jesu: von außen nach innen: Jesus vollzieht also folgende Handlungen
(symbolisiert): A-C-B.
Die Hörer benehmen sich nicht alle auf dieselbe Weise. Wenn am Anfang
alle sich nach außen begeben - sie versammeln sich um Jesus - so gehen
nicht alle mit Jesus hinein. Einige bleiben draußen (im folgenden mit οἱ
ἔξω bezeichnet), andere aber folgen ihm mit hinein (im folgenden nur mit
οἱ περί bezeichnet).
So kann man zwei Gruppen unterscheiden, die jeweils verschiedene Handlungen vollziehen: οἱ ἔξω A-C̄-B̄ und οἱ περί A-C-B.
Wie 4,11 zu verstehen gibt, sind aber die Handlungen der Hörer nur ein
symbolischer Ausdruck des Schicksals der didache (D) Jesu. Ihr Schicksal
ist ein doppeltes: Sie wird von Jesus verkündet, d.h., angesagt (A) und den
Hörern übergeben (C). Bei den οἱ ἔξω aber kommt sie nicht in ihre Herzen (C̄-B̄); bei den οἱ περί dagegen dringt sie in ihre Herzen ein (C-B).

Wir setzen die bisherigen Ergebnisse zusammen:

	Didache:		Anteilnahme am Schicksal der Didache	
Jesus	: A-C-B	D' : A-C̄-B̄	Jesus	: A-C
οἱ ἔξω	: A-C̄-B̄	D" : A-C-B	οἱ ἔξω	: -C̄-B̄
οἱ περί	: A-C-B		οἱ περί	: -C-B

Ein erstes Ergebnis der Analyse des redaktionellen Textes ist, daß 4,1-2
und 4,10-11 zusammengehören, daß von dieser Isotopie her gesehen, die
Verse 4,10-11 den Zusammenhang nicht sprengen, sondern die Handlung
weiterführen.
Das zweite Ergebnis, das sich nicht nur strukturell, sondern auch auf der
Oberfläche ergibt (26), ist, daß es, wie das ganze Evangelium von Markus
bezeugt (27), immer wieder Leute gab, die die Lehre Jesu nicht annahmen,
die "draußen" blieben, während andere seine didache annahmen und mit
ihm Gemeinschaft bildeten.
Die didache Jesu annehmen und mit ihm Gemeinschaft bilden sind gleichbe-
deutende Ausdrücke, was sich auch in der Tiefenstruktur des Textes gezeigt hat : diejenigen, die seine didache annehmen, folgen ihm in das Haus
hinein. Die strukturelle Ähnlichkeit der drei Text-Glieder erlaubt eine Hy-

pothese, die mehr als eine Behauptung ist: Die drei Text-Glieder (die Parabel, die Deutung, der redaktionelle Text) sind metaphorisch in Beziehung gebracht. Die erste metaphorische Ebene stellt die Parabel dar, die zweite, die zugleich die Auflösung der ersten und Aufstellung einer anderen metaphorischen Ebene bedeutet, besteht aus der Deutung der Parabel. Sie ist die Auflösung der Parabel, aber zugleich bezieht sie sich auf den redaktionellen Text metonymisch. Sie ist eine Verallgemeinerung der partikulären Situation Jesu, der seine didache verkündet.
Wenn das richtig ist, dann ist eine Zusammenschau der Ergebnisse, die in der Analyse aller drei Textglieder gewonnen wurden, aufschlußreich. Es werden hier nur die Schemata wiedergegeben, die die Anteilnahme der Akteure am Schicksal des Samens, des Wortes und der Didache symbolisieren:

4,3-9 Sämann: A-C   14-20: Sprecher : A-C
    E'   : $-\bar{C}-\bar{B}$ H'   : $-\bar{C}-\bar{B}$
    E''   : $-C-B-C-\bar{A}$ H'' : $-C-B-C-\bar{A}$
    E''' : $-C-B-C-A$ H''' : $-C-B-C-A$

    4,1-2.10-11: Jesus   : A-C
         οἱ ἔξω   : $-\bar{C}-\bar{B}$
         οἱ περί   : $-C-B$

Dieser Vergleich ist schon optisch ein Ergebnis:
a) Textteile, die synchronisch zu einem legitimerweise abgesonderten Text gehören, und die die gleiche, wenn auch nur noch partiell gleiche Struktur aufzeigen, gehören auch semantisch zusammen. Sie bilden eine isotope Texteinheit, die trotz verschiedener Herkunft einen neuen einheitlichen Gesamtsinn erzeugt.
b) Die gegenseitige semantische Spiegelung der drei Text-Teile läßt den Versuch zu, die zwei Gruppen von Hörern des redaktionellen Textes mit Gruppen von Akteuren in der Parabel und in der Deutung zu identifizieren. Eindeutig kann man die οἱ ἔξω (4,11) mit dem Erdreich der Parabel, das dem Samen nur einen harten Boden geboten hat (E'), und mit den Hörern der Deutung, die das Wort nur hören und nicht aufnehmen (H'), identifizieren.
Die drei Gruppen setzen dieselben Handlungen: die didache Jesu, der Same und das Wort erleiden dasselbe Schicksal (symbolisch: $A-\bar{C}-\bar{B}$).
Nicht so eindeutig kann man die οἱ περί identifizieren. Ein Vergleich des Schicksals der didache bei dieser Gruppe und des Samens und des Wortes bei den übrigen zwei Gruppen in der Parabel und Deutung zeigt die Schwierigkeit:

S''+W''   : $A-C-C-B-\bar{A}$
S'''+W''' : $A-C-C-B-A$
D''   : $A-C-C-B$

Es fehlt noch ein Schritt bei D'': sie hat noch nicht "Frucht" gebracht. Sie soll noch "hinausgehen" (A).

Die οἱ περί haben schon die ersten Hindernisse aufgehoben, die die οἱ ἔξω gesetzt hatten:

οἱ ἔξω : C̄-B̄
οἱ περί : C-B

Das genügt aber noch nicht. Die Didache soll noch Frucht bringen, die οἱ περί sollen das zulassen. Werden sie das auch tun?
Der Text besitzt nun einerseits das Merkmal der Hoffnungslosigkeit, was die οἱ ἔξω angeht, andererseits eine Appellstruktur, eine Offenheit, was die οἱ περί angeht: sie sollen weiter mitwirken.
Das Aktantenmodell für 4,1-2.10-11 übersetzt die strukturalen Überlegungen in aktantielle Kategorien.

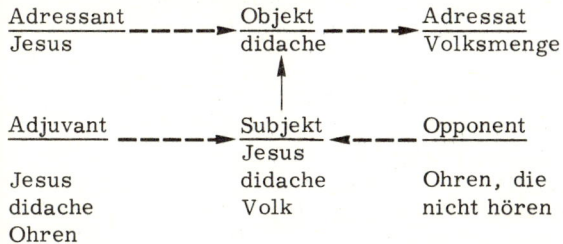

Adressant	Objekt	Adressat
Jesus	didache	Volksmenge

Adjuvant	Subjekt	Opponent
	Jesus	
Jesus	didache	Ohren, die
didache	Volk	nicht hören
Ohren		

Das Volk, das in 4,1 als potentieller Adjuvant Jesu auftritt, indem es sich um ihn versammelt, spaltet sich. Viele werden als falsche Adjuvanten, d. h. als Opponenten entlarvt; einige dagegen werden tatsächlich zu seinen Adjuvanten, obwohl ihr Schicksal noch nicht endgültig entschieden ist. Denn es werden noch äußere Opponenten auftreten, wie Verfolgung, Drangsal usw., und erst dann wird sich herausstellen, wer endgültig als Adjuvant zu gelten hat.

d) Bestätigung der Appellstruktur des Textes auf der Text-Oberfläche (4,3.9.23.21-25)
Die Strukturen des Textes haben seinen Appellcharakter für die οἱ περί ans Licht gebracht. Aus dieser gewonnenen Erkenntnis lassen sich andere Sätze und kleinere Texteinheiten besser verstehen.

1) Die Weckformeln (28): ἀκούετε, ὅς ἔχει ὦτα ἀκούειν ἀκουέτω.

Das Lexem ἀκούειν ist im Griechischen semantisch polysem. Es bedeutet zunächst "hören", aber auch "aufmerksam hören", was man im Lateinischen mit "audire" und "auscultare" übersetzen könnte. Es bedeutet weiter "verstehen", "begreifen", "gehorchen", "Schüler sein" ... .
Was in 4,3 polysem bleibt - ἀκούειν ist hier zunächst ein "aufmerksam sein" - wird in 4,9 semantisch in etwa verschränkt: "Wer Ohren hat zu hören, der verstehe, begreife": so könnte man übersetzen.
Das Text- Einsatz- und Schluß-Signal der Parabel werden auf diese Weise zu einer richtigen Weckformel, nicht nur in dem Sinne, daß sie die Aufmerksamkeit der Hörer wecken möchte, sondern auch in dem, daß sie

darauf hinweist, daß die Parabel nicht die ganze Geschichte ist, daß sie
verstanden werden will, daß sie auf ihren verborgenen und tiefen Sinn verweisen will.
Schon in 4,3.9 besitzt der Text also einen Appellcharakter. Die didache
Jesu ist an alle gerichtet, seine Parabel ist auch an das ganze Volk, alle
Hörer gerichtet.
Die Formel wird später 4,23 wieder aufgenommen: εἴ τις ἔχει ὦτα
ἀκούειν ἀκουέτω. Diesmal wird, nach unserer Arbeitshypothese, die
Formel nur für die οἱ περί gebraucht. Sie sollen noch verstehen und begreifen. Die anderen, die οἱ ἔξω können nicht mehr verstehen, weil sie
Jesus und seiner didache nicht gefolgt sind; sie aber sind Jesus gefolgt,
und haben seine didache angenommen. Sie sollen aber noch richtig verstehen (das wird übrigens auch in 4,13 bestätigt: "Habt ihr diese Parabel
nicht verstanden?"). Der Text besitzt noch Appellcharakter, diesmal aber
nur noch für die οἱ περί .

2) Die Gleichnisse von der Lampe und von dem Maß
Die Appellstruktur des Textes wird weiter noch auf der Oberfläche des
Textes in den V.21-25 sichtbar. Nach unserer Arbeitshypothese werden
diese Worte von Jesus an die οἱ περί gerichtet.
Wir hatten nun bei der Strukturalanalyse von 4,1-2.10-11 festgestellt, daß
die οἱ περί die didache zwar angenommen hatten und Jesus gefolgt waren,
daß sie aber noch einen letzten Schritt gehen sollten: von innen nach außen,
von der Geschlossenheit in die Offenheit.
Das kleine Gleichnis von der Lampe besitzt dieselbe Isotopie. Das Entscheidende an diesem Text ist, daß es für den λύχνος notwendig ist, ja in seinem Wesen liegt, sich zu offenbaren, Licht zu geben. Die Lampe verlangt
den Schritt von innen nach außen: das Licht verlangt also, von B durch C
zu A zu übergehen.
Was beim Gleichnis "parabolisch" gesagt wird, wird in der metonymischen Erklärung (V.22) wiederholt (29).
Worum geht es hier? Um die Bildempfängergeschichte herauszubekommen,
kann man versuchen, 4,11 mit 4,21-22 zusammenzutun. Es geht natürlich
um das Geheimnis des Gottesreiches. Das Geheimnis des Gottesreiches
wurde den οἱ περί gegeben. Von der Verborgenheit (30) wurde es irgendwie enthüllt, wenigstens in dem Sinne, daß es gegeben wurde. Die οἱ περί
haben es angenommen.
Das genügt aber nicht. Es soll aufgenommen werden, aber dann wieder geoffenbart, und zwar von denjenigen, die es aufgenommen haben.
Nach dem semantischen Sechseck soll das Geheimnis des Gottesreiches
diesen Weg gehen: von innen nach außen (erste Offenbarung), von außen
nach innen (Aufnahme der ersten Offenbarung) und wieder von innen nach
außen (weitere Offenbarung): symbolisiert: A-C-B-C-A.
Von Jesus wird A gesetzt und zusammen mit den οἱ περί C. Sie sollen
aber selber B-C-A setzen. Sie hatten bis jetzt nur B gesetzt. Nun sollen
sie auch A setzen. Es ist ein richtiges "Sollen".
4,21-22 ist eine Aufforderung Jesu an die οἱ περί, ihre Rolle endgültig zu
definieren. Es ist die Aufforderung, das zu tun, was Matthäus in anderem

Kontext so schreibt: "Was ich euch im Dunkeln sage, das sprecht im Licht aus, und was ihr ins Ohr (geflüstert) hört, das verkündet von den Dächern" (10,27). Der Kontext in Mt ist aber von dem markinischen nicht so grundsätzlich verschieden, wie man annehmen könnte: Jesus hatte den Jüngern Verfolgungen angekündigt (10,17-24), und dann ermutigt er sie, sich nicht zu fürchten, sondern mutig das Verborgene zu offenbaren (10,26ff).
Methodisch ist es sicher nicht sauber, Matthäus und Markus zu vermischen. Ein Vergleich kann dennoch fruchtbar sein: Matthäus bringt vor diesem Bildwort denselben Text, der in Markus zu finden ist: "Denn nichts ist verhüllt, was nicht enthüllt, und nichts verborgen, was nicht bekannt werden wird" (Mt 10,26).
In diesem Zusammenhang kann man nun die Vv 16-17 der Deutung bei Markus vergleichen: "Und ebenso sind die auf steinigen Grund Gesäten jene, die das Wort, sobald sie es hören, sofort mit Freuden aufnehmen; aber sie haben keine Wurzel in sich, sondern sind Augenblicksmenschen. Sobald nachher Drangsal oder Verfolgung um des Wortes willen entsteht, kommen sie zu Fall".
Die Aufnahme des Wortes, ja auch die Gabe des Geheimnisses des Gottesreiches reichen nicht aus. Scheinbar sind also die οἱ περί noch in der Gefahr, so wie E" und H" der Parabel und der Deutung zu reagieren und damit zu Opponenten Jesu zu werden.
Das Gleichnis der Lampe will also als Illokutionsakt Jesu, als eine Aufforderung verstanden werden, nicht so zu reagieren, sondern das Geheimnis ans Licht zu bringen. Vielleicht kann man hier darauf aufmerksam machen, daß das "Fruchtbringen" der Parabel (4,8) in der Deutung nicht umcodiert wird. Die Umcodierung erfolgt aber auch in 4,21-22 nicht anders als metaphorisch. Allerdings kann man die These aufstellen, daß es hier nicht darum geht, "gute Werke" zu tun, sondern darum, das Reich Gottes zu verkünden, das empfangene Geheimnis zu offenbaren. Wie schon gesagt, kann 4,23 die Appellstruktur des Textes für die οἱ περί nur bestätigen und stärker und deutlicher machen.

Auch das Bildwort von dem Maß (4,24-25) wurde als Arbeithypothese zu dem bereits analysierten Text zugerechnet (31).
Der Weckruf (4,23) wird hier unter einer anderen Form wieder aufgenommen: βλέπετε τί ἀκούετε , und metaphorisch entfaltet. Das Bildwort entfaltet nämlich die ganze Breite der Appellstruktur des Textes. Die Markus-Version unterscheidet sich gewaltig von der Lukas-Version (32). Die Betonung legt Markus auf das τί . Von dem, was das τί meint, von dem also was die οἱ περί hören, soll das Maß abhängen, mit dem sie messen sollen. Und was sollen sie messen? Ihre Reaktion auf die Verkündigung und die Gabe des Geheimnisses des Gottesreiches. Von ihrer Reaktion wird nämlich abhängen, wie sie später behandelt werden. "Denn wer hat, dem wird gegeben werden. Wer aber nicht hat, dem wird auch das, was er hat, genommen werden".
Matthäus bringt dieses Logion gleich nach der Gabe des Geheimnisses des Gottesreiches. Nach Mt wurde den Jüngern so viel gegeben, weil sie schon

gut reagiert haben (sie haben das Wort Jesu aufgenommen), die anderen
werden aber bestraft: sie werden nichts von dem Geheimnis des Gottesreiches verstehen, weil sie das Wort nicht aufgenommen haben.
Im Markus-Text steht das Logion nach der Gabe des Geheimnisses, aber
in einem anderen Kontext. Hier wird das Logion ganz an die οἱ περί gerichtet. Dieser Kontext ist dem des Gleichnisses von den Talenten (Mt 25,
14-30; Lk 19,11-27), wo am Schluß dasselbe Logion steht, ähnlich. Es
geht also bei Markus darum, wie man diese Gabe verwendet.
Man kann sie gut verwenden, indem man sie ans Licht bringt, oder man
kann sie verbergen und nur für sich allein halten. In diesem Fall wird
auch für sie zutreffen, daß ihnen, auch was sie haben, weggenommen wird,
daß sie also die erste Gabe wieder verlieren. 4,24-25 bestätigt auch die
Strukturalanalyse des redaktionellen Textes 4,1-2.10-11. Auch dieses Bildwort und das Logion sind eine Bestätigung der Appellstruktur des Textes.
Jesus ermutigt die οἱ περί, den Maßstab ihrer Reaktion auf die Gabe
nicht zu klein zu setzen. Jedenfalls nicht wie die Hörer der Deutung, die das
Wort zwar aufnehmen, aber sie dann nicht fruchtbar machen. Am besten
aber so, daß sie nicht nur τριάκοντα oder ἑξάκοντα, sondern ἑκατὸν
καρποφορῶσιν (33).

D Die Diachronie des Textes

1 Die disclosure der Parabel des Sämanns

Die Bildempfängergeschichte des Gleichnisses ist nicht mit der Deutung zu
verwechseln. Die Deutung stellt die Beziehungen zwischen Bildempfänger-
und Bildspendergeschichte her. Sie ist also die situationelle Anwendung
des Gleichnisses seitens der Urgemeinde.
Auch die Situation, die im redaktionellen Erzähltext (4,1-2.10-12) geschildert ist, ist nicht unmittelbar mit der Bildempfängergeschichte zu identifizieren, sondern nur mittelbar, indem sie eine typische Situation des Gottesreiches darstellt. Sie schildert die Situation des Gottesreiches, in welcher Jesus die Botschaft des Reiches verkündet, und die Hörer zur Umkehr und zum Glauben ruft.
Jesus, der Sprecher der Parabel, sieht seine Tätigkeit wie die Tätigkeit
des Sämanns. Wenn man von der Theorie der Metapher als "Sehen als ..."
ausgeht, dann kann man auch in diesem Fall von einer Urdisclosure Jesu
sprechen, der das Gottesreich und die Verkündigung vom Gottesreich wie
die Tätigkeit des Säens ansieht. Diese Urdisclosure Jesu prägt die ganze
Parabel, so daß man kaum von einem "Realismus" der Parabel reden kann,
und das auf zwei verschiedenen Ebenen. Zunächst einmal nicht, weil die
Erzählung nicht sich selber meint, sondern etwas anderes, das nicht mit
dem Schein des Realismus zu verwechseln ist. Der Realismus täuscht.
Man kann sich von ihm verführen lassen und meinen, die Parabel sei eben

nur die Bildspendergeschichte und nichts anderes. In diesem Fall würde man beim Bild verbleiben, und das Gleichnis als Gleichnis nicht verstehen. Keine Metapher ist realistisch. Zweitens muß der angebliche Realismus auch in den Einzelzügen revidiert werden (34). K.D.White lehnt die Ansicht von J.Jeremias ab, nach der die Schilderung des Säens bei der Parabel die normale gewesen sei. Er weist nach, daß es nicht der normale Fall war, etwa, daß man zunächst gesät und dann erst gepflügt hat (35). Es gibt ferner Einzelmetaphern in der Parabelerzählung, die direkte Beziehungen zwischen Bildspender- und Bildempfängergeschichte herstellen, Beziehungen, die dann in der Deutung offen zu Tage kommen: Wie R.E.Brown zeigt, waren die Bildfelder "Same-Wort" und "Vögel-Satan" den Israeliten bekannt (36), so daß diese Metaphern für die Hörer schon ein deutlicher Hinweis auf die Bildempfängergeschichte sein konnten.
Wenn man also sich von dem Vorurteil des Realismus der Parabeln befreit, sieht man klar, daß die Bildempfängergeschichte die Bildspendergeschichte prägt und formt. Die Bildempfängergeschichte funktioniert tatsächlich wie der "qualifier" beim "disclosure model". Durch sie wird die Bildspendergeschichte mitgeprägt.
Dann nehmen auch die Einzelzüge der Parabel eine andere Färbung an. Die Funktion der Bildempfängergeschichte gegenüber der Bildspendergeschichte schlägt sich ganz deutlich nieder in der Struktur der Parabel selber, in der genauen Schilderung des Vorganges des Säens, wo, hätten wir auch die Deutung nicht, die Einzelheiten ein eigenes Licht bekommen. Dann schlägt sich diese Funktion der Bildempfängergeschichte auch in besonderen Einzelzügen nieder, die direkt den Realismus der Parabel ganz und gar sprengen und die Augen öffnen, wenn sie noch nicht geöffnet waren.
So ist die unwahrscheinlich große Menge der Ernte (dreißig-sechzig-hundertfach) der deutlichste Beweis, daß der Realismus in der Metapher und in der Parabel fehl am Platz ist. Das ist aber nur der Ort, wo die disclosure Jesu am deutlichsten die Aufmerksamkeit auf sich zieht.
Das ganze Gleichnis ist aber, in seiner Struktur und in den Einzelzügen, eine Konstruktion nach dem Maßstab der disclosure Jesu.
Vor der Bildempfängergeschichte, also vor der disclosure, war aber Jesus. So daß man noch einen weiteren Schritt gehen kann: Nicht die Bildempfängergeschichte prägt direkt die Bildspendergeschichte, sondern Jesus, der beide "Geschichten" vor Augen hat. Er ist der Urheber der disclosure und er prägt selber die Bildspendergeschichte nach seiner disclosure.
So wird die Parabel selber zu einem disclosure-Modell. Sie ist die Versprachlichung der Urdisclosure Jesu, der das Gottesreich als eine Tätigkeit des Säens sieht. Der Hörer soll durch das disclosure-Modell zur disclosure Jesu gelangen und an ihr partizipieren.
Wie kann man nun die Bildempfängergeschichte anhand der Bildspendergeschichte formulieren?
Hinter dem Sämann verbirgt sich Jesus selber. Er sieht sich selber als einen Sämann, der seinen Samen ausstreut. Die ganze Parabel ist also eine Reflexion über seine Tätigkeit als Verkünder des Gottesreiches. Man wird

also das Gleichnis am besten in ein späteres Stadium seiner Mission situieren, in welchem diese Reflexion anhand der Ergebnisse seiner Tätigkeit erst möglich war. Das würde am besten den Kontrast zwischen Gegenwart und Zukunft, der in dem Gleichnis zum Ausdruck kommt, erklären.
Der Kontrast ist ein zeitlicher und ein inhaltlicher. Der zeitliche Kontrast ist zwischen der Gegenwart und der Zukunft zu setzen. Dieser wird seinerseits inhaltlich gefüllt und qualifiziert.
Sieht Jesus die Ergebnisse seiner Tätigkeit in der Gegenwart pessimistisch an, indem er feststellen muß, daß er bei seinen Hörern nicht ankam, weil sie ihn und seine Worte und Taten entweder ablehnten oder nicht zu Frucht kommen ließen, so gibt er seine Zuversicht und Hoffnung nicht auf, daß seine ganze Tätigkeit doch Frucht bringen wird.
Jesus muß zunächst feststellen, daß seine Verkündigung gar nichts bei seinen Hörern bringt. Das mußte er nicht nur an denjenigen feststellen, die seinen Ruf ausdrücklich ablehnten, oder ihn zwar vernahmen, aber ihm nicht folgten, sondern auch an seinen Jüngern selbst, die zwar ihn hörten und ihm nachfolgten, die aber anscheinend so wenig verstanden wie die anderen, oder kaum besser verstanden.
In einer solchen Situation stand Jesus sicher, wie die Evangelien reichlich bezeugen, und das könnte auch der Ort sein, in dem er seine Reflexionen über seine Tätigkeit anstellte.
Aber Jesus, wie der Sämann, ist auch zuversichtlich. Seine eschatologische Hoffnung ist, daß aus dem kleinen, nichts versprechenden Anfang eine große Ernte wird. Die Zuversicht des Sämanns in diesem Gleichnis ist dieselbe wie die des Sämanns in dem Gleichnis der selbstwachsenden Saat (Mk 4,26-29). Das Sämanngleichnis qualifiziert den Kontrast zwischen Anfang und Ende noch weiter, indem Jesus nicht nur von einem kleinen, aber versprechenden Anfang redet, sondern von einem ausgesprochen schlechten Anfang, dem doch ein wunderbares Ende folgen wird.
Die Zuversicht Jesu ist sicher mit der Zuversicht des Sämanns zu vergleichen, aber übertrifft sie gleichzeitig, weil kein Sämann auf so eine große Ernte hoffen kann: das liegt außerhalb seines Erwartungshorizontes. Nicht so Jesus: Er ist wie der Sämann und "mehr", gerade weil sein Ruf "mehr" als ein gewöhnlicher Same ist. Der Same kann sich selber nicht überbieten. Der Ruf Jesu kann das tun, weil in diesem Ruf Gott selber am Werk ist: es ist schließlich nicht sein Reich, das Jesus ankündigt, sondern das Reich Gottes. Es wird auch das Wunder der unwahrscheinlich großen Ernte wirken. Die Zuversicht Jesu ist zugleich ein Appell an seine Jünger, seinem Ruf zu folgen und ihn zu Frucht kommen zu lassen. Der Appell-Charakter des Gleichnisses kommt nicht nur strukturell, sondern auch lexematisch in den Weckformeln: "Höret" (4,3) und: "Wer Ohren hat zum Hören, der höre" (4,9) zum Ausdruck.
Die unwahrscheinlich große Ernte war für die Hörer nicht nur ein Hinweis auf die Urdisclosure Jesu, sondern auch eine verlockende Einladung, seinem Ruf zu folgen.
Die Partizipation an der disclosure Jesu wird zugleich zu einem Appell. Wer sie versteht, wird zugleich angesprochen. Der Hörer muß sich selber im Gleichnis entdecken und danach handeln.

Die Partizipation an der Urdisclosure Jesu wird durch die Unwahrscheinlichkeit der Ernte aufgefordert. Dieser unwahrscheinliche Zug war natürlich dazu geeignet, die Aufmerksamkeit der Hörer zu wecken und sie von der "normalen" Geschichte zu verfremden, um sie in die anvisierte Wirklichkeit des Gottesreiches zu versetzen.
Aber schon die ganze Geschichte ist an sich unwahrscheinlich. Diese strukturelle Unwahrscheinlichkeit kommt durch den Kontrast zwischen einer nichts versprechenden Gegenwart und der dennoch behaupteten Zuversicht für die Zukunft zum Ausdruck. Dieser Kontrast geht über die "Normalität" einer Geschichte des Säens hinaus. Sie verweist auf die Bildempfängergeschichte, die wiederum eine typische Geschichte des Gottesreiches ist.
Das Gottesreich entzieht sich den Regeln einer normalen Geschichte des Säens.
Im Gottesreich kann es eine bedrückende Gegenwart und eine versprechende Zukunft geben, anders als bei der Saat.

2 Die Deutung der Parabel

Es ist bestritten, ob die Deutung ursprünglich von Jesus stammt oder eine nachösterliche Interpretation der Parabel ist. In der letzten Zeit vertreten verschiedene Ausleger die Ansicht, daß die Deutung von Jesus stammt (37). Daß Parabel und Deutung schon in der vormarkinischen Quelle zusammen vorlagen ist, eher anzunehmen. Daß sie auch auf einer isotopen Ebene liegen, wurde schon gezeigt, und die isotope Ebene war auch verhältnismäßig leicht zu schaffen, da die Deutung lediglich eine Umcodierung der Parabel ist.
Das ist aber noch kein Argument dafür, daß auch die Deutung von Jesus stammt. Auch das andere Argument, daß Jesus hätte auch in Allegorien sprechen können, führt in diesem Fall nicht weiter.
Die literarischen Argumente von J. Jeremias (38) sind schwerwiegend und die Spuren des urkirchlichen Sitzes im Leben sind auch deutlich zu erkennen.
Die nachösterliche Gemeinde interpretiert und wendet die Parabel Jesu auf ihre neue Situation an.
Das Gottesreich und der Urheber der Urdisclosure des Gottesreiches wurden weiter verkündet auch innerhalb derselben Gemeinde.
Aber auch in der neuen Situation wiederholt sich das Phänomen, das sich bei der Verkündigung Jesu ereignet hatte. Es gab auch Leute, die sich der Verkündigung des Reiches außerhalb der Gemeinde widersetzten, und Leute, die innerhalb der Gemeinde das Wort hörten und mit Freude aufnahmen, die aber aus verschiedenen Gründen, wegen Drangsal und Verfolgung, Sorgen, Trug und Begierden, das Wort nicht zur Frucht kommen ließen.
Aber es gab auch Grund zur Freude, weil die Zuversicht Jesu sich verwirklicht hatte. Gerade die Verkündigung, die Jesus als Objekt hatte, gab die ersten Zeichen der großen Ernte.

Das theologische Recht der Urgemeinde, die Parabeln auf ihre neue Situation anzuwenden, kann nicht bestritten werden. So blieb die eschatologische Hoffnung Jesu auf die große Ernte auch ein Appell an die nachösterliche Gemeinde, mit Jesus Zuversicht zu haben und selber zu aufmerksamen Hörern des Wortes zu werden.
Der zeitliche Kontrast im ursprünglichen Gleichnis Jesu: "Jetzt" vs "Später" läßt in der Deutung seinem Platz einem anderen Kontrast, der nicht mehr zeitlich ist, sondern überzeitlich, nämlich zwischen denjenigen, die das Wort zu Frucht kommen lassen und denjenigen, die das nicht tun. Der Kontrast wird auf der Ebene der Redaktion wieder zeitlich, diesmal aber nicht zwischen "Gegenwart" und "Zukunft", sondern zwischen einem "Vorher" und "Nachher" - die Scheidungslinie ist Ostern.

E Die neue Isotopieebene des Textes: Die Aussageabsicht des Markus

1 Es wurde schon gezeigt, daß der ganze Text 4,1-25 auf einer einzigen Isotopieebene liegt. Es liegt also nahe, daß Markus durch seine Komposition einen neuen Sinn erzeugen wollte, der über den Sinn der einzelnen Stücke hinausgehen sollte. Es gilt nun, den Versuch zu wagen, diesen neuen Sinn herauszubekommen. Die Schwierigkeiten, die man überwinden muß, sind nicht gerade wenige.
Einige Ausleger vertreten die Meinung, Markus will in 4,10-12 sagen, daß die Gleichnisse eigentlich nützlos sind (39), daß sie vielmehr als Gleichnisse den Zweck der Verhüllung und der Verstockung haben (40).
Die Implikationen dieser Meinung sind offensichtlich die, daß Markus in diesen Versen eine Paraboltheorie und eine Verstockungstheorie vertritt, die er gleichsetzt: also die Parabeln als Parabeln würden die didache Jesu verhüllen.
Die Auffassung, die Parabeln als Parabeln dienten zur Verhüllung und Verstockung des Volkes, beruht auf einigen nicht klaren Ausdrücken von Mk 4,10-12. Zunächst auf der Kontraposition zwischen ὑμῖν und οἱ ἔξω ; dann auf der Tatsache, daß ὑμῖν eine kleine Gruppe meint (man spricht bei Markus auch fast ausschließlich von den Aposteln und οἱ περί wird im allgemeinen als sekundär abgetan (41)); weiter auf dem angenommenen Kontrast zwischen μυστήριον und παραβολαί in V.11, und endlich auf den finalen Konjunktionen ἵνα und μήποτε (42). Anderen aber scheint diese Erklärung unglaubwürdig. Es gibt Versuche, die, ausgehend von den traditionsgeschichtlichen Ergebnissen, den Offenbarungscharakter der Parabeln zwar retten, der Aussageabsicht des Markus aber keine Rechnung tragen (43), wenn es gilt, daß diese Stücke gegenwärtig syntaktisch und semantisch zusammengedacht sind.
Andere wieder negieren einfach, daß Markus eine Paraboltheorie vertrete (44).
Endlich gibt es Versuche, ἵνα als kausal (ὅτι) oder gar als relativ (45)

oder als Ersatzformel für ἵνα πληρωθῇ (46) zu verstehen, und μήποτε mit "ob nicht vielleicht" (47), "es sei denn" (48) zu übersetzen, entweder durch den Rekurs auf eine angenommene aramäische Vorlage bzw. aramäische Sinnwiedergabe (49), oder mit Hilfe der Grammatik des Griechischen (50). Die aramäische Sinnwiedergabe hilft nicht: denn man kann daraus schließen, daß das aramäische dᵉ ambivalent ist, das trägt aber der Tatsache keine Rechnung, daß Markus es mit ἵνα für Griechisch sprechende Leser übersetzt und nicht mit ὅτι . Der Schluß, Markus habe die Parabeln mißverstanden, taucht hier wieder auf. Der zweite Versuch übersieht im allgemeinen, daß ἵνα und μήποτε durch einen zweifachen Gebrauch von μή verstärkt werden (51), und daß der Modus der Verben der Konjunktiv ist (52), was das finale ἵνα im allgemeinen verlangt (53). Auch die aus der traditionskritischen Arbeit gewonnene Erkenntnis, Mk 4,11-12 sei ein Einzellogion, das ursprünglich nicht zu dem Gleichniskapitel gehört habe (54), läßt die Konklusion, Markus wolle keine Paraboltheorie vertreten (55) nicht zu; denn das Logion befindet sich jetzt im Gleichniskapitel, und dieser Tatsache muß Rechnung getragen werden (56).

2 Damit man den neuen Sinn der Redaktion herausbekommt, soll man sich nun nicht mehr mit der Diachronie des Textes, was schon bisher geschehen ist, sondern mit der Synchronie auseinandersetzen.
Auch die Synchronie hat ihr Recht:
Wenn es stimmt, daß die Synchronie des Textes eine einzige semantische Isotopieebene besitzt, so bedeutet das noch nicht, daß die verschiedenen Textglieder dieselbe Rolle haben.
Es wurde schon die Hypothese vertreten, daß die Parabel, die Deutung und der redaktionelle Text aufeinander metaphorisch übertragen werden, und daß das eine Glied das andere jeweils interpretiert und anwendet.
Innerhalb des redaktionellen Textes kommt 4,11-12, dem einstigen Einzellogion Jesu, die Funktion eines Metatextes zu: 4,11-12 will den übrigen Text interpretieren, ihm eine theologische Relevanz geben. Gerade hier ist die Leistung des Markus zu bewundern: er hat nicht nur eine isotope Ebene geschaffen, sondern auf die gleiche Ebene setzt er einen Metatext, der die neue Isotopie nicht leugnet und sie zugleich interpretiert (57).
Nach den vorausgehenden grammatischen und literarischen Überlegungen kann man versuchen, den Metatext zu übersetzen: "Und er sagte ihnen: 'Euch ist das Geheimnis des Reiches Gottes gegeben, denen draußen aber wird alles zu Rätsel (58), damit sie sehend sehen und doch nicht sehen, und hörend hören und doch nicht verstehen, damit sie nicht umkehren und ihnen vergeben wird'".

Wie interpretiert nun dieser Metatext den übrigen Text? Markus will eine Antwort auf die Frage geben, warum nur wenige Jesus und seine Botschaft annahmen, der Großteil der Hörer jedoch nicht.
Er gibt folgende Antwort: weil nur die wenigen dazu prädestiniert waren, die übrigen aber von Gott absichtlich verstockt wurden.
Somit interpretiert er den übrigen Text folgenderweise: Der harte Boden des Weges, auf den der Same vergeblich fiel, konnte sich nicht anders ver-

halten, gerade weil er hart war, und das gute Erdreich konnte auch nicht anders reagieren, gerade weil es schon fruchtbar war. Das gilt auch für die Hörer der Deutung der Parabel des Sämanns und für den redaktionellen Text: die Hörer Jesu folgten ihm nicht nach, bildeten mit ihm keine Gemeinschaft, gerade weil sie schon von Gott verstockt waren. Die kleinere Gruppe der Jünger bildeten mit ihm Gemeinschaft, nur weil ihnen das gegeben wurde, dazu berufen waren, und zwar von Gott. So ist nicht nur der Same, der Logos, das Reich Gottes ein Geschenk (59), sondern auch die Tatsache, daß man gut auf Jesus reagiert, ist eine Gabe Gottes, so wie es auch der rätselhafte Plan Gottes ist, daß der Großteil der Hörer und Israels sich wie der harte Weg verhielt und Jesus und seine Botschaft nicht annahm.
Wie man merkt, versucht Markus dadurch die Frage der Ablehnung Jesu seitens seines Volkes zu beantworten. Er übernimmt die Fragestellung der nachösterlichen Gemeinde und beantwortet sie: Israel hat Jesus nicht angenommen, weil es von Gott verstockt war.
Die Antwort des Markus ist nicht die einzige. Er löst das Problem gerade wie es in Jo 12,37-40 geschieht: "Deshalb konnten sie nicht glauben, weil wiederum Jesaja gesprochen hat: 'Er hat ihre Augen blind und ihr Herz hart gemacht, damit sie nicht mit ihren Augen sehen und mit ihren Herzen verstehen, und sich bekehren und ich sie heile'" (12,39-40). Auf eine ähnliche Weise lösen das Problem auch Apg 28,24-28 und Paulus in dem Römerbrief 9-11.
Auch nach Markus ist die Verstockung des Volkes ein Werk Gottes (60), so wie auch die Gabe des Gottesreiches: der Passiv $\delta\acute{\epsilon}\delta o \tau\alpha\iota$ ist ja auch hier eine Umschreibung des Namen Gottes (61). Wenn die Hörer so unterschiedlich reagieren, geschieht das, weil es Gott so im voraus bestimmt hat.

3 Welche Funktion haben nun die Parabeln in dem Plan Gottes? Eindeutig muß man antworten: Nach Markus verstockt Gott durch die Parabeln das Herz der οἱ ἔξω, damit sie nicht umkehren.
Hat damit Markus die Parabeln mißverstanden oder ihnen den Offenbarungscharakter abgesprochen? Sind die Parabeln für Markus nicht die Vermittlung der Urdisclosure Jesu und Offenbarung des Reiches Gottes?
Die letzte Konklusion ist nicht notwendigerweise in der bestimmten Funktion der Parabeln in dem Plan Gottes miteingeschlossen.
Das wollen wir noch erläutern.

a) Die Parabeln als Parabeln sind auch nach Markus ein Offenbarungsmitel. Nach 4,1-2 verkündet Jesus seine didache in Gleichnissen. Daß Jesus in Gleichnissen lehrt, schließt sicher ein, daß die Gleichnisse ein Mittel der Vermittlung der Lehre sein können.
Jesus will, daß man seiner didache in Gleichnissen und ihm selber Gehör schenkt. Das kommt in den Weckformeln zum Ausdruck. Eine Bestätigung dafür hat man im Kapitel 7. Nach einer Streitrede mit den Pharisäern (V. 1-13), adressiert er an sie ein Gleichnis. Dem Gleichnis geht nun ein Appell-Signal voraus: ἀκούσατέ μου πάντες καὶ σύνετε (62). Hier wird der Wunsch Jesu, "verstanden" zu werden, auch lexematisch ausge-

drückt. Hier ist das Gleichnis deutlich ein Mittel zur Vermittlung der didache Jesu.

Diesen Beispielen fügt H.Räisänen folgende hinzu (63): In 3,23 spricht Jesus "in Gleichnissen" zu den Schriftgelehrten, die als Gegner dargestellt werden. Alles läßt aber vermuten, daß die Hörer verstehen konnten. In 12,1-2 spricht Jesus wiederum zu seinen Gegnern mit einem Gleichnis (von den bösen Winzern). Hier wird ausdrücklich gesagt, daß die Hörer gut verstanden, worum es ging (V.12). In 13,28 sollen die Jünger vom Feigenbaum die Parabel lernen. Die Hörerschaft der Gleichnisse besteht also nicht nur aus Gegnern. Die Gleichnisse werden auch den Jüngern erzählt, damit sie sie verstehen. Es sind gerade sie, die die Gleichnisse oft nicht verstehen, nicht weil die Gleichnisse als Gleichnisse unverständlich sind, sondern weil auch die Jünger "unverständig" sind (7,18).

Es ist mindestens zweifelhaft, daß Markus diese Widersprüche mit seiner angeblichen Meinung, daß die Parabeln als Parabeln verhüllen, nicht gemerkt hätte.

Es ist naheliegend, daß Markus die Parabeln als Maschal versteht. Und es ist bekannt, daß die meschalim auch dunkle Rede sein konnten. Markus hat aber bestimmt gewußt, daß die Schriftgelehrten und die Rabbinen die Meschalim gerade zur Erläuterung von Schriftstellen verwendeten (64). Es gibt ferner keinen Gegensatz zwischen der Gabe des Geheimnisses des Gottesreiches und der Verkündigung in Gleichnissen. Bei Markus ist auch nicht zu lesen, daß Jesus den οἱ περί das Geheimnis offen erklärt, während er es für die anderen verhüllt, sondern daß er zu allen in Gleichnissen redete, und daß die οἱ περί von Gott das Geheimnis des Reiches empfangen haben, die anderen aber nicht (65).

b) Trotzdem geschieht "denen draußen" alles in Gleichnissen. Wie ist das zu verstehen, wenn auch nach der Meinung von Markus die Parabeln als Parabeln Mittel der Vermittlung der didache waren?

Obwohl die Parabeln als Parabeln Offenbarungsmittel sind, werden sie nicht verstanden. Und das nicht nur von dem Großteil der Hörer, sondern sogar von den Jüngern. Das muß festgehalten werden, wenn man nicht einen falschen Gegensatz zwischen den Jüngern und dem Volk aufstellen will. Die Jünger verstehen die Parabeln sowenig wie das Volk.

Damit aber wird nicht gesagt, daß die Parabeln als Parabeln unbedingt Rätsel sind, die eine ἐπίλυσις an sich verlangen.

Jesus wirft den Jüngern das Unverständnis der Parabeln vor, und wundert sich fast, daß sie sie nicht verstehen: "Versteht ihr dieses Gleichnis nicht? Und wie werdet ihr alle Parabeln verstehen?" (4,13). 7,17 fragen die Jünger wieder nach dem Sinn eines Gleichnisses, und Jesus 7,18 fragt sie vorwurfsvoll: "Seid auch ihr ohne Verständnis?". Als ob Jesus das Unverständnis nur von den Gegnern erwarten würde, nicht aber von seinen Jüngern.

Nicht als Parabeln verhüllen die Parabeln, sondern sie verhüllen, sie werden zu Rätsel, weil das Volk und die Jünger verstockt sind (65).

Das geschieht aber nicht nur gegenüber den Parabeln oder dem Wort Jesu,

sondern auch seinen Taten gegenüber. Man kann mit einem Wort sagen, sowohl die Jünger als auch das Volk und die Gegner Jesu haben ihn, Jesus selber nicht verstanden; sowohl das Volk wie auch die Jünger und die Gegner Jesu waren ihm gegenüber verstockt: ihr Herz war verhärtet (66). Trotzdem kann man nicht behaupten, Markus wolle Jesus, seinen Worten, und seinen Taten den Offenbarungscharakter absprechen. Denn gerade weil Jesus, seine Worte und seine Taten Offenbarung sind, verdienen alle den Tadel Jesu und des Evangelisten selber wegen ihres Unglaubens und Unverständnisses.
Alle befanden sich primär nicht vor dem Rätsel der Parabeln, sondern vor dem Rätsel Jesus.
Der einzige Unterschied zwischen den Jüngern und den anderen bestand darin, daß die Jünger mit ihm Gemeinschaft bildeten, mit ihm waren, die anderen aber nicht. Dieser Unterschied war aber kein oberflächlicher. Denn die Jünger waren schon im voraus bestimmt, mit ihm zu sein (vgl. 3,14: ἵνα !), ihnen war das Reich Gottes gegeben. Die anderen aber nicht. Die anderen waren von Gott selber verstockt, damit sie ihn nicht annehmen, und an ihn nicht glauben.
Gerade weil die Gegner Jesu schon von Gott verstockt waren, gerade deshalb bestätigen sie die Gleichnisse in ihrer Verstocktheit. Die Gleichnisse werden den Gegnern erzählt, damit sie noch weiter verstockt werden. Dasselbe kann man von den Taten und von der Person Jesu sagen.
Die Gleichnisse als Gleichnisse sind nicht Verstockungsmittel: sie werden auch den Jüngern erzählt, auch wenn das Volk und die Gegner nicht anwesend sind (vgl. 13,28). Sie sind genau wie die Taten Jesu Offenbarungsmittel auch für Markus. Sie werden als Verstockungsmittel verwendet und nur für die Außenstehenden, weil Gott so will.
Das war die Antwort des Markus auf die Frage: Warum hat der Großteil des Volkes Jesus abgelehnt?
Diese Frage hatte sich auch Jesus gestellt und zwar durch das Gleichnis vom Sämann. Das Gleichnis hat einen christologischen Zug. Markus hat seinerseits eine neue isotope Ebene geschaffen, auf der die Bedeutung der einzelnen Stücke in den neuen Gesamtsinn des Textes subsumiert wird.
Das Volk und die Jünger befinden sich vor dem Rätsel der Parabeln, des Wortes Jesu und von dem Rätsel Jesus. Einige bleiben mit ihm. Die meisten bleiben draußen. Das Unverständnis den Parabeln gegenüber ist nur ein Bild des Unverständnisses Jesus gegenüber. Nicht Jesus und die Parabeln an und für sich verhüllen und verstocken. Sondern Gott verstockt das Herz derer, die draußen sind. Auch das Licht kann Blinden nicht helfen. Für sie bringt jede Offenbarung eine neue Verstockung.
Das hat Markus auch in dem Text strukturiert.
Wir hatten bei der Analyse festgestellt, daß der Text die Hoffnungslosigkeit gegenüber den οἱ ἔξω zeigt, während er für die οἱ περί eine Appellstruktur besitzt. Sie sind zwar mit Jesus, sie verstehen aber noch nicht und sie glauben auch nicht.
Sie nehmen das Wort mit Freude an, es muß aber fruchtbar werden. Erst das Ostergeschehen wird ihnen die Augen endgültig öffnen.

F Theoretische Überlegungen: die disclosure und die Verschließung. Das Geheimnis und die Grenzen der Vernunft

1 Hören und Verstehen

Hören und verstehen besagen nicht dasselbe, so wie es nicht das gleiche ist, daß der Same gesät wird und daß er in die Erde hineindringt, oder gar daß er Frucht bringt.
Zwar erwartet man, daß der Hörer auch versteht; das ist aber längst nicht selbstverständlich, besonders in dem Fall, daß der "double sens" (67) des Wortes stark zum Zuge kommt. Man muß ein Gespür für den Witz haben, um ihn zu verstehen. Man muß Gespür für das in der Metapher Verborgene haben, um die Metapher zu verstehen. Denn jede Metapher verbirgt unvermeidlich das, was sie enthüllen will, indem sie etwas sagt und etwas anderes meint. Warum sie das tut, ist nicht nur darin zu erschöpfen, daß sie dem Hörer die Freude der Entdeckung bereiten will (68): eine echte Metapher kann das Andere nicht anders ausdrücken als eben metaphorisch, modellhaft: "Alle diese Gleichnisse wollen eigentlich nur sagen, daß das Unfaßbare unfaßbar ist" (69).
Die Freude des Aha-Erlebnisses, der Entdeckung, der disclosure ist nicht Zweck der Metapher. Ihr Zweck ist eben die Vermittlung der disclosure.

Dunkelheit, Unverständlichkeit, Verhüllung sind ebenso ein Moment der Metapher, wie später, nach der disclosure, die Anschauung des Anderen, die Einsicht, das Licht.
Es ist also nicht richtig, die Anschaulichkeit der Parabeln in Gegensatz zu ihrer Unverständlichkeit zu setzen. Beide gehören zum Wesen der Parabel. Die Parabel <u>will</u> nicht verhüllen, sie kann aber dunkel, unverständlich bleiben, wenn man nämlich die Bildempfängergeschichte nicht begreift (Aspektblindheit) und beim Bildspender allein stecken bleibt. Das Bild will nicht verhüllen, aber wenn man nur beim Bild bleibt, sieht man die Wirklichkeit nicht, deshalb verhüllt das Bild die Wirklichkeit (70) und man bleibt im Dunklen. Man muß über das Beobachtbare hinaus das "mehr" sehen. So verhält es sich mit dem Samen und mit dem Sämann.
Der Same wird nicht dazu gesät, um von den Vögeln gefressen zu werden, aber wenn er auf den Weg fällt, dann ist sein Schicksal klar.
Jesus offenbart sich durch Wort und Tat, nicht um abgelehnt zu werden. Wenn er aber abgelehnt wird, dann bleiben nicht nur er, sondern auch seine Worte und Taten dunkel und rätselhaft.
Die οἱ ἔξω hatten die Parabeln gehört. Sie werden ihnen aber zu Rätseln. Sie bleiben beim Bild stecken. Sie gehen nicht über das Deskriptive, über das Beobachtbare hinaus. Sie sehen nicht das "mehr", sie haben nicht die disclosure.
Das ist aber nur eine Konsequenz daraus, daß sie schon bei Jesus selber nicht fähig waren, über das Beobachtbare hinaus zu gehen. Sie sind auch ihm gegenüber bei dem "Alltäglichen" geblieben.
Das "mehr" an ihm wollten und konnten sie nicht sehen.

Deshalb können sie auch an seiner Urdisclosure nicht partizipieren. Sie bleiben völlig im Dunkeln. Nicht nur die Parabeln bleiben für sie ein Rätsel. Das größte Rätsel für sie ist Jesus.

2 Nicht sehen können und nicht sehen wollen

Warum kann der Großteil des Volkes nicht zur disclosure und zur Einsicht wie, wenn auch erst nach Ostern, die wenigen Jünger? Warum haben sie nicht an seiner Urdisclosure partizipiert? Wollten sie nicht, oder konnten sie nicht? Die Vernunft kann hier einige Vordergründe angeben.

Die sind durch die disclosure- und Sprechakttheorie zu gewinnen. Jesus kommuniziert seine Urdisclosure des Gottesreiches und sich selbst den Hörern, damit auch sie an dieser disclosure teilnehmen und dasselbe Aha-Erlebnis, dieselbe Einsicht und dasselbe Licht empfangen.
Was er also durch den kommunikativen Sprechakt intendiert, ist die Vermittlung seiner Urdisclosure und die Vermittlung seiner selbst.
Nach Mk 4,1-25 gelingt der Illokutionsakt Jesu nicht für alle Hörer. Den ersten Grund kann man in dem Mangel an den normalen Kontaktbedingungen (Ausfallen der ersten Regel für das Glücken eines Illokutionsaktes) finden. Nach Markus kann die Parabel zu einer dunklen Redeweise werden (71). Der Sinn der Parabel schwebt in einem Zwielicht zwischen Verhüllung und Enthüllung, so daß es möglich ist, daß der Hörer zwar hört, aber nicht versteht. Diese Doppeldeutigkeit der Parabel erschwert auch den οἱ περί das Verstehen. Sie begreifen nicht, was die Parabel meint, und in dieser Hinsicht kommt der Illokutionsakt Jesu nicht zugleich zustande: die Ermittlung der Urdisclosure findet zunächst nicht für alle statt.
Damit die normalen Kontaktbedingungen wieder hergestellt werden, soll Jesus die "Störungen" im Code beseitigen. Das alles erfolgt auch, aber nicht für alle. Jesus "deutet" die Parabel, aber nicht für alle.
Die Frage der οἱ περί setzt von ihrer Seite die Erfüllung sämtlicher Regeln für das Glücken des Illokutionsaktes Jesu voraus: Sie erfüllen zunächst die "Voraussetzungsbedingungen": sie akzeptieren die Rolle Jesu, wenigstens insofern, indem sie annehmen, daß Jesus mehr weiß als sie, indem er etwas (seine Urdisclosure) ermitteln will, das sie nicht zu begreifen vermögen.
Sie erfüllen weiter die "Akzeptationsbedingungen": sie akzeptieren die Parabel als Äußerung der "Vision" Jesu, und akzeptieren Jesus als den Urheber dieser "Vision".
Sie erfüllen endlich auch die Regel der "perlokutiven Bindung": sie akzeptieren, daß es in ihrem Interesse ist, danach zu fragen und zu verstehen.

Deshalb (das gilt immer auf der isotopen Ebene der Redaktion) beseitigt Jesus die "Störungen" im Code, damit sie verstehen.

Was die isotope Ebene der Redaktion in einem kleinen Text zusammenstellt, ist natürlich allmählich geschehen und die Jünger konnten erst nach Ostern wirklich "verstehen".
Bei den οἱ περί kommt aber der Illokutionsakt Jesu zustande. Der Unterschied von den οἱ ἔξω besteht gerade darin, daß diese die "Voraussetzungsbedingungen", die "Akzeptationsbedingen" und die Regel der "perlokutiven Bindung" nicht erfüllen. Sie akzeptieren Jesus und seine Rolle nicht, sie glauben nicht, daß es in ihrem Interesse ist, zu verstehen, deshalb verstehen sie nicht. Der Illokutionsakt Jesu wird nicht zu einem Perlokutionsakt. Ihre Reaktion wird eine negative bleiben: Jesus wird von ihnen abgelehnt und damit auch seine Worte. Strukturell und auch lexematisch wird das im Text ausgedrückt, indem gesagt wird, daß sie "draußen" bleiben.
Ihre Reaktion ist nach diesen Regeln entscheidend. Deshalb wird ihnen die Parabel zur Verstockung; damit sie nicht verstehen (72).

Wenn man aber die letzte Frage der Vernunft stellt, dann vermag die Vernunft selber sie nicht mehr zu beantworten. Warum haben die meisten so reagiert? Warum haben sie Jesus abgelehnt? Warum haben sie die disclosure des "mehr" an Jesus und an seinen Worten und Taten nicht erfahren?

Hier kann die Vernunft immer wieder die Vordergründe wiederholen, und trotzdem bleibt die letzte Frage ungelöst. Vor dem Rätsel Jesu sind die meisten im Dunkeln geblieben, bzw. sie haben sich vor ihm verschlossen. Nur einige kamen, wenn auch erst später, zur disclosure. Die Frage bleibt. Warum?
Das wird zu einem endgültigen Rätsel.
Markus und die Urkirche sehen das begründet im undurchschaubaren Ratschluß Gottes.
Somit sind die Grenzen der Vernunft überschritten. Die Vernunft selber erklärt sich unfähig, das Rätsel zu lösen.

Und trotzdem bleibt die lichte Seite: das gute Erdreich ist da: der Same wird eine überaus große Frucht bringen. Die eschatologische Hoffnung Jesu erlöscht nicht. Auch die Urgemeinde und Markus haben diese Hoffnung. Deshalb gilt Mk 4,1-25 als ein Appell an alle, welche Gott als gutes Erdreich voraussah, den Samen zur Frucht kommen zu lassen.

Vierter Teil

JESUS ALS DIE LETZTE DISCLOSURE
IN DEN GLEICHNISSEN

EINLEITUNG

Wert und Gefahr der "theologia parabolica" haben am klarsten A. Jülicher und E. Biser formuliert.
Nachdem Jülicher den Wert der Parabeln hervorgehoben hat, schreibt er: "Allerdings hat länger denn ein Jahrtausend in der Kirche der Satz gegolten: theologia parabolica non est argumentativa, d. h. der aus den Parabeln des N. T. geschöpfte Lehrgehalt darf nicht zur Fixierung und Begründung der Kirchlichen Lehrsatzungen benutzt werden, er ist nur zu Erbauungszwecken und zur Erläuterung allenfalls und Verstärkung des anderswoher schon Gesicherten anzuwenden. Aber diese These ist nichts als das Bekenntnis der Schwäche, ein Anzeichen der Bodenlosigkeit aller damaligen Parabelhermeneutik ... Uns ist die theologia parabolica sogar die allerargumentativste; weil wir die Parabel als das Echteste in der Tradition von Jesus und zugleich als das Durchsichtigste und Klarste von allem zu erkennen glauben ... was und wie Jesus gelehrt hat, wird hier am getreuesten offenbar" (1).

In scheinbarem Kontrast zu Jülicher schreibt E. Biser: "In der Geschichte der christlichen Mißverständnisse spielen Gleichnisworte eine auffällig große Rolle. Es war das zutiefst mißverstandene compelle intrare- 'Nötige alle, hereinzukommen!' (Lk 14,23)-, mit dem Augustinus seine berechtigten Skrupel gegenüber der Anrufung des weltlichen Arms beschwichtige (Ep 93,5). Und es war ein geradezu grotesk mißdeutetes Bildwort aus den Abschiedsgesprächen Jesu (Lk 22,38), auf das sich die folgenschwere Zwei-Schwerter-Theorie des Mittelalters dokumentiert in der Bulla 'Unam Sanctam' Bonifaz VIII, gründete ... Zu deutlich zeigt etwas der tendenziöse Gebrauch des Bildwortes von der engen Tür (Lk 13,24) im Gnadenstreit der beginnenden Neuzeit oder der eschatologischen Gleichnisse im Verlauf der neueren Sektengeschichte ... wie sehr die Ratlosigkeit noch immer andauerte" (2).

Der Wert einer theologia parabolica ist darin begründet, daß die Gleichnisse, trotz Ausschmückungen, Allegorisierungen, Akzentverschiebungen, Neukontextuierungen, echtes jesuanisches Gut zu überliefern scheinen. Darin hat Jülicher recht.

Man muß sich allerdings davor hüten, Argumente in den Gleichnissen finden zu wollen. Denn Gleichnisse beweisen nicht, sie appellieren an den Hörer, deuten an, beweisen aber nicht. Die Distanz der metaphorischen Redeweise liefert keinen Beweis und kein Argument. Darin hat E. Biser recht. Wer von den Gleichnissen einen "Lehrgehalt" gewinnen will, der läuft die Gefahr, die Mißverständnisse der Theologie zu wiederholen. Die Gleichnisse wollen keine "Lehre" bringen, sie wollen einen Ruf erschallen lassen. Eine Christologie und Theologie der Parabeln kann darum in dieser Hinsicht nicht direkt gewonnen werden.

Aber auch ein Ruf und ein Appell setzen bestimmte Ansichten Jesu voraus. Es gilt also, diese "Vision" Jesu in den Gleichnissen herauszuarbeiten. Es wird aber darauf verzichtet, die "Vision" des Gottesreiches systematisch zu organisieren. Und das aus einleuchtenden Gründen: Wenn man etwas

über das Gottesreich aussagen will, wird man gezwungen sein, wieder Metaphern und Gleichnisse zu verwenden. Dies hat aber schon Jesus getan.
Zweitens scheint diese "Systematisierung" der disclosures der Gleichnisse Jesu über das Gottesreich vorauszusetzen, daß die Gleichnisse doch eine "Lehre" vermitteln wollen.
Andererseits wurde schon theoretisch und analytisch nachgewiesen, daß die jeweiligen disclosures der Gleichnisse sich schlecht formulieren lassen, daß sie letztlich ein Appell an den Hörer sind, sich so oder so zu verhalten.
Man fragt sich aber, ob diese disclosures die eigentlich anvisierten disclosures der Gleichnisse sind. Wenn etwa ein Hörer aufgefordert wird, die Berufung von Sündern und Zöllnern ins Gottesreich mit Freude und nicht mit Neid oder Ressentiment zu hören, zuzulassen also, daß Jesus den Sündern die Gnade Gottes verkündet, erschöpft sich die disclosure des Gleichnisses nur darin, daß der Hörer diesen Appell hört, oder verlangt diese erste und "oberflächliche" disclosure eine tiefere?
Das ist die eigentliche Frage des vierten Teils der Arbeit. Von den Gleichnissen kann man sich keine argumentative Theologie erwarten. Auch in dem Fall, daß sie die tiefere disclosure über Gott und Jesus auslösen wollen, ist das noch lange kein theologisches Argument. Hier wird nicht argumentiert, hier wird nur verlangt!
Auch diese letzten disclosures sind noch ein Appell!
Es wird sich also lediglich um eine implizierte oder "indirekte" Christologie handeln (3).
Ob diese Grenzen der theologia parabolica ein Nachteil sind, oder ob die Theologie an sich auch ähnliche Grenzen zugeben muß, diese Frage kann man innerhalb dieser Arbeit nicht genügend erörtern, man wird aber auf eine partielle Antwort nicht verzichten können.

A <u>Die Gleichnisse als Selbstprädikationen Jesu</u>

1 <u>"Evangelium Jesu" und "Evangelium de Christo"</u>

Die Evangelien sind zugleich Zeugen und Appell zum Glauben an Jesus.
Die Gleichnisse befinden sich in diesem Glaubensrahmen, wo sie oft auch christologische Nachprägungen erfahren haben. Es besteht deshalb die Gefahr, daß wir sie heute von vornherein mit dem bereits vorhandenen Vorverständnis des Glaubens lesen (4). Die Parole "Zurück zum historischen Jesus" gilt für die Gleichnisauslegung nicht nur und nicht zunächst dem Versuch, zu wissen, wie Jesus selber über das Gottesreich gedacht hat. Eine ursprüngliche jesuanische "Lehre" über das Gottesreich bleibt schwer zu rekonstruieren, einmal weil die fiktionale Distanz der Gleichnisse diesen Versuch nicht leicht macht, dann aber auch weil, wie es

schon theoretisch und analytisch gezeigt wurde, sich die Gleichnisse auf einen Appell reduzieren lassen.
"Zurück zum historischen Jesus" ist auch nicht der Ausdruck einer Neugierde. Vielmehr ist es der Ausdruck eines theologisch berechtigten Wunsches, aus den Evangelien selber herauszubekommen, ob die nachösterliche Christologie der Urgemeinde aus der Luft gegriffen wurde, ob sie also eine nachträgliche Ideologie ist, oder aber ob sie ihren Anhaltspunkt beim historischen Jesus selber hat (5). Was die Gleichnisse angeht, könnte man die Frage folgendermaßen stellen: Hat Jesus durch die Gleichnisse das Gottesreich verkündet, die Urgemeinde aber Christus (6), oder hat sich Jesus selber in den Gleichnissen verkündet? - Ist die "indirekte" narrative Christologie der Gleichnisse nur eine nachösterliche, oder gibt es schon Ansätze in den Gleichnissen nicht nur für eine vorösterliche (7), sondern auch schon für eine "jesuanische" Christologie?
War das Reich Gottes für Jesus eine Größe, mit der er wenig zu tun hatte, oder war er in der "Geschichte" des Gottesreiches selber ein Akteur?

2 Das Verhalten Jesu als "Rahmen" der Gleichnisse

A. Jülicher hatte sich als erster vorgenommen, durch die "Übermalungen" der Gleichnisse zurück zur ipsissima vox Jesu zu gelangen (8). Was er damit versuchte, war allerdings, ein Lehrsystem Jesu aufzubauen (9). Ch. Dodd und J. Jeremias werfen ihm vor, er hätte die Parabeln ethisiert. Ihr neuer Versuch galt primär dem Zweck, die Gleichnisse als Verkündigung des Gottesreiches anzusehen, löste sich aber wenigstens in einer Hinsicht kaum von der Auslegung Jülichers. Sie hielten an der Theorie vom tertium comparationis fest. Somit sahen sie auch die Gleichnisse als Vermittlung einer "Lehre" über das Gottesreich, mag man diese nun "realized" oder "sich realisierende" Eschatologie nennen.
Es war E. Lohmeyer (10), der auf das Verhalten Jesu als den Rahmen der Gleichnisse verwies, ein Ansatz, der dann von E. Fuchs und seiner Schule analytisch und systematisch verfolgt wurde.
Was heißt näherhin, das Verhalten Jesu sei der Rahmen seiner Gleichnisse?
Theoretisch heißt das, daß die Bildempfängergeschichte des Gottesreiches nicht eine "Moral" noch die "Deutung" und auch nicht eine "Lehre" oder gar eine "Sache" ist, wobei zwischen ihr und der Bildspendergeschichte ein tertium comparationis bestünde. Positiv ausgedrückt heißt es, daß die Bildempfängergeschichte eine richtige "Geschichte" ist, in der sich verschiedene "lebendige" Akteure bewegen.
Das heißt ferner, daß jener Akteur, der die Hauptrolle dieser Geschichte spielt und den Ton angibt, Jesus ist. Die anderen Akteure sind die Hörer der Gleichnisse.
Aus dieser Perspektive her kann man nicht mehr von einem tertium com-

parationis reden, eher vielleicht von einem "primum comparationis" im Sinn von E. Jüngel (11). Wir ziehen vor, von einem Appell zu reden. Die Gleichnisse appellieren an den Hörer, sich als Akteur der Geschichte des Gottesreiches so oder so zu verhalten.
Wenn aber die Gleichnisse als Rahmen das Verhalten Jesu haben, so heißt das ferner, daß die "Geschichte" des Gottesreiches von der "Geschichte" Jesu nicht loszulösen ist. Es heißt, daß Jesus nicht nur der Offenbarer des Gottesreiches ist, sondern noch mehr. Das heißt endlich, daß die Gleichnisse nicht nur als didaktische Erzählungen, sondern besonders als Offenbarung anzusehen sind (12).
Es gilt also, bei jedem Gleichnis die "oberflächliche" erste disclosure des Gleichnisses wahrzunehmen, zugleich aber das tiefere Verständnis, die tiefere, "letzte" disclosure nicht zu überhören.
Durch die Distanz und Verfremdung des Gleichnisses soll der Hörer zunächst die Absicht der Geschichte vernehmen, dann aber auch die Implikationen hinsichtlich der Person Jesu erkennen (13).
Die Behauptung, daß das Verhalten Jesu zur Bildempfängergeschichte der Gleichnisse gehört, verlangt aber einen weiteren Schritt: Jesus macht in den Gleichnissen Selbstaussagen. Welche sie sind, das gilt es anhand der Gleichnisse zu analysieren.

3 Die "christologische" Selbstaussage Jesu in den Gleichnissen

a) Es muß zunächst auf ein theoretisches Problem eingegangen werden, um einige Mißverständnisse aus dem Wege zu räumen. Wenn man von der ästhetischen Selbständigkeit der Gleichnisse ausgeht, so wird man mit D. O. Via behaupten werden, daß die Gleichnisse sich nicht auf die Situation Jesu beziehen, sondern den Menschen als Menschen (14) ansprechen wollen. Trotzdem kann sich Via selber dem Problem der theologischen und christologischen Relevanz der Gleichnisse nicht entziehen. Er selber schreibt, anscheinend in Widerspruch mit seiner Hauptthese, daß die Gleichnisse Schlüssel zum Selbstverständnis (15), Ausdruck des Glaubens Jesu seien (16), indirekt aber doch auf Jesus verweisen (17) und ein Aufruf Jesu zur Entscheidung seien (18).
Das Problem der Selbständigkeit der Gleichnisse wurde im zweiten Teil eingehend besprochen. Es werden hier nur noch die Grundlinien der Lösung wiedergegeben.
Es ist irreführend, von einer Selbständigkeit der "Gleichnisse" zu reden. Wenn man mit "Gleichnis" die Bildspendergeschichte meint, wie D.O. Via zu tun scheint, dann ist dieser Standpunkt nicht vertretbar. Denn die Bildspendergeschichte ist an sich noch kein Gleichnis, sondern eine normale Erzählung. Das Gleichnis als Gleichnis ist schon die Aufeinanderprojizierung von Bildspender- und Bildempfängergeschichte. Wenn die Bildspen-

dergeschichte isoliert betrachtet wird, dann ist sie zwar selbständig, aber noch kein Gleichnis. Wenn sie aber als Bild betrachtet wird, dann ist sie nur insofern ein Bild, indem sie etwas Bestimmtes schon meint; das heißt aber, daß sie nicht mehr selbständig ist. Ein Bild ist von dem "abgebildeten" Gegenstand nicht unabhängig, sonst ist es kein Bild mehr. Die Bildspendergeschichte als Bild zu verstehen, heißt eben, daß man durch sie zur Bildempfängergeschichte gelangen will.
Wenn man dieselbe Erzählung als Metapher für zwei verschiedene Bildempfänger verwendet, dann erhält man zwei Gleichnisse. Es ist also wichtig zu wissen, welchen Bildempfänger Jesus gemeint hat, wenn man die Gleichnisse Jesu auslegen will. Wenn andererseits gesagt wird, daß die Bildempfängergeschichte der Gleichnisse nicht eine Lehre oder eine Sache sind, sondern eine "gelebte" Geschichte, die Jesus und den Hörer miteinschließt, dann ist es auch irreführend, zu behaupten, die Gleichnisse als Gleichnisse verwiesen nur indirekt auf Jesus.
Man kann aber das Problem lösen, wenn man die Terminologie richtig verwendet.
Die Bildspendergeschichte eines Gleichnisses - das Modell - verweist indirekt auf Jesus und auf den Hörer. Das ist aber für die Metaphorik keine Neuigkeit, denn eine Metapher nennt das Gemeinte nicht mit Namen, wenn die Metapher zu einem Gleichnis erweitert wird, sondern verweist nur andeutungsweise darauf. Das Gleichnis aber als Einheit von Bildspender- und Bildempfängergeschichte meint direkt Jesus und den Hörer. Durch das Bild soll der Hörer zur Wirklichkeit gelangen, also zu sich selber und zu Jesus: er soll sich selber und Jesus in dem Gleichnis entdecken. Dann wird diese "Entdeckung" zu einer disclosure und zu einem Appell.
Die Bildspendergeschichte eines Gleichnisses nennt nicht die gemeinte Wirklichkeit. Wenn man aber versucht, das Gleichnis zu einer einfachen Metapher zu reduzieren, dann wird man die gemeinte Wirklichkeit miterwähnen müssen. Das geschieht zum Beispiel bei der Nathan-Parabel, wo die Bildempfängergeschichte nicht erwähnt wird. Der anschließende Satz von Nathan ist aber eine normale Metapher:
"Du selber bist der Mann". In dieser Metapher wird die gemeinte Wirklichkeit mitgenannt.
Es ist einleuchtend, daß Jesus die Situation des Gottesreiches, sich selber und den Hörer durch die Bildspendergeschichte verhüllt. Er erzählt in der Bildspendergeschichte weder von sich noch vom Hörer noch vom Gottesreich, sonst hätten wir keine metaphorische Redeweise. "Es bestehen aber semiologische Relationen zwischen den erzählten Aktionen der erzählten Akteure und den direkten Aktionen" (19) Jesu und der Hörer. Solche semiologische Relationen sind die Relationen der metaphorischen Redeweise. Indem Jesus von etwas erzählt, meint er das Gottesreich, sich selber und den Hörer.
Man sollte sich noch von zwei Vorurteilen befreien. Einerseits von einer Auffassung der Gleichnisse Jesu als "irdische Erzählungen" mit einer braven "himmlischen Lehre", andererseits von dem Vorurteil, Jesus hätte sich nie in den Gleichnissen mitgemeint.

Der zweite Teil der Arbeit hat die erste Meinung entkräftet, indem gezeigt wurde, daß Parabeln und Fabeln auch Kampfmittel sein können, in denen die fiktionale und metaphorische Distanz den nötigen Schutz bietet. Der dritte Teil hat dann gezeigt, daß die Gleichnisse Jesu oft eine Situation des Lebens Jesu widerspiegeln oder eine persönliche Selbstaussage Jesu enthalten.

Es ist nicht nur anzunehmen, sondern auch nachweisbar, daß dieselbe Verkündigung Jesu in den Gleichnissen und wie sonst in seinen Worten und Taten zur Sprache kommt (20). So erhalten auch die Gleichnisse Jesu den Offenbarungscharakter, der Jesus zu eigen ist (21).

Wenn es aber richtig ist, daß Jesus weniger eine neue Lehre oder ein neues Gottesbild verkündet hat, vielmehr sich selbst als das Neue vorstellte, dann kann man nicht mehr einsehen, warum die Gleichnisse eine Ausnahme darstellen sollten.

J.J. Vincent schreibt zu recht: "This basic purpose (of parables) I take to be not instruction or apologetics or controversy but selfrevelation. That is to say, their main is to describe the activity of God in Jesus" (22).

Es ist gegen jede ethisierende Auslegung der Parabeln mit Nachdruck zu betonen, daß das christologische Moment der Gleichnisse nicht mehr übergangen werden darf (23). Jede Auslegung, die dieses Moment übersieht oder übergeht, verfehlt die Absicht der Gleichnisse selber und interpretiert somit andere Gleichnisse, nicht aber die Gleichnisse Jesu. Wenn es stimmt, daß die eigentliche Urdisclosure, die Jesus durch mehrere Gleichnisse vermittelt, eine Selbstaussage ist, dann wird der Sprechakt Jesu verkannt, wenn man diese Selbstaussage nicht zur Geltung kommen läßt.

Die Gleichnisse reden auch über Gott, aber die Meinung von E. Fuchs scheint ihre Berechtigung zu haben: "Wir müssen mit dem hartnäckigen Vorurteil brechen, Jesu Gleichnisse gelten in erster Linie unserem Verhältnis zu Gott. Mir scheint aber, Jesu Gleichnisse gelten in erster Linie unserer Beziehung zu Jesus selbst" (24).

b) Im dritten Teil der Arbeit wurde auf die Entfaltung der Thematik der Gleichnisse eine besondere Aufmerksamkeit verwendet. Die Ergebnisse sind eindeutig, aber vielfältig. Zwischen dem Reich Gottes und Jesus besteht, wie H. Conzelmann schreibt (25), ein unbestreitbarer Zusammenhang. Dieser Zusammenhang wird aber von Gleichnis zu Gleichnis anders formuliert.

Tritt Jesus beim Doppelgleichnis vom Schatz im Acker und von der Perle (Mt 13,44-46) als Offenbarer des Gottesreiches auf, so wird die Beziehung Jesu zum Gottesreich in den Gleichnissen vom Pharisäer und Zöllner (Lk 18,9-14) und von den Arbeitern im Weinberg (Mt 20,1-16) schärfer und tiefer dargestellt, indem Jesus als Stellvertreter Gottes auftritt, als derjenige, der ein Urteil an Gottes Stelle fällen kann, bzw. als einer, der die Denkart Gottes den Menschen kundtut, und als derjenige, der sein Verhalten den "Letzten" gegenüber dadurch rechtfertigt, indem er sagt, Gott würde auch so handeln. Im Gleichnis von den Arbeitern im Weinberg stellt er sich als den Aufrufer zum Gottesreich und zugleich als denjenigen vor, der seine

symbolische Mahlgemeinschaft mit Sündern und Zöllnern als Zeichen der Ankunft des Gottesreiches versteht.
In dem Gleichnis von den Zehn Jungfrauen (Mt 25,1-13) und in dem von den bösen Winzern (Mk 12,1-12) geht der Anspruch Jesu noch weiter. Er ist nicht nur der Offenbarer und das Zeichen des Gottesreiches. Mit ihm ist die Zeit des Wartens vorbei. Mit ihm bricht der Kairos an. Wer auf den letzten Ruf Gottes und Jesu nicht hört, der zieht das Gericht Gottes auf sich. Damit stellt sich Jesus als Bringer des Gottesreiches (26) vor. Dieselbe Thematik, dieselben Aussagen, kommen auch in anderen Gleichnissen zum Ausdruck.
So ist das Vertrauen des Bauern, der schlafen geht und mit der Sonne wieder aufsteht, in der Sicherheit, daß die Saat von selbst wächst (Mk 4,26-29), das Vertrauen Jesu selbst, der sich hinter dem Sämann verhüllt (27), und der auch die eschatologische Hoffnung hat, daß das Senfkorn zu einem großen Baum wächst, und daß der Sauerteig das unwahrscheinlich große Maß Mehl durchsäuert (Mt 13,31-33). Er ist ferner derjenige, der Arme und Bettler zum Mahl des Reiches einlädt (Mt 22,1-14/Lk 14,16-24), der nach dem verlorenen Schaf und der verlorenen Drachme sucht (Lk 15,4-10), und der dem verlorenen und wiedergefundenen Sohn ein Festmahl bereiten läßt (Lk 15,11-31) (28). Endlich ist er selber der Arzt, der für die Kranken da ist (Mk 2,17), der Stärkere, der den Starken entwaffnet (Lk 11,21-22).
Seine Generation, die die Zeichen der Zeiten nicht erkennt, vergleicht er mit Kindern, die auf dem Marktplatz spielen (Mt 11,16-19/Lk 7,31-35). Sie vermögen in ihm den Kairos nicht zu erkennen (29): so sagt er zu ihnen: "Seht ihr im Westen eine Wolke aufsteigen, so sagt ihr gleich: 'Es kommt Regen', und so kommt es. Und wenn ihr Südwind wehen seht, sagt ihr: 'Es wird heiß werden', und so kommt es. Ihr Heuchler! Das Aussehen von Erde und Himmel wißt ihr zu deuten, diese Zeit aber, warum deutet ihr sie nicht?" (Lk 12,54-56). In den Gleichnissen kommt ein ähnlicher Anspruch Jesu zum Ausdruck wie in dem Logion Lk 11,20: "Wenn aber ich durch den Finger Gottes die Dämonen austreibe, folglich ist das Reich Gottes bei euch angelangt". Zutreffend scheint die Formulierung von E.Biser: Jesus stellt sich vor als die "lebendige Mitte" des Gottesreiches (30).
Das Angebot des Gottesreiches ist im Mund Jesu durchaus ein persönliches Angebot (31). Daran nahmen seine Gegner Anstoß. Sie lehnten ihn ab und damit das Gottesreich.
Das Schicksal Jesu und des Gottesreiches werden in dem Gleichnis von Sämann zu einem einzigen Schicksal (Mt 13,1-9 par.). Sämann und Same erleiden dasselbe Schicksal. Sie sind nicht mehr zu trennen (32).

c) Fassen wir den Anspruch, den Jesus in den Gleichnissen erhebt, kurz zusammen:

> Jesus ist der Offenbarer des Gottesreiches
> Er ist auch der Geber des Gottesreiches
> Er will Sünder ins Gottesreich aufnehmen
> Er will, daß sein Wort Frucht bringt
> Er versteht sich als Norm der endgültigen Existenzentscheidung.

Fassen wir den Anspruch Jesu nochmals ins Auge, so fällt auf, daß die Hebräer für dieses semantische Wortfeld ein anderes exklusives Subjekt gebraucht hatten, nämlich Jahwe. Noch in den Evangelien finden wir diese Überzeugung: "Wer kann Sünden vergeben außer Gott allein?" (Lk 5,21). In Jesaja lesen wir: "So verhält es sich mit meinem Wort, das aus meinem Munde hervorgeht: es kommt nicht leer zu mir zurück, ohne vollbracht zu haben, was ich wollte ..." (Jes 55,11). Es ist ein Absolutheitsanspruch, den bis dahin nur Gott erhoben hatte: "Ich bin Jahwe, und sonst keiner, außer mir gibt es keinen Gott" (Jes 45,5).
Das gleiche kommt auch in den Gleichnissen strukturell zum Ausdruck.
Denn Jesus stellt seinen Anspruch auf eine einzigartige Weise: Indem er durch die Gleichnisse sich selbst und sein Verhalten rechtfertigt, und den Hörer aufruft, sich für ihn zu entscheiden, bekräftigt er seinen Anspruch dadurch, daß er Gott zu seinem Anwalt macht.
Das ist die brillanteste Theorie von E.Fuchs (33), und das darf die Gleichnisauslegung nicht mehr übersehen.
Jesus wird selber zur Frage und die Gleichnisse sind seine Antwort: Er sagt, er handle so, er halte Tischgemeinschaft mit Sündern und Zöllnern, er gebe denselben Lohn auch den Letzten, er rufe die Verlorenen ins Haus des Vaters, weil Gott selber so handelt.
Auf diese Weise spiegelt sich das Verhalten Jesu und Gottes in den Gleichnissen wieder und umgekehrt, erklären die Gleichnisse das Verhalten Jesu und Gottes. Seinerseits behauptet Jesus, sein Verhalten würde das Verhalten Gottes widerspiegeln:

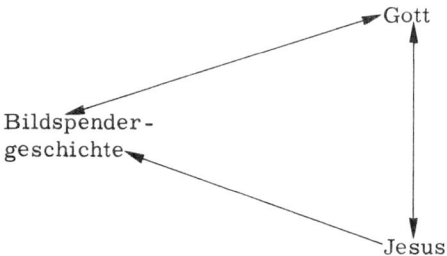

Das ist ein unerhörter Anspruch, und man kann sich die Ablehnung seitens seiner Gegner wohl erklären.
Es gelingt auf diese Weise, daß die Gleichnisse Jesu zu einem dringenden Appell an den Hörer werden.
Der Hörer soll sich nicht für eine neue Ethik entscheiden. Er soll durch das Gleichnis nicht nur zu sich selbst kommen. Er muß sich vielmehr für Jesus und zugleich für Gott entscheiden. Die Gleichnisse zwingen zu einer Stellungnahme <u>zu Jesus</u> (34). Jesus will den Hörer nicht um ein tertium comparationis sammeln, sondern um ihn, Jesus selbst (35). Er will ihn zum Einverständnis mit ihm und mit Gott bringen (36).

4 Eine Grund-disclosure Jesu?

Bisher wurde lediglich von den "Selbstaussagen" Jesu in den Gleichnissen und von dem daraus entstehenden Anspruch geredet. F.Hahn empfiehlt, lieber von einem "Sendungsanspruch" als von dem "Sendungsbewußtsein" Jesu zu reden (37), weil die Kategorie des "Selbstbewußtseins" quellenmäßig, und überhaupt nicht kontrollierbar ist, während man den Anspruch Jesu kontrollieren kann.
Ähnlich schreibt E.Linnemann, daß der Glaube der Jünger nicht in dem Selbstbewußtsein Jesu seinen Anhalt fand, sondern einzig in seinen Worten (38).
Was nun folgt soll nicht als ein Versuch angesehen werden, in das "Bewußtsein" Jesu einzudringen, und es erforschen zu wollen. Ein solcher Versuch wäre quellenmäßig nicht mehr vollziehbar.
Es ist aber klar, daß man die Selbstaussagen, den Anspruch Jesu nicht hypostasieren und sie von seiner Person trennen kann. Es wird immer vorausgesetzt, daß man auch dessen bewußt ist, was man sagt. Wenn man also von einem "Selbstbewußtsein" Jesu redet, dann vollzieht man einen Analogieschluß, indem man annimmt, daß hinter den Selbstaussagen und dem Anspruch Jesu ein Selbstbewußtsein steht, das allerdings nicht "erforschbar" und nicht konrollierbar ist.
Jesus wollte über die einzelnen disclosures der Gleichnisse hinaus den Hörern eine tiefere disclosure, sozusagen eine Ur- oder Grunddisclosure vermitteln, nämlich sich selbst: die Hörer sollten zur Entdeckung der einzigartigen Beziehung Jesu zum Gottesreich kommen.
Die Frage ist die Folgende: Hatte Jesus seinerseits eine Grund-disclosure erfahren, bei der er seiner Beziehung zum Gottesreich gewahr wurde? Wurde er selber vom Gedanken des Gottesreiches so ergriffen, daß er sich daher zum Verkünder und zum Bringer des Reiches berufen fühlte? Hatte er selber die disclosure des Gottesreiches, wie der Mann der auf dem Acker arbeitete und unerwartet den Schatz findet?
Diese Fragen mögen innerhalb einer "ontischen" Christologie naiv oder verfehlt vorkommen.
Es scheint aber, daß sich die Jünger und die Urgemeinde solche Fragen doch stellten.
Wir wollen diese Frage von der Perikope der Tauferzählung (Mk 1,4-11 par.) beantworten lassen. Dabei soll eines klar gestellt werden. Die Frage kann nicht "historisch" beantwortet werden, nicht nur weil die "Historie" nicht mehr hinterfragbar ist, sondern auch, weil die Tauferzählung die Spuren der nachösterlichen Tradition trägt. Diese Tatsache besagt, daß man hier mit einer Interpretation der Historie zu tun hat. Deshalb kann die Frage nur von dieser Interpretation her beantwortet werden. Die Interpretation der Urgemeinde zeigt aber andererseits, daß sie sich eine ähnliche Frage gestellt hat.

Die Traditionsgeschichte der Taufperikope wurde bisher von mehreren

Exegeten ausgearbeitet (39). Abgesehen von Cullmann (40) sind fast alle
Ausleger der Meinung, Markus bringe die älteste Tradition. Innerhalb der
markinischen Fassung unterscheidet man gewöhnlich zwei Traditionen, die
jeweils in V. 4-8 und 9-11 ihren Niederschlag fanden. Nach R. Pesch soll
Markus dabei nicht am Werk gewesen sein (41), weiter sie seien schon in
der vormarkinischen Fassung verbunden gewesen (42). Nach Feneberg sind
die zwei Traditionsstücke weiter bestimmbar (43): V. 4-5 würden die älteste literarische Form darstellen. Ein erster Entfaltungsschritt wären die
V. 6-8 gewesen. V. 9-11 wären allerdings einer anderen Tradition zu verdanken. Die zwei Haupttraditionen V. 4-8 und 9-11 wären erst bei der Evangelienbildung zusammengefügt worden.
Die Tradition von V. 4-8 nennt R. Pesch "Täufertradition", in V. 9-11 wäre
dagegen eine "Jesustradition" vorhanden. Sehen Cullmann und Bultmann
den Sitz im Leben von V. 4-8 in einer Polemik der Urgemeinde mit einer
Täufergruppe, sieht Bultmann seinerseits den Ursprung der Tradition der
V. 9-11 in einer hellenistischen Gemeinde, so behauptet Feneberg dagegen,
die zwei Traditionen ließen sich als ursprünglich christlich-jüdische Traditionen bestimmen (44), die ihre Entstehung in der Frage nach der Bedeutung Jesu hatten (45). Dieses Ergebnis genügt vorläufig, um unsere Fragestellung als richtig einzusehen.
Die Ergebnisse der traditionsgeschichtlichen Methode sind allerdings immer unsicher. Eine weitere und sichere Hilfe für die Beantwortung der
Frage kann die Betrachtung der Kontextuierung und die Bestimmung der
Gattung der Taufperikope geben.
Besonders die markinische und die lukanische Fassung im Unterschied von
Mt 3, 13-17 zeigen, daß das Hauptinteresse der Erzählung nicht in der Taufe selbst, sondern in dem Ereignis nach der Taufe liegt. In Markus wird
die Taufe Jesu "nur konstatiert, sie wird weder motiviert noch entschuldigend erklärt. Alles was über Jesus von Nazareth sonst zu sagen ist, bleibt
der Offenbarungsszene vorbehalten" (46).
Die Kontextuierung der Erzählung am Anfang der Wirkung Jesu ist ein deutlicher Hinweis darauf, daß die Evangelisten etwas über Jesus und seine
Mission aussagen wollen.
Was sie sagen wollen, kann die Bestimmung der Gattung der Erzählung
zum Ausdruck bringen.
Nach F. Lentzen-Deis trägt die Erzählung der Offenbarungsszene weniger
die Merkmale der Gattungen der Theophanie und der Epiphanie, vielmehr
die der Gattung der Vision (47). "In der 'Vision' wird ausgewählten Menschen Einblick in die himmlischen Dinge gewährt. Im Unterschied zu Theophanie und Epiphanie ist das Geschaute literarisch durch ein verbum des
"Sehens" oder sein Äquivalent als Gegenstand subjektiven Erfahrens gekennzeichnet" (48). Nicht nur die Himmelsöffnung, sondern auch die "Audition" ist eine Begleiterscheinung der Gattung "Vision": sie ist ein Zeichen
einer expliziten Offenbarung (49).
Das Ergebnis von Lentzen-Deis bringt uns unserer Fragestellung nahe.

Ist die Tauferzählung als "Vision" zu kennzeichnen, so ist eine Antwort
möglich. Nach der Urgemeinde und nach Markus hatte Jesus eine Vision
gehabt.

Das grammatische Subjekt von εἶδεν (V.10) ist nicht sicher. Wenn es aber dabei um eine Vision geht, dann scheint die Vermutung nahe, daß das grammatische Subjekt Jesus ist (50). Jesus ist derjenige, der die Vision hat und die Himmelsstimme hört.
Man darf natürlich die Erzählung nicht mit dem historischen Ereignis verwechseln. Sowohl die traditionsgeschichtlichen Ergebnisse wie auch die redaktionskritischen Überlegungen sprechen für eine Interpretation der Taufe Jesu am Jordan (die man als historisch nicht anzuzweifeln braucht (51)) seitens der Urgemeinde.
Man soll auch nicht zu psychologisieren versuchen: "Nicht nur ist von der inneren Situation Jesu mit keinem Wort die Rede, sondern es fehlt auch jedes Wort des Auftrags an den Berufenen und jede Antwort von seiner Seite, wie sie für eigentliche Berufungsgeschichten so bezeichnend sind" (52).
Mit Lentzen-Deis kann man diese Erzählung als Deuto-Vision bezeichnen. Merkmal der Deuto-Vision ist: "Die zu deutende Gestalt schaut jene Vision in einem wichtigen Augenblick ihres Lebens" (53). Schon die Deuto-Visionen der Targumin zeigen andere Merkmale: die Endvorstellung über eine Gestalt wird an den Anfang projiziert; die Anfangssituation wird gedeutet; die Deutung wird für die Gemeinschaft gemacht.
Somit sind wir zu wichtigen Ergebnissen gekommen: Die christliche Urgemeinde versucht von ihrer gegenwärtigen Vorstellung über Jesus her, Jesus selber für die Gemeinde zu deuten. Dafür wählt sie einen wichtigen Augenblick des Lebens Jesu, nämlich die Taufe am Jordan und deutet sie. Diese Deutung stellt Markus seinerseits an den Anfang der missionarischen Wirkung Jesu, und damit will er die ganze Wirkung Jesu auszeichnen. Der Beweggrund kann wohl der gewesen sein, daß die Urkirche die Bedeutung Jesu zur Sprache bringen wollte. "Um Geschichten aus dem Leben Jesu neben die Gottesgeschichten aus den Heiligen Schriften stellen zu können, war es nötig, dieses Leben als das des Messias sichtbar zu machen. Das ist der Grund, warum in allen Evangelien am Anfang die Epiphanieerzählungen sich häufen" (54).
Wir können nun kurz den Inhalt der Tauferzählung betrachten. Dabei wird das Element der Proklamation Jesu zum Messias durch die Ausstattung des Geistes und die Stimme vom Himmel nur angedeutet. Wir wollen das Element der "Vision" unterstreichen.
Nach der christlichen Tradition und nach Markus hat Jesus eine Vision gehabt. Der Gegenstand dieser Vision ist ein doppelter: Der Himmel reißt auf. War der Himmel als Trennung zwischen Erde und Transzendenz gedacht, so bedeutet das Aufreißen des Himmels eine Offenbarung der Transzendenz, die sich als Geist unter der Gestalt einer Taube manifestiert.

Und vom Himmel kommt auch die Stimme, die Jesus als den "Sohn" proklamiert.
Die Sprache der Erzählung ist tatsächlich eine disclosure-Sprache. Auf einmal "geht ein Licht auf", "das Eis bricht" ... . Auf einmal reißt der Himmel auf, der Geist schwebt herab, die himmlische Stimme erschallt. Gleich danach, nach einem vierzigtägigen Fasten in der Wüste, fängt Jesus an, seinen Ruf erschallen zu lassen: "Erfüllt ist die Zeit und nahege-

kommen ist das Reich Gottes" (Mk 1,15).
Die Vision kann man als disclosure bezeichnen. Man kann also hypothetisch sagen, daß die Urkirche diese Vision als die Grund-disclosure Jesu über seine Mission verstand. Bei seinem ersten Ruf vermittelt er dann seine Urdisclosure.
Das kann man natürlich nur auf der Ebene der Redaktion tun. Wie sich das Ganze in Wirklichkeit abgespielt hat, das kann man schwer entscheiden.

Die Tauferzählung in ihrer Traditionsgeschichte und in ihrer Kontextuierung kann aber vermuten lassen, daß die Urkirche die Frage nach der Kompetenz Jesu, nach seiner Vollmacht gestellt hatte und sie zu beantworten suchte. Theoretisch gesehen kann man ein Selbstbewußtsein Jesu nicht ausschließen. Die Frage ist aber, wie er zu diesem Bewußtsein gekommen ist, ob durch eine zeitliche Erfahrung oder durch ein Erlebnis, ob durch eine persönliche Intuition oder durch eine objektive Offenbarung.
Die Bestimmung der Tauferzählung als Deuto-Vision besagt, daß die Urkirche die Frage nach der Bedeutung Jesu dadurch zu beantworten suchte, daß Jesus bei der Taufe nicht nur als Messias proklamiert und durch den Geist ausgestattet wurde, sondern daß er eine Vision hatte, bei der er Einblick in die himmlischen Dinge hatte; daß er eine Offenbarung der Transzendenz durch die Himmelsöffnung, die Herabkunft des Geistes und die Himmelsstimme erlebte. Die Tauferzählung antwortet eindeutig: durch eine Offenbarung. Man soll aber nicht vergessen, daß es eine Deuto-Vision ist, und nichts über den historischen Vorgang bestimmt.

Es ist aber dadurch etwas festgestellt worden, daß nämlich die Urkirche ihre Fragen um Jesus und ihre nachösterliche Vorstellung von Jesus versprachlicht. Damit sind drei Stadien in der Reflexion der Urkirche über Jesus ans Licht gebracht worden: die Frage, die Antwort, die Versprachlichung der Antwort.
Das will näher betrachtet werden.

B <u>Das disclosure-Erlebnis der Urgemeinde und die christologische Dimension der Gleichnisse Jesu</u>

1 <u>Die vorösterliche Erfahrung des "mehr" an Jesus</u>

Die Ergebnisse der Analyse der Tauferzählung, ihre Traditionsgeschichte und die Bestimmung ihrer Gattung als Deuto-Vision zeigen, daß die Urgemeinde die Bedeutung Jesu zu versprachlichen suchte.
In den Evangelien wird aber wiederholt mit Nachdruck gesagt, daß die Jünger selber Jesus zunächst nicht verstanden.
Das Unverständnis der Jünger wird nicht nur von Markus betont, sondern auch von Matthäus, der aber die Jünger zu entschuldigen sucht, und von

den anderen Evangelisten (55). Sie ahnen zwar, daß etwas Ungewöhnliches in Jesus vorhanden ist, sie verstehen ihn aber nicht.
Die Verlegenheit der Jünger und des Volkes findet oft in den Evangelien ihren Ausdruck.
Mt 7,28: "Als Jesus diese Worte beendet hatte, waren die Volksscharen betroffen über seine Lehre. Denn er lehrte wie einer, der Macht hat, und nicht wie ihre Schriftgelehrten" (56). Mt 8,27 par. Mk 4,41/Lk 8,25: "Wer ist dieser, daß selbst die Winde und der See ihm gehorchen?". Mt 9,8: "Als die Volksscharen sahen, fürchteten sie sich und priesen Gott, der den Menschen solche Vollmacht gegeben hat". Mk 2,12: "Noch nie haben wir solches gesehen". Lk 5,26: "Da gerieten alle außer sich, priesen Gott, wurden vor Furcht erfüllt und sprachen: "Unfassbares haben wir heute gesehen".
Johannes der Täufer läßt ihn fragen: "Bist du der Kommende?" (Mt 11,3 par. Lk 7,19). Seine Mitbürger müssen sich fragen: "Woher hat er diese Weisheit und die Wunderkräfte? Ist das nicht des Zimmermanns Sohn? Heißt nicht seine Mutter Maria und seine Brüder Jakobus und Josef und Simon und Judas? Und sind nicht seine Schwestern alle bei uns? Woher hat er denn das alles?" (Mt 13,54-56 par. Mk 6,2-3/Lk 4,22).
Das Volk, die Gegner und die Jünger selbst mußten vor Jesus staunen (57). Was durch ihn geschah, ließ sich nicht mehr in das Alltägliche, das Gewohnte einordnen: "Nie haben wir solches gesehen" (Mk 2,12); "Unfaßbares haben wir heute gesehen" (Lk 5,26).
Was das Volk und die Jünger von ihm wußten, reichte nicht mehr aus, um ihn zu definieren. Das Alltägliche, das Gewohnte wurde gesprengt. Deshalb kamen Fragen auf wie: "Was ist das?" (Mk 2,27), "Woher?" (Mt 3,54) und die Frage, die die vorausgehenden überbietet und mit einschließt: "Wer ist eigentlich dieser?" (Mk 4,41 par. Lk 8,25), oder wie sie Mt 8,27 formuliert: "Von welcher Art ist dieser?" (58).
Diejenigen, die seine Worte hörten, seine Taten sahen, wußten, wie seine Mutter und sein Vater hießen, wer sein "Bruder" und seine "Schwester" war, daß der Vater ein Zimmermann war, daß er selber Jesus hieß. Das reichte aber anscheinend nicht aus. Jesus war "Jesus" und "mehr", aber "was" und "woher" und "wer" war dieses "mehr"?

2 Das "mehr" in den Gleichnissen Jesu

Es ist deshalb unsere Aufgabe, die Rolle, die die Gleichnisse in der Erfahrung des "mehr" an Jesus hatten, zu definieren.
Eine Terminologie, die von E. Fuchs stammt, kann irreführen. Das Gleichnis ist nach E. Fuchs ein "Sprachereignis". Im Gleichnis ist nämlich die Wirklichkeit zu finden, denn "die Wirklichkeit <u>ist</u> das Gesprochene der Sprache" (59). Der Ansatz von Fuchs wurde weiter geführt und man sprach von den Gleichnissen nicht nur als Sprachereignissen, in dem Sinn, daß sie

an den Hörer appellieren (60) und ihm eine neue Möglichkeit eröffnen, was wir selber mit der Theorie der Gleichnisse als Sprechakte nachzuweisen suchten, sondern man verwendete nicht mehr gut verstehbare Formulierungen, wie: "Die Basileia kommt im Gleichnis als Gleichnis zur Sprache" (61); "Der Glaube hat seinen Ursprung weder in dem Auferstehungsereignis ... noch in einem besondern Selbstbewußtsein Jesu; der Glaube hat seinen Ursprung in Jesu Wort" (62). Fuchs selber forderte eine "sakramentale" Interpretation der Gleichnisse und der Verkündigung Jesu (63); J. Blank spricht von den Gleichnissen als "fleischgewordenes Wort" (64); K.-P. Jörns seinerseits spricht von ihnen als "Fleischwerdung des Logos" (65).
Solche Formulierungen laufen die Gefahr, daß man die Sprache, das Wort, die Gleichnisse selbst mystifiziert und hypostasiert.
Die Gleichnisse kann man nicht von Jesus trennen. Und der Glaube entsteht nicht nur aus dem Wort Jesu, sondern auch aus der Erfahrung des "mehr", die die Jünger an Jesus gemacht hatten.
Man darf die Gleichnisse auch nicht von der allgemeinen Verkündigung Jesu trennen. Sie lassen sich ja gut in sie einordnen.

Neu war die Verkündigung des Gottesreiches nur zum Teil und doch grundsätzlich. E. Linnemann vertritt die Ansicht, Jesus hätte "einen tiefgreifenden Gegensatz zu überbrücken" gehabt (66), nämlich zwischen seiner Vorstellung vom Gottesreich und jener seiner Hörer.
Die Erwartung der Königsherrschaft Gottes war zwar von der Hoffnung auf ein messianisches Reich Israel und von apokalyptischen Vorstellungen geprägt (67). Allerdings war die Vorstellung eines rein übernatürlichen, gegenwärtig verborgenen und sich zukünftig offenbarenden Gottesherrschaft dem Frühjudentum nicht fremd (68). Das Neue ist nicht die Anschauung des Gottesreiches, sondern Jesus selber. Er stellt sich vor mit dem Anspruch, die Erfüllung der Erwartung zu sein. Das Angebot Jesu war kein rein prophetisches und stellvertretendes Angebot, sondern ein persönliches: "Wenn ich aber durch den Finger Gottes die Dämonen austreibe, ist folglich das Reich Gottes bei euch angelangt" (Lk 11,20). Auch die Austreibung der Dämonen war nicht neu (vgl. Lk 11,19!). Das Neue daran ist, daß sie nun zum Zeichen der Ankunft der Gottesherrschaft erhoben wird.
Die Gleichnisse bestätigen den Anspruch Jesu. Sie dürfen aber von der gesamten Tätigkeit und der Person Jesu nicht getrennt und dadurch hypostasiert werden.
Das "mehr" an Jesus haben die Jünger nicht nur durch die Gleichnisse, sondern durch die Person Jesu erfahren: vgl. Mt 12,6: "Hier ist mehr als der Tempel"; 12,41: "Und siehe, hier ist mehr als Jona"; 12,42: "Und siehe, hier ist mehr als Salomo"!

"Wer ist eigentlich dieser?". Die Frage wurde von den Jüngern zwar gestellt, sie vermochten sie aber nicht zu beantworten. Gleichnisse, Taten, Jesus selber blieben lange ein Rätsel selbst für die Jünger. Die Frage war aber gestellt, und die Frage war die "In-Frage-Stellung" eines Alltags, der nicht mehr ausreichte, Jesus zu "definieren".

Inwiefern trugen die Gleichnisse mit dabei, diese Frage entstehen zu lassen als Ausdruck eines "mehr" Erlebnis der Jünger an Jesus? Auf eine zweifache Weise.
Zunächst indem Jesus durch die Gleichnisse Selbstaussagen macht, die zwar nicht gleich von den Jüngern verstanden wurden, die aber nachträglich vernommen wurden, und zweitens indem Jesus durch die Gleichnisse seine einzigartige Beziehung zu Gott zum Ausdruck bringt.
In beiden Fällen handelt es sich um eine <u>narrative</u> Selbstprädikation Jesu in den Gleichnissen.
Den Unterschied zwischen direkter und narrativer Selbstprädikation kann man anhand einiger Beispiele besser erkennen. Eine direkte Selbstaussage ist z.B. Mk 2,17: "Ich bin nicht gekommen, Gerechte zu berufen, sondern Sünder". Dieselbe Aussage wird aber narrativ und metaphorisch in dem vorausgehenden Bildwort Mk 2,17 gemacht: "Nicht die Gesunden brauchen den Arzt, sondern die Kranken".
Eine andere direkte Aussage ist das oft zitierte Logion Lk 11,20: "Wenn aber <u>ich</u> durch den Finger Gottes die Dämonen austreibe, folglich ist das Reich Gottes zu euch gekommen". Was in diesem Logion unmißverständlich und direkt gesagt wird, wird z.B. in dem Gleichnis vom Starken, das unmittelbar im Lukas-Kontext folgt (Lk 11,21-22), wiederum metaphorisch und narrativ ausgedrückt: "Wenn der Starke bewaffnet seinen Hof bewacht, dann ist sein Besitz im Frieden. Wenn aber ein Stärkerer als er über ihn kommt und ihn überwindet, so nimmt er ihm seine Rüstung, auf die er sich verlassen hatte, und verteilt seine Beute" (vgl. Mt 12,29; Mk 3,27).
Die Gleichnisse sind eine besondere Art von narratio: Sie stellen eine metaphorische narratio dar.
In den oben erwähnten Beispielen folgen Gleichnis und Logion unmittelbar einander, so daß man fast von Gleichnis und Deutung reden könnte. Das Logion ist aber nicht als normale Deutung oder Anwendung der Gleichnisse zu verstehen, sondern als die Bildempfängergeschichte des Gleichnisses. Der Unterschied dürfte inzwischen klar geworden sein. Es handelt sich aber um eine sehr wichtige Unterscheidung, die als eines der wichtigsten Ergebnisse dieser Arbeit anzusehen ist.
Die Bildempfängergeschichte der Gleichnisse ist nicht die Deutung oder die Anwendung, die allzuoft mit der "Sachhälfte" der Gleichnisse gleichgesetzt wurden. Diese Gleichsetzung hatte als Auswirkung die ethisierende Auslegung der Gleichnisse und nicht zuletzt die existentiale Auslegung von D.O. Via, die die Bildspendergeschichte autonom ansieht, und somit sie vom Bildempfänger, nämlich vom Reich Gottes und Jesus loslöst. Niemand wird in Frage stellen, daß bei diesen zwei Beispielen der Bildempfänger Jesus selber ist und das Reich Gottes, das mit ihm anbricht. Das sollte aber auch bei den anderen narrativ mehr entfalteten Gleichnissen theoretisch nicht in Frage gestellt werden. Es ist eine Fehlinterpretation der Gleichnisse, wenn man sie von Jesus loslöst.
Die Schwierigkeit besteht natürlich darin, daß eine bildliche narratio <u>an sich</u> polysem ist, und Bild für unendlich viele Bildempfänger sein kann. Wichtig ist aber, wie sie verwendet wird, d.h., auf welchen Bildempfänger sie übertragen wird.

Aus diesem Grund ist es unerläßlich für die Gleichnisauslegung, den Zusammenhang zwischen Jesus und den Gleichnissen herauszuarbeiten. Dieser Zusammenhang erweist sich dann als eine einzigartige Beziehung Jesu mit dem Reich Gottes und mit Gott. Das wurde schon in den vorausgehenden Seiten gezeigt, als von den "christologischen" Selbstaussagen Jesu in den Gleichnissen geredet wurde. Hier muß man aber nochmals mit Nachdruck sagen, daß das "mehr" der Gleichnisse sich nicht nur in den jeweiligen disclosures der einzelnen Gleichnisse beschränkt, sondern daß, darüber hinaus, Jesus selber sich als das "mehr" der Gleichnisse darstellt.
Stellt Jesus in den Logion oft direkt einen persönlichen Anspruch, so macht Jesus in den Gleichnissen indirekte Selbstaussagen, aus denen doch ein Anspruch entsteht. Dieser Anspruch kommt aber metaphorisch, verhüllt und indirekt zum Ausdruck und wird erst dann vernommen, wenn man die metaphorischen Selbstaussagen Jesu in den Gleichnissen versteht.

Das "mehr" an Jesus, das in den Gleichnissen enthalten ist, erschöpft sich aber keineswegs in den Selbstaussagen, die seine Beziehung mit dem Reich Gottes und mit Gott zum Ausdruck bringen, sondern es besteht auch in den Aussagen Jesu über Gott selber, die er in seinen Gleichnissen macht. Inwiefern Jesus ein "mehr" in seinen Aussagen über Gott zeigt, das soll im Folgenden gezeigt werden.

Die Erkenntnis, daß die Gleichnisse primär auf die Situation und das Verhalten Jesu anspielen, läßt ihrerseits die Frage stellen, ob die Gleichnisse wirklich von Gott reden (69). Man kann dieser Frage nicht mehr ausweichen und einfach voraussetzen, daß die Gleichnisse von Gott reden.
Vier Argumente scheinen allerdings dafür zu sprechen, daß die Gleichnisse eine Prädikation Gottes enthalten.

a) Einige Gleichnisse nehmen direkt Bezug auf Gott. So Mt 6,24/Lk 16,13; das Gleichnis vom bittenden Freund Lk 11,1-8 und die folgenden Bildworte Lk 11,9-13; das Gleichnis vom törichten Bauer (Lk 12,16-20); die Gleichnisse vom verlorenen Schaf und von der verlorenen Drachme (Lk 15,1-10); das Gleichnis vom ungerechten Richter (Lk 18,1-5); das Gleichnis vom Pharisäer und Zöllner (Lk 18,9-14) usw.

b) Geläufige jüdische Metaphern und Bildfelder verweisen zwangsläufig den Hörer auf Gott. So besonders die Bildfelder Weinberg/Volk Gottes; Weinbergbesitzer/Gott, Mahl/eschatologische Herrschaft Gottes, König/Gott (70).

c) Paradoxe Züge der Gleichnisse weisen, wie schon in der Analyse gezeigt wurde, auf eine "Sonderlogik" hin, die nicht die alltägliche ist, sondern eine göttliche Dimension enthält, die die menschliche Logik sprengt (71).

d) Das Hauptargument scheint aber das folgende zu sein. Jesus kündigt das Gottesreich an. Er stellt sich zwar als den Bringer und die Mitte des Reiches vor, identifiziert sich aber nicht mit ihm. Er lehrt seine Jünger beten: "Unser Vater im Himmel ... dein Reich komme" (Mt 6,10). Er ist ja auch das Neue, das Geheimnis des Gottesreiches, das Reich aber ist das Reich Gottes; es ist die Gottesherrschaft, die in seiner Person und durch ihn in der Welt anbricht. Schließlich ist es Gott selber, der das Geheimnis des Reiches gibt. Wenn also Jesus Gleichnisse über das Gottesreich erzählt, so erzählt er auch von Gott (72).

Somit scheint es unbestreitbar, daß die Gleichnisse auch Prädikation Gottes sind. Gott ist so auch die letzte disclosure der Gleichnisse (73). Sie sind, wie es H. Thielicke formuliert, das Bilderbuch Gottes (74).

Doch darf man die Theologie der Gleichnisse nicht von der übrigen "Lehre" Jesu trennen. Noch darf man die Originalität Jesu in Gegensatz zum Alten Testament stellen. Jesus bleibt auch diesbezüglich zunächst in der Tradition des Volkes Israel, für das der einzige Gott Jahwe in den Erfahrungen der Menschen spricht, in der Geschichte des Volkes handelt. H. Küng schreibt in seinem letzten Buch "Christ sein" etwas übertreibend: "Es läßt sich sogar sagen, daß Jesus nur das Gottesverständnis Israels mit besonderer Reinheit und Konsequenz erfaßt hat". Doch gleich danach fragt Küng selber: "Nur?" (75).

Wir wollen es an einer Zeichnung, die ein bestimmtes Kommunikationsmodell darstellt, veranschaulichen:

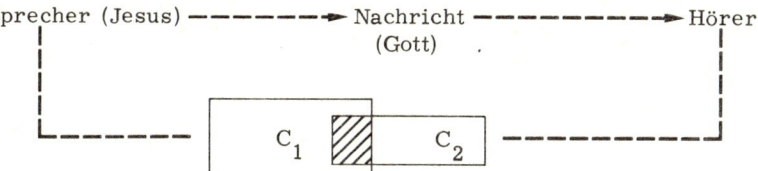

Die Codes Jesu und der Hörer über Gott sind sich nicht ganz fremd. Sie kommunizieren nicht in "Fremdsprachen". Sie können sich teilweise verstehen. Doch die zwei Codes überlappen sich nicht ganz. Es besteht ein Originalitätsraum für beide Kommunikationspartner. Jesus ist einerseits traditionsabhängig, andererseits aber spricht er "anders" über Gott. Er spricht von Jahwe, aber zum Teil anders als die Hörer erwarteten.

Jesu Originalität scheint weniger darin zu bestehen, daß er Gott als "Vater" bezeichnet hat, vielmehr in der neuen Interpretation der Vater-Bezeichnung und in der besonderen Verbundenheit Jesu mit dem Vater.

Daß die Bezeichnung Gottes als Vater nicht neu war, bezeugt die ganze Religionsgeschichte und das Alte Testament. P. Ricoeur unterscheidet in seiner Analyse des Vater-Symbols (76) drei Etappen in der Entwicklung der Verwendung der Vater-Bezeichnung für die Gottheit.

Die Etappe des "fantasme": Die Religionen des Nahostens bezeichnen die Gottheit als Vater. Es ist die Zeit des Idols. Die Etappe des "fantasme perdu": Die Hebräer sprachen zunächst von Gott nicht als vom Vater, sondern als vom Helden, Krieger, Führer. Somit ist das Idol des Vater-Gottes zerstört. Die dritte Etappe sieht die Bezeichnung Gottes als des Vaters wieder auftauchen. Diesmal handelt es sich nur um ein Symbol. Die Geschichte dieses Gottestitels läßt sich also mit Ricoeur so zusammenfassen: "Du fantasme au symbole".

Im Alten Testament sind es besonders die Propheten (77) und die Psalmen (78), die Gott als Vater ansprechen, aber auch die Weisheitsliteratur kennt diese Bezeichnung (79). Jesus gibt der Bezeichnung Gottes als des Vaters eine neue Interpretation. Besonders in den Gleichnissen wird Gott als der Vater der Verzweifelten, der Verlorenen, der Sünder angekündigt.
Das Gleichnis vom verlorenen Sohn (Lk 15,11-31) nimmt eine zentrale Stellung ein.
Gott ist ein Vater, der für den verlorenen und wiedergefundenen Sohn fast mütterliche Gefühle hat (80). Er läßt ihn zwar weggehen, aber er selber ist es, der ihn noch weit entfernt als erster sieht, er will auch nichts von Schuld hören, befiehlt, ein großes Fest vorzubereiten, und was noch mehr erstaunt, riskiert, den anderen, den treuen Sohn zu verlieren, nur will er sich die Freude über die Rückkehr des verlorenen Sohnes nicht nehmen lassen.
Dieses Merkmal der Vaterschaft Gottes, daß er sich nämlich auf die Seite des Verlorenen, der Verzweifelten, der "Letzten" stellt, wird in mehreren Gleichnissen und durch mehrere Bilder dargestellt. Viele Gleichnisse reden von diesem Gott, der den Zöllner mehr liebt, als den "gerechten" Pharisäer (Lk 18,9-14), das verlorene Schaf mehr als die anderen neunundneunzig (Lk 15,8-10), der den Letzten denselben Lohn gibt wie den Ersten (Mt 20,1-16), der die Bettler und die Armen zum Gottesreichsmahl einlädt (Mt 22,1-13/Lk 16,24). Tausend Bilder für denselben Gott. Der Gott Jesu ist zwar der eine Gott des Alten Testaments, aber er zeigt Merkmale, an denen die "Gesetzestreuen", die "Ersten", die "treuen Söhne", die im Hause blieben, die neunundneunzig "guten" Schafe Anstoß nehmen mußten.
"Gott ist kein anderer, aber er ist anders" (81).
In den Gleichnissen drückt Jesus seine außerordentliche Erfahrung Gottes aus (82). Wenn die Gleichnisse einerseits Schlüssel zum Jesu Anspruch sind, so sind sie andererseits Schlüssel zum Glauben Jesu (83).
Man wird sich fragen, ob man von einem "Glauben" Jesu sprechen darf und kann. Der Ausdruck kann irreführend sein; wenn man von einer übertriebenen Auffassung des Glaubens als "Glaube, daß ..." ausgeht, dann scheint er nicht am Platz zu sein.
Was Jesus aber in seinen Gleichnissen und in seinem ganzen Leben tut, ist nicht primär, seinen Hörern "Lehrsätze" über Gott zu vermitteln, sondern den Gott, den er kennt, den Hörern selber nahe zu bringen (84). "Glaube Jesu" bedeutet dann eher die Sicherheit und die Hoffnung, daß der sich ihm erschließende Gott auch den anderen nahe wird.
Die Erfahrung, die Jesus von Gott gemacht hatte, stand in der Tradition des Volkes Israel, überbietet sie aber, indem sie eine besondere Erfüllung der alttestamentlichen Vorstellung Gottes vollzog (85). Den Glauben Jesu könnte man vielleicht am besten mit seiner einzigartigen Beziehung zu Gott identifizieren: "Der Gott Israels wird zum Gott und Vater Jesu" (86).
Diese einzigartige Beziehung zu Gott, die Jesus sonst mit dem ungewohnten, gewagten und vertrauensvollen Gebrauch von "Abba" ausdrückte (87), kommt in den Gleichnissen strukturell zum Ausdruck, indem er Handlun-

gen setzt, die der Vater-Gott selber setzen würde. Er identifiziert sich nicht mit Gott, trotzdem behauptet er, seine Handlungen seien Widerspiegelungen der Handlungen Gottes.
Die Gleichnisse sind für Jesus nicht nur Rechtfertigung seiner Stellvertretung Gottes (88), sondern zugleich Aussage der Denkart Gottes und der einmaligen Beziehung Jesu zu Gott: "Es ist nicht so, daß erst die Parabel Jesu Verhalten erklärt, obwohl sich Jesus mit ihr verteidigt, sondern umgekehrt, Jesu Verhalten erklärt den Willen Gottes, mit einer an Jesu Verhalten ablesbaren Parabel" (89). "Jesus wagt es, Gottes Willen so geltend zu machen, als stünde er selber an Gottes Stelle! Denn Jesus macht Gottes Willen so geltend, wie das ein Mensch tun müßte, wenn er an Gottes Stelle wäre" (90).
Somit wird Jesus selber zur disclosure Gottes. Sein Verhalten ist Bild und Spiegel des Verhaltens Gottes. An seinem Verhalten hätten die Hörer das Verhalten Gottes ablesen können.

Aus einer Christologie und Theologie der Parabeln ist es nicht möglich, zu behaupten, daß Jesus die Figur des Vater-Gottes ablöst (91). Jesus will den Vater nicht ablösen, sondern will erreichen, daß die Hörer durch ihn und seine Parabeln Gott als dem Vater begegnen. Man kann aber wohl sagen, Jesus behaupte in vielen Parabeln das, was dann der johanneische Christus so formuliert: "Wer mich gesehen hat, hat den Vater gesehen" (Jo 14,9). Das ist wiederum das Ungeheure an Jesu Anspruch.
Deshalb werden die Gleichnisse und Jesus selber dadurch zu einem unüberhörbaren Appell.
Letzten Endes will Jesus durch die Gleichnisse an den Hörer appellieren, daß sie nicht nur seine "Vision" des Gottesreiches annehmen, sondern daß sie sich für ihn entscheiden, weil jener, der sich für ihn entscheidet, sich zugleich für Gott entscheidet.
Die letzte disclosure und der letzte Appell der Gleichnisse ist Gott selber in Jesus. Gott wird in Jesus erfahrbar und erschlossen.

Jesus hatte zwar einen Teil des Code über Gott mit seinen Hörern gemeinsam, aber nur einen Teil. Er hat über denselben Gott geredet, aber zum Teil anders. Er hat nicht die Vorstellungen der Hörer über Gott laut ausgesprochen. Er hat eine echte "Nachricht" vermittelt. Vielleicht war die "Decodierung" der Nachricht nicht schwierig, aber die Gottesrede Jesu war schwer anzunehmen.
Viele haben an ihr Anstoß genommen. Wer aber Ohren hatte zu hören, der mußte sich wiederum die Frage stellen: "Wer ist dieser, der zu behaupten wagt, er mache Gott den Menschen erfahrbar?" (92).

3 Ostern und die nachösterliche Reflexion und Versprachlichung der "mehr"-Erfahrung

a) Die Urgemeinde beantwortet die sich bei der Erfahrung des "mehr" an Jesus aufdrängende Frage: "Wer ist dieser?" mit mehreren Sprachmodellen (93).
Diese Sprachmodelle sind Versprachlichung der nach dem Osterereignis erlebten disclosure der Urgemeinde über Jesus. Sie sind heuristische Modelle: d.h., die Urgemeinde versucht, das Rätsel und das Mysterium Jesu zu lösen, indem sie die disclosure über Jesus durch Modelle für die Christen zu erschließen suchte.
Die Reflexion über die Gestalt Jesu setzte schon vor Ostern an: Das Phänomen Jesus wurde von den Jünger erfahren, und zugleich reflektierten sie darüber. Doch sie vermochten die entstandene Frage nicht zu lösen. Erst durch Ostern konnten sie zu einer disclosure kommen, die sie auch zu versprachlichen versuchten:

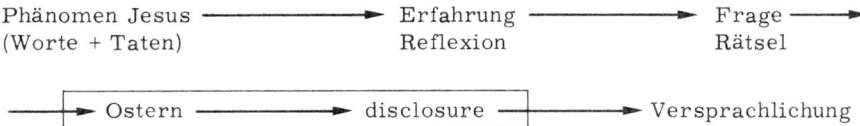

Phänomen Jesus ⟶ Erfahrung ⟶ Frage
(Worte + Taten)   Reflexion   Rätsel

⟶ Ostern ⟶ disclosure ⟶ Versprachlichung

Man darf also die Reflexion der Jünger nicht erst in die Zeit nach Ostern stellen. Die Reflexion ist eine kontinuierliche. Der Sprung besteht nur darin, daß sie durch Ostern eine disclosure erleben, durch die sie Jesus "verstehen" konnten (94).
Welche Funktion haben die Ostererfahrungen? Sie sind es, die die disclosure auslösen.
Die Erzählungen der Erscheinungen des Auferstandenen enden öfter mit der "Erkenntnis" Jesu oder mit einem Glaubensakt (95). Die disclosure der Urgemeinde war eben keine direkte Folge der Erscheinungen. Die Jünger selber verbleiben teilweise in ihrem Unglauben (96).
Ihnen mußten die Augen aufgetan werden (Lk 24,31)!
Die disclosure über Jesus ist in der Auffassung der Urgemeinde auch keine Folge menschlichen Versuchens, sondern sie wird erlebt, weil sich der Gegenstand der disclosure selber erschließt. Man kann also auf zwei verschiedene Weisen von einer disclosure der Urgemeinde reden.
In einem ersten Sinn erschließt sich Jesus selber durch seine Erscheinungen an die Jünger (97).
Ob dabei auch das leere Grab eine Rolle mitgespielt hat, läßt sich, wegen der traditionsgeschichtlichen Schwierigkeiten, nicht feststellen. Auf der redaktionellen Ebene kann man aber sagen, daß das leere Grab die Zweifel der Jünger nicht zu beseitigen vermag. Das leere Grab war weder für die Frauen (Mk 16,8; Lk 24,2-5; Jo 20,2) noch weniger für die Jünger (Mk 16,11; Lk 24,9-12; Jo 20,9.25) Anlaß für eine echte disclosure über Jesus. Das leere Grab mußte durch die Erscheinungen Jesu als Zeichen der Auferstehung gedeutet werden.

Diese erste Selbsterschließung Jesu an die Jünger hatte zwar als Folge die Erkenntnis des auferstandenen Herrn seitens der Jünger, sie wurden aber dadurch noch nicht fähig, angemessen von Jesus zu reden.
Nach dem Neuen Testament ist es wiederum der Geist, der die erste disclosure der Jünger zur Vollendung bringt und sie befähigt, von Jesus zu reden.
Der von Jesus verheißene Helfer, der Heilige Geist, den der Vater in seinem Namen senden wird, der wird sie "alles lehren" und sie "an alles erinnern", was Jesus ihnen gesagt hatte (Jo 14,26). "Wenn jener aber kommt, der Geist der Wahrheit, wird er euch zur vollen Wahrheit führen" (Jo 16,13).

Jesus selber gibt der Urgemeinde seinen Geist (Jo 19,13; 20,22). Die Herabkunft des Geistes zu Pfingsten spielt in diesem Zusammenhang eine wichtige Rolle (Apg 2,1-4). Das Herabsteigen des Geistes bedeutet für die Jünger nicht nur die Überwindung der Angst, sondern die Fähigkeit, zum ersten Mal das "Leben Jesu" zu erzählen in seiner Bedeutung für die Menschheit (Apg 2,22-36), also die erlebte disclosure zu versprachlichen und zu vermitteln. Hält man vor Augen, wie Ramsey über die disclosure-Situation schreibt, als eine Situation, in der "the light dawns, the ice breaks, the penny drops ..." (98), "situations where the universe 'comes alive', where a 'dead', 'dull', 'flat' existence takes on 'depth' or another 'dimension'" (99) und liest man Apg 2 unter dieser Perspektive, dann kann man das Herabsteigen des Geistes als die Situation der Urgemeinde, in der sie eine besondere disclosure hatte, bezeichnen.

Mag sich das Herabsteigen des Geistes anders ereignet haben, aber es scheint klar zu sein, daß der Geist zunächst der Geist der Offenbarung und der Wahrheit ist, die der Urgemeinde alles "gelehrt" hat, was Jesus schon gesagt hatte.

Überträgt man, was Ramsey über das Sprechen von Gott schreibt ("It is as and when a cosmic disclosure is thereby evoked that we <u>are able</u> to speak of God" (100)) auf die Verkündigung der Urgemeinde nach dem Empfang des Geistes, so kann man behaupten: Als die disclosure über Jesus vom Geist evoziert wurde, wurde die Urgemeinde <u>fähig</u>, <u>angemessen</u> von Jesus zu sprechen. Die Rolle des Geistes bei der Evokation der <u>disclosure</u> bleibt die gleiche bei der Taufe Jesu und dem Pfingstereignis. Man kann daher Pfingsten als die Taufe der Kirche bezeichnen.

b) Die Urgemeinde versprachlicht ihre disclosure über Jesus nicht mit einem einzigen, sondern mit mehreren disclosure-Modellen (101):

> Jesus ist der Gesandte Gottes
> Jesus ist der Prophet
> Jesus ist der Knecht Gottes
> Jesus ist der Messias
> Jesus ist die Weisheit Gottes
> Jesus ist der Sohn Gottes
> Jesus ist der Herr
> ...

Alle diese Modelle sind disclosure-Modelle, einerseits, weil sie genetisch von einer disclosure stammen und diese versprachlichen, andererseits weil sie die Struktur und die Logik der disclosure-Modelle haben. Ausgangspunkt war die Feststellung, daß auch der Name "Jesus" das "Phänomen Jesus" nicht ausreichend definieren konnte: Jesus war "Jesus" und "mehr". Um das "mehr" zu definieren, übernahm die Urgemeinde alttestamentliche Kategorien.
So könnte man in dem Satz: "Jesus ist der Prophet" dem Lexem "Prophet" die Rolle des Modelles zuschreiben. Es ist ein alttestamentliches und daher verständliches Bild. "Jesus" übernimmt andererseits die Funktion des "qualifier". "Jesus" qualifiziert das Modell anders als andere "qualifiers". So sind die folgenden Modelle zwar syntaktisch gleich, semantisch aber qualitativ verschieden:

(1a) - Jeremia ist der Prophet
(1b) - Jesus ist der Prophet

(2a) - Der König ist der Sohn Gottes
(2b) - Jesus ist der Sohn Gottes

Wenn also das Modell neues Licht auf "Jesus" wirft, und ihn unter einer anderen Perspektive "sehen" läßt, so qualifiziert seinerseits "Jesus" das Modell selber, so daß auch das Modell neu interpretiert wird. Es handelt sich also um metaphorische disclosure-Modelle. Daß die disclosure-Modelle über Jesu mehrere sind, hat einen genetischen Grund in der Tatsache, daß die "Bedeutungserfahrung mit Jesus keine einzige und keine einlinige war" (102).
Die Vielzahl der Modelle erfüllt aber innerhalb der disclosure-Theorie eine bestimmte und wichtige Funktion. Indem sie heuristische Modelle sind, versuchen sie, das Mysterium Jesu sprachlich zu lösen. Jedes Modell kann irgendwie das Mysterium versprachlichen, nie aber ausreichend, so daß immer die Möglichkeit besteht, neue Modelle zu erfinden. Jedes Modell bereichert das andere, so daß, je mehr Modelle vorhanden sind, desto besser die disclosure zur Sprache gebracht werden kann, desto größer die Chance ist, daß ein anderer beim Hören oder Lesen der Modelle zur selben disclosure kommt.
Endlich haben nicht alle Modelle dieselbe Sprachkraft. Nicht alle Modelle sind auf die gleiche Weise fähig, die disclosure zur Sprache zu bringen. Einige sind mehr, andere weniger geeignet, so daß der Fall eintreten kann, daß sich einige Modelle mit der Zeit von selbst erübrigen, daß andere bessere entstehen, oder daß sogar eine Selektion der Modelle geschieht.
Das ist auch in der Geschichte der Christologie geschehen. Einige Modelle werden heute in der Verkündigung kaum verwendet, andere haben die Oberhand gewonnen. Besonders die Modelle "Messias", "Sohn Gottes", "Herr" werden heute am meisten verwendet.
Das ist einerseits "normal", auch weil diese Modelle die anderen miteinzuschließen scheinen. So könnte man sagen, daß "Messias" andere Modelle wie "Knecht", "Gesandte", "Prophet" impliziert.

Aber die Reduzierung der Modelle kann andererseits zu einer ärmeren Christologie führen, zu einer beschränkten Möglichkeit, differenziert über Jesus zu reden. Vielleicht würde heute ein Durchschnittschrist sogar daran Anstoß nehmen, wenn man in der Verkündigung von Jesus als dem Propheten oder gar als dem Knecht Gottes spräche.
Das würde für viele eine Reduzierung der Gestalt Jesu bedeuten. Doch alle Modelle haben ihre Berechtigung, gebraucht zu werden, gerade weil jedes Modell, <u>wenn es von den anderen nicht isoliert und verabsolutiert wird</u>, ein besonderes Licht auf die Gestalt Jesus werfen kann.
Man sollte es überlegen, ob die stattgefundene Selektion von christologischen Modellen nicht vielleicht sogar eine Verarmung der Christologie ist.

Wenn man nämlich nur das Modell "Sohn Gottes" verwendet, könnte man in die Gefahr des gnostischen Monophysitismus laufen, und vergessen, daß Jesus auch "Knecht" war. Jede einseitige Verwendung von Modellen bringt die Gefahr mit sich, daß man etwas von Jesus "vergißt".

Auch die Modelle über Jesus besitzen die Sonderlogik der disclosure-Modelle, insbesondere der metaphorischen disclosure-Modelle. Es gibt in allen diesen Modellen das Moment der Verneinung und das Moment der Bejahung.
Das Moment der Verneinung besteht einmal darin, daß, wie der exegetische Befund bestätigt, Jesus selber solche Titel nicht als Selbstbezeichnungen verwendete. Besonders was das Modell "Messias" angeht, so konnten ihn seine Zeitgenossen nicht als Messias ansehen, weil sein Leben in ihren Augen "'unmessianisch' zu verlaufen schien" (103). Diese Modelle wurden auf Jesus von der Urgemeinde übertragen. Zweitens besteht das Moment der Verneinung darin, daß solche Modelle metaphorische Modelle sind. Jede Metapher besitzt dieses Moment. Auch bei der einfachen Metapher "Achilles ist ein Löwe" kann man sagen: "Achilles ist doch nicht ein Löwe", wenn man den Satz deskriptiv versteht, aber man kann auch sagen: "Achilles ist ein Löwe", wenn man den Satz evokativ versteht.
So könnte man für jedes christologisches Modell das Modell verneinen, wenn man es deskriptiv versteht. So könnte man sagen: "Jesus ist nicht der Messias", weil er sich selbst nie als den Messias bezeichnete, und als Petrus Mk 8,29 sagt: "Du bist der Messias", nicht bejahend antwortet, sondern lediglich einen unmessianischen Zug hinzufügte, nämlich, "<u>Der Menschensohn</u> müsse vieles leiden ... und getötet werden" (Mk 8,31) (104).
Und trotzdem kann man auch wohl sagen: "Jesus <u>ist</u> der Messias", und zwar nicht logisch beschreibend, sondern erst <u>aufgrund</u> einer disclosure, die auf einmal den Sinn des Lebens Jesu erschließt. Auf einmal erinnert man sich der Verheißungen der Propheten. Es gibt gewiß einen logischen Sprung zwischen dem verheißenen Messias und Jesus. Man "sieht" aber, daß Jesus durch sein Leben gerade das erfüllte, was der verheißene Messias erfüllen sollte (vgl. Lk 4,16-30 par.). Man nennt dann Jesus den Messias.
Das Moment der Verneinung und der Bejahung ist in allen christologi-

schen Modellen vorhanden. Man kann bei der Verneinung verbleiben, und man erlebt die disclosure nicht und kann nicht glauben.
Oder aber man kann "sehen", man kann den Sinn "begreifen". Dann kann man auch den Sinn bejahen.

c) Man könnte fragen: Was hat eigentlich die Urgemeinde damit tun wollen?

Wir hatten die christologischen Modelle des Neuen Testamentes als metaphorische disclosure-Modelle eingeordnet. Das will heißen, daß die Urgemeinde das "mehr" an Jesus durch Vergleiche zu versprachlichen und erschließen suchte. Denn jede Metapher ist ein Vergleich und jedes Modell ist seinerseits ein metaphorischer Vergleich.
Jesus wurde mit den Propheten (105) verglichen, mit den Boten Gottes, mit dem Messias ...
Wie die Propheten, so spricht auch Jesus im Namen Gottes. So wie der Bote bringt auch Jesus eine Botschaft von Gott. Der Prophet ist aber auch einer, der selber Gott erfährt, und von dieser Erfahrung "in seiner Existenz affiziert wird" (106). Dadurch wird seine eigene Existenz zum Bild Gottes, er selber zum Stellvertreter Gottes.
Beide Merkmale - Offenbarung und Stellvertretung Gottes - sind in dem Modell "Messias" noch enthalten. Das letzte Modell versprachlicht aber andere Merkmale Jesu. Jesus ist nicht nur ein Prophet, sondern zeigt in sich alle Merkmale, die die Propheten selber dem Messias zugeschrieben haben. Er ist derjenige, mit dem die Endzeit anbricht, der das Gottesreich auf Erden herstellt.
Jesus war aber noch "mehr" in den Augen der Urgemeinde. Jesus wurde wiederum mit einem "Sohn" Gottes verglichen. Mit diesem Modell wird besonders das Merkmal der Stellvertretung hervorgehoben. Jesus war aber noch mehr! Es ist erstaunlich zu beobachten, wie die Modelle, die die Urgemeinde vom Alten Testament übernahm, in ihren Augen nicht ausreichend gut waren. Es ist nicht ein Sohn Gottes wie der König Israels, oder irgendein frommer Mensch. Er ist der "einzige", der "geliebte" Sohn Gottes: ὁ υἱός μου ὁ ἀγαπητός (Mt 3,17; 17,15; Mk 1,11; 9,7), ὁ υἱὸς ὁ μονογενής (Jo 3,16).
Man würde behaupten, damit wäre die vollkommene Versprachlichung der disclosure der Urgemeinde erreicht. Doch sie bleibt nicht stehen. Noch ein Modell wird erfunden: "Jesus ist der Herr". Dieser Titel, der im Alten Testament nur für Jahwe verwendet wurde, wird nun auf Jesus übertragen. Obwohl man Jesus nie mit Jahwe identifiziert hat, verwendet man trotzdem den Titel für beide.
Man kann durchaus eine Steigerung in der Verwendung von Modellen in der nachösterlichen Christologie feststellen. Anscheinend war man nicht zufrieden mit dem, was man schon über Jesus gesagt hatte. Das "mehr" an Jesus blieb weithin nicht anders formulierbar als in disclosure-Modellen, d.h. in Metaphern und Gleichnissen.

d) Es lohnt sich, andere disclosure-Modelle über Jesus vorzuschlagen, die letzten Endes auch im Neuen Testament verankert sind, einmal um den Sinn der oben erwähnten zu erschließen, zweitens, weil sie den "paraboli-

schen" Charakter der christologischen Modelle besser ans Licht bringen.
Man kann mit Recht behaupten, die Urgemeinde hat Jesus als die "Parabel Gottes" angesehen (107).
Dieses Modell bringt die Tatsache zur Sprache, daß Jesus durch sein ganzes Leben, in Wort und Tat, Gott als "Bildempfänger" und "qualifier" hatte. Als Bildempfänger, weil Jesus ständig durch seine Person auf Gott verwies. Als "qualifier", weil Gott selber das Leben Jesu geprägt hat. Jesus wurde auf diese Weise als der "homo loquens Dei" angesehen.
Dieses Modell kann noch weitergeführt werden. Man kann nämlich mehrere Parabeln und mehrere Metaphern über einen Bildempfänger bilden.
Wenn aber eine Metapher ständig für einen Gegenstand gebraucht wird, dann wird sie zum Symbol des Gegenstandes. Der Unterschied zwischen Metapher und Symbol besteht eben darin: Obwohl das Symbol eine Art Metapher ist (108), hebt es sich von ihr dadurch ab, daß

- die Anschauungssphäre der Metapher konkret-sinnlich wird;
- die Metapher immer wiederholt und im Mittelpunkt steht (109).

Man könnte demgegenüber die Merkmale des Symbols so zusammenfassen:

- Es ist eine durch Wiederholung gefestigte Metapher für einen Gegenstand;
- Es ist sinnlich und konkret;
- Es verweist auf etwas anderes in seiner absentia (110);
- Es kann nicht in sich selber verstanden werden, sondern muß in Korrelation mit dem symbolisierten Gegenstand gesehen werden (111).

Somit überbietet das Modell: "Jesus ist das Symbol Gottes" das andere: "Jesus ist die Parabel Gottes".
Wenn man nämlich von Jesus als dem Symbol Gottes spricht, so meint man, daß Jesus nicht irgendeine Parabel Gottes ist, sondern die Parabel Gottes par excellence, d.h. die sinnlich und konkret gewordene Parabel Gottes, die in seiner absentia auf ihn verweist, und ihn vergegenwärtigt, und ferner, daß Jesus nicht verstanden werden kann, wenn er nicht in Korrelation mit Gott gesehen wird. Man kann in dieser Hinsicht auch von Jesus als "der disclosure Gottes" reden, als einer Person also, die Gott erschließt und offenbart, durch die die Jünger Gott erfahren und "sehen" konnten. Dieses Modell gibt noch die Möglichkeit, differenzierter über Jesus zu reden.

Daß Jesus die disclosure Gottes ist, heißt ein doppeltes: Jesus ist die Erschließung Gottes und zugleich die "Versprachlichung" bzw. die "Vergegenwärtigung" Gottes.
Hebt man die Charakteristik der disclosure, etwas erschließen zu können, hervor, so führt das Modell "Jesus disclosure Gottes" zwangsläufig zum biblischen Modell "Jesus Wort Gottes", und zwar nicht irgendein Wort, sondern das Wort, der Logos (Jo 1) Gottes, das definitive Wort (Hebr 1,1-2).
Will man dagegen das andere Merkmal unterstreichen, daß nämlich eine disclosure in ein disclosure-Modell versprachlicht wird, so heißt das, daß

Jesus selber das Modell Gottes ist. Das führt auch zwangsläufig zu einer anderen biblischen Bezeichnung Jesu als "Bild Gottes" (112).
Eine genauere Analyse des letzten Modells: "Jesus Bild Gottes" könnte noch weiter bringen. Wenn nämlich eine Mutter das Kind in den Spiegel schauen läßt, so erklärt sie ihm auf den Spiegel zeigend: "Das bist du und das bin ich", obwohl sie genau weiß, daß die Gestalten im Spiegel nur "Widerspiegelungen" sind und nicht mit ihr und dem Kind zu identifizieren sind. Wenn man den Freunden Bilder zeigt, so erklärt man: "Das ist meine Mutter, das ist mein jüngerer Bruder ...", obwohl man auch weiß, daß es nur Bilder sind. Wenn man von Jesus als Bild Gottes spricht, so meint man im allgemeinen, Jesus sei das beste Bild Gottes.
Könnte man auch, auf ihn zeigend, sagen: "Das ist Gott"? Anscheinend ja, und das tat auch die Urgemeinde, nicht nur indem sie Jesus als den Herrn bezeichnete, sondern auch indem sie das Wort θεός als Prädikat für Jesus verwendete (vgl. Jo 1,18; Tit 2,13). Wie die Urgemeinde von der Aussage Jesu: "Was nennst du mich gut? Nur einer ist gut: Gott allein" (Mk 10,18) zur Verwendung des Prädikats θεός für Jesus kommen konnte, wurde dadurch gezeigt, daß die Urkirche in Jesus die Parabel, das Symbol, das Bild Gottes angesehen hatte, daß sie zur Auffassung kam, daß man nicht mehr von Gott reden konnte, ohne Jesus mitzuerwähnen, und daß man von Jesus nicht mehr reden konnte, ohne Gott mitzunennen.
In Jesus hatte die Urgemeinde die Herrlichkeit Gottes (2 Kor 4,6) wieder erkannt, so daß sie sagen konnte: "Wenn Gott Mensch würde, würde er wie Jesus aussehen". Johannes hat das am schärfesten formuliert: "Wer mich gesehen hat, hat den Vater gesehen" (Jo 14,9).
Die Urgemeinde konnte auf diese seltsamen Aussagen über Jesus kommen, weil sie die Modelle, die sie auf ihn übertrug, ständig weiter entwickelte, um das erfahrene "mehr" an Jesus zu versprachlichen.
Die beste Parabel, die man über Gott schreiben konnte, war, so meinte die Urgemeinde, das Leben Jesu selber.

4 Die urchristliche Erkenntnis der christologischen Dimension der Gleichnisse

Die nachösterliche disclosure der Urgemeinde, ihr Fähigwerden, angemessen über Jesus zu reden, hat sich auch in der Überlieferung der Gleichnisse Jesu niedergeschlagen. Das ist keine neue Erkenntnis und die Gleichnisauslegung hat diese Tatsache immer hervorgehoben (113). Die Gleichnisse Jesu befinden sich in einem Glaubensrahmen und partizipieren an der Gesamtintention der Evangelien (114). Man fragt sich aber, ob die Skepsis bei der Beurteilung dieses Tatbestandes ganz berechtigt ist.
Man wird natürlich unterscheiden müssen zwischen einer methodischen Skepsis, die immer angebracht ist, wenn man versucht, die Gleichnisse als Gleichnisse Jesu anzusehen, und einer theologischen Skepsis, die die

Anwendungen, Erweiterungen, Deutungen der Urkirche pauschal verurteilt, ohne auf deren theologisches Recht bedacht zu sein. Uns geht es in diesem Zusammenhang nur um die theologische Beurteilung der christologischen Interpretationen, Akzentuierungen und Allegorisierungen der Gleichnisse Jesu seitens der Urkirche. Haben solche Interpretationen ein theologisches Recht, oder sind sie als Fehldeutungen der Gleichnisse anzusehen? Von dem, was in dieser Arbeit über Jesus und das Reich Gottes als Bildempfänger der Gleichnisse schon gesagt wurde, könnte man sich eine erste Antwort erwarten: diese christologischen Interpretationen der Gleichnisse haben ihr theologisches Recht. Eine solche verallgemeinernde Antwort wird aber dem komplexen Phänomen der christologischen Interpretationen der Gleichnisse nicht ganz gerecht, denn das geschieht nicht immer auf die gleiche Weise: Manchmal werden Züge erweitert, die in der Tiefenstruktur der Gleichnisse entweder nicht unentbehrlich oder nur untergeordnet sind; manchmal wiederum entsprechen solche Interpretationen nicht der eigentlichen Intention eines Gleichnisses; manchmal aber stellen sie die richtige Deutung des Gleichnisses auch seiner Struktur nach dar.

Einige Beispiele.

Die Analyse des Gleichnisses von den bösen Winzern (Mk 12,1-12 par.) hatte gezeigt, daß besonders Markus und Lukas eine christologisch zugespitzte Interpretation des Gleichnisses bieten. Das geschieht bei Markus dadurch, daß er die Zahl der vom Weinbergbesitzer gesandten Knechte erweitert (V.5) und damit seine allegorisierende Intention auf die Propheten deutlich macht und dadurch die christologische Zuspitzung der Sendung des Sohnes erreicht; durch die Hinzufügung von $\dot{\alpha}\gamma\alpha\pi\eta\tau\acute{o}\nu$ (V.6), wahrscheinlich auch durch die Hervorhebung von $\ddot{\epsilon}\sigma\chi\alpha\tau o\nu$ (V.6) und besonders in den V.10-12, wo die Anspielungen auf die Zentralität der Sendung des Sohnes, auf die Auferstehung und auf den Tod Jesu am deutlichsten werden.

Die Analyse dieses Gleichnisses hat auch gezeigt, daß der christologische Zug des Gleichnisses, die Sendung des Sohnes, zwar wichtig, aber untergeordnet ist. Auf diese Weise überspringt die markinische Interpretation die eigentliche Absicht des Gleichnisses, die Interpretation fußt allerdings auf einem schon im Gleichnis als christologisch erkennbaren Zug.

Weniger sicher, aber noch vertretbar scheint die Ansicht, daß der Bräutigam des Gleichnisses von den Zehn Jungfrauen (Mt 25,1-13) schon in der ursprünglichen Fassung auf Jesus verwies. Man kann aber mit guten Gründen daran zweifeln, daß der "Herr" des Gleichnisses von dem guten und dem bösen Knecht (Mt 24,45-51/Lk 12,41-46), des Gleichnisses von den Talenten (Lk 19,11-27/Mt 25,14-30) ursprünglich auf Jesus verwies und nicht auf Gott (115). Abgesehen von dem Parusie-Zusammenhang, scheint auch die christologische Deutung dieser Gleichnisse nicht in der Logik der Gleichnisse zu liegen.

Dennoch bliebe zu fragen, ob diese Interpretation völlig willkürlich ist, oder ob sie nicht doch einen Anhaltspunkt in den Gleichnissen selber hat.

Nach J.Jeremias wollen diese Gleichnisse "Warnung und Bußruf angesichts

des furchtbaren Ernstes der Stunde" (116) sein. Das hatte sich auch bei
der Analyse des Gleichnisses von den Zehn Jungfrauen ergeben. Es ist also zunächst nebensächlich und nicht mehr wichtig, ob einzelne Metaphern
der oben erwähnten Gleichnisse auf Jesus anspielten oder eher auf Gott.
Wichtiger scheint das Ergebnis zu sein, daß die Struktur und die Intention
der Gleichnisse die Dringlichkeit des Kairos unterstreichen. Von anderen
Gleichnissen her ist aber der Kairos mit Jesus gleichzusetzen. Solche
Gleichnisse haben schon in sich eine christologische Zuspitzung.
So z.B. das Gleichnis von den Kindern auf dem Marktplatz (Mt 11,16-17/
Lk 7,31-32), das den Bildempfänger in Johannes dem Täufer und Jesus hat
(Mt 11,18-19/Lk 7,33-34).
Jesus selber wirft seinen Gegnern vor, sie wären nicht fähig, die Zeichen
dieser Zeit (Τὸν καιρὸν δὲ τοῦτον) zu erkennen (Lk 12,56). In diesem Zusammenhang des Anbruchs des Kairos und der Unfähigkeit der Hörer Jesu, den Kairos zu erkennen, wird das Gleichnis des unfruchtbaren
Feigenbaums erzählt (Lk 13,7-19 und noch deutlicher Mt 21,19-20/ Mk
11,12-14.20).
Man sollte also zugeben, daß die christologische Anwendung der Knechtsgleichnisse einerseits Züge auf Jesus hin allegorisiert, die mit großer
Wahrscheinlichkeit ursprünglich nicht auf Jesus anspielten, daß aber andererseits die christologische Deutung nicht ganz ungerechtfertigt ist, wenn
auch der Kairos nicht mehr mit dem irdischen Leben Jesu identifiziert
wird, sondern mit der Wiederkunft des Herrn.
Das Gleichnis vom Sämann wird nicht ausdrücklich christologisch gedeutet, es
scheint aber daß es in Mk 4,10-12 par. weniger um die Frage nach dem Schicksal der didaché Jesu, vielmehr um die Frage nach dem Schicksal Jesu selber geht, weil eben auf der Ebene der Bildempfängergeschichte das Wort
Jesu von seiner Person nicht so zu trennen ist, wie in der Bildspendergeschichte der Same vom Sämann. So wollen diese Verse, die als Metatext
gegenüber Parabel und Deutung fungieren, metaphorisch-erzählerisch dasselbe zum Ausdruck bringen, als das was Johannes in seinem Prolog sagt:
"Er kam in sein Eigentum, und die Seinigen nahmen ihn nicht auf. Allen
aber, die ihn aufnahmen, gab er Macht, Kinder Gottes zu werden" (1,11-12).

Man kann sich kaum dem Eindruck entziehen, daß ein Zusammenhang zwischen der Urdisclosure Jesu in den Gleichnissen und der urkirchlichen
christologischen Interpretation der Gleichnisse besteht.
Dieser Zusammenhang besteht in der Erschließung der Bedeutung Jesu
nach Ostern, die zugleich eine Erschließung der tiefen Bedeutung auch seiner Gleichnisse war.
Wie schon gezeigt wurde, enthalten die Gleichnisse Jesu, wenn auch auf
eine verhüllte Weise, eine Selbstaussage Jesu selber. Daß auch die Jünger das nicht einzusehen vermochten, wird auch von den Evangelien bezeugt
(vgl. Mk 4,13 par.). Als sie das aber einsehen konnten, haben sie diese
disclosure in der Überlieferung der Gleichnisse selber ausgedrückt.
Es ist kein Zufall, daß man bei der christologischen Interpretation der
Gleichnisse für Jesus dieselben Modelle verwendet hat, wie anderswo: es
wurde schon gezeigt, wie man Jesus mit dem Sohn, dem Bräutigam, mit

dem wiederkommenden Herrn, mit dem letzten Boten Gottes identifizierte.
Das alles geschah im Grund mit Recht. Denn die Gleichnisse selber gaben
den Jüngern den ersten Denkanstoß mit ihren verhüllten Selbstaussagen
Jesu und mit seinem indirekten "Anspruch", der Ansager und der Bringer
des Gottesreiches zu sein.
Es ist letzten Endes dieser unlösbare Zusammenhang zwischen Jesus und
dem Reich Gottes, der die allegorisierenden Interpretationen der Gleichnisse seitens der Urgemeinde erlaubte. Mögen sie da und dort in den Einzelheiten von der Logik der einzelnen Gleichnisse nicht ganz gerechtfertigt sein, sie sind doch in ihrem Anliegen dem Anliegen der Gleichnisse
selber gerecht geworden, wenn es gilt, daß Jesus durch die Gleichnisse
nicht nur "seine" Vision des Gottesreiches vermitteln, sondern eine disclosure über sich selbst auslösen wollte.

C Zusammenfassung

Was in diesem Kapitel gezeigt wurde, ist ein Doppeltes:

1 Die Versprachlichung der disclosure der Urgemeinde ist in Jesu Leben
empirisch verankert. Eine nachösterliche Christologie, die keinen Anhaltspunkt im historischen Jesus hätte, wäre eine Ideologie.
Sieht man die nachösterliche Christologie als religiöse disclosure-Sprache
an, die einerseits die disclosure der Urgemeinde versprachlicht, und die
andererseits als disclosure-Modell für andere (Verkündigung!) dient, so
verlangt sie auch als disclosure-Sprache den Test der Wirklichkeitsverankerung.
Die Wirklichkeitsverankerung der nachösterlichen Christologie wurde anhand der Gleichnisse in den Selbstaussagen Jesu gesehen. Was in Jesus
und an seinen Gleichnissen verifizierbar war, war lediglich sein Anspruch
und sein Verhalten, das den Anspruch bestätigte, nicht aber sein Selbstbewußtsein, das nicht nur heute, sondern auch damals nicht kontrollierbar
war, obwohl es sich natürlich in seinem Anspruch und Verhalten manifestiert hat.
Die Suche nach dem historischen Jesus kann nicht beweisen, daß Jesus
von der Transzendenz lebte (117), noch beweisen, daß der Ruf Jesu "nahegekommen ist das Reich Gottes" der Wirklichkeit entsprach. Es sind Aussagen, die selber die Logik der disclosure-Sprache besitzen (118), und
deshalb nie verifiziert und historisch kontrolliert werden können. Die Suche nach dem historischen Jesus wird auch nicht beweisen können, daß
der Anspruch Jesu berechtigt war.
Darin zeigt sich schon die Radikalität des Glaubens. Man kann den Ruf hören, den Anspruch Jesu wahrnehmen, sein Verhalten beobachten. Das
"mehr" wird man aber kaum beweisen können. Der Glaube ist ein Wagnis.

Das Risiko besteht darin, daß, wenn man glaubt, endlich zum Anspruch Jesu gelangt zu sein, gerade dann sich zeigt, daß der Anspruch selber in seiner Berechtigung nicht bewiesen werden kann.

2 Das Zweite, das in diesem Kapitel gezeigt wurde, ist, daß die Gleichnisse Offenbarungscharakter besitzen. Die doppelte Referenz der Gleichnisse - Jesus und Gott - erhebt sie zu Offenbarungsmitteln. Eine bloß ethisierende und existentiale Auslegung der Gleichnisse würde nicht nur eine der Grundformen des theologischen Atheismus sein (119), sie würde uns nicht nur ein Christentum ohne Gott bieten, sondern auch ein Christentum ohne Jesus. Die existentiale Interpretation der Gleichnisse hat ihre gute Berechtigung, denn die Gleichnisse wollen auch die Menschen von heute ansprechen. Allerdings nicht nur den Menschen als Menschen, sondern den Menschen, der sich von dem Ruf Jesu und Gottes konfrontiert fühlt. Das ist auch eine existentielle Situation des Menschen, man könnte ja sagen eine der typisch existentiellen Situationen der Menschen. Die Gleichnisse wollen den Menschen nicht die Art und Weise beibringen, wie er seine Existenz nicht verliert oder gewinnt, sondern vielmehr wie er seine Existenz vor Gott verlieren bzw. gewinnen kann.

Anhang: "THEOLOGIA PARABOLICA" UND "THEOLOGIA ARGUMENTATIVA"

1 "Theologia parabolica"

Im vorangehenden Kapitel versuchten wir zu zeigen, daß die Gleichnisse Jesu Gott und sein Reich als letzten Gegenstand der disclosure haben. Jesus spricht nämlich von Gott in den Gleichnissen, um ihn den Hörern nahe zu bringen. Besonders wurde die neue "Interpretation" Gottes hervorgehoben, die Jesus den Hörern in den Gleichnissen vermittelt: Gott ist ein Gott der Verzweifelten und der Verlorenen.
Die Frage, die sich nun aufdrängt, kann man folgenderweise formulieren: Spricht Jesus von Gott in Gleichnissen, weil er eine Hilfe den Hörern bieten wollte, weil den meisten abstrakte Ideen nicht zugänglich sind (1), oder waren die Gleichnisse auch für Jesus die einzige Möglichkeit von Gott zu sprechen?
Die erste Antwort würde voraussetzen, daß Jesus auch anders hätte von Gott sprechen können, und daß er wahrscheinlich auch anders von ihm sprach. Würde man in diesem Fall versuchen, eine jesuanisch "ontisch abstrakte" Theologie des Neuen Testament herauszubekommen, so hätte man die Möglichkeit, sich zunächst mit den "offenen" Worten Jesu über Gott zu beschäftigen, und dann das parabolisch-metaphorische Material heranzuziehen, gewissermaßen als Ergänzungsmaterial, um die abstrakten Ideen "bildhaft" zu erläutern.
Das würde wiederum bewußt oder unbewußt voraussetzen, daß die Gleichnisse sich in theoretische, abstrakte Ideen "übersetzen" lassen, daß sie auf ein "Lehr"-System zurückzuführen oder gar zu reduzieren seien.

Denn solange man mit Bildern redet und in den Bildern verfangen bleibt, kann man kaum argumentieren und eine logisch kohärente Theologie aufbauen.
Die Gleichnisse widersetzen sich andererseits jeglicher "abstrakten" Reduzierung und Übersetzung.
Die Grenze einer "theologia parabolica" besteht nicht nur darin, daß man Einzelzüge der Gleichnisse nicht zu direkten Aussagen über Gott oder gar zu Dogmen erheben kann. Es wäre wenigstens ungeschickt, zu behaupten, Jesus wollte eine direkte, "wesenhafte", abstrakte Aussage über Gott machen, als er von ihm als von einem Hirten sprach, und dies zu einem Dogma zu machen. Die Gleichnisse sagen offen, daß sie "nur" Gleichnisse sind, daß sie nur bildhaft reden; sie distanzieren sich von selbst von dieser Gefahr, Bilder mit direkten Aussagen zu verwechseln, indem sie offen erklären, sie seien Vergleiche. Das Bild wird man nicht mit der direkten Aussage identifizieren dürfen. Wie T.W.Manson schreibt, was die Parabeln tun, "is to take human experience at its highest levels ... and make this the jumping-off place for the adventure of faith. It says: take the best you know; God is all that - and more" (2).
Die Grenze der "Theologa parabolica" besteht vielmehr darin, daß die Parabeln sich nicht zu abstrakten Ideen reduzieren lassen.

Aus den Gleichnissen wird man ein "Lehr-System" über Gott nicht erbauen können.
Versucht man nämlich, irgendeine Parabel zu einer Formel über Gott zu reduzieren, dann erhält man bestenfalls eine lebhafte, schlimmstenfalls eine "abgedroschene" Metapher über Gott. Weiter kommt man kaum, mit dem Ergebnis, daß das Bildpotential des Gleichnisses, und somit auch die Fähigkeit des Gleichnisses, den Hörer/Leser "anzusprechen", ohne dadurch "direkte" Aussagen über Gott gewonnen zu haben, oft reduziert wird.

Reduziert man nämlich z.B. die Parabel vom Verlorenen Sohn zu einer möglichst abstrakten Aussage, wie: "Gott vergibt dem reumütigen Sünder", so ist dadurch das Bildpotential der Parabel zwar reduziert, aber man ist dadurch nicht von der bildhaften Rede herausgekommen. Eine solche Aussage hat den Anschein, eine direkte Aussage über Gott zu sein, weil sie durch den Gebrauch den Glanz der metaphorischen Übertragung verloren hat. Man wird aber kaum leugnen können, daß hier übertragen wird, daß es sich dabei um Metaphern handelt. Daß dann auch "Reue" und "Sünde" ein ungeheures Potential an Symbolismus in sich bergen, hat P. Ricoeur nachgewiesen (3).
Die Grenze der "theologia parabolica" ist dann klar. Man kann kaum "deduzieren" oder "reduzieren" oder "übersetzen". Die Gleichnisse könnten höchstens dazu dienen, die direkten und offenen Aussagen Jesu über Gott zu erläutern und als didaktisches Material für Unterricht und Katechese verwendet zu werden. Sie wären aber auf einer "höheren" Ebene der "Wissenschaft von Gott" kaum verwendbar.

Wäre dem so, dann dürfte ein "Bekenntnis" des Augustinus in seinem Traktat "De Trinitate" überraschend klingen, besonders, weil er einer der besten und "abstraktesten" Theologen aller Zeiten ist, und auf die Theologie des Mittelalters einen nicht geringen Einfluß geübt hat. "Wir sagen drei Personen" - schreibt Augustinus - "nicht, damit das gesagt wird, sondern um nicht zu schweigen" (Non ut illud diceretur, sed ne taceretur) (4).
Es taucht hier der Verdacht auf, ob nicht vielleicht die parabolische und metaphorische Redeweise die einzig angemessene Sprachmöglichkeit über Gott ist (5), ob die Gleichnisse nicht doch das notwendige Sprachmittel darstellen, um überhaupt über Gott zu reden.
Dieser Ansicht ist E. Lohmeyer (6): "Sie (die Gleichnisse) sind hier nicht mögliche Mittel, ... sondern sind der notwendige Ausdruck, um überhaupt von dieser Sache des Himmelreiches zu reden, eine notwendige Form ihres Da-Seins. Weil es gilt, Gottes vollendete Welt in Worte zu fassen, in flüchtig verklingende, an Zunge und Ohr gebundene Worte, darum ist jedes Wort in Zulänglichkeit und Unzulänglichkeit von diesem Himmelreich ein Gleichnis".

Ein wenig später fragt er sich dann, ob alle Worte Jesu über Gott Gleichnisse sind. Seine Antwort ist ein eindeutiges Ja (7).
Der Grund besteht nach Lohmeyer darin, daß Jesus das Unsagbare in Worte zu fassen sucht (8).
Dieses exegetische Ergebnis entspricht den Ergebnissen der neueren Phi-

losophie der religiösen Sprache.
Man hat lange versucht, den Gott der Bibel gegen den Gott der Philosophen auszuspielen. Das hat einerseits einen guten Grund. Denn wo die Bibel einen nahen, in der Geschichte handelnden, das Schicksal der Menschen bestimmenden Gott kennt, so spricht eine gewisse, am hellenistischen Denken haftende Philosophie von Gott als einem weit von der Welt entfernten, in sich gleichbleibenden "motor immobilis".
Doch bleibt die Sprache der Bibel und die Sprache aller Philosophie zunächst ein menschliches Sprechen über Gott. Daß auch die Bibel menschlich von Gott redet, daß sie ihn anthropomorphisch darstellt, kann kaum bezweifelt werden. Daß auch die Erfahrung Gottes, die das Volk Israel machte, als eines handelnden und rettenden Gottes, bildhaft versprachlicht wird, braucht nicht belegt zu werden. Daß auch die scheinbar abstrakte Aussage: "Gott handelt in der Geschichte" nur metaphorisch verstanden werden kann, muß nicht eigens erläutert werden (9).
Die Bibel selbst, die Gott als einen nahen Gott kennt, kennt ihn auch als einen erhabenen, unerforschbaren Gott, dessen Namen die Hebräer nicht auszusprechen wagten, von dem sie keine Bilder machen durften!
Man kann allerdings die Fragestellung umkehren.

2 Jesus als Norm der christlichen Gleichnisse über Gott

Jeder Mensch kann über Gott reden, wenn er eine disclosure Gottes erlebt hat. Die Erfahrung der Transzendenz befähigt jeden Menschen, über Gott zu reden.
Wir reden auch über Gott, und unsere Metaphern und Gleichnisse über Gott sind auch, wenn sie unsere Metaphern sind, in der Erfahrung verankert (10).
Es geschieht aber innerhalb der christlichen Religion, daß man auch "häretische" Gleichnisse und Metaphern über Gott erzählen kann.
Inwiefern kann man hier von "häretischen" Gleichnissen reden? Das hängt davon ab, daß diese Gleichnisse nicht mit den Modellen, die Jesus über Gott verwendet hat, übereinstimmen.
Praktisch werden solche Gleichnisse von vornherein als "falsche" Gleichnisse erklärt, und die sogenannte Erfahrung, die hinter den Gleichnissen steht, wird als Täuschung erklärt.
Es scheint also, daß die christliche Religion ein Kriterium für die Unterscheidung zwischen falschen und richtigen Gleichnissen besitzt. Es ist das Kriterium der Kohärenz der neuen Gleichnisse mit den Gleichnissen Jesu. Ist der logische Status der christlichen religiösen Rede nun ein autoritärer? Ist der letzte Grund christlicher Rede über Gott nur die Autorität Jesu? (11). Ist die Autorität Jesu selber nicht hinterfragbar?
An sich ist sie schon hinterfragbar. Man kann auch Gründe angeben, warum Jesus zum Maßstab christlicher Rede über Gott gemacht wird. Es ist

nicht eine Autorität, die sich von selbst setzt. Auch die Kirche setzt diesen Maßstab, nicht ohne dafür Gründe zu haben.
Was die christliche Religion meint, wenn sie Jesus zum Maßstab macht, ist, daß Jesu Gotteserfahrung maßgebend ist.
Der Grund ist eben die Gotteserfahrung Jesu.
Jesus hat Gott in seinem Leben auf eine einzigartige Weise erlebt. Davon waren seine Jünger überzeugt. Die Erfahrung Gottes hat das ganze Leben Jesu geprägt, so daß seine Worte und seine Taten zur "Versprachlichung" seiner Erfahrung und disclosure Gottes wurden. Seine ganze Person wurde als Offenbarung, disclosure Gottes verstanden. So konnten die Evangelisten schreiben: "Man wird ihm den Namen Immanuel geben, das heißt übersetzt: Gott mit uns" (Mt 1,23), oder "Gott hat niemand jemals gesehen. Der eingeborene Sohn, er hat Kunde gebracht" (Jo 1,18). Die Jünger haben an Jesus und durch Jesus die Erfahrung des Absoluten gemacht, Gott durch Jesus erfahren. Deshalb konnten sie ihn das "Wort Gottes" den "Sohn Gottes" nennen. Man kann Gründe angeben, warum Jesus zum Maßstab christlicher Rede über Gott geworden ist.
Man kann auch hier aber nicht verifizieren, ob das der Wirklichkeit entspricht oder nicht. Man wird nie verifizieren können, ob die Erfahrung Jesu eine richtige Erfahrung Gottes war, ob sie so einzigartig und maßgebend auch für die anderen ist.
Die Frage nach der Wahrheit ist letztlich nicht gelöst. Der Glaube gilt auch hier als Überbrücker.
Das zeigt einerseits die Eigenart der christlichen und religiösen Rede über Gott. Wenn sie aus der Erfahrung her stammt, so hat sie den letzten Grund in dem Glauben. Andererseits zeigt das auch das Risiko und das Wagnis des Glaubens selbst. Denn Glauben heißt eben nicht nur "Verstehen", sondern zugleich ein Engagement durch das ganze Leben hindurch.

3 Die Logik einer parabolischen Theologie

Wenn es zutrifft, daß jedes Wort über Gott ein menschliches Wort ist, also eine Metapher oder eine Parabel, dann ergeben sich logische Konsequenzen innerhalb des Sprachspiels der Theologie. Die Theologie ist nicht eine Wissenschaft von Gott, sondern eine Wissenschaft von "Gott". Man wird am besten zwischen historischer und theoretischer Theologie unterscheiden. Die theoretische Theologie hat die Aufgabe, die Regeln der christlichen Gleichnisse über Gott und des christlichen Sprachspiels festzustellen, und nach dieser Technik die Kohärenz der verschiedenen Gleichnisse herauszubekommen. Es ist also zunächst eine analytische Arbeit. Sie wird aber berücksichtigen müssen, daß die Regeln der religiösen Sprache die besonderen Regeln der Metapher sind. Eine Verabsolutierung einer Metapher würde bedeuten, daß man das Bild mit der Wirklichkeit verwechselt, das würde wiederum bedeuten, daß man idolatrisch das Bild betrachtet.

Daß die Theologie sehr oft das Bild mit der Wirklichkeit verwechselt hat, kann kaum bestritten werden.
Das ist eben eine Gefahr der Metapher: Sie läßt schwer erkennen, daß sie ein Bild ist und keine Beschreibung.
Die Theologie ist eine Wissenschaft der Differenz. Sie ist einerseits eine positive Wissenschaft, indem sie durch ein Feststellungsverfahren die Regeln der religiösen Sprachspiels feststellt und durch Konstruktionsversuche die Technik dieser Regeln anwendet, und die religiösen Metaphern miteinander vergleicht und kohärent macht.
Andererseits muß die Theologie stets fähig sein, auf das Geheimnis zu verweisen. Die Differenz zwischen Bildern und Wirklichkeit soll gezeigt werden.
Auch die historische Theologie hat ihre Grenzen. Sie hat mit Texten zu tun. Sie wird nachweisen müssen, daß die christliche Rede über Gott keine selbständige Bilder-Theologie ist. Etwas ist geschehen. Die historische Theologie hat die Aufgabe, auf dieses "etwas" zurückzustoßen. Damit ist aber ihre Aufgabe noch nicht erledigt. Wenn sie sich die Frage nach der Wahrheit stellt, dann stellt sich auch heraus, daß die Wurzel jeder christlichen Rede über Gott der Glaube ist. Auch hier zeigt sich, daß das Geheimnis die Grenze der Theologie ist.

Wenn man die Bilder nicht verabsolutiert, dann braucht man auch keine Entmythisierung.
Wenn man nämlich weiß, daß menschliche Worte über Gott Metaphern sind, dann würde das Verlangen nach einer Entmythisierung voraussetzen, daß die Bilder über Gott übersetzt werden können. Das würde aber bedeuten, daß man die Eigenart der religiösen Sprache nicht begriffen hat.
Die eigentliche Entmythisierung der religiösen Sprache ist eigentlich das Bewußtwerden, daß die Bilder eben nur Bilder sind.
Die Bilder, die Symbole, die Mythen, sagt P.Ricoeur, relativieren sich von selbst und zerstören sich gegenseitig (12).
"Le symbole donne à penser" wiederholt P.Ricoeur (13). Das heißt, daß man sich bemühen soll, das Bild zu verstehen, damit man das versteht, was das Bild sagen will. Ein Verständnis der religiösen Bilder kann kaum dadurch erfolgen, daß man die Bilder eliminiert, sondern nur dadurch, daß man die Bilder als Bilder versteht (14).
Das Bewußtwerden, daß die religiöse Rede nur eine bildhafte ist, scheint die Aufgabe heutiger Theologie zu sein, wenn sie wieder Platz und Raum für das Geheimnis und für Gott schaffen soll. Nur auf diese Weise kann gezeigt werden, daß Feuerbach zu unrecht behauptete, daß der Mensch sich Gott nach seinem Bild geschaffen hatte (15). Die Theologie, als Wissenschaft der Differenz, wird zeigen, daß "Gott" nämlich eine Summa menschlicher Bilder ist, daß aber der Mensch nie das Bild mit <u>Gott</u> verwechseln darf. Das wäre Idolatrie.
Auch die christliche Verkündigung kann nichts anderes sein, als eine Erzählung von Metaphern und Parabeln (16).
Sie wird zunächst eine Nacherzählung der Gleichnisse und Metaphern Jesu

über Gott sein, dann eine Nacherzählung von dem gleichnishaften Leben Jesu, und endlich wird sie selber versuchen, wo es möglich ist, neue Metaphern und Parabeln über Gott zu erzählen, die kohärent mit den maßgebenden Bildern Jesu seien.
Diese letzte Aufgabe verlangt nicht nur poetische Begabung, sondern noch mehr eine disclosure Gottes beim Verkünder. G.Lohfink hat gezeigt (17), daß die Codes der Erzählung und des Bekenntnisses die Grundstruktur der Evangelien sind. Erzählung und Bekenntnis argumentieren nicht, sie appellieren an den Hörer/Leser. Deshalb können die Evangelien, Jesus selber und damit auch seine Gleichnisse ein einzigartiger Appell sein auch für den heutigen Menschen. Das Christentum versteht sich als eine "Erzählgemeinschaft" (18), wenigstens in zwei verschiedenen Sinnen. Sie ist eine erzählende Gemeinschaft, weil die Christen ihr Glaubensbekenntnis nur durch Bilder, Metaphern und Erzählungen abgeben können. Sie ist aber eine erzählende Gemeinschaft. Daß sie eine Gemeinschaft ist, bedeutet, daß sie sich zu bestimmten Erzählungen bekennt, die den Kern ihres Glaubens ausmachen. Aus diesem Grund ist die Nacherzählung der Bilder und der Gleichnisse Jesu über Gott einerseits und die Nacherzählung des Lebens Jesu als die Betrachtung des Bildes Gottes unerläßlich.
Dadurch wird unser Reden von Gott nicht nichtssagend und leer, weil diese Rede über Gott in der Erfahrung Jesu verankert wird.
Das Nacherzählen ist aber nicht als eine mechanische Wiederholung gemeint, sondern immer als ein Erzählen, in dem der Erzähler selber mitverwickelt ist. Das verlangt wiederum die Vergegenwärtigung und die Teilnahme an der Urdisclosure des ersten Erzählers, Jesus.

ERGEBNISSE

Eine Arbeit über die Gleichnisse Jesu läuft heute die Gefahr, nichts Neues zu sagen, Altbekanntes zu wiederholen, es im besten Fall in eine neue Terminologie umzuschreiben. Das kann durchaus in allen Wissensgebieten der Fall sein, besonders dort aber, wo die Fülle der Literatur nicht mehr zu überwältigen ist: irgendeiner zu irgendeinem Zeitpunkt in irgendeinem Artikel wird auch das gesagt haben, was in dieser Arbeit vertreten wird.

Wenn es aber gilt, daß wissenschaftliche Tätigkeit nicht nur als Wissensfortschritt aufzufassen ist, sondern auch als methodische Konstruktion und Aufbau von sonst intuitiv gewonnenem Wissen, dann ist das erste wichtige Ergebnis dieser Arbeit die methodische Konstruktion und Zusammenstellung früherer inhaltlicher Ergebnisse der Gleichnisauslegung.

Die methodische Reflexion ist eine wichtige Voraussetzung der wissenschaftlichen Arbeit. Man könnte wohl sagen, daß niemand ohne bewußte oder unbewußte Axiome arbeitet. Da aber die Axiome auch empirisch gewonnen werden, so ist ihre Infragestellung dann und wann notwendig und in der Wissenschaft von Nutzen. Das ist aber nur dann möglich, wenn Axiome gegen Axiome, Theorien gegen Theorien gestellt werden, d.h. wenn man eine neue Theorie hat, um sich mit den früheren auseinanderzusetzen.

Da aber andererseits auch die Theorien, wie die Axiome, empirisch gewonnen werden, so geschieht zwangsläufig, daß die theoretische Auseinandersetzung zu einer inhaltlichen Auseinandersetzung wird. Ja, man kann sagen, daß nur dann eine neue Theorie leistungsfähig ist, wenn sie auch zu neuen inhaltlichen Ergebnissen oder Teilergebnissen führt: Methode und Inhalt sind nicht auseinanderzuhalten.

Jede wissenschaftliche Theorie ist als Hypothese zu verstehen und eine Hypothese ist erst dann besser als eine andere, wenn sie erklärungsfähiger ist als die andere. Es ist also kein Zufall, wenn wir uns in dieser Arbeit gerade mit den Werken auseinandergesetzt haben, die auch einen theoretischen Anspruch erheben können und nicht nur Intuitionen enthalten. Besonders fruchtbar hat sich die Auseinandersetzung mit dem Ansatz Jülichers, Dodds, Jeremias und Vias erwiesen. Das wurde durch den ersten Teil der Arbeit ermöglicht, der die vertretene Theorie einer Gleichnisauslegung aus drei Ansatzpunkten zusammenstellt.

Das Thema der Arbeit lautete: "Disclosures in den Gleichnissen Jesu". Um das Thema zu erörtern, war eine Darstellung der disclosure-Theorie von I.T.Ramsey nötig. Dabei war es für uns wichtig, seine Theorie nach unserer Blickrichtung zu fokalisieren, denn Ramsey entwickelt seine Theorie in Hinblick auf die religiöse Sprache überhaupt. Die Arbeit hat aber mit den Gleichnissen Jesu zu tun. Was den ersten Schritt ermöglichte, war die Tatsache, daß die Gleichnisse Jesu auch religiöse Sprache sind. Sie sind aber auch <u>Gleichnisse</u>, d.h. sie sagen ausdrücklich, daß sie eine besondere Art von religiöser Sprache sind. Es war also ein Vergleich zwischen der disclosure-Theorie und der modernen Metaphorik nötig, um zu

bestimmen, um welche Art von disclosures es in den Gleichnissen geht. Die zwei Ansatzpunkte ließen sich sehr gut vergleichen: Sie erwiesen überwiegend Übereinstimmungen und der Vergleich erwies sich als fruchtbar. Besonders bemerkenswert sind folgende Ergebnisse: Sowohl die religiöse Sprache als auch die Metapher sind keine beschreibende, sondern evokative Sprache, ja die religiöse Sprache ist eine in höchstem Maße übertragende, metaphorisierende Sprache.
Sowohl die religiöse Sprache als auch die Metapher haben dieselbe Charakteristik: sie sind "qualified models" oder, um das in der Terminologie der Metaphorik zu sagen, eine Aufeinanderprojizierung von Bildempfänger und Bildspender. Das erlaubte den weiteren Schritt, nämlich die Metapher als disclosure-Modell zu betrachten. Die disclosure-Theorie und die Metaphorik stimmen hier überein: es müssen ausgesprochen oder unausgesprochen zwei auf verschiedenen semantischen Ebenen liegende Größe vorhanden sein, damit man von einer Metapher reden kann. Die Metapher als disclosure Modell enthält das Moment der Verneinung und der Verhüllung und das Moment der Bejahung und der Anschaulichkeit. Das vertreten sowohl die disclosure-Theorie als auch die moderne Metaphorik, besonders die Theorie der Metapher als "Sehen als ...".
Das Thema der Arbeit will aber noch etwas mehr sagen: Die Gleichnisse Jesu enthalten disclosures. Das ist durchaus nicht statisch zu verstehen, sondern dynamisch: Die Gleichnisse Jesu wollen eine disclosure vermitteln. War der erste Schritt notwendig, nämlich die Metapher als disclosure-Modell zu bestimmen, so ist der zweite Schritt die Frage, wie diese disclosure jeweils vermittelt wird. Allgemein gesagt, könnte man es so ausdrücken: Indem Jesus die Gleichnisse erzählt. In dieser Aussage steckt allerdings ein Zweifaches: Jesus kommuniziert durch das metaphorische disclosure-Modell seine eigene disclosure; das metaphorische disclosure-Modell ist das Vehikel, das die disclosure Jesu in sich trägt. Das wird anhand der Theorie der Sprechakte verdeutlicht. Deshalb wird auch diese Theorie im ersten Teil der Arbeit dargestellt, zu dem Zweck, herauszubekommen, welche Akte die Kommunikation vollzieht und welche Sprechakte die metaphorische Kommunikation intendieren kann. Dabei ist wichtig zu bedenken, daß ein Sprechakt immer auch von der Intention des Subjektes der Kommunikation abhängt.
Am Ende des ersten Teils hat man eine abgeschloßene Theorie, mit der man die Gleichnisse analysieren kann: man kann sie als eine Theorie der Kommunikation von metaphorischen disclosure-Modellen auffassen.

Der zweite Teil der Arbeit hat sich um die Aufgabe bemüht, die gewonnene Theorie auf die Gleichnisse Jesu zu übertragen.
Dafür mußte ein methodischer Schritt vorangehen, d.h. es mußte nachgewiesen werden, daß ein Gleichnis auch eine Art Metapher ist, was in der Auslegungsgeschichte nicht das Selbstverständlichste gewesen ist. Das war auch das erste Ergebnis des zweiten Teils. Was Jülicher bestritt, Dodd und Jeremias nicht behandelten, Funk und Crossan voraussetzten, ohne es zu belegen, wird anhand der modernen Metaphorik fundiert und bewiesen. Dabei werden noch Teilergebnisse erzielt. Abgesehen von der terminologi-

schen Präzisierung - es wird die Terminologie der modernen Metaphorik übernommen - werden die Verhältnisse und Unterschiede zwischen Allegorie, Parabel, Gleichnis, Metapher, Vergleich und Fabel geklärt. Das wichtigste Teilergebnis dabei ist, daß - wenn das Gleichnis eine Art Metapher ist - es immer eine Einheit von zwei auf zwei semantischen Ebenen liegenden Geschichten ist.
Das hat für später enorme Konsequenzen.
Somit wurde der weitere Schritt ermöglicht, nämlich die Gleichnisse Jesu als disclosure-Modelle zu betrachten. Das Gleichnis wurde betrachtet als ein Modell, das eine disclosure Jesu vermitteln will. Das setzt voraus, daß Jesu diese disclosure schon selber gehabt hat, daß er dann Bildspender- und Bildempfängergeschichte aufeinander überträgt und dann das Modell vermittelt, damit der Hörer zu seiner, d.h. Jesu disclosure kommen kann.
Von dieser Perspektive her wurde versucht einige Probleme der Gleichnisauslegung zu lösen. Zunächst das Problem der Sach- und Bildhälfte und des tertium comparationis. Die Änderung der Terminologie - es wird von Bildspender- und Bildempfängergeschichte gesprochen - hat nicht nur terminologische Konsequenzen. Die Gleichsetzung der Bildempfängergeschichte der Gleichnisse mit "Geschichten" des Gottesreiches, mit einer "gelebten" Geschichte also, in der Jesus, Gott und der Hörer mitverwickelt sind, läßt das tertium comparationis als unzutreffend erscheinen. Dann aber, wenn die Bildempfängergeschichte die "Geschichte" des Gottesreich ist, dann scheint der Ansatz von D.O. Via fragwürdig zu sein, der die Bildspendergeschichten der Gleichnisse als autonome Geschichten betrachtet.

Dann wurde das Phänomen der unwahrscheinlichen Züge der Gleichnisse in Betracht gezogen. Gegen die Theorie des Realismus der Gleichnisse, die meint, die Gleichnisse müssen "einfache" Geschichten sein, und die also versucht, die Unwahrscheinlichkeit dieser Züge zu erklären, wurde gesagt, daß dies ein normales Phänomen der Metapher ist und nicht selten auch in der fiktionalen Literatur zu finden ist. Die Funktion solcher Züge ist, die Hörer auf das "mehr" der Gleichnisse aufmerksam zu machen. Sie haben also die wichtige Funktion, die Hörer auf die disclosure des Erzählers zu verweisen, ohne daß sie dabei das Gleichnis zu einer Allegorie machen. Dieses Ergebnis wurde dann besonders in dem dritten Teil der Arbeit verwendet, um eine Hilfe zu haben, um zur disclosure Jesu zu gelangen.

Als drittes wurde das Problem, ob die Gleichnisse Beweismittel sind, betrachtet. Die Ansicht Jülichers wurde verworfen, weil man bei der Metapher nicht von einem Beweis reden kann, wohl aber von Überredungskunst. Diese Ansicht wurde dann weiter von der Eigenart der Bildempfängergeschichte der Gleichnisse Jesu bestätigt: das Gottesreich läßt sich nicht beweisen, man wird vielmehr aufgefordert, sich entsprechend zu verhalten.

Die Anwendung der Sprechakttheorie auf die Gleichnisse Jesu erlaubte eine weitere und endgültige Verwerfung der Hauptthese D.O. Vias.

Da der jeweilige Sprechakt eines Gleichnisses von der Intention des Sprechers abhängt, kann man von einer Unabhängigkeit der Bildspendergeschichten der Gleichnisse nicht reden. Die Sprechakttheorie erlaubte weiter einen Vergleich mit dem Ansatz von E. Fuchs.
Seine Theorie, das Verhalten Jesu sei der Rahmen der Gleichnisse, wird positiv ausgewertet, doch theoretisch und methodisch fundiert, immer von der schon gemachten Gleichsetzung der Bildempfängergeschichte der Gleichnisse mit dem Gottesreich ausgehend.
Dadurch erscheint Jesus als ein Hauptakteur der "Geschichte" des Gottesreiches, das er verkündete, für das er sich selber engagierte, und demgegenüber er die Hörer zur Entscheidung auffordert.

Schon die unwahrscheinlichen Züge der Gleichnisse, dann aber die Anwendung der Kriterien der "qualified-models" auf die Gleichnisse Jesu, besonders aber die Sprechakttheorie hatten das Sprecher-Problem zum Zug kommen lassen. Die Tatsache, daß Jesus nichts anderes durch die Gleichnisse verkündete als eine "Geschichte", in der er selber ein Hauptakteur war; und die andere Tatsache, daß er seine disclosure durch die Gleichnisse vermittelte, ließ die Frage stellen, wie und ob er zu einer Urdisclosure kam. Das wurde theoretisch bejaht, obwohl das "wie" offen blieb. Zwar kann man innerhalb des semantischen Glaubensuniversums sagen, daß die "Quelle" der Urdisclosure Jesu Gott ist, doch läßt sich das empirisch nicht belegen.

Im dritten Teil wird versucht, die Theorie zu verifizieren. Dafür wurden in einem ersten Abschnitt fünf Gleichnisse analysiert, die Analyse hat die Ergebnisse der theoretischen Teile bestätigt, bzw. die vertretene Theorie hat neues Licht auf die Analyse geworfen. Die Tatsache, daß das Gleichnis eine Art Metapher ist, gab der Analyse von vornherein eine bestimmte Blickrichtung: ausgegangen wurde von der Bildspendergeschichte, um zur Bildempfängergeschichte zurückzugelangen. Nur auf diese Weise kann man mit der Hoffnung rechnen, daß man die disclosure Jesu und seine Intention "sieht". Weil die Gleichnisse disclosure-Modelle sind, bedeutet das ferner, daß das Modell eine disclosure in sich birgt. Das hat für die Analyse zur Folge, daß man, ausgehend vom Modell, schon einige Hinweise auf die disclosure selbst haben kann: diese Hinweise wurden in der Verzerrung der Wirklichkeit der Erzählung gesehen.

Auch die Gleichsetzung der Bildempfängergeschichte der Gleichnisse mit der "Geschichte" des Gottesreiches wurde von der Analyse bestätigt. Da wurde klar, daß die Gleichnisse nicht primär eine "Lehre" beibringen wollen, sondern auffordern, am Leben des Gottesreiches teilzunehmen. Auch die Akteure dieser "Geschichte des Gottesreiches" kamen zu Tage: Jesus, der das Gottesreich ankündigt, oder anbietet und bring; Gott, der sein Reich gibt; und der Hörer, der aufgefordert wird, sich für das Reich, für Gott und für Jesus zu entscheiden.
Die Beziehung Jesu zum Gottesreich hat sich klar herausgestellt, obwohl sie sich jeweils anders formulieren ließ.

In dem zweiten Abschnitt des dritten Teils wurde Mk 4,1-25 analysiert. Diese Analyse hatte einen zweifachen Zweck. Zunächst einmal die sogenannte markinische Parabeltheorie mit der in dieser Arbeit vertretenen Theorie zu vergleichen. Die Sorge Jülichers und der Epigonen hat sich als falsch herausgestellt. Besonders die Behauptung, Markus habe den Charakter der Gleichnisse nicht verstanden, scheint fehl am Platz zu sein. Denn bei Markus ist der Gegensatz nicht: Parabel/Offene Rede, sondern: Auserwählte/Verstockte. Markus ging es nicht um eine "Parabeltheorie", sondern um die Frage nach dem Verworfensein Jesu seitens seines Volkes. Das war auch der zweite Zweck dieser Analyse: die Antwort des Markus auf diese Frage, die sich schon vorher gestellt hatte, zu erfahren.

Der vierte Teil versucht, das Ergebnis der ersten drei Teile weiterzuführen. Wenn die "Geschichte" des Gottesreiches die Bildempfängergeschichte der Gleichnisse ist, wenn Jesus ein Hauptakteur dieser Geschichte ist, wenn, wie es sich im dritten Teil herausgestellt hatte, Jesus Selbstaussagen in den Gleichnissen gemacht hat, dann ist die Frage nach der Rolle, die die Gleichnisse bei der nachösterlichen disclosure der Urgemeinde über Jesus mitgespielt haben, wichtig. Sie sind zwar "narratio", aber sie lassen den Appell Jesu deutlich genug hören. Wurde dieser Appell nicht gleich vernommen und verstanden, so wurde er nach Ostern nicht nur richtig verstanden, sondern auch bei der Überlieferung der Gleichnisse ausformuliert.

Die Theorie der disclosure erlaubte allerdings noch weitere Perspektiven. Die nachösterliche Erfahrung der Urgemeinde wurde als eine disclosure bezeichnet, die sie befähigte, angemessen von Jesus zu reden. Deshalb wurden die christologischen Titel als disclosure-Modelle angesehen. Das erlaubte einige Überlegungen, die auch für die Christologie interessant sein könnten. Besonders wurde gezeigt, daß die Modelle über Jesus viele sein können und müssen.

Ein Anhang hat endlich die Konsequenzen der vorgelegten Theorie der Gleichnisse für eine "theologia parabolica" gezeigt, obwohl wir dabei nicht die Absicht hatten, das schwierige Problem eigens zu behandeln.

ANMERKUNGSTEIL

INHALTSVERZEICHNIS

	Seite
Anmerkungen zum Vorwort	273
Anmerkungen zum ersten Teil	276
I. Kapitel	276
II. Kapitel	280
III. Kapitel	284
Anmerkungen zum zweiten Teil	286
I. Kapitel	286
II. Kapitel	289
III. Kapitel	295
IV. Kapitel	298
Anmerkungen zum dritten Teil	299
1. Abschnitt	299
I. Kapitel	299
II. Kapitel	301
III. Kapitel	304
IV. Kapitel	308
V. Kapitel	311
2. Abschnitt	314
Anmerkungen zum vierten Teil	319
Anhang	324
Abkürzungsverzeichnis	325
Literaturverzeichnis	329
Register	356

Vorwort

1 Paraboles, 1.
2 Vgl. X.Léon-Dufour (Hrsg.), Methodenkonflikt.
3 Gleichnisreden
4 Vgl. u.a. J.D.M.Derret, Prodigal Son; ders., Treasure; ders., Workers; ders., Steward; ders., Dives; ders., Vinedressers; ders., Light; K.Berger, Materialien; ders., Frage; K.D.White, Sower; M.Hengel, Weingärtner.
5 Zum Begriff "Code" und "Subcode" vgl. U.Eco, Einführung, bes.57ff.
6 Vgl. P.Ricoeur, Conflit, 233-262.
7 Vgl. R.Summers, Setting.
8 Vgl. E.Güttgemanns, Offene Fragen; F.Mussner, Grenzen.
9 Vgl. J.Jeremias, Kennzeichen; D.G.A.Calvert, Examination; K.Kertelge (Hrsg.) Rückfrage: vgl. bes. die Beiträge von F.Hahn, Überlegungen; F.Lentzen-Deis, Jesusüberlieferung; F.Mussner (und Mitarbeiter), Methodologie.
10 Vgl. E.Güttgemanns, Offene Fragen, 82-161.
11 Parables.
12 Vgl. R.Morgenthaler, Gleichnisauslegung, 7: "Es ist natürlich klar, daß diese (von Dodd) ganze Gleichnisauslegung steht und fällt mit der Richtigkeit der These von der realisierten Eschatologie. Diese These dürfte aber in ihren großen Zügen sicher unrichtig sein".
13 Beiträge, 217.
14 Den vollständigen Originaltext und die Übersetzung bietet A.Guillaumont, Thomas. Einen allgemeinen Kommentar bietet H.-Ch.Puech, Thomas. Die Beziehungen zwischen den Synoptikern und dem ThEv analysieren besonders Cerfaux-Garitte, Paraboles; O.Cullmann, Thomas: ders., Gospel of Thomas; ders., Significance; W.H.C.Frend, Thomas; E.Haenchen, Botschaft; H.J.B.Higgins, Sayings; C.H.Hunzinger, Gleichnisse; ders., Traditionsgut; J.Jeremias, Unbekannte Jesusworte; H.K.Mc Arthur, Dependence; ders., Thomas; H.Montefiore, Comparison; G. Quispel, Remarks; ders. Thomas; W.Schrage, Verhältnis; Turner-Montefiore, Thomas; R.McL.Wilson, Thomas; ders., Gospel of Thomas; ders., Synoptic Gospels; ders., Growth; ders., Studies; ders., Gospels; I.S.Muñoz, Tomás.
Für die Unabhängigkeit des ThEv von den Synoptikern sprechen sich Hunzinger, Jeremias, Quispel und Wilson; die meisten aber sind für seine Abhängigkeit von den kanonischen Evangelien.
Die gnostische Intention des ThEv stellen besonders, außer Cerfaux-Garitte, O.Cullmann, Frend, Wilson, Montefiore und Higgins (siehe oben),auch B.Gärtner, Theology; R.M.Grant, Notes;, ders., Gnostic Gospels; ders., Secret, heraus. Einige sind mehr andere weniger mißtrauisch, fast alle aber warnen vor der vorschnellen Behauptung, Thomas würde eine ursprünglichere Tradition mitüberliefern, einmal weil die Erfassungszeit des ThEv um fünfzig Jahre nach den Synoptikern ge-

rechnet wird, und zweitens, weil die gnostische Intention des Evangeliums davon abrät. Vgl. ferner J.E.Menard, Thomas.
15 Vgl. Bibelexegese; ders., Reading.
16 Vgl. Exegese; ders., Formgeschichte.
17 Parables, 1967 (dt. Übersetzung, Gleichnisse, 1970).
18 Der Begriff "Strukturalismus" ist nicht eindeutig. Schon innerhalb des französischen Strukturalismus kann man verschiedene Richtungen unterscheiden, die sich mehr oder weniger von Levi-Strauss und voneinander abgrenzen, und die schon auf die Bibelexegese angewandt worden sind: R.Barthes, Introduction; ders., Erzählanalyse; T.Todorov, Categories; ders., Analyse; A.J.Greimas, Semantik, Du Sens, Struktur (zu der Greimas'sche Methode, vgl. C.Galland, Introduction; G.Crespy, Structure); C.Chabrol, Problème, ders., Passion; L.Marin, Femmes; ders., Jesus; ders., Conclusion (vgl. die gemeinsam herausgegebene Arbeit von Chabrol/Marin, Semiotik). Von dem strukturalen Ansatz von V.Propp werden wir später referieren. D.O.Via verwendet die Methoden amerikanischer Literaturwissenschaft. Er stützt sich besonders auf M.Novak, Krieger und anderen (vgl. Gleichnisse, 85ff).
19 Vgl. Gleichnisse, 75ff.
20 Vgl. ebd., 84ff.
21 Vgl. ebd., 94ff. Vgl. ferner P.Roberts, Theory.
22 Vgl. Gleichnisse, 125.
23 Vgl. H.-J.Klauck, Beiträge, 226.
24 Vgl. den Einwand von Ch.Mormann in der Diskussion nach dem Vortrag von E.Güttgemanns, Grundlegung, 196; vgl. auch H.-J.Klauck, Beiträge, 228.
25 Vgl. Freund; Bemerkungen; Drachme.
26 Vgl. Narrative Analyse.
27 Vgl. Methodik; Bemerkungen.
28 Vgl. Glauben; Theologie; Grammatik; Rationalität; Rede.
29 Vgl. Thesen, Denkmodelle; Text; Generative Poetik; Probleme.
30 Vgl. außer den angegebenen Textanalysen auch u.a. Linguistische Analyse.
31 Vgl. V.J.Propp, Morphologie; ders., Transformations. Der Ansatz von Propp wurde in Frankreich besonders von A.Greimas, Semantik, 157-177 und C.Bremond, Logique; ders., Message, wieder aufgenommen. Für weitere Auskünfte über Propp vgl. R.Breymayer, Leben; E.Meletinski, Étude.
32 Vgl. A.Dundes, Analysis; ders., Morphology; ders., Texture.
33 Es wäre aber interessant, wenn man feststellen könnte, daß die Bildspendergeschichten der Gleichnisse eigene Strukturen aufzeigen, die mit den Strukturen der Volksmärchen nicht übereinstimmen.
34 Vgl. Incidences; ders., Konvergenz; ders., Skizze; ders., Sprache.
35 Vgl. Gleichnisse, 178ff.
36 Die Notwendigkeit der Unterscheidung fordert N.Perrin gegen D.O.Via. Vgl. Criticism; ders., Parables.
37 Vgl. E.Güttgemanns, Zauberflöte, 41-42.

38 Vgl. W. de Pater, Erschließungssituationen.
39 Language.
40 Parables.
41 Vgl. H.-J. Klauck, Beiträge, 217.

Erster Teil

Einleitung

1 L. Wittgenstein, Tractatus, 4.0031.
2 R. Carnap, Structure; ders., Pseudoproblems.
3 Vgl. u.a. P.M. van Buren, Edges.
4 Vgl. L. Wittgenstein, Untersuchungen, Par. 371.373.
5 Obwohl die Gleichnisse Jesu zur selben Gattung gehören wie die anderen Gleichnisse, die Tatsache, daß sie in einem als religiös verstandenen Makro-Text sind, verleiht ihnen denselben religiösen Sprechcharakter des Evangeliums. Über die Kriterien für die Bestimmung religiöser Texte vgl.: M. Kaempfert, Vorschlag; ders., Logik.
6 Vgl. L. Wittgenstein, Untersuchungen, Par. 373 ("Theologie als Grammatik").

Erstes Kapitel

7 Vgl. u.a. I.T. Ramsey, Words, 1-13; W. de Pater, Reden; ders., Philosophie; ders., Sprachlogik, 15-20.
8 Was das Leben, das Werk und die Bedeutung von I.T. Ramsey angeht, vgl. D.L. Edwards, Memoir.
9 Für eine allgemeine Einführung in die Sprachphilosophie, vgl.: W. Stegmüller, Hauptströmungen; ders., Probleme; E. von Savigny, Philosofie; D. Antiseri, Dopo Wittgenstein; ders., Filosofia. Für eine Einführung in die Methodik und in den Geist derselben Philosophie, vgl. J. Hospers, Introduction.
10 Eine Übersicht über diese Auseinandersetzung bieten D. Antiseri, Semantica; ders., Filosofia, 161-181; F. Ferré, Language. Sämtliche Sammelbände bieten Beispiele solcher Auseinandersetzung. Es sei u.a. auf die folgenden hingewiesen: D.M. High (Hrsg.), Sprachanalyse; A.G.N. Flew - A. Mac-Intyre (Hrsg.), Essays; B. Mitchell (Hrsg.), Philosophy; und nicht zuletzt I.T. Ramsey, Words.
11 Vgl. u.a.: R. Carnap, Structure; ders., Pseudoproblems; ders., Überwindung; ders., Gott; ders., Syntax, 273-333; ders., Philosophy; L. Wittgenstein, Tractatus.
12 Vgl.: Christian; ders., Atomism.
13 Vgl. Refutation; ders., Problems.
14 Vgl. Language; Problem; Positivism.
15 Tractatus, 7.
16 Vgl. F. Ferré, Language, 15-49.
17 Vgl. A. Jeffner, Language.
18 Dt. Ausgabe, Göttingen 1968.
19 Dt. Ausgabe, Frankfurt 1973.
20 Oxford, 1972.
21 Dt. Ausgabe, Frankfurt 1971.

22 Untersuchungen, 10.
23 Ebd., Par. 23.
24 Ebd., Par. 219.
25 Ebd., Par. 217.
26 Ebd., Par. 43.
27 Mind; Dilemmas.
28 Things; Papers.
29 Morals; Freedom.
30 Vgl. bes. Status; ders., Demarcation; D. Antiseri, Epistemologia, 123-152.
31 A. Flew, Falsification.
32 Vgl. P. L. Holmer, Wittgenstein; D. M. High, Belief; Don E. Marietta, Talk; F. Ferré, Language; ders., Philosophy; ders., Renewal.
33 Vgl. D. Z. Phillips, Beliefs.
34 Natürlich wurden die klassischen "Beweise" immer neu diskutiert. Vgl. J. J. C. Smart, Metaphysics; ders., Existence; J. N. Findlay-G. E. Huges-A. C. A. Rainer, Existence; F. Wood, jr., Relation; Ch. A. Corr, Existence; G. Kovacs, Atheism; R. N. van Wyk, Michael Novak.
35 M. Durrant, Status; W. Power, God. Es sei in diesem Zusammenhang auf die von E. Castelli herausgegebenen zwei Bände über die religiöse Sprache hingewiesen, die sämtliche Beiträge über das Wort "Gott" beinhalten: Analyse (I) und Débats (II).
36 Vgl. A. Flew, Omnipotence; J. L. Mackie, Omnipotence; A. Plantinga, Defence; R. J. Richman, Argument.
37 Vgl. B. Williams, Paradox; R. W. Hepburn, Christianity; I. T. Ramsey, Paradox.
38 R. W. Hepburn, Demytologysing; ders., Poetry; ders., Vision; ders., Christianity; R. B. Braithwaite, View; P. M. van Buren, Reden.
39 A. MacIntyre, Status.
40 Falsification.
41 Falsification.
42 Verification; Faith; Philosophy.
43 Inexpressible.
44 Outlook.
45 Possibility; und bes.: Falsification.
46 View.
47 Poetry.
48 W. de Pater, Philosophie, 2-3.
49 I. T. Ramsey, Language, 14.
50 I. T. Ramsey, Freedom, 87.
51 Für die Logik des "Ich" vgl. auch W. H. Poteat: Gott; ders., Geburt.
52 Freedom, 22-23.
53 Viele derartige Beispiele werden in: Freedom, bes. 27-37 gebracht.
54 I. T. Ramsey, Purpose, 166.
55 Vgl.: Elusiveness.
56 Vgl. Freedom, 85-89.
57 Vgl. H. D. Lewis, Mystery; I. T. Ramsey, Models, 38-39.

58 Vgl. Religion; Approach; vgl. auch: C.B.Daly, Grenzen.
59 I.T.Ramsey, Bemerkungen, 48; Language, 38.
60 Vgl. W.de Pater, Reden, 7-13, 47-48.
61 Vgl. I.T.Ramsey, Paradox.
62 Vgl. I.T.Ramsey, Resurrection; ders., Miracles.
63 Vgl. W.de Pater, Sprachlogik, 14. Anm.5.
64 Language, 19.
65 Ebd., 20.
66 Sprachlogik, 20.
67 Vgl. Religion, 1-25.
68 Ebd., 7-8.
69 Frei wiedergegeben aus: Language, 19-20.
70 Religion, 43; Models, 20; Language, 28ff.
71 Freedom, 28-30.
72 Language, 19.
73 Ebd., 35.
74 Ebd., 18; vgl. auch: ders., Butler.
75 W.de Pater, Reden, 40.
76 Sprachlogik, 23.
77 "Modell" wird heute in den verschiedensten Disziplinen gebraucht. Über diesen Gebrauch vgl. den Exkurs am Ende des II.Kapitels.
78 Models, 2-11.
79 Ebd., 12: "The model echoes and chimes in with those phenomena".
80 Ebd., 13-14.
81 Ebd., 13. Vgl. auch ders., Facts.
82 Vgl. Activity, 38; Religion, 85.
83 Philosophy, 53.
84 Conflict, 190.
85 Vgl. Paradoxien; Activity; Language, bes.49ff.
86 S.202-205.
87 Ebd., 202.
88 Ebd., 205.
89 Ebd., 212.
90 Ebd., 212.
91 Language, 46.
92 Untersuchungen, 2, 6, 313.
93 Ebd., 308.
94 Ebd., 320.
95 Ebd., 322.
96 Ebd., 332.
97 Ebd., 333.
98 Ebd., 341.
99 Vgl. Paradoxien, 147-149; vgl. ferner W.de Pater, Reden, 42-43.
100 Vgl. Words, 215-216; Language, 69.
101 Einige Elemente der Umschreibung sind W.de Pater, Sprachlogik, 20-21 entnommen.
102 Das "!" soll den "Befehl" (oder die Regel) ausdrücken.

103 Language, 61.
104 W. de Pater, Sprachlogik, 21.
105 Language, 62.
106 Vgl. Ebd., 70.
107 Vgl. Freedom, 57-58.
108 Vgl. Activity, 36-37.
109 Vgl. I. T. Ramsey, Being Sure.
110 1, Par. 213.
111 Words, 212.
112 Language, 24.
113 Words, 212.
114 Ebd., 216.
115 Vgl. Religion, bes. 1-25; Approach, 77-91; Bemerkungen.
116 Models, 2.
117 Ebd., 4.
118 Ebd., 6.
119 Reden, 33.
120 Models, 10.
121 Being Sure, 23.
122 Bemerkenswert ist, daß Ramsey, in Ebd., 22, die Worte von Augustinus über die Trinitätslehre zitiert: "Dictum est tamen tres, non ut illud diceretur, sed ne taceretur".
123 Ramsey bezeichnet diese Probleme jeweils als "reference problem" und "preference problem": Vgl. Words, 211.
124 Models, 13.
125 Understanding, 9.
126 Words, 212.
127 Ebd., 213.
128 Models, 15-16.
129 Vgl. den Parallelismus mit der Sprache über das "Ich": Possibility, 176.
130 Models, 16-17.
131 Reden, 81.
132 Vgl. Philosophy, bes. 57-59.
133 Vgl. God; Words, 214.
134 Models, 60, - Das Zitat: "Death by thousand qualifications" stammt von A. Flew: In: A. Flew-A. MacIntyre (Hrsg.), Essays, 97.
135 Vgl. C. Cohen, Empiricism.
136 Vgl. N. H. G. Robinson, Mystery, J. C. A. Gaskin, Disclosures.
137 Vgl. J. F. Harris, Models.
138 Vgl. Logic.

Zweites Kapitel

1 Summa Theologica, q.1, a.9. Vgl. dazu: F.Mussner, Entmythologisierung.
2 Logic.
3 Ebd., 144. 147-148.
4 Vgl. T.R.Miles, a.a.O., 166-167; P.M.van Buren, Analyse, 107-120; G.Mac Gregor, Introduction, 301-331; Don E.Marietta, Talk.
5 Vgl. A.R.Gualtieri, Claims.
6 Vgl. R.W.Hepburn, Poetry; ders., Vision.
7 S.47ff.
8 Ebd., 47.
9 Ebd., 48.
10 Ebd., 50.
11 Ebd., 50.
12 Ebd., 52.
13 Ebd., 52.
14 Ebd., 55.
15 Werke, 3, 319.
16 Vgl. B.Allemann, Metaphor, 106.
17 Science, 371-372. Auch O.Barfield meint, das würde bedeuten, die Metapher zu weit aufzufassen, und das könnte eher verwirrend sein. Vgl. Saving, 120-122; Meaning, 63.
18 Orator, XXIII, 79 - XXIV, 82.
19 Vgl. R.Herschberger, Structure, 433.
20 Institutio, VIII, 6,5-6.
21 Burning, 18-19.
22 Vgl. F.W.Leakey, Intention, 195.
23 Sprachtheorie, 342.
24 Er nennt die beiden Theorien anders: "explicationist" und "implicatonist theory". Vgl. Meaning, 54-57.
25 Vgl. Analysis of Metaphor, 76-85.
26 Untersuchungen, Par.112.
27 Metaphor.
28 Das Beispiel ist Kallmayer u.a., Textlinguistik, 1,166 entnommen.
29 Vgl. H.Konrad, Étude, 28.
30 Aristoteles, Poetik, 1457, Kap.21.
31 Vgl. Gadamer, Wahrheit, 407.
32 Vgl. O.Barfield, Diction, 54.
34 Vgl. B.Snell, Entdeckung, 269.
35 Vgl. W.Shibles, Methode, 4.
36 Vgl. D.Bickerton, Prolegomena, 40.
37 Vgl. K.H.Stierle, Elemente, 2.
38 D.Bickerton, Prolegomena, 40.
39 Solidaritäten.
40 Theory.
41 Anomalien.

42 Die Metapher, 100; Semantik, 6.
43 Einführung, 182-183.
44 Die Formulierung "... eine im Code gegebene Ähnlichkeit" will die Problematik, ob die Ähnlichkeit auch in der außersprachlichen Wirklichkeit gegeben ist, momentan ausklammern.
45 Diese Terminologie wird der anderen von I.A.Richards, Rhetoric, 96, ("tenor" und "vehicle") vorgezogen, weil sie die Bildhaftigkeit der Metapher zum Ausdruck bringt, und weil sie uns erlaubt, differenzierter über die Metapher zu sprechen.
46 Für eine Untersuchung und das Verständnis des Bildfeldes vgl. H.Weinrich, Gedächtnismetaphorik.
47 Münze, 514-516.
48 Vgl. Kallmayer u.a., Textlinguistik, 1, 171.
49 Vgl. Münze, 419.
50 Poetik, 1457, Kap.21.
51 Bild.
52 Ebd., 3.
53 Ebd., 6-7.
54 Imagery, 48. 67.
55 Language, 48.
56 Imagery, 7.
57 Essay, 9.
58 Metapher, 650.
59 Kühne Metapher, 337.
60 Die Metapher, 119.
61 H.Weinrich, Kühne, 333.
62 Das Bild, 7.
63 Ebd., 24.
64 Vgl. Ebd., 152.
65 Vgl. W.Shibles, Methode, 5; H.Bosse, Vorfragen, 328.
66 Vgl. H.Friedrich, Metapher, 667.
67 Poetry, 133.
68 Vgl. Ph.Wheelwright, Metaphor, 169.
69 Vgl. J.Marias, Truth, 43.
70 Vgl. Introduction, 15.
71 Vgl. A.Robbe-Grillet, Roman, 49.
72 Vgl. Burning, 69.
73 Vgl. Theorie, 33-34.
74 Vgl. Metaphor, 46-51.
75 Vgl. Language, passim.
76 Vgl. Metaphor, 80.
77 Vgl. Ph.Wheelwright, Metaphor, 153.
78 Vgl. die Unterscheidung in "epiphor" und "diaphor" in Ph.Wheelwright, ebd., 72-88; und ders., Semantics, 4-5.
79 Vgl. M.B.Hester, Meaning.
80 Vgl. 2, 11, S.307ff.
81 M.B.Hester, ebd., 169.

82 Untersuchungen, 2, 11, 315.
83 Ebd., 308.
84 Ebd., 313.
85 Vgl. M.B.Hester, ebd., 165.
86 Ebd., 166. Es wird noch einmal ausdrücklich gesagt: Man könnte meinen, die Metapher bringe die verborgene Wirklichkeit erst ans Licht. Dies ist aber nur eine Behauptung, wie die andere, die meint, die Metapher stifte nur Analogien durch Sprache. Es ist aber tatsächlich unmöglich, die eine oder die andere Meinung durch Kriterien zu beweisen. Deshalb scheint die Annahme berechtigt, daß die Analogie der Metapher eine sprachliche Deutung der Wirklichkeit ist. Ob diese Deutung die Wirklichkeit trifft oder nicht, woher und wodurch man zu dieser Deutung kommt, das sind alles Fragen, die einerseits gegensätzliche, aber nicht beweisbare Antworten erhalten können, andererseits sind es Fragen des allgemeinen Erkenntnisproblems, das bisher - so scheint es wenigstens - nur durch Behauptungen, nicht aber durch Beweise, gelöst werden konnte.
87 Untersuchungen, 308.
88 Ebd., 308-309.
89 Vgl. M.B.Hester, ebd., 179.
90 Vgl. ebd., 175.
91 Die Beziehungen zwischen Metapher, Bild, Symbol und Mythos gehen momentan auch über unser Interesse hinaus. Der Informationhalber vgl. bes.: R.Wellek- A.Warren, Theorie, 198-228; D.G.James, Metaphor; L.C.Knights, Idea; E.Kahler, Symbol; S.K.Langer, Philosophie, 34-39; E.Cassirer, Philosophie; B.Snell, Entdeckung, 296; Ph. Wheelwright, Metaphor, 125-135; R.May, Symbolism.
92 Vgl. Language, 61.
93 Vgl. Meaning, 184-185.
94 Vgl. Burning, 73-102.
95 Vgl. Models, 48.
96 Untersuchungen, 333.
97 Rhetorik, 1407 a.
98 Sprachtheorie, 348.
99 Poetik, 1457; I.A.Richards, Rhetoric, spricht gerade von einer "interaction" zwischen "tenor" und "vehicle".
100 Vgl. L.V.Bertalanffy, Modelle; V.F.Frank, Modelle; H.M.Peters, Modell-Beispiele; G.Wendler, Modelle in der Biologie; O.von Verschuer, Forschung; H.Hartmann, Modellbegriff; L.Horner, Chemie; G.Nagorsen-A.Weiss, Modellbegriffe; K.G.Weil, Modellbildung; R.W.Kaplan, Lebensgrundfunktionen; F.Hund, Denkschemata; M.Jammer, Wissenschaften; G.Lüders, Kernmodelle.
101 G.H.Müller, Modellbegriff.
102 W.Metzger, Modellvorstellungen; A.Vetter, Modell.
103 P.Hartmann, Modellbildungen; W.Kroebel, Modelle.
104 Vgl. E.Topitsch, Modelle.
105 Vgl. u.a. F.Ferré, Verwendung.
106 Vgl. G.Bombach, Modellbildung; O.Heckmann, Weltmodelle.

107 Modelle.
108 Vgl. Anm. 105.
109 Stachowiak nennt das erste Merkmal "Abbildungsmerkmal". Wir haben es umbenannt, weil es dabei nicht immer um eine echte "Abbildung" geht, sondern um ein Repräsentieren-<u>Wollen</u>, ohne daß dabei gesagt wird, daß das Modell das Original tatsächlich "abbildet".
110 Für diese Unterscheidung vgl. Th. Fawcett, Language, 69-70; und Max Black, Models, 220-222.
111 H. Stachowiak, Modelle, 453.
112 Models, 228.
113 Schema, 478.
114 R. Harrè, Metaphor, 103.
115 Ebd., 105.

Drittes Kapitel

1 Vgl. Freedom, 30-32.
2 Lk 10,33:
3 Freedom, 31. Das Beispiel wurde dem Sinn nach wiedergegeben.
4 Vgl. Religion, 42-43.
5 2 Sam 12,7.
6 2 Sam 12,13.
7 Vgl. Language, 47.
8 Models, 20.
9 Vgl. W. de Pater, Reden, 39.
10 Self-Involvement. Zitiert nach I. T. Ramsey (Hrsg.), Words, 224-236.
11 Ebd., 225.
12 Ebd., 225.
13 Ebd., 226.
14 Vgl. ebd., 226-227.
15 Ebd., 229.
16 Ebd., 230.
17 Ebd., 228.
18 W. de Pater, Reden, 38.
19 Vgl. W. de Pater, Sprachlogik, 47; ders., Sprachanalyse, 118-120.
20 Vgl. Words, 11.
21 Things.
22 Sprechakte.
23 Sprechakte; vgl. auch: ders., Präsuppositionen; ders., Konventionalität.
24 Texttheorie.
25 Essai, 91.
26 Things, 6.
27 J. L. Austin, Papers, 222.
28 Things, 98.
29 Ebd., 99.
30 Ebd., 97. Zum Verständnis vom Ausdruck "rhetic" bei Austin, vgl.: Kallmayer u. a., Textlinguistik, 1.20: "Wer sprachliche Laute äußert, vollzieht damit einen phonetischen Akt und äußert ein "phone"; wer einen Satz einer Sprache äußert, vollzieht damit einen phatischen Akt, und äußert ein "pheme"; wer damit etwas sagt, vollzieht einen rhetischen Akt, und äußert ein "rheme"".
31 Things, 101.
32 Ebd., 101-102.
33 Papers, 224.
34 Things, 45.
35 Papers, 224.
36 Things, 59.
37 Ebd., 52.
38 Ebd., 149.
39 Untersuchungen, Par. 23.
40 S. 81.

41 Vgl. S.J.Schmidt, Texttheorie, 45.
42 Ebd., 9.
43 J.R.Searle, a.a.O., 31.
44 Texttheorie, 49.
45 Sprechakte, 40.
46 Ebd., 48.
47 Ebd., 51.
48 Ebd., 51.
49 Searle unterscheidet zwischen regulativen und konstitutiven Regeln. Die ersten charakteristiert er dadurch, daß sie "bereits bestehende oder unabhängig von ihnen existierende Verhaltensformen regeln" - Konstitutive Regeln dagegen "regeln nicht nur, sondern erzeugen oder prägen auch neue Formen des Verhaltens" (Ebd., 54).
50 Ebd., 59.
51 Ebd., 114ff.
52 Ebd., 150ff.
53 Ebd., 112.
54 Things, 73-76.
55 Texttheorie, 114.
56 Über das Problem der Monosemierung vgl. Kallmayer u.a., Textlinguistik, 1, 119ff; S.J.Schmidt, Texttheorie, 28.
57 U.Eco, Einführung, 137.
58 S.J.Schmidt, Texttheorie, 29.
59 U.Eco, Einführung, 192.
60 Vgl. W.Iser, Appellstruktur.
61 Essai, 92-94.
62 Vgl. die Analyse des Beispiels bei S.J.Schmidt, a.a.O., 95.
63 Sprechakte, 7, zitiert nach S.J.Schmidt, ebd., 99.
64 Texttheorie, 102.
65 Sprechakte, 147.
66 Things, 150.
67 Mit "Autor" einer Metapher wird nicht nur der Erfinder der Metapher, sondern auch der Sprecher-Benutzer der Metapher gemeint, insofern er auch einmal Hörer der Metapher war, sie verstanden und akzeptiert hat.
68 Vgl. 3, A: Engagement in der disclosure.
69 In: D.D.Evans, Self-Involvement, 224: "I look on death as the mockery of human hopes".

Zweiter Teil

Einleitung

1 H.G.Klemm hat hinreichend nachgewiesen, wie sehr A.Jülicher von den besten Sprachtheoretikern seiner Zeit abhängig war: vgl. ders., Gleichnisauslegung.
2 Vgl. E.Güttgemanns, Methodik, 125.
3 Als "Gleichnis" werden alle Formen bezeichnet, die in den Evangelien als παραβολαί bezeichnet werden.

Erstes Kapitel

4 Gleichnisreden, 2 Bände.
5 Ebd., 1, 50.
6 Ebd.
7 Akt der allegorischen Übertragung seitens des Autors.
8 Akt der allegorisierenden Auslegung einer an sich nicht als "Allegorie" gedachten Rede.
9 Daß sie auch Allegoresen sein können bleibt unbestritten. Das muß aber jedesmal nachgewiesen werden.
10 Vgl. Ebd., 1,44.60-61. Ob die Allegorese immer willkürlich ist, also unberechtigt, ist auch zweifelhaft, mag aber dahingestellt bleiben.
11 Ebd., 1,61.
12 Vgl. J.Drury, Sower, 367.
13 Gleichnisreden, 1,63.
14 Vgl. ebd., 1,73.
15 Vgl. ebd.: "Zweck der Parabeln", 1,118ff.
16 E.Jüngel, Paulus, 92ff, macht es A.Jülicher zu einem Vorwurf. Vielleicht aber nicht zurecht. Denn, wie auch R.Bultmann (Geschichte, 214) sagt, ist es gleich, von wem man sich belehren läßt. Wichtig ist, nachzuprüfen, ob die Prämissen stimmen.
17 Vgl. Gleichnisreden, 1,52.
18 Vgl. ebd., 1,52ff.
19 Ebd., 1,58.
20 Ebd., 1,51.
21 Ebd., 1,58.
22 R.Dithmar, Fabeln, 16.
23 Vgl. Gleichnisse; ders., Gleichnisreden.
24 Vgl. M.Dibelius, Formgeschichte, 256; D.Buzy, Paraboles, 1-15.
25 Vgl. D.Buzy, Paraboles, 1-15; W.O.E.Oesterley, Parables, 12ff.
26 Vgl. D.Buzy, Paraboles; ders.: Introduction, 26ff; F.L.Filas, Understanding 1-2; J.Pirot, Paraboles; H.Zimmermann, Metodos, 155f.
27 Vgl. u.a.: J.Jeremias, Gleichnisse, 64ff; R.Bultmann, Geschichte, 213-216; J.M.Robinson, Parables, 134.

28 Vgl. L. Fonk, Parabeln, 17; M. Meinertz, Gleichnisse, 28; vgl. ders.: Verständnis; G. V. Jones, Art, 90.
29 Vgl. Ch. Dodd, Parables, 12ff; E. Linnemann, Gleichnisse, 15ff; M. Meinertz, Gleichnisse, 21ff; E. Biser, Gleichnisse, 169-171.
30 Gleichnisse.
31 Ebd., 17ff.
32 Ebd., 16.
33 Ebd., 25.
34 Ebd., 27. Daß es nicht der Fall sein muß, wird später erklärt, wenn wir zur Situationsabhängigkeit des Gleichnisses als Gleichnis sprechen werden.
35 Parables, 16.
36 Ebd., 17.
37 Parabole, 67ff.
38 Interpreting, 9. Vgl. ders., Parables, 11; vgl. ferner A. N. Wilder, Rhetoric, 92.
39 Vgl. N. A. Dahl, Gleichnis; G. Eichholz, Gleichnisse, 14.
40 Language.
41 Parables, Kap. 1; ders., Experience.
42 Vgl. J. Drury, Sower; M. D. Goulder, Characteristics; R. E. Brown, Parable; W. Harnisch, Sprachkraft.
43 Vgl. Parables, 81ff.
44 Vgl. Hermeneutik, 214.
45 Vgl. ebd., 218f.
46 Vgl. Parables and Self-Awareness; ders., Allegory; ders., Parable.
47 Self-Awareness, 25.
48 Institutio, VIII, 8-9.
49 Die Metapher, 100.
50 Vgl. Kühne, 337.
51 Rhetorik, 3,4,1-3.
52 Ebd., 3,10,3-4.
53 Vgl. 1. Teil, 2. Kap. 2, "Semantik der Metapher".
54 Vgl. noch dazu: H. Weinrich, Metapher, 37.
55 Vgl. Metaphor, 13-16.
56 Meaning, 25, Anm. 39.
57 Ebd., 25.
58 Vgl. Methode, 4-5; Metaphor, 125.
59 Vgl. O. Barfield, Diction, 52.
60 Vgl. Kallmayer u. a., Textlinguistik, B. 1, 174.
61 Vgl. die Stichwörter "Metonymie" und "Synekdoche" in: G. von Wilpert, Sachwörterbuch; und in: H. Lausberg, Handbuch.
62 Imagery, 26.
63 Vgl. S. J. Brown, ebd., 2.
64 Es wird keine vollständige Metapherntypologie angeboten. Es werden nur die Typen betrachtet, die für die Gleichnisauslegung wichtig sind. Für die Vollständigkeit, vgl. H.-H. Lieb, Metapher; und ders., Umfang.
65 Vgl. H. Bosse, Vorfragen, 338.

66 H. Bosse geht von einer dreistelligen Metapher aus (vgl. ebd., 337-339):

Bildempfänger	Bildspender	Bildsignal
Der Jüngling	ist eine Lava	an Glut.

Diese Einführung des Bildsignals ist vielleicht nicht nötig, weil wir davon ausgehen, daß jedes Lexem Vertreter einer "Geschichte" ist. So daß auch in dem Satz: "Der Jüngling glüht", "glüht" als Bildspenderlexem angesehen wird, das seinerseits Vertreter der "Lava-Geschichte" ist. Mit "Geschichte" wird hier in etwa das gemeint, was H. Weinrich "Sinnbezirk" des Bildspenders und Bildempfängers nennt (vgl. Münze und Wort, 515). Außerdem besteht bei H. Bosse die Gefahr, daß man das Bildsignal als tertium comparationis auffaßt (vgl. auch H. Bosse, ebd., 339), wobei das Bildsignal im besten Fall als Ausdehnung des Bildspenders aufzufassen ist. D.h., das Bildsignal selbst ist nur metaphorisch gemeint und besitzt deshalb metaphorische Wirkung.
67 H. Bosse, ebd., 338.
68 Vgl. G. Eichholz, Gleichnisse, 19ff.
69 H. Weinrich, Münze, 516.
70 Ebd.
71 P. Fiebig, Gleichnisse; D. Buzy, Introduction; M. Hermaniuk, Parabole.
72 Vgl. Vorfragen, 343.
73 Vgl. A. Jülicher, Gleichnisreden, 1, 94ff.
74 M. Meinertz, Gleichnisse, 18.
75 Über die politische Bedeutung der Fabel, vgl. R. Dithmar, Fabeln, 19ff.
76 Frage, 155; Besinnung, 225.
77 Gleichnisse, 48f.
78 Das Beispiel ist M. Hain, Rätsel, 48 entnommen.
79 Es wird hier nicht unterschieden zwischen "ipsissima vox" Jesu und den Worten, die die Evangelisten in den Mund Jesu gelegt haben.
80 Wie z.B.: "X ist gleich Y", "Wie ... so", usw.
81 Vgl. Vorfragen, 343.

Zweites Kapitel

1 Vgl. Language, 143.145.159.
2 Parables, 468.
3 2 Sam 12,1-7.
4 I.T.Ramsey, Language, 113.
5 Für das Verständnis dieser Ausdrücke vgl. H.Weinrich, Tempus.
6 Es wird hier wieder auf die Theorie der Metapher als "Sehen als ..." verwiesen.
7 2 Sam 12,13.
8 Vgl. in dem ersten Teil, 32.35.37.53f.
9 Das "!" soll den "Verweisungsbefehl" ausdrücken. Vgl. das Schema im ersten Teil der Arbeit, 55.
10 M.Meinertz, Gleichnisse, 25, schreibt: "Freilich ist diese Apostrophe ("du bist der Mann") nicht so zu verstehen, als wenn die Erzählung eine einfache allegorische Darstellung der Handlungsweise Davids wäre. Denn nur die Hauptgedanken können allegorisch gedeutet werden: Der Reiche= David; der Arme= Urias; das einzige Lamm= Betsabe; die große Liebe des Armen zu dem Lamme = die Liebe des Mannes zu seinem rechtmäßigen Weibe. Abgesehen davon ist an der Erzählung nichts zu deuten".
11 Gleichnisse, 17.
12 Ebd., 31.
13 Gleichnisreden, 1,70.
14 Parables, 18.
15 Geschichte, 197.
16 Ebd., 214-215.
17 Gleichnisse, 15.
18 Vgl. Hermeneutik, 222-224.
19 Gleichnisse, 32.
20 Ebd., 32-33.
21 Botschaft, 11.
22 Vgl. Formgeschichte, 254.
23 Vgl. Paulus, 95.135-136.
24 Vgl. Mystik, 152.
25 Gleichnisse, 15-16.
26 Ebd., 29.
27 Ebd., 34.
28 Vielleicht ist eine solche Interpretation der Gleichnisse als Gattung bei D.O.Via nicht gerechtfertigt. Es geht allerdings um einen Eindruck. Für die Gattungstheorie sei auf K.W.Hempfer, Gattungstheorie, hingewiesen.
29 Vgl. das dritte Kapitel des zweiten Teils.
30 Vgl. R.Bultmann, Geschichte, 194; D.O.Via, ebd., 157.
31 D.O.Via hat gerade an diesem Punkt geschrieben, daß die Frage-Gleichnisse in den Evangelien "eine geringere ästhetische Autonomie" haben "als es normalerweise bei Jesu erzählenden Gleichnissen der Fall war" (ebd., 130). Es bleibt aber die Frage, warum Jesus hätte

nicht so erzählen können. Und es geht auch nicht darum, zu fragen, warum diese Frage-Form "bei keinem der voll entwickelten erzählenden Gleichnisse Jesu vorkommt" (W.Harnisch, Sprachkraft, 8). Denn es geht nicht um die Länge des Gleichnisses. Es geht vielmehr um die Situationsbedingtheit des Gleichnisses als Redefigur.
32 Metaphor, 9-10.
33 Vgl. auch W.Harnisch, Sprachkraft, 15.
34 Vgl. R.Bultmann, Geschichte, 200-202.
35 Vgl. J.Jeremias, Gleichnisse, 103-111. Er sagt darüber, daß die Deutungen entweder eine Umwandlung der früheren Deutungen sind, oder eine Übertragung auf die neuen Situationen der Urkirche.
36 Wie z.B. R.Dithmar, Fabeln, 16, zu tun scheint.
37 Eine Tatsache, die ja durch die Auslegungsgeschichte der Gleichnisse nur bestätigt worden ist (vgl. dazu J.Blank, Marginalien, 50). Hätte das Gleichnis nur ein tertium comparationis, oder auch bestimmte erkennbare Berührungspunkte, dann hätten wir in der Gleichnisauslegung nicht eine solche Meinungsverschiedenheit darüber, was dann der Punkt sein soll.
38 Mt 13,24.31.33.44.45.47; 18,23; 20,1; 22,2; 25,1.
39 Mk 4,30; Lk 13,18.19.20.21.
40 Mt 7,24.26 Par. Lk 6,47.49.
41 Mt 11,16 Par. Lk 7,31.
42 Mt 13,52.
43 Lk 12,36.
44 Vgl. Mt 7,11 Par. 11,13.
45 Vgl. Mt 13,41-43.
46 Vgl. Mt 13,41.
47 Vgl. Mt 25,13.
48 Vgl. R.Schnackenburg, Herrschaft, bes. 98-135; W.G.Kümmel, Verheißung; Ch.Dodd, Parables, 32-33. 50-78. 197-198; J.Jeremias, Gleichnisse, 115-221; E.Jüngel, Paulus, 102-120.139-142; E.Fuchs, Exegese; ders., Zeitverständnis; ders., Das Neue Testament; E.Lohmeyer, Mystik, 136-145. 156-157; F.Mussner, Gleichnisauslegung, 262ff; ders., Kairos, 612; R.S.Wallace, Many Things; H.Conzelmann, Gegenwart, 284-285.
49 Das Wort "Geschichte" des Gottesreiches, bzw. "Bildempfängergeschichte" soll nicht Verwirrung stiften. Es wird nicht ein "sich Ereignen" des Gottesreiches gemeint. Der Ausdruck soll eher literaturwissenschaftlich verstanden werden. "Geschichte" steht hier in unserer Terminologie der Gleichnisse für Ausdrücke, wie "Sinnbezirk", "Wortfeld", die in der Literaturwissenschaft geläufig sind. Es wird hier also gemeint, daß Jesus, der "Vater", der Hörer jeweils als Vertreter eines Sinnbezirkes, einer Geschichte eben in den Gleichnissen auftreten. Dieser Sinnbezirk, besser diese Geschichte ist die Geschichte des Gottesreiches, die in den Gleichnissen bildhaft zum Ausdruck kommt.
Der andere Ausdruck: "Bildempfänger" meint wiederum nicht den Empfang des Bildes seitens des Hörers, sondern seitens der Geschichte,

die durch das Bild (=Bildspender) erhellt wird, bzw. Licht empfängt. Bildspender ist nicht der Erzähler sondern die Erzählung, die auf den Bildempfänger Licht spendet.
50 Gleichnisreden, 1,52-59.
51 Ebd., 1,52.55
52 Parables, 21-22.
53 Wie E. Jüngel diesbezüglich anmerkt, ist diese Auffassung eine mit der Ontologie Aristoteles verbundene These, daß das ὅμοιον der analogia proportionalitatis als "ein geringer Grad von Identität (ἴσον) zu verstehen ist" (vgl. Paulus, 192-195).
54 Vgl. A.N.Wilder, Rhetoric, 82; F.Mussner, Botschaft, 13.
55 Vgl. C.Spurgeon, Imagery, 11.
56 Vgl. u.a. R.Wellek-A.Warren, Theorie, 224ff.
57 Man merke, wie das Wort "unwahrscheinlich" in diesem Zusammenhang "richtig" klingt.
58 Gleichnisse, 25-26.
59 Der Ausdruck ist J.J.Vincent, Parables, 8, entnommen.
60 Gleichnisse, 68.
61 Ebd., 104-105.
62 Parables, 80.
63 Ebd., 79.
64 Sower, 368-370.
65 Gleichnisse, 21. Noch E. Linnemann hatte bezüglich der ungewöhnlichen Züge dagegen geschrieben: "Man pflegt zu sagen, hier seien Züge aus der Sachhälfte in die Bildhälfte eingedrungen. Aber diese Formulierung verdeckt mehr, als sie erhellt. Es kann ja nicht gemeint sein, daß an solcher Stellen Bildhälfte und Sachhälfte zusammenfallen. Denn andernfalls hätte der Erzähler damit auf die Kraft der Analogie verzichtet" (Gleichnisse, 36). Die Sorge von E.Linnemann ist wohl zu verstehen, wenn man weiß, daß für sie das eigentliche Gleichnis die Bildhälfte ist, die Sachhälfte dagegen die Deutung des Gleichnisses. Warum der Erzähler dann auf die Kraft der Analogie verzichten müßte, ist nicht einzusehen.
66 Ebd., 42.
67 Vgl. ebd., 30.
68 Vgl. Botschaft, 13.
69 Vergleich, 138.
70 Vgl. Gleichnisreden, 1,54-55.
71 Untersuchungen, 1, Par. 112, S.79.
72 Language, 158.
73 Ebd., 159.
74 Vgl. dazu H.Friedrich, Metapher.
75 Vgl. H.Weinrich, Kühne, 333ff.
76 Ebd., 334.
77 Le conflit, 64-79.
78 Finitude, 2,16.
79 Ebd., 22.

80 Ebd., 323ff.
81 Fabeln, 103.
82 Nach R. Dithmar, ebd., 104.
83 Vgl. J. Jeremias, Gleichnisse, 25.
84 Es wird auf weitere Literatur verwiesen, die Gleichnisse besprechen, in denen außergewöhnliche Züge vorhanden sind. "Sauerteig und Senfkorn": R. W. Funk, Criticism; F. Mussner, Senfkorn; J. Dupont, levain; J. D. Crossan, Seed Parables; O. Kuss, Sinngehalt. "Schatz im Acker und Perle": E. Fuchs, Exegese, 291-293; J. Dupont, Trésor. "Arbeiter im Weinberg": D. O. Via, Gleichnisse, 140-145; E. Fuchs, Besinnung, 227-237; ders., Wunder; G. Bornkamm, Lohngedanke; H. Heinemann, Conception. "Die bösen Winzer": J. D. Crossan, Husbandmen; H. J. Klauk; Weinberg; M. Hengel, Weingärtner. "Das große Hochzeitsfest": D. O. Via, Relationship; R. W. Funk, Language, 164-177. "Die anvertrauten Gelder": F. Mussner, Botschaft, 91-92; D. O. Via, Gleichnisse, 112-118. "Der gute Samariter": J. D. Crossan, Example, ders. Analysis.
85 Vgl. M. Krämer, Rätsel.
86 Vgl. Stewart.
87 Verwalter, 94-95.
88 J. A. Findlay, Parables, 10.
89 Vgl. V. Sklovskij, priem, 101-114. Zitiert nach V. Erlich, Formalismus, 84.194-198.
Vgl. ferner T. Todorov, Textes.
90 Vgl. poezija. Zitiert nach V. Erlich, ebd.
91 V. Erlich, Formalismus, 85.
92 U. Eco, Einführung, 164.
93 V. Erlich, ebd., 84.
94 Vgl. V. Erlich, ebd., 84; ferner J. Anderegg, Fiktion, 100-112. Die Begriffe "Kunstmittel" und "Verfremdungseffekt" werden hier einer anderen Terminologie vorgezogen, die das gleiche Phänomen im Fall der Gleichnisse Jesu als "ironisches Stilmittel" bezeichnet (vgl. W. Harnisch, Ironie). Denn einmal erlauben die Begriffe "Kunstmittel" und "Verfremdungseffekt" den Gesichtspunkt des Sprechers und den des Hörers differenzierter zu betrachten; zudem ist der Begriff "Ironie" in der Literaturwissenschaft noch nicht eindeutig genug definiert (vgl. B. Allemann, Ironie; ders., Aufriß; N. Knox, Ironie; C. Brooks, Ironie; E. N. Hutchens, Ironie; W. C. Booth, Ironieprobleme) so daß seine Verwendung die Gefahr mit sich brächte, die "Ironie" mit der Kunst des leichten Gelächters zu verwechseln.
95 Das kleine Gleichnis ist von Prof. F. Mussner gebildet worden, und ist auch Gegenstand einiger gemeinsamen Überlegungen gewesen, die hier vervollständigt wiedergegeben werden.
96 Sprachkraft.
97 Gleichnisreden, 1,96.
98 Ebd., 1,72.
99 Ebd., 1,118-119.
100 Sprachkraft, 19.

101 Für die didaktische Funktion der Gleichnisse vgl. I.Baldermann, Didaktik; ders., Unterricht; H.D.Bastian; Gleichnis; E.Güttgemanns, Methodik, 123-124.
102 Sprachkraft, 8.
103 Die letzte Aussage stützt sich auf die Generative Poetik, wie sie von N.Chomsky auf der Satzebene vertreten wurde (vgl. von ihm: Structures; Theorie; Sprache) und von anderen weitergeführt wurde (vgl. u.a. J.Ihwe, Kompetenz; T.A.van Dijk, Beiträge). E.Güttgemanns hat versucht, diesen Ansatz für das NT zu verwenden (vgl. bes. synoptische Frage; Theologie; Thesen; Freund; **Drachme**). Nach dieser Theorie ist die redaktionelle Vertextung der etlichen Performanztexte nur dadurch möglich, weil der Kompetenz-Text schon diese Vertextungs-Valenz hatte. D.h., der ntliche Performanz-Text hätte nur eine Leerstelle auf der Ebene der Oberflächenstruktur des Textes ausgefüllt. Die Konsequenz für unser Problem ist dann die, daß die Gleichnisse Jesu, abgesehen von der Möglichkeit, daß sie schon bei Jesus diese Performanz-Struktur hatten, offen waren, diese redaktionellen Elemente aufzunehmen.
104 Sprachkraft, 18.
105 Ebd., 17.
106 Botschaft, 14.
107 W.Harnisch, Sprachkraft, 18.
108 Vgl. R.Dithmar, Fabeln, 19-22.
109 Vgl. H.Heine, Werke, 1, 415: Der tugendhafte Hund; 425: Die Wahl-Esel. Auch B.Brecht verwendet die parabolische Rede als Kampfmittel. Vgl. Geschichten.
110 Fabeln, 20.
111 Z.B. die "Wachstumsgleichnisse" (vgl. D.Ellena, Analyse; J.D.Crossan, Seed Parables; J.Dupont, Semence; H.K.McArthur, Mustard Seed; W.Doty, Weeds; J.Jeremias, Unkraut) oder die Gruppe der "Knechtsgleichnisse" (vgl. A.Weiser, Knechtsgleichnisse).
112 Vgl. A.J.Greimas, Semantik, 13-16; 60-89: ders., Récit, 50; vgl. weiter dazu E.V.Grosse, Neuorientierung; F.Rastier, Systematik der Isotopien.
113 Vgl. R.Bultmann, Geschichte, 195; J.Jeremias, Gleichnisse, 102.
114 Vgl. Mk 1,14; Mt 4,17; Lk 4,14f.
115 Vgl. F.Mussner, Botschaft, 12.
116 Vgl. E.Lohmeyer, Mystik, 143ff.
117 Der barmherzige Samariter (Lk 10,30-37), der reiche Bauer (Lk 12,16-21), der Reiche und der Arme (Lk 16,19-31); Pharisäer und Zöllner (Lk 18,10-14); Rangordnung beim Gastmahl (Lk 14,7-14).
118 Vgl. J.D.Crossan, Parables, 57-78.
119 G.Sellin, Gleichnisstrukturen, bes. 112-115.
120 Darüber vgl. die Diskussion zwischen J.D.Crossan und D.O.Via am Beispiel des guten Samariters und die Stellungnahme von G.Sellin: J.D.Crossan, Example; D.O.Via; Parable; J.D.Crossan, Analysis; G.Sellin, Gleichnisstrukturen. Zu der selben Beispielerzählung vgl. weiter: G.Crespy, Samaritain; E.Fuchs, Nächsten; R.W.Funk, Language, 199-222.

121 Es sei dabei angemerkt, daß "Erfahrung" und "disclosure" Jesu momentan wertfrei gemeint werden. Es wird nicht gesagt, ob Jesus vom Gottesreich als "Gesandter Gottes" "gewußt hat", oder ob er eine rein menschliche Erfahrung gemacht hat. Darauf werden wir später zu sprechen kommen.
122 Das ist, was die zwei oben genannten Dimensionen des Reiches Gottes angeht, ohnehin geschehen. Man erinnere sich nur an die Diskussion über das Verständnis der Gottesherrschaft:
a) Die konsequente Eschatologie (vgl. J. Weiß, Predigt; A. Schweitzer, Geschichte; ders., Skizze).
b) Die verwirklichte Eschatologie (vgl. Ch. Dodd, Parables).
c) Die gespannte Eschatologie (vgl. W. G. Kümmel, Verheißung).
d) Die sich verwirklichende Eschatologie (vgl. J. Jeremias, Gleichnisse) und andere Deutungen: Vgl. dazu: R. Schnackenburg, Herrschaft, bes. 77ff).

Drittes Kapitel

1 Vgl. Rhetorik, 80; vgl. auch ders., Eschatology, 25.
2 Vgl. Seed Parables, 265; ders., Parables, 21.
3 Vgl. Seed Parables, 266.
4 Vgl. Gleichnisse, 191.194. Das ist überraschend, weil die These der Situationsunabhängigkeit der Gleichnisse auch die These der Subjektsunabhängigkeit einschließen sollte.
5 Gleichnisse, 43.
6 Vgl. F. Mussner, Botschaft, 12-13; E. Linnemann, Gleichnisse, 43; E. Lohmeyer, Mystik, 146; A. M. Hunter, Parables, 24; E. Biser, Gleichnisse, 125ff; F. Mussner, Gleichnisauslegung, 262.
7 Vgl. F. Mussner, Selbstbewußtsein, 169.
8 Vgl. z. B. die Sämannparabel (Mt 13,3-9 Par. Mk 4,1-9 und Lk 8,4-8), das Gleichnis von den bösen Winzern (Mt 21,33-34, Par. Mk 12,1-11 und Lk 20,9-18), von den anvertrauten Geldern (Mt 25,14-30 Par. Mk 13,34 und Lk 19,11-27), von den zehn Jungfrauen (Mt 25,1-13).
9 Vgl. Parables, 89; vgl. auch E. Fuchs, Hermeneutik, 223.
10 Vgl. E. Fuchs, Frage, 155; E. Linnemann, Gleichnisse, 48.
11 Jesus, 96ff.
12 Vgl. Gleichnisauslegung, 139ff; Frage, 154; Besinnung, 222-225; Fest, 406.
13 Vgl. E. Fuchs, Das Neue Testament, 155; E. Jüngel, Paulus, 146.
14 H. Frankemölle, Jesus; J. Blank, Marginalien; E. J. Tinsley, Self-Awareness.
15 Vgl. A. N. Wilder, Rhetoric, 81: M. Dibelius, Formgeschichte, 255.
16 Vgl. J. Jeremias, Gleichnisse, 115; N. Perrin, Rediscovering, 82ff; vgl. auch ders., Kingdom; E. Percy, Botschaft, 28-40 und ff,; M. Bouttier, Paraboles; T. W. Manson, Sayings.
17 Things, 11-24.
18 Wir hatten sie als "disclosure Jesu" bezeichnet.
19 Alle diese Voraussetzungen scheinen tatsächlich trivial, aber spielen eine große Rolle in der Kommunikation der Gleichnisse.
20 Vgl. J. R. Searle, Sprechakte, 101.
21 Vgl. ebd., 105.
22 Gleichnisse, 43.
23 E. Linnemann zieht daraus die Schlußfolgerung: "Der Glaube hat seinen Ursprung weder in dem Auferstehungsereignis ... noch in einem besonderen Selbstbewußtsein Jesu; der Glaube hat seinen Ursprung in Jesu Wort" (ebd., Anm. 31 zu Seite 49).
24 Man merke die Prägnanz, die diese Stelle von Mk 4,11 einnimmt im Licht der Sprechakt-Theorie. Denjenigen, die draußen geblieben sind, wird alles zu Rätseln. Das alles wird im dritten Teil der Arbeit erörtert bei der Analyse der Sämann-Parabel.
25 Vgl. Hermeneutik, 219-230.
26 Vgl. Besinnung 226; Exegese, 284. 284; Zeitverständnis, 347.
27 Vgl. dazu A. C. Thiselton, Parables, 438.

29 Rhetoric, 83.
30 Vgl. Das Neue Testament, 154.
31 Vgl. Gleichnisse, 12.
32 Vgl. dazu T.W.Manson, Teaching, 71.
33 Gleichnisse, 51.
34 Ebd., 61.
35 Ebd., 65.
36 Ebd., 71
37 Vgl. M.Hermaniuk, Parabole, 124.134-140; Vgl. dazu R.W.Funk, Language, 26.57.59.
38 Vgl. Paulus, 138: "Die Gleichnisse Jesu sind Sprachereignisse, in denen das, was zur Sprache gekommen ist, ganz da ist, indem es als Gleichnis da ist". Vgl. dazu F.Seven, Erwähnungen.
39 Gleichnisse, 38.
40 Vgl. Parables, 29-30.
41 Im ganzen Mt 13 ist nur bei dem Gleichnis vom Sämann und vom Unkraut von einer Reaktion der Hörer zu lesen. Die anderen bleiben offen.
42 Es ist klar, daß der Zusammenhang redaktionell ist (vgl. W.Harnisch, Sprachkraft, 6). Aber jedes Evangelium an sich genommen ist Redaktionsarbeit. Das bedeutet aber nur, daß solche Gleichnisse die Valenz des Streitgespräches haben, sonst wäre die Verkettung des Textes und die Einbettung von diesen Gleichnissen in den Zusammenhang der Streitgespräche unmöglich gewesen. Von dem redaktionellen Charakter der Streitgespräche darf man aber noch nicht schließen, daß der Zusammenhang bei Jesus ein anderer war. Wenn das wahr ist, ist die Feststellung des redaktionellen Charakters der Streitgespräche kein Erkenntnisgewinn. Für die Frage der Redaktion der Evangelien, vgl. E. Güttgemanns, Offene Fragen; und ders., Synoptische Frage.
43 Es kann gewagt klingen, aber wenn man bedenkt, daß ein Gleichnis die Erweiterung einer Metapher ist, dann ist man fast gezwungen, an das Gleichnis von dem Unkraut zu denken: Das Unkraut ist eine Pflanze, die nicht der Vater, sondern der "Feind" gepflanzt hat. Deshalb wird es ausgerissen und ins Feuer geworfen werden (Mt 13,24-30). So verstanden enthält auch das Gleichnis die Valenz der Polemik.
44 Dasselbe wie für 15,13 sei auch für dieses Bildwort gesagt in Bezug auf das Gleichnis vom verlorenen Schaf (Mt 18,12-14 Par. Lk 15,3-7).
45 Vgl. Mt 9,10-12; Mk 2,15-17; Lk 5,29-32.
46 D.h., sie haben die nach unserer Numerierung dritte Regel für das Glücken des Illokutionsaktes nicht erfüllt:
"Eine Voraussetzung für das Glücken des Illokutionsaktes ist eben, daß die Gesprächspartner ihre gesellschaftliche Rolle akzeptieren müssen".
47 D.h., es wird die achte Regel nicht erfüllt. Sie lautet:
" Perlokutive Bedingung: der Hörer akzeptiert, daß es in seinem Interesse ist, eine Handlung zu tun, und tut sie".
48 Von den Gleichnissen, in: Erzählungen, 359.
49 Gleichnisreden, 1, 10.
50 Gleichnisse, 16.

51 Ebd., 18.
52 Vgl. D.O.Via, Gleichnisse, 31.
53 Man spricht z.B. von "Ausschmückungen", "Akzentverschiebungen", "Erweiterungen", "Allegorisierungen" und dergleichen. Vgl. u.a. J. Jeremias, Gleichnisse; R.Bultmann, Geschichte, 200ff.
54 Vgl. bes. den Ansatz von G.V.Jones, Art, und von D.O.Via, Gleichnisse. Andere Ausleger der Gleichnisse sprechen auch von den Gleichnissen als Kunstwerken (vgl. Ch.Dodd, Parables, 195; M.Meinertz, Gleichnisse, 60), aber sie verstehen anscheinend darunter nicht eine situationsunabhängige Bildspendergeschichte, wenn man ihre ganze Auslegung der Gleichnisse vor Augen hält.
55 Vgl. G.Eichholz, Gleichnisse, 5: "Die Einengung oder auch: die Akzentveränderung, die damit den neutestamentlichen Texten widerfährt, scheint mir zu deutlich, gerade auch, wenn uns die Frage nicht losläßt, wie wir heute von Gott reden sollen".
56 Jülichers Grundsatz war, daß jedes Gleichnis eine einzige Pointe hat, mit der allgemeinsten Anwendung.
57 Narrative Analyse, 72.
58 Gleichnisreden, 1,1-24 und 152.
59 Narrative Analyse, 72.
60 Gleichnisse, 29.31. Auf Seite 185 spricht er von dem Reich Gottes als Thema der Gleichnisse. Aber es geschieht fast am Rande des Buches und fast wie ein Thema, das die Vergangenheit angeht, nicht aber die Gegenwart. Immerhin zieht er nicht die notwendigen Konsequenzen daraus.
61 Vgl. Interpretation, und ders., Scholarship.
62 Vgl. Mt 28,18-20; Mk 16,15-16; Lk 24,47; Apg 1,8; 2,38.
63 Vgl. E.C.Blackman, Methods, 9-10.

Viertes Kapitel

1 Vgl. Einführung, 38-44
2 Vgl. ebd., 72.
3 Vgl. Le conflit, 246-247-
4 Vgl. P. Ricoeur, ebd., 252.261-262; ders., Sprache, 216.
5 Vgl. U. Eco, ebd., 64.
6 Vgl. Words, 211-212.
7 Vgl. I.T. Ramsey, Words, 212; Activity, 60-61.
8 Disclosures, 137.
9 Vgl. P. Ricoeur, Le conflit, 261.
10 Vgl. Sprache, 211-212.
11 Vgl. E. Linnemann, Gleichnisse, 43ff; E. Fuchs, Hermeneutik, 229.
12 E. Linnemann, ebd., 49 Anm. 31.

Dritter Teil
Erster Abschnitt

Erstes Kapitel

Vom Finden und Tauschen
1 Vgl. Geschichte, 210.
2 Vgl. ebd., 187.
3 Vgl. Matthäus, 203.
4 Log 76 (Gleichnis von der Perle); log 109 (Gleichnis vom Schatz).
5 Vgl. Gleichnisse, 89-90.
6 Vgl. Perlenkaufmann. Nach O. Glombitzas Meinung ist der Sinn der zwei Gleichnisse unterschiedlich: In dem Gleichnis vom Schatz im Acker wird gesagt, daß das Reich Gottes in der Welt verborgen ist. Wer es entdeckt besitzt einen überaus großen Wert.
Das Gleichnis von der Perle sagt dagegen, daß Gott (der Perlenhändler) so sehr den Menschen geliebt hat, daß er "ein für allemal in Jesus die entscheidende Tat getan hat" (161).
7 Vgl. Gleichnisse, 198.
8 Vgl. S. 15 und Anm. 14 dazu.
9 Vgl. u.a. B. Dehandschutter, Paraboles; G. Eichholz, Gleichnisse, 121-124; J. Dupont, Trésor, 408-409; H. Montefiore, Comparison, 240.
10 Vgl. H. Kahlefeld, Gleichnisse, 172.
11 Dieser Meinung sind J.D.M. Derret, Treasure, 42; R.S. Wallace, Many Things, 45; E.A. Armstrong, Parables, 106; A.M. Hunter, Parables, 78; F.L. Filas, Understanding, 24; A. Maillot, Paraboles, 44-49. Diese Meinung wird dann in der Analyse der Parabeln diskutiert werden.
12 Der Ausdruck "Texteröffnungssignal" oder "Text-Einsatz-Signal" ist E. Gülich, Makrosyntax, entnommen.
Sie untersucht die Gliederungssignale des gesprochenen Französischen und unterscheidet Eröffnungs-, Unterbrechungs- und Schlußsignale innerhalb der Makrosyntax.
13 Man kann ohne weiteres von den zwei Circumstanten zunächst absehen, um die Tiefenstruktur des Textes herauszubekommen. Die zweite Erzählung verzichtet auf sie auch auf der Textoberfläche, ohne dadurch Wesentliches zu versäumen.
14 Ein Textem ist ein "Lexem-Konstituent des Textes". Diese Definition ist E. Güttgemanns, Freund, 8, entnommen.
15 Das kontrastive δέ ist nicht zu übersehen.
16 Dieses Ergebnis, das schon auf der syntaktischen Ebene gewonnen wurde, widerspricht der Meinung der in Anm. 11 genannten Autoren, nach der "verborgen sein" und "suchen" auf eine unterschiedliche Art des Findens hinweisen. Das widerspricht auch der Meinung von J. Jeremias, Gleichnisse, 198, nach der bei Matthäus, im Gegensatz zum ThEv., das Moment der Überraschung verwischt wird. Unser Ergebnis stimmt mit dem von J. Dupont, Trésor, 413-415, und von G. Eichholz, Gleichnisse, 117-118, überein: es geht um eine in beiden Fällen unerhoffte Entdeckung um einen Glücksfall.

17 "Funktion" wird hier im Proppschen Sinn gebraucht. Vgl. Morphologie, 31: "Par fonction nous entendons l'actions d'un personage, définie du point de vue de sa signification dans le déroulement de l'intrigue".
18 Für den Betriff der semantischen Achse und ihre Erweiterung vgl. A. Greimas, Strukturale Semantik, 13-23.
19 Vgl. Morphologie, 36-80. V.Propp analysiert und gibt die Liste der Funktionen an. In unserer Analyse werden die von A.Greimas, Strukturale Semantik, 179, ins Englische übersetzten Ausdrücke verwendet. Die Abkürzungen sind E.Güttgemanns, Erzählforschung, 29, entnommen.
20 R.Bultmann, Geschichte, 210. Es sind in den Evangelien andere Doppelgleichnisse vorhanden: u.a. Mt 5,13-14a.14b-16; 13,31-33; Mk 3,24-25; 4,21-25; Lk 14,28-32; 15,4-11.
21 Gleichnisse, 89. Auf derselben Seite, Anm.1, legt er dann die Betonung auf die Verschiedenheit der Bilder.
22 Vgl. Gleichnisse, 110.
23 Vgl. Vorfragen, 343.
24 Vgl. den ersten Teil der Arbeit, 26.
25 Vgl. A.Jülicher, Gleichnisreden, 2, 583.
26 Eine solche Auslegung bieten u.a. J.Jeremias, Gleichnisse, 29; E. Schweizer, Matthäus, 203; E.A.Armstrong, Parables, 106.
27 Vgl. R.S.Wallace, Many Things, 42-45; A.Schlatter, Matthäus, 446f; W.Michaelis, Gleichnisse, 65f; Ch.Dodd, Parables, 212; J.C.Fenton, Expounding, 178-180.
28 Vgl. Exegese, 291-292. Er sagt, daß die Bekanntschaft der Basileia vorausgesetzt wird. Somit wird die semantische Achse "verborgen sein vs finden" völlig verwischt.
29 Vgl. W.Wilkens, Redaktion, 223; J.D.Kingsbury, Parables, 115; G. Eichholz, Gleichnisse, 113-114.
E.Biser, Gleichnisse, 63, spricht von dem Verhalten der Akteure, was aber zu unbestimmt bleibt. E.Linnemann, Gleichnisse, 106, spricht auch von dem totalen Einsatz, aber ihre Auslegung berücksichtigt doch beide semantischen Achsen.
30 Vgl. A.Jülicher, Gleichnisreden 2,583-585; T.W.Manson, Sayings, 196; W.O.E.Oesterley, Parables, 65f; E.Jüngel, Paulus, 143; F.Mussner, Bottschaft, 23; A.E.Hunter, Parables, 78; F.L.Filas, Understanding, 24.
31 Das Finden des Wertobjektes ist nicht nur "scenic framework", wie J. D.Kingsbury, Parables, 114, meint, sondern, wie die Analyse gezeigt hat, eine wesentliche Funktion des Erzählgerüstes.
32 Vgl. W.Magass, Der Schatz im Acker.
33 Die Frage nach der Moralität der Handlung des Tagelöhners ist fehl am Platz. Vgl. J.D.M.Derret, Treasure, bes. 35-41; J.D.Kingsbury, Parables, 112.
34 Vgl. Gleichnisse, 106.
35 Vgl. W.Magass, Schatz, 10.
36 Vgl. E.Linnemann, Gleichnisse, 107-109; E.Schweizer, Matthäus, 203; Ch.Dodd, Parables, 113; G.Eichholz, Gleichnisse, 114.

Zweites Kapitel

Der Pharisäer und der Zöllner
1 Vgl. u.a. R.Bultmann, Geschichte, 193; H.Kahlefeld, Gleichnisse, 2, 56.
2 Vgl. M.Dibelius, Formgeschichte, 254; E.Linnemann, Gleichnisse, 69; J.D.Crossan, Parables, 68; R.Bultmann, Geschichte, 209.
3 Vgl. Geschichte, 209.
4 Vgl. Gleichnisse, 139.
5 Vgl. Sayings, 309.
6 Gleichnisse, 139, Anm.1.
7 Gleichnisse, 70.
8 Vgl. M.Dibelius, Formgeschichte, 254: "Damit hat das Gleichnis einen vulgär-ethischen Sinn erhalten, der seinem Wortlaut fern ist". R.Bultmann, Geschichte, 193: 14b paßt nicht zu der Erzählung, weil "sich der Zöllner nicht eigentlich erniedrigt hat". Vgl. ferner E.Linnemann, Gleichnisse, 69-70.
9 Die Übersetzung von Jeremias (vgl. Anm.6) des ὅτι mit "weil" dürfte die Intention des Lukas verfehlen (vgl. 14b, wo von "sich selbst erhöhen" die Rede ist) und dem übrigen Gebrauch von περι̃τω nicht entsprechen (vgl. W.Bauer, WNT, 1267-1269, bes.1268).
10 Vgl. E.Linnemann, Gleichnisse, 64-66; J.Jeremias, Gleichnisse, 142.
11 Vgl. J.Jeremias, Gleichnisse, 142.
12 So A.Jülicher, Gleichnisreden, 2,604.
13 Gleichnisse, 66.
14 Vgl. Gleichnisse, 142-143; so auch E.Linnemann, Gleichnisse, 66.
15 Vgl. J.Jeremias, Gleichnisse, 143; Bill 2,248; H.Kahlefeld, Gleichnisse, 2,60.
16 Vgl. E.Linnemann, Gleichnisse, 69.
17 Vgl. J.Jeremias, Gleichnisse, 143.
18 Vgl. H.Kahlefeld, Gleichnisse, 2,61.
19 Vgl. L.Schottroff, Erzählung; L.Ragaz, Gleichnisse, 107; W.Harnisch, Ironie, 428-429.
20 "Ironie" wird hier mit W.Harnisch, Ironie, 422, nach B.Allemann, Ironie, 18, als ein "transparenter Gegensatz zwischen wörtlich und eigentlich Gesagten" verstanden.
21 Vgl. J.Jeremias, Gleichnisse, 143; E.Linnemann schwächt es ab: Das Urteil trage in sich die Autorität der Wahrheit (Gleichnisse, 69). L.Schottroff formuliert ihrerseits sehr gut die Rolle Jesu als Erzähler (Erzählung, 455-457) und seinen Anspruch als Verkünder des göttlichen Urteils, nützt aber diese Erkenntnis nicht genügend aus im Hinblick auf die Reaktion des Hörers, auf die sie doch in ihrem Aufsatz bedacht war.
22 Vgl. Erzählung, 448.
23 Aesopica ed. B.E.Perry 1, Urbana 1952, Nr.666 (S.674). Zitiert nach L.Schottroff, Erzählung, 448 Anm.35.
24 W.Beilner, Pharisäer, 118.
25 So J.Jeremias, Gleichnisse, 139, (vgl. auch Anm.1).

26 Vgl. E. Linnemann, Gleichnisse, 68, Anm. 7.
27 Gleichnisse, 69.
28 Das gegen L. Schottroff, Erzählung, 449.
29 Vgl. E. Güttgemanns, Narrative Analyse, 66.
30 Es werden hier die Entschlüsselung der Symbole und die Übersetzung der englischen Ausdrücke gegeben.

L	= Lack	= Mangel
LL	= Lack Liquidation	= Beseitigung des Mangels
Masq	= Masquerade	= Täuschung
Demasq	= Demasquerade	= Entlarvung der Täuschung.
$\overline{\text{masq}}$	= No Masquerade	= Keine Täuschung
Pun	= Punishment	= Bestrafung
Inthron	= Inthronisation.	

—→ = folgt
◄--► = Gegensatz

31 Vgl. dazu L. Schottroff, Erzählung 452; W. Beilner, Pharisäer, 118.
32 Vgl. L. Ragaz, Gleichnisse, 107-108.
33 Hier dürfte eine Besonderheit des Stiles nicht übersehen werden: Der Ausdruck οὗτος ὁ ... befindet sich auch in Lk 15,30 im Mund des älteren Sohnes im Gleichnis vom verlorenen Sohn und in Mt 20,12 (Gleichnis von den Arbeitern im Weinberg) als Ausdruck der Verachtung.
34 Vgl. Gleichnisse, 141-142 (b. Ber. 28b) und Anm. 1 (1 QH 7,34).
35 Gleichnisse 2,60. C. G. Montefiore, Gospels, 556, schreibt: "This is not to say that the Pharisee of the story is the usual or characteristic product of the Rabbinic religion. He is the characteristic caricature or perversion of that religion". Derselbe Montefiore vertritt die Ansicht, daß "the Pharisee is made to appear odious in the parable" (a.a.O., 557).
Ob die Parabel als Karikatur des Pharisäers zu bezeichnen ist, bleibt schwer zu entscheiden. Wenn man von der Tatsache ausgeht, daß die Synoptiker die Pharisäer immer als Gegner Jesu auftreten und sie von Jesus oft als Heuchler, als geldgierig anreden lassen (vgl. G. Baumbach, Pharisäer; H. Merkel, Pharisäer; F. Mussner, Pharisäer; W. Beilner, Pharisäer), dann könnte man auch in dem Fall dieser Gleichnisse annehmen, daß Lukas die Darstellung des Pharisäers des Gleichnisses als Karikatur verstand. Man könnte aber zweifeln, ob Jesus wirklich die Pharisäer so ansah, wie die Synoptiker wollen. Allerdings muß man sich mit H. Merkel fragen, ob dieser Zweifel ganz berechtigt ist. Es scheint aber, daß die historische Fragestellung, gerade wegen der Unbestimmtheit ihrer Antwort, kein endgültiges Licht auf die Frage werfen kann, ob die dargestellte Gestalt des Pharisäers im Gleichnis eine Karikatur ist oder nicht.
Deshalb wird hier von "Grenzfall" oder "Zuspitzung" gesprochen. Auch die Frage, ob das Gebet des Pharisäers des Gleichnisses ehrlich war oder nicht, scheint die historische Fragestellung vorauszusetzen. Es

muß dabei festgehalten werden, daß es hier um eine fiktionale Erzählung geht, und daß der Pharisäer, von dem Jesus spricht, eine fiktive Gestalt ist, die in der Wirklichkeit nicht unbedingt hat existieren müssen.

Auch W. Beilner spricht von einer paradoxen Darstellung des Pharisäers. "Die Aufzählung dessen, das der Pharisäer nicht ist, schließt wirklich Böses in sich; nichts deutet darauf hin, daß der Pharisäer hier ein Heuchler wäre" (Pharisäer, 115). "Selbstverständlich kann man zweierlei dem Pharisäer vorwerfen: daß er die anderen Menschen so insgesamt als große Sünder bezeichnet ("wie die anderen Menschen") und daß er dieses Urteil konkret auf den anwesenden Zöllner anwendet. Doch ließe sich auch hier noch einiges zu einer "Entschuldigung" des Pharisäers anführen. Würde ein Mensch tatsächlich konsequent so denken wie der hier geschilderte Pharisäer, so wäre er ein Monstrum. Die Pharisäer haben doch sicher zumindest ihren Mitpharisäern Gerechtigkeit zugebilligt. Ein Monstrum aber wäre für die Zwecke dieses Beispiels ziemlich ungeeignet. So wird man die zu beanstandende Redewendung in gewöhnlich übertreibendem Sinn zu verstehen haben (a.a.O., 116 - Hervorhebung d.V.).

36 Vgl. Bill 4-1, 334-335.
37 Vgl. Bill 2, 239.
38 Aboth 2,4. Zitiert nach Bill, ebd.
39 Nach R. Bultmann, Geschichte, 193, formuliert 14a die Pointe.
40 In Parables, 69. Vgl. auch W. Beilner, Pharisäer, 118.
41 Vgl. In Parables, 75, das Schaubild des Urteils Gottes und der Menschen.
42 Vgl. Gleichnisse, 112. Das mag natürlich stimmen, wenn man die damaligen sozialen Verhältnisse vor Augen hat. Das ist aber im Gleichnis nicht der springende Punkt. Der soziale Hintergrund darf zunächst nicht zur Erklärung des Gleichnisses herangezogen werden. Das Gleichnis ist in dieser Hinsicht selbständig.
43 Vgl. Gleichnis, 88.
44 Der Einwand Bultmanns, Geschichte, 193, daß "sich der Zöllner nicht eigentlich erniedrigt hat", bleibt rätselhaft, denn auch das Geständnis der eigenen Schuld ist eine Erniedrigung.
45 Vgl. W. Magass, Tischordnung, bes. 3.
46 Vgl. Anm. 40 und 41.

Drittes Kapitel

Die Ersten werden Letzte sein
1 Vgl. F. Mussner, Botschaft, 68.
2 Vgl. J. Jeremias, Gleichnisse, 35.
3 Das kontrastive δέ wird im allgemeinen nicht beachtet. Es ist aber ein sehr wichtiges Text-Verknüpfungssignal, das den ersten Teil der Antwort Jesu zwar nicht leugnet, aber ergänzt.
4 Vgl. A. Jülicher, Gleichnisreden 2, 469.
5 Vgl. T. W. Manson, Sayings, 218.
6 Der Meinung sind fast alle Ausleger. Vgl. u. a. J. Jeremias, Gleichnisse, 109-110, der sagt, 20,16 sei ein Zeichen dafür, daß Matthäus mit Vorliebe an die Gleichnisse generalisierende Logien, als Abschluß angefügt hat. Der Grund, der fast von allen angegeben wird, ist, daß das Logion bei Mk und Lk in einem anderen Kontext zu finden ist (vgl. Mk 10,3; Lk 13,30). Vgl. auch: E. Schweizer, Matthäus, 255; F. Mussner, Botschaft, 66.
7 Vgl. Gleichnisse, 30-31. 33. 105.
8 Vgl. Parables, 71.
9 Vgl. Parables, 122.
10 Vgl. Gleichnisse, 91.
11 Gleichnisse, 140.
12 Gleichnisse, 84.
13 Gleichnisse, 42.
14 Ebd., 44.
15 Für den Begriff "Isotopie" vgl.: J. Greimas, Semantik; ders., Du Sens; E. U. Grosse, Neuorientierung; F. Rastier, Systematik.
Für das semantische Sechseck vgl.: R. Blanché, Structures; E. Güttgemanns, Erzählforschung.

Erläuterung des Zeichens: Das semantische Sechseck ist "orientiert", d. h. es gibt Relationen zwischen den Buchstaben, die zugleich die Extreme des Sechsecks besetzen:

◄─────► besagt eine kontradiktorische Opposition zwischen den zwei Symbolen; d. h. die beiden Symbole und was sie meinen können nicht <u>gleichzeitig</u> "wahr" oder "falsch" sein. Nur ein Symbol kann jeweils "wahr" oder "falsch" sein. Die Umschreibung in die Sprache der formalen Logik ist $A \leftrightarrow \bar{A}$, und die "Wahrheitstabelle" dafür:

A	$\bar{A}$	$A \leftrightarrow \bar{A}$
w	w	f
w	f	w
f	w	w
f	f	f

―――――― besagt eine konträre Opposition. Die beiden Symbole A und B können nicht gleichzeitig "wahr" sein, sie können aber beide "falsch" sein. Umschreibung dafür ist A/B und die Wahrheitstabelle:

A	B	A/B
w	w	f
w	f	w
f	w	w
f	f	w

――――――▶ besagt die Beziehung der Implikation zwischen zwei Symbolen. Umgangssprachlich drückt man es mit "wenn ... dann" aus; die Umschreibung ist A ⊃ B̄ und die Wahrheitstabelle

A	B̄	A⊃B̄
w	w	w
w	f	f
f	w	w
f	f	w

D.h. Es kann nur einen Fall nicht geben, daß das erste "wahr" ist und das zweite "falsch".

.... besagt eine subkonträre Relation. Umgangssprachlich wird mit A "oder" B ausgedrückt, die Umschreibung dafür ist AvB und die Wahrheitstabelle:

A	B	AvB
w	w	w
w	f	w
f	w	w
f	f	f

D.h.: es können alle Fälle vorkommen, nur nicht der Fall, daß beide Symbole "falsch" sind.

16 Über die Arbeitsverhältnisse, besonders über die Lohnfrage im Palästina der Zeit Jesu und im Spätjudentum vgl.: Bill, 1, 830-835; 4(1), 484-499, der später von H. Heinemann, Conception; F.C.Grant, Background, 68-69; J.D.M.Derret, Workers, kritisiert wurde.
17 Man übersetzt gewöhnlich mit "müßig", wobei man vielleicht besser von einer "Zwangsmuße" sprechen sollte. Die Antwort der Arbeiter auf die Frage des Hausherrn in 20,7: "Weil niemand uns gedungen hat" ist nicht als "faule Ausrede" (vgl. J. Jeremias, Gleichnisse, 136) aufzufassen.
18 E.Fuchs, Wunder, 473, spricht von einer Situation der Unfreiheit und des Zwangs.
19 Vgl. D.O.Via, Gleichnisse, 142.
20 Ebd., 144-145.
21 Vgl. E.Schweizer, Matthäus, 257.

22 Vgl. Bill, 4(1), 486.
23 Für eine übersichtliche Motifemenanalyse des Gleichnisses, vgl. E. Güttgemanns, Narrative Analyse, 65.
24 Vgl. u.a. J. Jeremias, Gleichnisse, 136; D.O. Via, Gleichnisse, 142.
25 Vgl. dagegen das spätjüdische Gleichnis von Rabbi Bun, das vom Jerusalemer Talmud j. Ber. 2,5c.15 überliefert wird, und u.a. bei J. Jeremias, Gleichnisse, 137, nachzulesen ist.
26 Vgl. E. Linnemann, Gleichnisse, 88; E. Schweizer, Matthäus, 256; D.O. Via, Gleichnisse, 145; H. Kahlefeld, Gleichnisse, 36.
27 Vgl. D.O. Via, Gleichnisse, 141; F. Mussner, Botschaft, 68.
28 D.O. Via, Gleichnisse, 141.
29 Vgl. G. Eichholz, Gleichnisse, 95: "In der Bildebene zeichnet sich ein, was gesagt werden soll, und eben deshalb ist die Bildebene nicht in sich selbständig".
30 Vgl. Workers, bes. 71-77.
31 Ebd., 91.
32 Vgl. G. Eichholz, Gleichnisse, 93.
33 Vgl. N. Perrin, Rediscovering, 117.
34 Vgl. J. Blinzler, Güte, 234.
35 Vgl. G. Eichholz, Gleichnisse, 95.
36 E. Schweizer, Matthäus, 256.
37 Vgl. E. Armstrong, Parables, 127; W. Barclay, Jesus, 164-166; J. Jeremias, Gleichnisse, 34; Ch. Dodd, Parables, 122.
38 Vgl. Jes 5; dazu D.O. Via, Gleichnisse, 141. A.M. Hunter, Parables, 71, schreibt mit Recht, daß Jesus kein Traktat über Ökonomie lehre, sondern Theologie treibe.
39 D.O. Via, 145.
40 Wie etwa W. Barclay, Jesus, 166, meint.
41 Vgl. G. Bornkamm, Lohngedanke, 83-84, wo durch eine fehlerhafte Allegorisierung des Gleichnisses das Gleichnis selber zum Mittel innerkirchlicher Auseinandersetzung wird.
42 Vgl. J. Jeremias, Gleichnisse, 33.138.
43 Wie wiederum J. Jeremias, ebd., 33, meint: "Die Pointe der Geschichte, das Überraschende für die Hörer ist ganz gewiß nicht: "Gleicher Lohn für alle!", sondern "So großer Lohn für die Letzten".
44 T.W. Manson, Sayings, 219.
45 Vgl. Gleichnisreden, 2, 467. Wir hatten auch gesagt, daß das Gleichnis im Matthäusevangelium die zweite Seite der Antwort Jesu darstellt, die die erste nicht aufhebt, sondern erst ergänzt.
46 E. Schweizer, Matthäus, 257.
47 Vgl. D.O. Via, Gleichnisse, 145; H. Kahlefeld, Gleichnisse, 39ff.
48 Vgl. dazu bes. E. Fuchs, Wunder; ders., Besinnung; E. Linnemann, Gleichnisse, 98; E. Schweizer, Matthäus, 257; F. Mussner, Die Botschaft, 68; A.M. Hunter, Interpreting, 53; ders., Parables, 70; Ch. Dodd, Parables, 122; J. Jeremias, Gleichnisse, 34.
49 Vgl. Mt 9,10-13/Mk 2,15-17/Lk 5,29-32.
50 Vgl. E. Linnemann, Gleichnisse, 93; J. Jeremias, Gleichnisse, 136.

51 Vgl. D.O.Via, Gleichnisse, 142.
52 Vgl. E.Biser, Gleichnisse, 93-94; A.Maillot, Paraboles, 64; E.Fuchs, Besinnung, 222; ders., Wunder, 471.
53 Vgl. J.Jeremias, Gleichnisse, 138-139.
54 Vgl. ebd.
55 Vgl. E.Linnemann, Gleichnisse, 39; N.Perrin, Rediscovering, 118; E.Fuchs, Besinnung, 222.
56 Besonders R.H.Hiers, Jesus, 38; E.Percy, Botschaft, 380, heben die die Sünder rechtfertigende Gnade Gottes hervor.
57 Vgl. H.Kahlefeld, Gleichnisse, 38-39.

Viertes Kapitel

Zwischen Chronos und Kairos

1 Vgl. Ch.Dodd, Parables, 171-174; D.O.Via, Gleichnisse, 121; J.Jeremias, Gleichnisse, 50; ders., ΛΑΜΠΑΔΕΣ 201.
2 Das Gleichnis der Zehn Jungfrauen gehört zum Sondergut des Matthäus. Bei Lukas findet man nur ein Bildwort (12,35) von dem Mt 25,1-13 eine parabolische Erweiterung darstellen könnte (vgl. F.W.Green, Matthew, 237). Die Erweiterung wäre in diesem Fall nur eine asymmetrische, denn es wird nur ein Bildfeld von Lk 12,35 in die Parabel aufgenommen und erweitert. Über die Erweiterung einer Metapher zu einem Gleichnis, vgl. zweiten Teil, 84-86.
3 Meine Hervorhebung.
4 I.Maisch, Gleichnis, 249.
5 Verzögerung.
6 Parusieverzögerung, 125-127.
7 Verzögerungsproblem, 234.
8 Geschichte, 191: "Die Erzählung (ist) eine von der Anwendung her konstruierte Allegorie. Ob ihr ein ursprüngliches Gleichnis zu Grunde liegt, ist nicht mehr zu entscheiden. Auch der Inhalt: das Ausbleiben der Parusie, verrät das Stück als spätere Bildung".
9 Gleichnisse, 134. Vgl. weiter, K.P.Donfried, Allegory, 428.
10 Matthäus, 304.
11 Gleichnisreden, 2, 557.
12 Gleichnisse, 174.
13 Vgl. auch: I.Maisch, Gleichnis, 250; H.A.Guy, Matthew, 134.
14 Gleichnisse, 120.
15 Gleichnis, 249.
16 Sayings, 243.
17 Vgl. E.Schweizer, Matthäus, 306; A.Jülicher, Gleichnisreden, 2, 555.
18 Vgl. Gleichnisse, 48.105.
19 Gleichnisse, 134.
20 J.Jeremias, ΛΑΜΠΑΔΕΣ, 117, übersetzt eben mit "Fackeln".
21 Nach A.Maillot, Paraboles, 75, wäre das ein unwahrscheinlicher Zug, weil es unmöglich war, daß sich der Bräutigam verspätet. Abgesehen von dem gegenteiligen Nachweis von J.Jeremias, Gleichnisse, 173, daß der Bräutigam oft stundenlang auf sich warten läßt, scheint die Sorge nach dem "Realismus" manchmal überzogen. Eine metaphorische Erzählung folgt nicht der Logik des realistischen Berichtes, sondern einer Sonderlogik, die anscheinend die Verspätung des Bräutigams "möglich" macht.
22 Der Zeitfaktor wird ausdrücklich von D.O.Via, Gleichnisse, 122-123, betont.
23 Dieser Zug ist dem Duktus der Erzählung gar nicht fremd. Er muß auch nicht allegorisch gedeutet werden. Die Erzählung ist in sich verständlich und einsichtig.
24 Über den Begriff "Motifem", seinen unterschiedlichen Gebrauch vom

Proppschen Begriff "Funktion" (Morphologie, 31) vgl. V.Erlich, Formalismus, 31; E.Güttgemanns, Erzählforschung, 11, Anm.49; D.Ellena, Analyse, 48.
25 F.Mussner, Botschaft, 94, vertritt die Ansicht, das sei ein unwahrscheinlicher Zug, weil es nicht üblich war, die Tür zu schließen. Nicht dieser Meinung scheint E.Schweizer zu sein, wenn er, Matthäus, 305, schreibt: "Daß die Tür geschlossen wird, ist zu erwarten".
26 Das schließen 5,11 und 5,12 nicht aus.
27 Vgl. D.O.Via, Gleichnisse, 122.
28 J.Jeremias, Gleichnisse, 49.
29 Vgl. auch Bill 1,970, der den Sinn der verschlossenen Tür durch sprichwörtliche Wendungen erklärt, wie z.B.: "Eine verpaßte Gelegenheit kehrt nicht so leicht wieder".
30 J.Jeremias, Gleichnisse, 172; vgl. Bill, 1,500-517.
31 Vgl. J.Jeremias, Gleichnisse, 171.49; W.O.Oesterley, Parables, 133.
32 Vgl. H.Kahlefeld, Gleichnisse, 1, 135.
33 Vgl. D.O.Via, Gleichnisse, 120; E.Linnemann, Gleichnisse, 130.
34 Ebd.
35 Ebd.
36 "Mt 25,1-13", 401.
37 Vgl. E.Linnemann, Gleichnisse, 133; D.O.Via, Gleichnisse, 120. Das gilt gegen K.P.Donfried, Allegory, 418.
38 Das sei gegen K.P.Donfried, Allegory, gesagt, der zwischen Allegorie und Allegorese nicht unterscheidet.
39 Vgl. E.Linnemann, Gleichnisse, 15.
40 Vgl. Gleichnis, 249.
41 Besonders F.A.Strobel (in: Verständnis, und in: Verzögerungsproblem, 234) und K.P.Donfried (Allegory) sehen das Gleichnis als ein Summarium matthäischer Theologie an. Es ist anzunehmen, daß Mt 25,1-13 gut in den Zusammenhang des Mt-Evangeliums paßt. Das schließt aber noch nicht aus, daß das Gleichnis Jesus zugeschrieben werden kann. Denn sonst sollte man behaupten, alles, was von der Theologie der Evangelisten her zu erklären ist, ist nicht jesuanisch. Was noch voraussetzen würde, daß was die Evangelisten sagen, nicht von Jesus stammt. Das wäre allerdings schwer zu begründen.
42 Vgl. H.Frankemölle, Jahwebund, 38; W.Bauer, WNT, $γάμος$; E. Schweizer, Matthäus, 305, bringt folgende Bibelstellen: Mt 8,11; 22,1-4; Lk 12,37; 14,15-24; 15,23f; 22,30; Mt 26,29; Apg 10,41. Für Schweizer ist das Festmahl "das typischste Bild für die volle Gemeinschaft mit Gott im kommenden Reich" (ebd.). Vgl. noch: E.Stauffer, $γαμέω$, $γάμος$, in ThWNT 1, 646-655, bes. 651f.
43 Ausgenommen in D O al latt sy:
44 Vgl. H.A.Guy, Matthew, 134.
45 Vgl. Mk 1,14 par.; Mt 13,44-46...
46 Mt 13,1-9. 31-32. 33....
47 Mt 13,24-30. 47-50...
48 Vgl. L.Ragaz, Gleichnisse, 192.

49 Vgl. J. Rademakers, Matthieu, Bd. 2, 313. Vgl. auch J. Blinzler, Bereitschaft; ders., Gnadenfrist, 155.
50 Gleichnisse, 124.
51 Vgl. dafür G. Eichholz, Gleichnisse, 49.
52 Gleichnisse, 49.
53 Vgl. F. Mussner, Kairos.

Fünftes Kapitel

Das Gericht Gottes
1 J. Blank, Sendung.
2 A. Jülicher, Gleichnisreden, 2, 402.
3 Vgl. J. Jeremias, Gleichnisse, 68, 72, 75.
4 Vgl. dazu F. Mussner, Winzer, 133. Gegen die Ursprünglichkeit des ThEv, aber aus textkritischen Gründen, spricht auch K. R. Snodgrass, Parable.
5 Gleichnisreden 2, 402.
6 Ebd., 406; ähnlich W. G. Kümmel, Weingärtner, 128-129.
7 Vgl. J. Drury, Sower, 372-374 ("Why not allegory?"); X. Léon-Dufour, Vignerons, 366-370; M. Hubaut, Vignerons, 51.
8 Vgl. Parables, bes. 124-129.
9 Vgl. Gleichnisse, bes. 66ff und 166f.
10 Vgl. Vinedressers.
11 Was dieses Gleichnis angeht, vgl. H. J. Klauk, Weinberg, 120-121; M. Hengel, Weingärtner, 32; E. Lohse, Gottesherrschaft, 157.
12 Vgl. A. Jülicher, Gleichnisreden, 2, 395; F. Mussner, Winzer, 129; D. Merli, Vignaioli, 97.
13 Vgl. J. Jeremias, Gleichnisse, 69-70.
14 Vgl. F. Schnider, Jesus, 163; F. Mussner, Winzer, 130; W. Trilling, Israel, 55-56. Was die Synoptische Frage angeht, vgl. J. A. T. Robinson, Husbaumen.
15 Vgl. J. Blank, Sendung, 18.
16 Vgl. F. Schnider, Jesus, 152. Außerdem: Im Unterschied zu Mk 12,8 drehen Mt und Lk die Reihe der Handlungen um: Nach Mk töten die Winzer den Sohn im Weinberg und dann werfen sie ihn hinaus. Die Umdrehung der Handlungen bei Mt und Lk spielt auf die Passion Jesu zu stark an und deshalb dürften Mt und Lk sekundär sein.
17 Mk gebraucht den Ausdruck nur noch zweimal: 1,11 und 9,7 bei der Taufe und bei der Verklärung Jesu, und beide Perikopen zeigen die Spuren der nachösterlichen Gemeindetheologie.
18 Lk hat es sehr gekürzt. Ob Lk aber ursprünglicher ist, das ist allerdings nicht sicher, denn er hätte auch die ältere markinische Fassung absichtlich kürzen können.
19 Vgl. Sendung, 13ff.
20 Vgl. Mk 6,4; Mt 13,57; 23,29-31; Lk 4,24; 11,47-48; 13,33; Jo 4,44.
21 Vgl. A. Loisy, Evangiles 2, 319; W. K. Kümmel, Weingärtner, 123; J. Blank, Sendung, 20.
22 J. Blank, Sendung, 20,26ff, 31-33, setzt sich mit F. Hahn, Hoheitstitel, 335, 343f auseinander. Er weist nach, daß der Sohntitel auch als eine existentiell gelebte Gottessohnschaft seitens Jesu verstanden werden kann, und daß er nicht eine hellenistische, sondern eine alte judenchristliche Prägung zeigt.
23 Dieser Meinung sind Ch. Dodd, Parables, 129; J. Jeremias, Gleichnisse, 70; F. Mussner, Winzer, Anm. 7, S. 132-133; B. M. F. van Jersel, Sohn, 124-145; H. J. Klauk, Weinberg, 135; M. Hubaut, Vignerons, 56.

24 Nach H.J.Klauk, ebd., 134, handelt es sich um einen untergeordneten Zug.
25 Vgl. M.Hengel, Weingärtner, 37.
26 Vertreter der Echtheit eines Grundbestandes des Gleichnisses sind die in den Anm. 24 bis 26 erwähnten Autoren und außerdem J.D.Crossan, Husbandmen, 462; D.O.Via, Gleichnisse, 119.
27 Es wird hier versucht, mit den Proppschen und Greimas'schen Kategorien, den Erzählungsablauf zu analysieren und die Isotopie der Erzählung herauszufinden. Für den Begriff "Vertrag" in der strukturalen Semantik vgl. A.Greimas, Semantik, 180-181. Eine Motifemenanalyse des Gleichnisses hat schon E.Güttgemanns, Narrative Analyse, 53-54 gemacht.
28 Mit dem Lexem "Besitzen" wird die Endsituation von den Mk 12,1 geschilderten Handlungen definiert.
29 Eine Untersuchung dieser Vertragsbedingungen im Judentum bieten J.D.M.Derret, Light; E.Bammel, Winzer; M.Hengel, Weingärtner.
30 Die Verse 10-12 werden, wegen des sicheren nachösterlichen Charakters, nicht betrachtet. Außerdem findet die Erzählung im 5,9 eine richtige Auflösung. Mk 12,10-12 nehmen den untergeordneten Zug der Sendung des Sohnes wieder auf und heben ihn hervor. Hier zeigt sich die christologische Absicht des Markus deutlich gegenüber dem Gerichtscharakter des Gleichnisses in sich.
31 Das hat Lk anscheinend eingesehen.
32 So meinen u.a. X.L.-Dufour, Vignerons, 365, 386; J.Jeremias, Gleichnisse, 74; F.Mussner, Winzer, 133; M.Hubaut, Vignerons, 57.
33 Dieser Ansicht sind u.a. M.Hengel, Weingärtner, 33. D.O.Via, Gleichnisse, 130.
34 Natürlich ist Mk 12,1a redaktionell. Vgl. D.Merli, Vignaioli, 97.
35 Vgl. Gleichnisse, 73-74.
36 Vgl. J.D.M.Derret, Vinedressers, 431.
37 Vgl. F.Mussner, Botschaft, 86: "Sie (klingt) so unwahrscheinlich, ja unglaublich... besonders was das Verhalten des Weinbergbesitzers angeht".
38 In der matthäischen Fassung sind es eben die Hörer selber, die das Urteil fällen.
39 Ch.Dodd, Parables, 129, meint, das sollte nicht merkwürdig erscheinen, weil das auf Grund der Regel-de-tri der Volksmärchen naheliegend sei. Aber warum sollte Jesus einer solchen Regel folgen? Oder sagt gerade nicht die Anwendung dieser Regel, daß hier nicht die alltägliche Wirklichkeit beschrieben wird, sondern etwas anders bezweckt wird? Die Thomas-Fassung z.B. folgt nicht dieser Regel.
40 Es stimmt, daß sie sich das Erbe hätten aneignen können, wenn das Erbgut herrenlos geworden wäre (vgl. J.Jeremias, Gleichnisse, 73). Aber das Gleichnis legt nicht nahe, daß der Besitzer gestorben ist. Das Gleichnis weiß nichts davon (vgl. 5,9).
41 Was im Mk-Text nur in der Tiefenstruktur des Textes einzusehen ist, kommt bei Mt auch auf der Textoberfläche vor: "Er wird den Weinberg

anderen Winzern geben, die ihm zur rechten Zeit die Früchte geben" (21,41b). Nach D.Merli, Vignaioli, 100, ist die Intention des Gleichnisses: "dimostrare la legittimità della consegna della vigna agli altri".

42 Das wenigstens nach der Mk- und Lk-Fassung. Die Mt-Fassung ähnelt auch in dieser Hinsicht noch mehr der Nathansparabel: die Hörer fällen selber das Urteil. Später wird aber auch gesagt, daß sie beim Hören (ἀκούσαντες) wußten, daß es um sie ging (21,45).
43 Vgl. J.Blank, Sendung, 16.
44 Vgl. F.Schnider, Jesus, 130, 154, 162.
45 Auch D.O.Via, Gleichnisse, 130, gibt zu, daß dieses Gleichnis eine geringere ästhetische Autonomie besitzt. Aber das Gleichnis als Gleichnis ist schon die Einheit von Bildspender- und Bildempfängergeschichte. Deshalb darf die Bildspendergeschichte nicht isoliert werden, wie Via tut. In diesem Fall kommt die Abhängigkeit der Bildspendergeschichte stärker zum Ausdruck. Darunter leidet auch die theologische und existentiale Interpretation des Gleichnisses bei Via.

Zweiter Abschnitt

Der Sämann ging aus zu sähen
1 Gleichnisreden 1, bes. 118-148.
2 Einige Ausleger meinen, Matthäus würde die Verstockungstheorie der Parabeln nicht mildern, er vertrete dieselbe Ansicht wie Markus (so D.O. Via, Gleichnisse, 20; ders., Matthew; W. Wilkens, Redaktion, 312). Die meisten aber meinen, Matthäus würde das ἵνα durch ὅτι abschwächen: Vgl. J. Dupont, Chapitre, 813; L. Fonk, Parabeln, 32; J. Gnilka, Verstockung, 97.
3 Vgl. u.a. R. Bultmann, Geschichte, EH, 76.
4 Von einem Situationswechsel spricht z.B. J. Jeremias, Gleichnisse, 9-10. W. Marxen, Parabeltheorie, 271, sagt dagegen, es handele sich nicht um einen Situationswechsel, sondern um eine "sachliche Angabe": "Für Markus handelt es sich da nicht um eine lokale, sondern um eine sachliche Angabe, die innerhalb dieser Einheit steht". Man kann aber auch von einem Situationswechsel sprechen, wenn man nicht damit behauptet, die Angabe wolle die tatsächlichen Ereignisse "berichten". Die Angabe des Situationswechsels hat in dem Kontext eine semantische, sinnerzeugende Relevanz.
5 Vgl. u.a. J. Dupont, Chapitre; ders., Semeur; J.D. Kingsbury, Parables; P. Courthial, Semeur; Ch. Masson, Paraboles; E. Schweizer, Marc; W. Wilkens, Redaktion; H. Räisänen, Parabeltheorie.
6 So besonders A. Jülicher und J. Jeremias.
7 Dieses Vorurteil, das von A. Jülicher stammt, hat sich weithin durchgesetzt.
8 So auch von J. Jeremias, Gleichnisse, 149 und 75-77. Dagegen haben nicht wenige geschrieben, u.a. B. Gerhardsson, Sower, 186; R.E. Brown, Parable, 40ff.
A. Jülicher, Gleichnisreden 2, 535-536, meint aber, es könnte durchaus sein, daß die Deutung von Jesus stammt, die Parabel werde aber dadurch nicht zu einer Allegorie, denn nicht alle Einzelzüge werden gedeutet.
9 So J. Jeremias, Gleichnisse, 149.
10 Vgl. J. Schniewind, Markus, 75.
11 So J. Gnilka, Verstockung, 80; M. Dibelius, Formgeschichte, 230; F.C. Grant, New Book, 119, schreibt; "This theory, so appropriate to Mark's Verstockungstheorie (...) but so inappropriate to Jesus' parables, must - as almost all modern exegetes now recognize - be discarted or ignored".
12 Vgl. J. Jeremias, Gleichnisse, 9ff; A. Baird, Approach; S. Brown, Secret; W. Manson, Mk 4,10ff; J. Gnilka, Verstockung, 45ff.
13 So J. Jeremias, Gleichnisse, 14; J. Gnilka, Verstockung, 45; K.H. Schelkle, Zweck.
14 J. Jeremias, Gleichnisse, 9; M. Dibelius, Formgeschichte, 229.
15 Parabeltheorie, 258-259.
16 Parabeltheorie, 110-111.
17 Sower.
18 Sower.

19 Parable.
20 Sower.
21 Vgl. W. Marxen, Parabeltheorie, 257; N. Perrin, Evangelist.
22 Vgl. A. Jülicher, Gleichnisreden 1, 146.
23 Vgl. Essai, 51.
24 Diese strukturale Unsicherheit wird auch von der herkömmlichen Auslegern gespürt. Die Parabel wird nämlich auch verschieden betitelt: "Parabel des Sämanns" ist der traditionelle Titel; dagegen zieht Jülicher (a.a.O., 2,514) den Titel "Vom vielerlei Acker" vor, und Ch. Dietzfelbinger betitelt das Gleichnis "Vom ausgestreuten Samen", weil, seiner Meinung nach, der Same das Subjekt ist (vgl. ders., Gleichnis, 82).
25 Matthäus 13,1 drückt es auch lexematisch aus: ἐξελθών.
26 Parabolisch in dem Fall des Samens, der auf den Weg fällt; in der Deutung wird auch gesagt: es gibt Leute, die das Wort hören, aber nicht annehmen.
27 Vgl. 3,2.6.21.22.30; 6,4-5; 7,1ff, um nur einige Stellen zu erwähnen.
28 Der Ausdruck ist M. Dibelius, Formgeschichte, 248 entnommen.
29 In Lk 11,33ff wird das kleine Gleichnis wieder aufgenommen, wobei der Ausdruck κρύπτω gleich auf die Lampe angewandt wird. Das kann ein Beweis dafür sein, daß es in Mk 4,22 um eine metonymische Erklärung des Gleichnisses geht.
30 Das sagt das Lexem "Geheimnis" selber aus. Ein interessanter Artikel dafür ist: J. Roquette, Das Verborgene.
31 Nach Jeremias, Gleichnisse, 90, wurde dieses Bildwort von Markus in das Gleichniskapitel eingefügt. Das besagt nur aber, daß nach Markus dieses Bildwort eine bestimmte Funktion im Gleichniskapitel hat.
32 Vgl. Lk 8,18; "Seht, wie ihr hört".
33 Der Modus des Verbes ist absichtlich verändert worden, um den Appellcharakter zu unterstreichen.
34 Gegen J. Jeremias, der, Gleichnisse, 8, schreibt: "Was dem Abendländer als Ungeschick erscheint, erweist sich für palästinische Verhältnisse als Regeln".
35 Vgl. Sower, 303-305.
36 Vgl. Parable, 42-43.
37 Vgl. B. Gerhardsson, Sower; P. Courthial, Semeur.
38 Vgl. Gleichnisse, 75-76.
39 Vgl. D.O. Via, Gleichnisse, 20; ders., Matthew.
40 A.J. Baird, Approach, analysiert 63 Gleichnisse der drei Synoptiker. Die Ergebnisse lauten folgenderweise: 28 Gleichnisse werden den Jüngern allein oder den Jüngern und dem Volk im allgemeinen gedeutet; den Gegnern allein oder den Gegnern und den Hörern im allgemeinen werden nur 13 Gleichnisse gedeutet. Ungedeutet bleiben dagegen für die Jünger und die Hörer im allgemeinen 7 Gleichnisse, für die Gegner und die anderen Hörer dagegen 15. Seine Konklusion lautet, daß Markus den tatsächlichen Gebrauch der Parabeln seitens Jesu wiedergibt. Diese Konklusion wird auch von F.E. Eakin, Obduracy, 104-105 so formu-

liert: "A study such as Baird's raises the possibility that Jesus did indeed give explanations of the parables to disciples more readily than to non disciples". Das soll aber nicht voraussetzen, daß Jesus die Parabeln als Parabeln zur Verstockung des Volkes erzählt hat.
Denn Markus geht es hier primär nicht um die Parabeln, sondern um Jesus: "To say that according to Mark the aim of Jesus in teaching in parables is to veil and obscure the mystery comes in flat contradiction with the whole Gospel and with the uncontestable clarity of most of Jesus' teaching" (B. Englezakis, Parable, 357).

41 Vgl. Ch. Masson, Paraboles, 23; J. Jeremias, Gleichnisse, 10. Es ist klar, daß auch bei Markus ein Gegensatz zwischen jenen, die mit Jesus sind und jenen, die draußen bleiben zu finden ist. Dieser Gegensatz ist aber nicht zwischen den Zwölf und dem Volk, sondern zwischen einer größeren Schar von Jüngern und den anderen. C. F. D. Moule unterstreicht andererseits zu viel die Bedeutung von οἱ περί (vgl. Once More, 98). Vgl. die berechtigte Kritik von J. W. Bowker, Mystery, 309.

42 Das ist auch der normale Gebrauch von ἵνα und μήποτε obwohl, wie W. Bauer, WNT (vgl. Stichwort) 744-748, bezeugt, ἵνα eine starke Wandlung im Gebrauch erfahren hat.

43 Vgl. u.a. Ch. Masson, Paraboles; J. Jeremias, Gleichnisse, 9ff.

44 Vgl. u.a. P. Lampe, Deutung, 140; W. Marxsen, Parabeltheorie, 271; G. Haufe, Erwägungen, 421.

45 Daß diese Übersetzungen schwach belegt werden können, zeigen J. Gnilka, Verstockung, 45-47; W. Bauer, WNT, 744-747; Blass-Debrunner, Grammatik, 369, 2.

46 Vgl. W. Marxsen, Parabeltheorie, 269; J. Jeremias, Gleichnisse, 13. Es scheint aber, daß diese Behauptung den finalen Sinn des Verses nicht im geringsten abschwächt. Das würde nur besagen, daß die Verstockung eine Tat Gottes ist.

47 W. Marxsen, Parabeltheorie, 269.

48 J. Jeremias, Gleichnisse, 13; F. Filas, Understanding, 7.

49 Vgl. J. Jeremias, Gleichnisse, 9ff; M. Black, Approach, 70ff und 212-217; T. W. Manson, Teaching, 76-77.

50 Vgl. P. Lampe, Deutung, 141-145.

51 Matthäus gebraucht konsequenterweise οὐκ und läßt die zweite Hälfte des Verses ausfallen.

52 Matthäus gebraucht wiederum konsequent das Verb im Indikativ.

53 Vgl. V. Bauer, WNT, 744; Blass-Debrunner, Grammatik, 369,1. Vgl. ferner H. Räisänen, Parabeltheorie, 11-16.

54 So J. Jeremias, Gleichnisse, 14; J. Gnilka, Verstockung, 45; G. Haufe, Erwägungen, 415.

55 So scheint besonders G. Haufe, Erwägungen, 415 und 421 zu denken.

56 Daß Markus dieses Logion in Verbindung mit den Parabeln bringt, besagt nämlich, daß nach der Meinung des Markus das Logion, wenn auch auf einer untergeordneten Ebene, etwas über die Parabeln aussagen kann. H. Räisänen will den Versen 4,11-12 keine große Bedeutung beimessen, mit dem Argument, daß die Verse nicht Markus gehören und

innerhalb des Markusevangeliums isoliert sind und nicht die Theologie des Markus, sondern der Vorlage zum Ausdruck bringen (Parabeltheorie, 46).

Sein Ergebnis, die Theologie, die im übrigen Markusevangelium vertreten wird, steht im Gegensatz zu der strengen Parabeltheorie von 4,11-12, scheint durchaus überzeugend. Es entsteht allerdings das Problem der Aufnahme von 11-12 in das Markusevangelium. Räisänen möchte die Ansicht von Jeremias, Markus wäre mechanisch und gedankenlos verfahren, nicht teilen (ebd., 23,46). Allerdings scheinen seine "psychologischen" Gründe nicht besser zu sein: Diese Verse seien als ein Herrenwort auf ihn gekommen, das als solches natürlich mit Pietät behandelt werden mußte (ebd., 122).

Man fragt sich, warum Matthäus und Lukas das Herrenwort doch in etwa gemildert haben, Markus dagegen nicht.

Es bleibt also die Frage: Warum hat Markus das Logion aufgenommen und es in der strengsten Form behalten, anders als die anderen Synoptiker?

57 Aus traditionsgeschichtlichen Gründen versucht H.Räisänen 4,11-12, zu isolieren. Man sollte nach seiner Meinung, um die Parabeltheorie des Markus zu eruieren, nicht 4,11-12 betrachten, sondern die Verse, die sicher Markus gehören, d.h. 4,1-2.3a.10b.13b.21-25. Die These ist berechtigt. Doch gerade V.10b, den Räisänen Markus zuschreibt (Parabeltheorie, 111), bekräftigt die These, daß 4,11-12 auch von Markus als Metatext verstanden werden. Denn die Jünger fragen nicht τὴν παραβολήν, wie es nach seiner Meinung in der Vorlage der Fall war (ebd., 69), sondern τὰς παραβολάς . Die bewußte Änderung seitens des Markus kann gerade die Absicht des Evangelisten zum Ausdruck bringen: er mißt dem ursprünglich unabhängigen bzw. vorliegenden Logion die Funktion eines Metatextes bei.

58 J.Jeremias, Gleichnisse, 13, übersetzt: "ist alles rätselvoll" und diese Übersetzung wird später von W.Marxsen, Parabeltheorie, 256 übernommen.

59 Das ist gegen E.Güttgemanns hervorzuheben, der (Narrative Analyse, 71-72) die Basileia eher als eine "menschliche Aufgabe" sieht. Der "Empfang eines Werts durch einen Donator" ist nicht "Folge" der "Bewährung" dieser menschlichen Aufgabe, sondern erfolgt, bevor der Mensch zu handeln beginnt: so wie der Sämann den Samen schenkt, so schenkt Gott durch Jesus die Basileia.

60 Das Schrift-Zitat aus Jesaja will gerade das zum Ausdruck bringen, daß was geschieht, Gottes Wille ist!

61 Vgl. J.Gnilka, Verstockung, 30.

62 7,14. W.Marxsen, Parabeltheorie, 259ff, macht einen glänzenden Vergleich zwischen Mk 4 und 7, übersieht aber die Relevanz, die 7,14 hat in Bezug auf die markinische Auffassung der Parabeln. Nicht so H.Räisänen, Parabeltheorie, 30.

63 Vgl. Parabeltheorie, 27-33.

64 Vgl. dazu den Aufsatz von J.W.Bowker, Mystery, bes. 301f.

65 Vgl. dazu: F.Schnider- W.Stenger, Synoptiker, 115-133.
66 Vgl. folgende Stellen:
   Für die Gegner: Mk 2,6-3.5; 3,22-30; 8,11.
   Für das Volk: Mk 6,5; 9,17ff.
   Für die Jünger: Mk 4,13.40; 6,51; 7,18; 8,17-18; 16,14.
67 Vgl. P.Ricoeur, Conflit, 64-79.
68 Wie die Theorie der Metapher als "ornamentum" verlangt.
69 F.Kafka, Von den Gleichnissen, in: Sämtliche Erzählungen, 359.
70 Vgl. O.Barfield, Saving, 174-180.
71 Vgl. dazu J.Jeremias, Gleichnisse, 12; W.Wilkens, Redaktion, 310.
72 Die Rolle der Bereitschaft der Hörer zum Verstehen haben die meisten Ausleger hervorgehoben. Vgl. u.a. auch Ch.Mellon, Parabole; J.Dupont, Semeur; J.W.Pryor, Theology; K.Haaker, Erwägungen. P.E. Eakin, Obduracy, 105, schreibt: "Each person reacts, and as the parable of the sower (Mark 4:1-9, 13-20) illustrates, that reaction is already judgment ... Jesus parables ... confront man with the ultimate choice in life - reaction to God and the establishment of his Kingdom".
Aber die Frage des Markus geht tiefer: Warum reagieren die meisten negativ?

Vierter Teil

1 Gleichnisreden 1, 149-150.
2 Gleichnisse, 9.
3 Der Ausdruck "implizite" bzw. "indirekte" Christologie ist in der Parabelauslegung schon bekannt. Vgl. u.a. D.O.Via, Gleichnisse, 190; A.M.Hunter, Parables, 25.
4 Vgl. E.Linnemann, Gleichnisse, 42.
5 Vgl. R.Schnackenburg, Bedeutung; L.E.Keck, Future.
6 Vgl. M.Bouttier, Paraboles.
7 Diese Frage bejahen E.Linnemann, Gleichnisse, 49, Anm.31; H.Frankemölle, Jesus, 205; J.Blank, Marginalien, 59-60.
8 Vgl. Gleichnisreden 1, 1ff.
9 Er mußte aber selber feststellen: "Allerdings reichen sämtliche Gleichnisreden zusammengenommen nicht aus, um damit ein System der Lehre Jesu zu erbauen". Gleichnisreden 1, 152.
10 Mystik, 147.
11 Vgl. Paulus, 136.
12 Vgl. A.Wilder, Eschatology, 25.
13 Vgl. H.Frankemölle, Jesus, 189.
14 Vgl. Gleichnisse, 29-31.
15 Vgl. ebd., 191.
16 Vgl. ebd., 194.
17 Vgl. ebd., 190.
18 Vgl. ebd., 182. 191.
19 E.Güttgemanns, Bemerkungen, 95.
20 Vgl. F.Mussner, Die Botschaft, 12.
21 Vgl. A.Wilder, Rhetoric, 80; M.H.Scharlemann, Proclaiming, 13.
22 Parables, 82.
23 Vgl. dazu F.Mussner, Gleichnisauslegung, 262.264.
24 Gleichnisauslegung, 139.
25 Vgl. Gegenwart, 284.
26 Vgl. F.Mussner, Gleichnisauslegung, 262.
27 Vgl. ebd., 264.
28 E.Fuchs macht wiederholt darauf aufmerksam, daß das Gleichnis vom verlorenen Sohn primär auf Jesus und sein Verhalten andeutet und indirekt auf Gott. Vgl. Frage, 154-155; Fest, 406-407; Zeitverständnis, 369-372.
29 Vgl. F.Mussner, Kairos, 604.
30 Vgl. Gleichnisse, 125.
31 Vgl. F.Mussner, Krise, 242.
32 Vgl. Ch.Dietzfelbinger, Gleichnis, 91-92.
33 Vgl. Frage, 154-156; Besinnung, 222-224; Zeitverständnis; Das Neue Testament; Fest, bes. 406-407; Wunder; Jesus, bes. 24 und 94. Vgl. ferner J.Blank, Marginalien, 58; D.O.Via, Gleichnisse, 191; H.Frankemölle, Jesus; K.-P.Jörns, Gleichnisverkündigung, 161.

34 Vgl. J. Jeremias, Gleichnisse, 227.
35 Vgl. E. Jüngel, Paulus, 136.
36 Vgl. E. Linnemann, Gleichnisse, 49, Anm. 31.
37 Vgl. Überlegungen, 49.
38 Vgl. Gleichnisse, 49, Anm. 31.
39 Vgl. u. a. R. Bultmann, Geschichte, 261-270; O. Cullmann, Tauflehre; W. Marxsen, Vorträge; G. Schille, Tauflehre. Ein wichtiges Buch für die Besprechung der vier obengenannten Ansätze ist W. Feneberg, Markusprolog. Vgl. ferner A. Vögtle, Taufperikope; R. Pesch, Anfang; F. Lentzen-Deis, Taufe.
40 Tauflehre, 6.
41 Anfang, 114-115.
42 Ebd., 116.
43 Markusprolog, 195-200.
44 Ebd., 39-40.
45 Ebd., 39. 198.
46 R. Pesch, Anfang, 124.
47 Vgl. Taufe, 100-105.
48 Ebd., 105.
49 Vgl. Ebd., 106.
50 Dieser Meinung sind R. Bultmann, Geschichte, 264; R. Pesch, Anfang, 125; F. Lentzen-Deis, Taufe, 41. 48-49. Es scheint, daß diese Meinung die besseren Argumente hat: Grammatisch ist 1,9 Jesus als Subjekt genannt und Johannes wird nur in einem Nebensatz erwähnt. So scheint es naheliegend, daß Jesus auch in 1,10 Subjekt ist. Der charakteristisch markinische Satzbau (Verb-Subjekt) ist auch hier vorhanden (vgl. M. Zerwick, Untersuchungen, 75).
Die Bestimmung der Erzählung als "Vision" ist ein anderes Argument dafür: Subjekt der Vision ist jeweils der Protagonist, nicht die Zweitfigur.
Die einzige grammatische Schwierigkeit ist, daß wir 1,10 εἰς αὐτόν haben und nicht εἰς ἑαυτόν . Die Schwierigkeit kann aber entfallen, weil es sich dabei um eine indirekte Rede handelt.
51 So auch R. Bultmann, Geschichte, 263.
52 Ebd.
53 Taufe, 249.
54 W. Feneberg, Markusprolog, 198.
55 Vgl. Mk 4,40; 9,19; 8,33; 6,52; Mt 16,11-12. 23; Joh. 2,22; 14,8-9.
56 Ähnlich Mk 1,22 und Lk 4,32. Das Wolk staunt nicht über die Neuheit der Lehre, sondern über ihn selber, "denn sein Reden geschah in Vollmacht" (Lk 4,32).
57 θαυμάζειν wird in diesem Sinnzusammenhang in Mt 8,27; 9,33; 15,31; 21,20; 22,22; Mk 5,20; Lk 4,22, 8,25; 9,43; 11,14. 38; 20,26; Jo 7,15 verwendet.
58 F. Mussner, Sohneschristologie, 4-5, bespricht ausführlich die literarischen Besonderheiten und die Relevanz der Frage innerhalb der Evangelien und für jeden Versuch, eine neutestamentliche Christolo-

gie zu rekonstruieren. Das ist eigentlich die "Grundfrage, von der die Christologie bis heute lebt" (S. 4). Vgl. ders., Homologese.
59 Hermeneutik, 131.
60 Vgl. R.W.Funk, Language, 26; A.M.Hunter, Parables, 29-31; E. Linnemann, Gleichnisse, 38.
61 E.Jüngel, Paulus, 135.
62 E.Linnemann, Gleichnisse, 49, Anm.31. Hervorhebung des V.
63 Vgl. Jesus, 43.
64 Vgl. Marginalien, 59.
65 Gleichnisverkündigung, 160.
66 Gleichnisse, 43.
67 Vgl. R.Schnackenburg, Herrschaft, 23ff; 38ff.
68 Vgl. ebd., 32ff.
69 Vgl. J.Blank, Marginalien, 58.
70 Vgl. dazu K.-P.Jörns, Gleichnisverkündigung, 160; G.V.Jones, Art, 69.
71 Vgl. dazu D.O.Via, Gleichnisse, 68.104.
72 Vgl. L.E.Keck, Future, 244: "We must say that while God is not a named actor in the stories, they are nonetheless a form of God-talk, because they point to features of God's Kingdom and is impingement upon the present. That is what they are about".
73 Vgl. D.O.Via, Gleichnisse, 60ff: "Die Gleichnisse und der letzte Gegenstand der theologischen Rede".
74 Vgl. Bilderbuch, 9.
75 Christ sein, 299. Ein Auszug von dem Buch ist in Theologie der Gegenwart erschienen. Vgl. H.Küng, Jesus.
76 Vgl. Paternité, bes. 232-246.
77 Jes 63,16; 64,7; 1,2ss; 45,10f. Her 3,14.19; 31,20; Hos 11,3-4.8-9; Mal 2,17.
78 Ps 27,10; 103,13; 2,7; 89,27f.
79 Spr 3,12; Weish 2,13-18; 5-5.
80 Vgl. E.Fuchs, Zeitverständnis, 369.
81 H.Küng, Christ sein, 304.
82 Vgl. J.D.Crossan, Parables, 13; ders., Seed Parables, 265; "Parables are the primary and immediate expression of his own experience of God. They are the ontologico-poetic articulation of the Kingdom's inbreaking upon himself".
83 Vgl. D.O.Via, Gleichnisse, 194.
84 Vgl. T.W.Manson, Teaching, 73: "The true parable is not an illustration to help one through a theological discussion; it is rather a mode of religious experience. It belongs to the same order of things as altar and sacrifice, prayer, the prophetic vision, and the like".
85 Vgl. F.Lentzen-Deis, Glaube, 152.
86 Ebd., 154.
87 Vgl. J.Jeremias, Abba; ders., Theologie, 1, 62-73, ders., Kennzeichen, 86-89; H.Küng, Christ sein, 304-308.
88 Vgl. K.-P.Jörns, Gleichnisverkündigung, 161.

89 E. Fuchs, Frage, 154.
90 Ebd.
91 Vgl. P. Ricoeur, Paternité, 242: "Freud, en effet, a eu raison de dire que Jésus 'en prenant sur lui la faute est devenu Dieu lui même à côté du père et s'est ainsi mis à sa place'; mais si le Christ est ici le serviteur souffrant, ne révèle-t-il pas, en prenant la place du père, une dimension même du père à laquelle appartiendrait originairement la mort par miséricorde? En ce sens <u>on pourrait véritablement parler de la mort de Dieu comme la mort du père</u>" (meine Hervorhebung).
92 Vgl. K.-P. Jörns, Gleichnisverkündigung, 163.
93 Vgl. F. Mussner, Sohneschristologie, 13ff.
94 Dem Unverständnis der Jünger vor Ostern, das nicht nur Markus, sondern auch den anderen Evangelisten bekannt ist, wird ihr "verstehen" nach Ostern gegenübergestellt: Vgl. Jo 2,21-22.
95 Vgl. Mt 28,9.17; Lk 24,31; Jo 20,16.28; 21,27.
96 Vgl. Mt 28,17; Mk 16,11-13.14; Lk 24,11.
97 Die folgenden Überlegungen gelten nur auf der Ebene der neutestamentlichen Redaktion. Das Zeugnis des NT wird auf die Theorie der disclosure übertragen. Deshalb wollen diese Überlegungen nichts über die historischen Ereignisse sagen. Das "Wie" und "Wenn" wird nicht beachtet, sondern es wird lediglich referiert, was das NT über die Entstehung der disclosure über Jesus erzählt.
98 Language, 19.
99 Words, 211.
100 Ebd., 206, (meine Hervorhebung).
101 Vgl. F. Mussner, Sohneschristologie, 13.
102 F. Mussner, Sohneschristologie, 15.
103 F. Mussner, ebd., 10.
104 Vgl. I. T. Ramsey, Language, 139.
105 Vgl. F. Schnider, Jesus.
106 U. Mauser, Gottesbild, 42.
107 Vgl. J. D. Crossan, Parables, 14: "Jesus proclaimed God in parables but the primitive Church proclaimed Jesus as the parable of God"; L. E. Keck, Future, 244: "Jesus concentrated in parabolic speech because he himself was a parabolic event of the Kingdom of God".
108 D. G. James, Metaphor, 100.
109 Vgl. Wellek-Warren, Theorie, 201-202, Anm. 12; Ph. Wheelwright, Semantics, 7; ders., Metaphor, 92-93; E. Kahler, Symbol, 70.
110 Vgl. S. K. Langer, Philosophie, 39: "Sie (die Zeichen) helfen uns..., eine Haltung gegenüber Gegenständen in absentia einzunehmen, welche als "denken an" oder "sich beziehen auf" bezeichnet wird. In dieser Eigenschaft gebrauchte Zeichen sind nicht <u>Symptome</u>, sondern <u>Symbole</u>".
111 Ph. Wheelwright, Burning, 6.
112 Vgl. Jo 14,9; 17,5.24; 2 Kor 3,18-4,4; Kol 1,15.
113 Vgl. bes. die Werke von Jülicher, Dodd und Jeremias.

114 Vgl. E. Linnemann, Gleichnisse, 49-51.
115 Vgl. J. Jeremias, Gleichnisse, 166.
116 Ebd., 160. Vgl. ferner 166.
117 Vgl. D. O. Via, Complement, 33.
118 Vgl. ebd., 36.
119 Vgl. K.-P. Jörns, Gleichnisverkündigung, 167-168.

Anhang

1 Vgl. W.Barclay, Jesus, 12.
2 Teaching, 74.
3 Vgl. Conflit, 265-269; Finitude 1 und 2, bes. 2,51-98.
4 De trinitate, 5,9.
5 Vgl. J.Blank, Marginalien, 53.
6 Mystik, 143.
7 Vgl. ebd., 156-157.
8 Vgl. ebd., 144; ferner K.-P.Jörns, Gleichnisverkündigung, 176.
9 In Models for Divine Activity versucht Ramsey, sämtliche disclosure-Modelle zur Aussage und disclosure der "Activity" Gottes zu bringen. Dadurch werden zwar die besprochenen Modelle verständlicher, aber es bleibt noch eine letzte Frage: Wie soll man die "God's activity" verstehen, wenn nicht auch metaphorisch? Wie könnte man nun den Ausdruck "God's activity" in eine beschreibende Sprache "übersetzen"?
10 Vgl. E.Grassi, Problème, 378; P.Tillich, Symbol, 77-99; R.W.Hepburn, Demitologyzing, 239; ders., Vision; ders., Poetry; A.R.Gualtieri, Truth, 153; I.M.Crombie, Possibility; ders., Falsification; W. de Pater, Reden, 56ff; T.R.Miles, Outlook, 161ff; R.B.Braithwaite, View; Wellek-Warren, Theorie, 212.
11 Diese Ansicht vertritt z.B. A.MacIntyre, Status.
12 Vgl. Language.
13 Vgl. Finitude, 2,323-332.
14 Vgl. dazu F.Mussner, Entmythologisierung.
15 B.Hebblethwaite, Models, behauptet, Ramsey sei nicht ganz gelungen, sich dem Vorwurf von Feuerbach zu entziehen. Aber gerade die Theorie von Ramsey gibt die Möglichkeit, zwischen "Gott" und Gott zu unterscheiden.
16 Vgl. dazu H.Weinrich, Theologie; J.B.Metz, Apologie; ders., Erlösung, 180-184; G.Lohfink, Erzählung.
17 Vgl. Erzählung, 526-532.
18 H.Weinrich, Theologie, 330.

ABKÜRZUNGSVERZEICHNIS
für Zeitschriften, Lexika und Sammelbände

ABg	Archiv für Begriffsgeschichte
ALTh	E. Castelli (Hrsg.), Analyse
AnglTR	Anglican Theologica Review
AssembS	Assemblée du Seigneur
Bib	Biblica
BibO	Bibbia e Oriente
BiLe	Bibel und Leben
Bill	Strack/Billerbeck, Kommentar
BiLi	Bibel und Liturgie
BiR	Biblical Research
BJRL	Bulletin of the John Rylands Library of Manchester
BZ	Biblische Zeitschrift
CanJT	Canadian Journal of Theology
CBQ	The Catholic Biblical Quarterly
ChECPh	I. T. Ramsey (Hrsg.), Ethics
CQ	Church Quarterly
CQR	Church Quarterly Review
DLTh	E. Castelli (Hrsg.), Débats
DVJ	Deutsche Vierteljahrsschrift für Literaturwissenschaft und Geistesgeschichte
EC	Essais in Criticism
EstE	Estudios Eclesiasticos
ET	The Expository Times
ETL	Ephemerides Theologicae Lovanienses
ETR	Études Théologiques et Religieuses
EvT	Evangelische Theologie

FL	Foundations of Language
FoL	Folia Linguistica
FranzS	Franziskanische Studien
HarvTR	The Harvard Theological Review
HJ	The Hibbert Journal
Interpr	Interpretation
JBL	Journal of Biblical Literature
JJS	The Journal of Jewish Studies
JPhR	The International Journal for Philosophy of Religion
JRel	The Journal of Religion
JTS	The Journal of Theological Studies
LingBibl	Linguistica Biblica
LTP	Laval Théologique et Philosophique
NEPhTh	Flew/MacIntyre (Hrsg.), Essays
NR	Die Neue Rundschau
NRT	Nouvelle Revue Théologique
NT	Novum Testamentum
NTS	New Testament Studies
PhQ	Philosophical Quarterly
PR	The Philosophical Review
PRel	B. Mitchell (Hrsg.), Philosophy

RGG	Die Religion in Geschichte und Gegenwart
RHS	Religionsunterricht an Höheren Schulen
RIDA	Revue International des Droits de l'Antiquité
RS	Religious Studies
RSR	Recherches de Science Religieuse
RTL	Revue Théologique de Louvain
ScEcl	Sciences Eclésiastiques
ScotJT	Scottish Journal of Theology
SG	Studium Generale
SrS	D. M. High (Hrsg.), Sprachanalyse
ST	Studia Theologica
StZ	Stimmen der Zeit
SWJT	Southwestern Journal of Theology
TDig	Theologischer Digest
TGl	Theologie und Glaube
ThG	Theologie der Gegenwart
ThWNT	Kittel, Wörterbuch
TLZ	Theologische Literaturzeitung
TZ	Theologische Zeitschrift
VigChr	Vigiliae Christianae
WNT	W. Bauer, Wörterbuch
ZAW	Zeitschrift für die Alttestamentliche Wissenschaft
ZGPh	Zeitschrift für Germanistische Philologie
ZNW	Zeitschrift für die Neutestamentliche Wissenschaft
ZTK	Zeitschrift für Theologie und Kirche

LITERATURVERZEICHNIS

Quellen

Aland, K., Synopsis Quattour Evangeliorum, Stuttgart ^{8}1973

Aland, K., - Black, M. - Metzger, B.M. - Wikgren, A., The Greek New Testament, London 1966

Aland, K., - Nestle, E., Novum Testamentum Graece, London ^{25}1971

Guillaumont, A. - Puech, Ch. - Quispel, G. et al., The Gospel According to Thomas, (Dt. Evangelium nach Thomas), Leiden-London 1959

Hennecke, E. - Schneemelcher, W., Neutestamentliche Apokryphen, 1- Evangelien, Tübingen ^{3}1959

Leitpold, J. - Schenke, Koptisch-gnostische Schriften aus dem Papyrus-Codices von Nag-Hammadi, Hamburg-Berstedt 1960

Merk, A., Novum Testamentum Graece et Latine, Rom 1964

Hilfsmittel

Bauer, W., Griechisch-deutsches Wörterbuch zu den Schriften des Neuen Testaments und der übrigen urchristlichen Literatur, Berlin ^{5}1971

Blass, F. - Debrunner, A., Grammatik des neutestamentlichen Griechisch, Göttingen ^{12}1965

La Magna, G. - Annaratone, A., Vocabolario Greco-Italiano, Milano ^{2}1960

Léon-Defour, X., Dizionario di teologia biblica, Torino ^{3}1965

Liddel, H.G. - Scott, R., A Greek-English Lexicon, Oxford ^{9}1940

Morgenthaler, R., Statistik des neutestamentlichen Wortschatzes, Zürich 1958

Pape, W. - Sengebusch, M. - Benseler, G. E., Griechisch-deutsches Handwörterbuch, 3 Bde, Braunschweig ^{3}1914, Graz 1954

Moulton, W.F. - Geden, A.S., A Concordance to the Greek Testament, Edinburgh ^{4}1974 repr.

Zerwick, M., Graecitas biblica exemplis illustratur, Rom ^{4}1960

Sekundärliteratur

Allemann, B., Aufriß des ironischen Spielraums, in: H.E.Hass - G.A. Mohrlüder (Hrsg.), Ironie als literarisches Phänomen, Köln 1973, 39-46
ders., Ironie als literarisches Prinzip, in: A.Schaefer (Hrsg.), Ironie und Dichtung, München 1970, 11-37
ders., Metaphor and Antimetaphor, in: S.R.Hopper - D.L.Miller (Hrsg.), Interpretation: The poetry of Meaning, New York 1967, 103-123

Anderegg, J., Fiktion und Kommunikation. Ein Beitrag zur Theorie der Prosa, Göttingen 1973

Antiseri, D., Dopo Wittgenstein. Dove va la filosofia analitica (Itinerari critici 6), Roma 1967
ders., Epistemologia contemporanea e filosofie presocratiche (Studi e Ricerche 3), Roma 1972
ders., Filosofia analitica e semantica dal linguaggio religioso, Brescia ^{2}1970
ders., La filosofia del linguaggio. Metodi, problemi e teorie, Brescia 1973

Aristoteles, Poetik
ders., Rhetorik

Armstrong, E.A., The Gospel Parables, London 1967

Austin, J.L., How to do Things with Words, Cambridge (Mass.) 1962
ders., Philosophical Papers, Oxford 1961, repr. 1966

Ayer, A.J., The Problem of Knowledge, London, repr. 1965
ders., Language, Truth and Logic, London ^{2}1946
ders., (Hrsg.) Logical Positivismus, New York ^{2}1966

Bäumer, B., Le nom secret dans l'hindouisme, in: ALTh, 135-144

Baird, A.J., A Pragmatic Approach to Parable Exegesis. Some New Evidence on Mark 4:11, 33-34, JBL 76 (1957) 201-207

Baldermann, I., Biblische Didaktik, Hamburg ^{2}1964
ders., Der biblische Unterricht, Braunschweig 1969

Bammel, E., Das Gleichnis von den bösen Winzern (Mk 12,1-9) und das jüdische Erbrecht. RIDA 6 (1959) 11-17

Barclay, W., And Jesus Said. A Handbook on the Parables of Jesus, Philadelphia 1970

Barfield, O., The Meaning of the Word "Literal", in: L.C.Knights and B.Cottle (Hrs.), Metaphor and Symbol, London 1950, 48-57
ders., Poetic Diction and Legal Fiction, in: Max Black (Hrsg.), The Importance of Language, Englewood Cliffs N.J. 196^2, 50-71
ders., Poetic Diction. A Study in Meaning, London ^{2}1952

Barfield, O., Saving the Appearances. A Study in Idolatry, London 1957

Barr, J., Bibelexegese und moderne Semantik. Theologische und linguistische Methode in der Bibelwissenschaft, München 1965

ders., Reading the Bible als Literature. BJRL 31/1 (1973) 10-33

Barthes, R., Introduction à l'analyse structurale des récits, Communications 8 (1966), 1-27

ders., Die strukturale Erzählanalyse am Beispiel von Apg 10-11, in: X. Léon-Dufour (Hrsg.), Methodenkonflikt, München 1971, 117-140

Bastian, H.-D., Das Gleichnis im Religionsunterricht (Hauptschule - Sekundarstufe 1), LingBibl 2 (1970) 12f.

Baumbach, G., Jesus und die Pharisäer. Ein Beitrag zur Frage nach dem historischen Jesus, BiLi 41 (1968) 112-131

Beilner, W., Christus und die Pharisäer. Exegetische Untersuchung über Grund und Verlauf der Auseinandersetzung, Wien 1959

Berger, K., Zur Frage des traditionsgeschichtlichen Wertes apokrypher Gleichnisse, NT 17 (1975), 58-76

ders., Materialien zu Form und Überlieferungsgeschichte neutestamentlicher Gleichnisse, NT 15 (1973), 1-37

Bertalanffy, L.V., Zur Geschichte theoretischer Modelle in der Biologie, SG 18 (1965), 290-298

Bickerton, D., Prolegomena to a Linguistic Theory of Metaphor, FL 5 (1969), 34-52

Billerbeck, P., Kommentar zum Neuen Testament aus Talmud und Midrasch, 4 Bd., München 1922-1928

Biser, E., Die Gleichnisse Jesu. Versuch einer Deutung (Theologie als Geschichte und Gegenwart), München 1965

Black, Matthew, An Aramaic Approach to the Gospels and Acts, Oxford ^{3}1967

Black, Max, Models and Metaphors. Studies in Language and Philosophy, Ithaca N.Y., repr. 1968

Blackmann, E.C., New Methods in Parable Interpretation, CanJT 15 (1969), 3-13

Blanché, R., Structures intellectuelles, Paris ^{2}1969

Blank, J., Marginalien zur Gleichnisauslegung, BiLe 6 (1965) 50-60

ders., Die Sendung des Sohnes. Zur christologischen Bedeutung des Gleichnisses von den bösen Winzern Mk 12,1-2, in: J.Gnilka (Hrsg.), Neues Testament und Kirche, Festschrift für J.Schnackenburg, Freiburg 1974, 11-41

Blinzler, J., Bereitschaft für das Kommen des Herrn! Mt 25, 1-13, BiLi 37 (1963/64) 89-100

ders., Gottes schenkende Güte: Matth. 20,1-16, BiLi 37 (1963) 229-239

ders., Die letzte Gnadenfrist. Lk 13,6-9. BiLi 37 (1963/64) 155-169

Bloch, E., Vergleich, Gleichnis, Symbol. NR 7 (1960) 138-148

Bombach, G., Die Modellbildung in der Wirtschaftswissenschaft, SG 18 (1965) 339-346

Booth, W.G., Ironieprobleme in der älteren Literatur, in: H.E.Hass - G.A.Mohrlüder (Hrsg.), Ironie als literarisches Phänomen, Köln 1973, 57-63

Bornkamm, G., Der Lohngedanke im Neuen Testament, Gesammelte Aufsätze 2, Tübingen 1959, 69-92

ders., Die Verzögerung der Parusie, in: W.Schmauch (Hrsg.), In memoria E.Lohmeyer, Stuttgart 1951, 119-126

Bosse, H., Vorfragen zur Metaphorik bei J.Paul, DVJ 45 (1971) 326-349

Bouttier, M., Les paraboles du Maître dans la tradition synoptique. ETR 48 (1973) 175-195

Bowker, J.W., Mystery and Parable: Mk 4,1-20, JTS 25 (1974) 300-317

Braithwaite, R.B., An Empiricist's View of the Nature of Religious Belief, in: PRel, 72-91

Brecht, B., Geschichten, Frankfurt 1962

Bremond, C., La logique des possibles narratifs, Communications 8 (1968) 60-76

ders., Le message narratif, Communications 4 (1964) 4-32

Breton, S., Langage religieux, langage théologique, in: ALTh, 271-304

Breymayer, R., Vladimir Jakovlevic Propp (1895-1970) - Leben, Wirken und Bedeutsamkeit, LingBibl 15/10 (1972), 36-66

Brooke-Rose, Chr., A Grammar of Metaphor, London [2]1965

Brooks, C., Ironie und "ironische" Dichtung, in: H.E.Hass - G.A.Mohrlüder (Hrsg.), Ironie als literarisches Phänomen, Köln 1973, 31-38

Brown, N.O., Apokalypse: The Place of Mystery in the Life of Mind, in: S.R.Hopper - D.L.Miller (Hrsg.), Interpretation: The Poetry of Meaning, New York 1967, 7-13

Brown, R.E., Parable and Allegory Reconsidered, NT 5 (1962) 36-45

Brown, S., The secret of the Kingdom of God (Mark 4:11), JBL 92 (1973) 60-74

Brown, St., The World of Imagery. Metaphor and Kindred Imagery, New York 1966

Bühler, K., Sprachtheorie, Stuttgart ²1965

Bultmann, R., Die Geschichte der synoptischen Tradition, (FRLANT 21, N.F. 12), Göttingen ⁸1970.
ders., Die Geschichte der synoptischen Tradition. Ergänzungsheft, Göttingen ⁴1971

Buren, P.M. van, The Edges of Language. An Essay in the Logic of a Religion, London 1972
ders., Qu'est-ce que c'est l'analyse du langage théologique?, in: ALTh 107-120
ders., Reden von Gott in der Sprache der Welt, Zürich 1965

Burkill, T.A., The Cryptology of Parables in St. Mark's Gospel, NT 1 (1956) 246-262

Buzy, D., Introduction aux paraboles évangéliques (Études bibliques), Paris 1912
ders., Les Paraboles (Verbum salutis 6), Paris ⁶1948

Calvert, D.G.A., An Examination of the Criteria for Distinguishing the Authentic Words of Jesus, NTS 18 (1971/72) 209-219

Carnap, R., Von Gott und Seele. Scheinfragen in Metaphysik und Theologie, Wien 1930
ders., The Logical Structure of the World and Pseudoproblems in Philosophy, London 1968
ders., The Logical Syntax of Language, London, repr. 1971
ders., Philosophy and Logical Syntax, London 1935
ders., Überwindung der Metaphysik durch logische Analyse der Sprache, Erkenntnis 2 (1931/32) 219-241

Cassirer, E., Philosophie der symbolischen Formen. Bd 2: Das mythische Denken, Berlin 1925

Castelli, E., (Hrsg.) L'analyse du langage théologique: Le nom de Dieu, Paris 1969
ders., Débats sur le langage théologique, Paris 1969

Cerfaux, L., - Garitte, G., Les paraboles du royaume dans l'Évangile de Thomas, Mus 70 (1957) 307-327

Chabrol, C., Analyse du "Texte" de la Passion, Langages 22 (1971) 75-96
ders., Problèmes de la sémiotique narrative des récits bibliques, Langages 22 (1971), 3-12

Chabrol, C. - Marin, L., (Hrsg.) Erzählende Semiotik nach Berichten der Bibel, München 1973

Chabrol, C. - Marin, L., Sémiotique narrative: Récites bibliques, Langages 6 (1971)

Chomsky, N., Aspekte der Syntax-Theorie, Frankfurt 1969
ders., Sprache und Geist, Frankfurt 1970

Chomsky, N., Syntactic structures (Janua Linguarum, series minor 4) The Hague $_9$1971

Cicero, Orator

Cohen, C.B., The Logic of Religious Language, RS 9 (1973) 143-155
ders., Some Aspects of Ian Ramsey's Empiricism, JPhR 11 (1972) 2-17

Conzelmann, H., Gegenwart und Zukunft in der synoptischen Tradition, ZTK 54 (1957) 277-296

Corr, M.A., The Existence of God. Natural Theology and Christian Wolff, JPhR 12 (1973), 105-118

Coseriu, C., Lexikalische Solidaritäten, Poetica 1 (1967) 237-303

Courthial, P., La parabole du semeur en Luc 8,5-15, ETR 47 (1972), 397-420

Crespy, G., La parabole dite: 'Le bon samaritain'. Recherches structurales, ETR 48 (1973) 61-79
ders., De la structure à l'analyse structurale, ETR 48 (1973) 11-34

Crombie, I.M., The Posibility of Theological Statements, in: PRel, 23-52
ders., Theology and Falsification. Arising from the University Discussion, in: NEPhTh 109-130

Crossan, J.D., The Parable of the Wicked Husbandmen, JBL 90, (1971) 451-465
ders., In Parables. The Challenge of the Historical Jesus, New York 1973
ders., Parable and Example in the Teaching of Jesus, NTS 18 (1971/72), 285-307
ders., Parable as Religious and Poetic Experience, JRef 53 (1973) 330-358
ders., The Seed Parables of Jesus, JBL 92 (1973), 244-266
ders., Structuralist Analysis and the Parables of Jesus. A Reply to Dan O. Via, jr. "Parable and Example Story. A Literary-Structuralist Approach", LingBibl 29/30 (1973) 41-51

Cullmann, O., The Gospel According to St. Thomas and its Significance for Research into the Canonical Gospels, HJ 60 (1962) 116-124
ders., The Gospel of Thomas, TDig 9 (1961) 175-181
ders., The Gospel of Thomas and the Problem of the Age of the Tradition Contained Therein. A Survey, Interpr 16 (1962) 418-438
ders., Die Tauflehre des Neuen Testaments, Zürich ^{2}1958

Dahl, N.A., Gleichnis und Parabel, RGG 2, Tübingen ^{3}1958 1618

Daly, C.B., Die Metaphysik und die Grenzen der Sprache, in: Sr 5, 93-132

Dehandschutter, B., Les paraboles de l'Evangile selon Thomas. La parabole du trésor caché (log. 109), ETL 47, (1971) 199-219

Derossi, G., Le nom de Dieu comme langue et comme parole, in: ALTh, 33-53

Derrett, J.D.M., Allegory and the Wicked Vinedressers, JTS 15, (1974) 426-432

ders., Fresh Light on the Parable of the Wicked Vinedressers, RIDA 10 (1963) 11-41

ders., Fresh Light on St.Luke 16.1. The Parable of the Unjust Steward, NTS 7 (1961) 198-219;

ders., Fresh Light on St.Luke 16.2. Dives and Lazarus and the Preceding Sayings, NTS 7 (1961) 364-380

ders., Law in the New Testament. The Parable of the Prodigal Son, NTS 14 (1967/68) 56-74

ders., Law in the New Testament: The Treasure in the Field (Mt 13,44), ZNW 54 (1963) 31-42

ders., Workers in the Vineyard. A Parable of Jesus. JJS 25 (1974) 64-91

Dibelius, M., Die Formgeschichte des Evangeliums, Tübingen ^{6}1971

Dietzfelbinger, Chr., Das Gleichnis vom ausgestreuten Samen, in: E.Lohse (Hrsg.), Der Ruf Jesu und die Antwort der Gemeinde. Festschrift für J.Jeremias zum 70.Geburtstag, Göttingen 1970, 80-93

Dijk, T.A.van, Beiträge zur generativen Poetik (Grundfragen der Literaturwissenschaft 6), München 1972

Dithmar, R., Die Fabel. Geschichte, Struktur, Didaktik, Paderborn 1971
ders., (Hrsg.), Fabeln, Parabeln und Gleichnisse, München 1972

Dodd, C.H., The Parables of the Kongdom, London repr. 1952

Donfried K.P., The Allegory of the Ten Virgins (Mt 25,1-13) as a Summary of Matthean Theology, JBL 93 (1974) 415-428

Doty, W.G., An Interpretation. Parable of the Weeds and Wheat. Interpr 25 (1971) 185-193

Drury, J., The Sower, the Vineyard, and the Place of Allegory in the Interpretation of Mark's Parables, JTS 24 (1973) 367-379

Dundes, A., From Etic to Emic Units in the Structural Analysis of Folktales, Journal of American Folklore 75 (1962) 95-105

ders., The Morphology of North American Indian Folktales. (FFC 195), Helsinki 1964

ders., Texture, Texts and Context, Southern Folklore Quarterly 28 (1964) 251-265

Dupont, J., Le chapitre des paraboles, NRT 89 (1967) 800-820
ders., La parabole de la semence qui pousse toute seule (Marc 4,26-29), in RSR 55 (1967) 367-392
ders., Les paraboles du sénévé et du levain, NRT 89 (1967) 897-913
ders., Les paraboles du trésor et de la perle, NTS 14 (1967/68) 408-418
ders., Le semeur est sorti pour semer. Mt 13,1-23, AssembS 46 (1974) 18-27

Durrant, M., The Logical Status of 'God' and the Function of Theological Sentences. (New Studies in the Philosophy Religion), London 1973

Eakin, F.E., Spiritual Obduracy and Parable Purpose, in: J.M.Efird (Hrsg.) The Use of the Old Testament in the New and Other Essays. Studies in Honor of W.F.Stinespring, Durham 1972, 87-109

Eco, U., Einführung in die Semiotik, München 1972

Edwards, D.L., Ian Ramsey, Bishop of Durham. A Memoir, London 1973

Eichholz, G., Einführung in die Gleichnisse, Neukirchen 1963
ders., Das Gleichnis als Spiel, in: ders., Tradition und Interpretation (Th. B.29), München, 1965, 57-77
ders., Gleichnisse der Evangelien, Neukirchen 1971

Ellena, D., Thematische Analyse der Wachstumsgleichnisse, LingBibl 23/24 (1973) 48-62

Englezakis, B., Markan Parable: More than Word Modality, a Revelation of Contents. ΔΕΛΤΙΟΝ ΒΙΒΛΙΚΩΝ ΜΕΛΕΤΩΝ 20 (1974) 349-357

Erlich, V., Russischer Formalismus, Frankfurt 1973

Essame, W.G., καὶ ἔλεγεν in Mk 4:21.24.26.30, ET 77 (1965) 121

Evans, D.D., The Logic of Self-Involvement. A Philosophical Study of Everyday Language with Reference to the Christian Use of Language about God as Creator, London 1963

Fawcett, T., The Symbolic Language of Religion, London 1970

Feneberg, W., Der Markusprolog. Studien zur Formbestimmung des Evangeliums, München 1974

Fenton, J.C., Expounding the Parables. 4. The Parables of the Treasure and the Pearl (Mt 13:44-46) ET 77 (1966) 178-180

Ferré, F., Basic Modern Philosophy of Religion, London 1968
ders., Language, Logic and God, New York 1961 (^{2}1969)
ders., A Renewal of God-Language, JRel 52 (1972) 286-304
ders., Die Verwendung von Modellen in Wissenschaft und Theologie, in: SrS, 51-92

Fiebig, P., Altjüdische Gleichnisse und die Gleichnisse Jesu, Tübingen-Leipzig 1904
ders., Die Gleichnisreden Jesu im Lichte der rabbinischen Gleichnisse des neutestamentlichen Zeitalters - eine Widerlegung der Gleichnistheorie Jülichers, Tübingen 1912

Filas, F.L., Understanding the Parables. A Popular Explanation. London 1960

Findlay, J.A., Jesus and His Parables, London 1951

Findlay, J.N. et al., Can God's Existence Be Disproved? in: NEPhTh, 47-75

Fiorenza, F., Freude und Schmerz in ihrer paradigmatischen Bedeutung für das Reden von Gott, Conc 10 (1974), 335-342

Flew, A., Divine Omnipotence and Human Freedom, in: NEPhTh, 144-169
ders., (Hrsg.), Logic and Language, 2 Bd., Oxford 1968 und 1973
ders., MacIntyre A. (Hrsg.), New Essays in Philosophical Theology, London 1969
ders., et al., Theology and Falsification. A University Discussion, in: NEPhTh, 96-108

Fonck, L., Die Parabeln des Herrn im Evangelium exegetisch und praktisch erläutert, Innsbruck 1904

Franck, U.F., Modelle zur biologischen Erregung, SG 18 (1965) 313-329

Frankemölle, H., Hat Jesus sich selbst verkündet? Christologische Implikationen in den vormarkinischen Parabeln, BiLe 13 (1972), 184-207
ders., Jahwebund und Kirche Christi. Studien zur Form- und Traditionsgeschichte des "Evangeliums" nach Matthäus, Münster 1973

Frend, W.H.C., The Gospel of Thomas. Is Rehabilitation Possible? JTS 18 (1967) 13-26

Friedrich, H., Metapher. (Antike und barocke Themen), in: Ders., Epochen der italienischen Lyrik, Frankfurt 1964, 647-672

Fuchs, E., Bemerkungen zur Gleichnisauslegung, Gesammelte Aufsätze 2, Tübingen 1960, 136-142
ders., Das Fest der Verlorenen. Gesammelte Aufsätze 3, Tübingen 1965, 402-415
ders., Die Frage nach dem historischen Jesus, Gesammelte Aufsätze 2, Tübingen 1960, 143-167
ders., Hermeneutik, Tübingen ^{4}1970
ders., Jesus, Wort und Tat (Vorlesungen zum NT 1), Tübingen 1971
ders., Das Neue Testament und das hermeneutische Problem, Gesammelte Aufsätze 3, Tübingen 1965, 136-173
ders., The Parable of the Unmerciful Servant, in: K. Aland et al. (Hrsg.), Studia Evangelica, Berlin 1959, 487-494
ders., Die der Theologie durch die historisch-kritische Methode auferlegte Besinnung, Gesammelte Aufsätze 2, Tübingen 1960, 219-237
ders., Was heißt: "Du sollst deinen Nächsten lieben wie dich selbst"?, Gesammelte Aufsätze 2, Tübingen 1960, 1-20
ders., Was wird in der Exegese des Neuen Testaments interpretiert? Gesammelte Aufsätze 2, Tübingen 1960, 280-303
ders., Das Wunder der Güte. (Predigt über Mt 20,1-16), Gesammelte Aufsätze 3, Tübingen 1965, 471-479
ders., Das Zeitverständnis Jesu, Gesammelte Aufsätze 2, Tübingen 1960, 304-376

Funk, R.W., Beyond Criticism in Quest of Literacy. The Parable of the Leaven, Interpr 25 (1971) 149-170

Funk, F.S., Language, Hermeneutic, and Word of God. The Problem of Language in the New Testament and Contemporary Theology, New York 1966

Gadamer, H.G., Wahrheit und Methode, Tübingen ²1965

Gärtner, B., The Theology of the Gospel According to Thomas, London 1961

Galland, C., Introduction à la méthode de A.J.Greimas, ETR 48 (1973) 61-79

Gaskin, J.C.A., Disclosures, RS 9 (1973), 131-142

Geffré C., L'objectivité propre au Dieu révélé, in: ALTh, 403-421

Gerhardsson, B., The Parable of the Sower and Its Interpretation, NTS 14 (1967/68) 165-193
ders., The Seven Parables in Matthew 13, NTS 19 (1972) 16-37

Gilson, E., Le Thomisme, Paris ⁶1965

Giorgi, R., Le langage théologique comme différence, in: ALTh, 75-80

Glombitza, O., Der Perlenkaufmann. Eine exegetische Studie zu Mt 13, 45-46, NTS 2 (1961) 153-161

Gnilka, J., Die Verstockung Israels. Is 6,9-10 in der Theologie der Synoptiker, München 1961

Gouhier, H., Le nom de Dieu et l'expérience religieuse, in: ALTh 391-401

Goulder, M.D., Characteristics of the Parables in the Several Gospels, JTS 19 (1968) 51-69

Grabner-Haider, A., Ratio und Religio, TGl 64 (1974) 169-183

Grässer, E., Das Problem der Parusieverzögerung in den synoptischen Evangelien und in der Apostelgeschichte (BZNW 22), Berlin 1960

Grant, F.C., Economic Background of the Gospels, London 1926
ders., A New Book on the Parables, AnglTR 30 (1948) 118-121

Grant, R.M., Notes on the Gospel of Thomas, VigChr 13 (1959) 170-190
ders., The Secret Sayings of Jesus. The Gnostic Gospel of Thomas, New York - London 1960
ders., Two Gnostic Gospels, JBL 79 (1960) 1-11

Grassi, E., Le nom de Dieu: un problème philosophique ou théologique? La mort de Dieu: une thèse de Mallarmé, in ALTh 367-381

Green, F.W., The Gospel According to Saint Matthew, Oxford 1936 repr. 1964

Greimas, A.J., Eléments pour une théorie de l'interprétation du récit mythique. Communications 8 (1966) 28-59
ders., Du sens. Essais sémiotiques, Paris 1970

Greimas, A.J., Die Struktur der Erzählaktanten. Versuch eines generativen Ansatzes, in: J.Ihwe (Hrsg.), Literaturwissenschaft und Linguistik III, Frankfurt 1972, 218-238

ders., Strukturale Semantik, Braunschweig 1971

Grosse, E.U., Zur Neuorientierung der Semantik bei Greimas. Grundgedanken, Probleme und Vorschläge, ZGPh 87 (1971) 359-393, vgl. auch in: Kallmayer et al., Textlinguistik 2, Frankfurt 1974, 87-125

Gualtieri, A.R., Truth Claims for Religions Images, RS 1 (1965/66) 150-162

Gülich, E., Makrosyntax der Gliederungssignale im gesprochenen Französisch, München 1970

Güttgemanns, E., Bemerkungen zur linguistischen Analyse von Matthäus 13,24-30. 36-43, in: E.Gülich - W.Raible (Hrsg.), Textsorten, Frankfurt 1972, 81-89, 90-97

ders., Einige wesentliche Denkmodelle der Semiotik, Ling Bibl 3 (1971) 2-19

ders., Einleitende Bemerkungen zur strukturalen Erzählforschung, Ling Bibl 23/24 (1973) 2-47

ders., Erzählstrukturen in der Fabel von Wolfgang Amadeus Mozarts "Zauberflöte". Ein Beitrag zur Heiterkeit der Kunst und zum "historischen Jesus", LingBibl 31 (1974) 1-42

ders., "Generative Poetik" - was ist das?, in: U.Gerber - E.Güttgemanns (Hrsg.), Glauben und Grammatik, (FThL 4), Bonn 1973, 152-168; vgl. LingBibl 19 (1972) 2-12 (französisch)

ders., Gibt es eine Grammatik der Rede von Gott?, in: U.Gerber - E.Güttgemanns, Glauben und Grammatik, Bonn 1973, 80-111; vgl. RSR 61 (1973) 105-118

ders., Glauben - Theologie - Grammatik, in: U.Gerber - E.Güttgemanns (Hrsg.), Glauben und Grammatik, (FThL 4), Bonn 1973, 169-194

ders., Glauben und Grammatik. Thesen der "linguistischen" Theologie gegen die "hermeneutische" Theologie. in: U.Gerber - E.Güttgemanns (Hrsg.), Glauben und Grammatik (FThL 4), Bonn 1973, 5-17

ders., Linguistische Analyse von Mk 16,1-8, LingBibl 11/12 (1972) 13-53

ders., Die linguistisch-didaktische Methodik der Gleichnisse Jesu, in: ders., Studia Linguistica Neotestamentica, München 1971, 99-183

ders., Linguistisch-literaturwissenschaftliche Grundlegung einer neutestamentlichen Theologie, in: Th.Michels und A.Paus (Hrsg.) Sprache und Sprachverständnis in der religiösen Rede, Salzburg - München 1973, 171-194, vgl. LingBibl 13/14 (1972) 2-18

ders., Narrative Analyse synoptischer Texte, LingBibl 25/26 (1973) 56-73

ders., Offene Fragen zur Formgeschichte des Evangeliums, München 1971

ders., Das Problem der semantischen Rationalität, LingBibl 17/18 (1972) 2-20

ders., Struktural-generative Analyse der Parabel "Vom bittenden Freund" (Lk 11,5-8), LingBibl 2 (1970) 7-11

Güttgemanns, E., Struktural-generative Analyse des Bildworts "Die verlorene Drachme" (Lk 15,8-10), LingBibl 6 (1971) 2-17

ders., Die synoptische Frage im Licht der modernen Sprach- und Literaturwissenschaft 1, LingBibl 29/30 (1973) 2-40

ders., "Text" und "Geschichte" als Grundkategorien der Generativen Poetik. Thesen zur aktuellen Diskussion um die "Wirklichkeit" der Auferstehungstexte. LingBibl 11/12 (1972) 2-12

ders., Theologie als sprachbezogene Wissenschaft, in: ders., Studia Linguistica Neotestamentica, München 1971, 184-230

ders., Thesen zu einer "Generativen Poetik des NT", LingBibl 1 (1970) 2-8

ders., Wissenschaftstheoretische Probleme der strukturalgenerativen Methode in den Textwissenschaften, LingBibl 33 (1974) 89-116

Guy, H.A., The Gospel of Matthew, London 1971

Haaker, K., Erwägungen zu Mk 4,11, NT 14 (1972) 219-225

Haenchen, E., Die Botschaft des Thomas-Evangeliums (Theologische Bibliothek Töpelmann 6), Berlin 1961

Hahn, F., Methodologische Überlegungen zur Rückfrage nach Jesus, in: K. Kertelge (Hrsg.), Rückfrage, 11-77

Hahn, V., Möglichkeit und Grenze unseres Redens von Gott, ThG 16 (1973) 216-226

Hain, M., Rätsel (Realienbücher für Germanisten, Abteilung Poetik), Stuttgart 1966

Hare, R.M., Freedom and Reason, Oxford Paperbacks, repr. 1972

ders., The Language of Morals, Oxford Paperbacks, repr. 1970

ders., Theology and Falsification, in: NEPhTh, 99-103

Harnisch, W., Die Ironie als Stilmittel in Gleichnissen Jesu, EvT 32 (1972) 421-436

ders., Die Sprachkraft der Analogie. Zur These vom 'argumentativen Charakter' der Gleichnisse Jesu, ST 28 (1974) 1-20

Harrè, R., Metaphor, Model and Mechanism. Proceedings of the Aristotelian Society, NS 60 (1960) 101-122

Harris, J., Models and Qualifiers, JPhR 3 (1972) 83-92

Hartmann, H., Die spezielle Problematik des Modellbegriffes in der Quantenchemie, SG 18 (1965) 259-262

Hartmann, P., Modellbildungen in der Sprachwissenschaft, SG 18 (1965) 364-379

Haufe, G., Erwägungen zum Ursprung der sogenannten Parabeltheorie, Markus 4,11-12, EvT 32 (1972) 413-421

Hebblethwaite, B., (Review of) I.T.Ramsey, Models for Divine Aktivity, scm Press 1973, Theology 76/645 (1974) 159

Heckmann, O., Weltmodelle, SG 18 (1965) 183-193

Heine, H., Werke in fünf Bänden, Berlin 1974

Heinemann, H., The Conception of Reward in Mat 20,1-16, JJS 1, (1948) 85-89

Hempfer, K.W., Gattungstheorie, München 1973

Hengel, M., Das Gleichnis von den Weingärtnern Mk 12,1-12 im Lichte der Zenonpapyri und der markinischen Gleichnisse, ZNW 59 (1968) 1-39

Hepburn, R.W., Christianity and Paradox, London 1958
ders., Demythologizing and the Problem of Validity, in: NEPhTh 227-242
ders., Poetry and Religious Belief, in: A.MacIntyre (Hrsg.), Metaphysical Beliefs, London 1957, ²1970, 73-156
ders., Vision and Choise in Morality, in: ChECPh, 181-195

Hermaniuk, M., La parabole évangélique, Louvain 1947

Herschberger, R., The Structure of Metapher, Kenyon Review 5, (1943) 433-443

Hester, M.B., The Meaning of Poetic Metapher. An Analysis in the Light of Wittgenstein's claim that Meaning is use, The Hague 1967

Hick, J., Faith and Kowledge, New York 1957
ders., Philosophy of Religion (Foundation of Philosophy series), New Jersey ²1973
ders., Theology and Verification, in: PRel, 53-71

Hiers, R.H., The Historical Jesus and the Kingdom of God. Present and Future in the Message and Ministry of Jesus, Gainesville 1973

Higgins, A.J.B., Non-Gnostic Sayings in the Gospel of Thomas, NT 4 (1960) 292-306

High, D.M., Belief, Falsification and Wittgenstein, JPhR 3, (1972) 240-258
ders., (Hrsg.), Sprachanalyse und religiöses Sprechen, Düsseldorf 1972

Holmer, P.L., Wittgenstein und die Theologie, in: SrS, 23-32

Hopper, S.R., Introduction in: S.R.Hopper-D.L.Miller (Hrsg.) Interpretation: The Poetry of Meaning, New York 1967, 9-22

Horner, L., Modell- und Schemabildung in der organischen Chemie, SG 18 (1965) 237-256

Hospers, J., An Introduction to Philosophical Analysis, London repr. 1970

Hubaut, M., La parabole des vignerons homicides: son authenticité, sa visée première, RTL 6 (1975) 51-61

Hund, F., Denkschemata und Modelle in der Physik, SG 18, (1965) 174-183

Hunter, A.M., Interpreting the Parables, London ³1966
ders., The Parables Then and Now, London 1971

Hunzinger, C.-H., Außersynoptisches Traditionsgut im Thomas-Evangelium, TLZ 85 (1960) 843-846
ders., Unbekannte Gleichnisse Jesu aus dem Thomas-Evangelium, in: W. Elster (Hrsg.), Judentum, Urchristentum, Kirche (BZNW 26), Festschrift für J. Jeremias, Berlin 1960, 209-220

Hutchens, E.N., Die Identifikation der Ironie, in: H.E.Hass-G.A.Mohrlüder (Hrsg.), Ironie als literarisches Phänomen, Köln 1973, 47-56

Ihwe, J., Kompetenz und Performanz in der Literaturtheorie, Typoskript-Umdruck 4

Iser, W., Die Appellstruktur der Texte. Unbestimmtheit als Wirkungsbedingung literarischer Prosa, Konstanz 1970

Jakobson, R., Novejsaja russikaja poèzija, Prag 1921

James, D.-G., Metaphor and Symbol, in: L.C.Knights - B.Cottle (Hrsg.), Metaphor and Symbol, London 1960, 95-103

Jammer, M., Die Entwicklung des Modellbegriffes in den physikalischen Wissenschaften, SG 18 (1965), 166-173

Jeffner, A., The Study of Religious Language, London 1972

Jennings, J.G., An Essay on Metaphor in Poetry, London repr. 1970

Jeremias, J., Abba. Studien zur neutestamentlichen Theologie und Zeitgeschichte, Göttingen 1966
ders., Die Deutung des Gleichnisses vom Unkraut unter dem Weizen (Mt 13,36-46), in: Neotestamentica et Patristica (NT Suppl.6). Freundesgabe für O.Cullmann, Leiden 1962, 59-63
ders., Die Gleichnisse Jesu, Göttingen ⁸1970
ders., Kennzeichen der ipsissima vox Jesu, in: Synoptische Studien (Festschrift A.Wikenhauser), München 1953, 86-93
ders., ΛΑΜΠΑΔΕΣ, Mt 25, 3f.7f, ZNW 56 (1965) 196-201
ders., Neutestamentliche Theologie, Gütersloh 1971
ders., Unbekannte Jesusworte, Gütersloh ³1963

Jersel, B.M.F. van, "Der Sohn" in den synoptischen Jesusworten - Christusbezeichnung der Gemeinde oder Selbstbezeichnung Jesu? (NT Suppl. 3), Leiden ²1964, bes.124-145

Jörns, K.P., Die Gleichnisverkündigung Jesu: Reden von Gott als Wort Gottes, in: E.Lohse (Hrsg.), Der Ruf Jesu und die Antwort der Gemeinde, Festschrift J.Jeremias, Göttingen 1970, 157-178

Jones, G.V., The Art and Truth of the Parables, London 1964

Jülicher, A., Die Gleichnisreden Jesu, Bd.I, Tübingen ²1910; Bd.II, Tübingen 1910

Jüngel, E., Paulus und Jesus. Eine Untersuchung zur Präzisierung der Frage nach dem Ursprung der Christologie. (Hermeneutische Untersuchungen zur Theologie 2) Tübingen ²1964

Kaempfert, M., Logik und Linguistik der Religion - Zur Diskussion mit Bochenski, LingBibl 7/8 (1971) 17-27

ders., Ein Vorschlag zur Definition der "religiösen Ausdrücke" in reliösen Texten, LingBibl 6 (1971) 17-23

Kafka, F., Sämtliche Erzählungen. (Hrsg. P.Raabe) Frankfurt 1970

Kahlefeld, H., Gleichnisse und Lehrstücke im Evangelium, 1+2, Frankfurt 1963

Kahler, E., The Nature of Symbol, in: R.May (Hrsg.), Symbolism in Religion and Literature, New York 1950, 50-74

Kallmeyer / Klein / Meyer-Hermann / Netzer / Siebert, Lektürekolleg zur Textlinguistik, Bd.1: Einführung; Bd.2: Reader, Frankfurt 1974

Kaplan, R.W., Modelle der Lebensgrundfunktionen, SG 18 (1965) 269-284

Kaulbach, F., Schema, Bild und Modell nach den Voraussetzungen des Kantischen Denkens, SG 18 (1965) 464-479

Keck, L.E., A Future for the Historical Jesus, London 1972

Kertelge, K., Rückfrage nach Jesus (Questiones Disputatae 63), Freiburg 1974

Kingsbury, J.D., The Parables of Jesus in Matthew 13, Richmond, Va. 1969

Klauck, H.-J., Das Gleichnis vom Mord im Weinberg, BiLe 11 (1970) 118-145

ders., Neue Beiträge zur Gleichnisforschung, BiLe 13 (1972) 214-230

Klemm, H.G., Die Gleichnisauslegung A.Jülichers im Bannkreis der Fabeltheorie Lessings, ZNW 60 (1969) 153-174

Knights, L.C., Idea and Symbol: Some Hints from Coleridge in: Knights, L.C. / Cottle, B. (Hrsg.), Metaphor and Symbol, London 1950, 135-143

Knox, N., Die Bedeutung von "Ironie": Einführung und Zusammenfassung, in: Hass, N.E. / Mohrlüder, G.-A. (Hrsg.), Ironie als literarisches Phänomen, Köln 1973, 21-30

Konrad, H., Étude sur la métaphore, Paris 1939

Kovacs, G., Atheism and the ultimate Thou, JPhR 5 (1974) 1-15

Krämer, M., Das Rätsel der Parabel vom ungerechten Verwalter, Lk 16,1-13, Zürich 1972

Kroebel, W., Nachrichtentechnische Modelle, SG 18 (1965) 226-231

Kümmel, W.G., Das Gleichnis von den bösen Weingärtnern (Mk 12,1-9) in: Aux sources de la tradition chrétienne (Mélanges offerts à M.M. Goguel, 70e anniversaire), Paris 1950$_2$, 120-130
ders., Verheißung und Erfüllung, Zürich ^{2}1953

Küng, H., Christ Sein, München-Zürich 1974
ders., Jesus und sein Gott, ThG 18, (1975) 1-10

Kuss, O., Zum Sinngehalt der Doppelgleichnisses vom Senfkorn und Sauerteig, Bib 40 (1959) 641-653

Lampe, P., Die markinische Deutung des Gleichnisses vom Sämann, Mk 4,10-12, ZNW 65/1-2 (1974) 140-150

Langer, S.K., Philosophie auf neuen Wegen. Das Symbol im Denken, im Ritus und in der Kunst, Berlin 1965

Lapointe, R., La valeur linguistique du Sitz im Leben, Bib 52 (1971) 469-487

Lausberg, H., Handbuch der literarischen Rhetorik, München 1960

Leakey, F.W., Intention in Metaphor, Essais in Critcism 4 (1954) 191-198

Leipoldt, J., Thomas-Evangelium, in: Leipoldt-Schenke, Schriften, 7-30

Lentzen-Deis, F., Der Glaube Jesu. Das Gottesverhältnis Jesu von Nazareth als Erfüllung alttestamentlichen Glaubens, TTZ 80 (1971) 141-155
ders., Kriterien für die historische Beurteilung der Jesusüberlieferung in den Evangelien, in: K.Kertelge (Hrsg.), Rückfrage, 78-117
ders., Die Taufe Jesu nach den Synoptikern. Literarkritische und gattungsgeschichtliche Untersuchung (FThSt 4), Frankfurt 1970

Léon-Dufour, X., (Hrsg.), Exegese im Methodenkonflikt, München 1971
ders., La parabole des vignerons, ScEcl 17 (1965) 365-396

Levinas, E., Le Nom de Dieu d'après quelques textes talmudiques, in: ALTh, 155-167

Lewis, H.D., God and Mystery, in: I.T.Ramsey (Hrsg.), Prospect, 206-237

Lieb, H.-H., Der Umfang des historischen Metapherbegriffs, Diss.phil, Köln 1964
ders., Was bezeichnet der herkömmliche Begriff "Metapher"?, in: J.Ihwe (Hrsg.), Literaturwissenschaft und Linguistik 1, Frankfurt 1971, 334-348

Linnemann, E., Gleichnisse Jesu. Einführung und Auslegung, Göttingen ^{5}1969

Lohfink, G., Erzählung als Theologie. Zur sprachlichen Grundstruktur der Evangelien, StZ 8 (1974) 521-532

Lohmeyer, E., Urchristliche Mystik. Neutestamentliche Studien, Darmstadt ²1958

Lohse, E., Die Gottesherrschaft in den Gleichnissen Jesu, EvT 18 (1958) 145-157

Loisy, A., Les Évangiles synoptiques, Bd. 1, 1907 / Bd. 2 1908, chez l'Auteur, Ceffonds, près Montier-en-Der (Haute-Marne)

Lüders, G., Kernmodelle, SG 18 (1965) 193-198

MacGregor, G., Introduction to Religious Philosophy, London repr. 1972

Mackie, J. L., Evil and Omnipotence, in: PRel, 92-104

MacIntyre, A., The Logical Status of Religious Belief, in: ders. (Hrsg.), Metaphysical Beliefs, London ²1970, 157-201
ders., Visions, in: NEPhTh, 254-260

MacPherson, Th., Religion as the Inexpressible, in: NEPhTh, 131-143

Magaß, W., Der Schatz im Acker (Mt 13,44): Von der Kirche als einem Tauschphänomen - Pardigmatik und Transformation, LingBibl 21/22 (1973) 2-18
ders., Semiotik einer Tischordnung (Lk 4,7-14), LingBibl 25/26 (1973) 2-8

Maillot, A., Les Paraboles de Jésus aujourd'hui, Genf 1973

Maisch, I., Das Gleichnis von den klugen und törichten Jungfrauen, BiLe 11 (1970) 247-259

Manson, T.W., Mk 4,10ff, ET 68 (1957) 132-135
ders., The Sayings of Jesus, London ⁷1971
ders., The Teaching of Jesus, Cambridge 1935

Marias, J., Philosophic Truth and the Metaphoric System, in: S. R. Hopper/ D. L. Miller (Hrsg.), Interpretation: The Poetry of Meaning, New York 1967, 41-53

Marietta, D.E., Is Talk of God Talk of Anything?, JPhR 4 (1973) 187-195

Marin, L., Essai d'analyse structurale d'un récit-parabole: Mth 13,1-23, ETR 46 (1971) 35-74
ders., En guise de conclusion, Langages 22 (1971) 119-127
ders., Les femmes au tombeau, Langages 22 (1971) 39-50
ders., Jésus devant Pilate. Essai d'analyse structurale, Langages 22 (1971) 51-74

Martin, C. B., A Religious Way of Knowing, in: NEPhTh, 76-95

Marxsen, W., Der Exeget als Theologe. Vorträge zum Neuen Testament, Gütersloh 1968
ders., Redaktionsgeschichtliche Erklärung der sogenannten Parabeltheorie des Markus, ZTK 52 (1955) 255-271

Masson, Ch., Les Paraboles de Marc 4, avec une introduction à l'explication des Évangiles (Cahiers théologiques de L'actualité protestante 11), Neuchatel-Paris 1945

Matthews, R.J., Concerning a "Linguistic Theory" of Metaphor, Foundations of Language 7 (1971) 413-425

Mauser, U., Gottesbild und Menschwerdung. Eine Untersuchung zur Einheit des Alten und des Neuen Testaments, Tübingen 1971

May, R., The Significance of Symbolism, in: ders. (Hrsg.), Symbolism in Religion and Literature, New York 1960, 11-49

McArthur, H.K., The Dependence of the Gospel of Thomas on the Synoptics, ET 71 (1960) 286-287

ders., The Gospel According to Thomas, in: H.K.McArthur (Hrsg.), New Testament Sidelights. (Essays in Honour of A.C.Purdy), Hartford 1950, 43-77

ders., The Parable of the Mustard Seed, CBQ 33 (1971) 198-210

Meinertz, M., Die Gleichnisse Jesu, Münster ^{4}1948

ders., Zum Verständnis der Gleichnisse Jesu. Das Heilige Land 86 (1954) 41-47

Mélétinski, E., L'étude structurale et typologique du conte, in: V.Propp, Morphologie du conte, Paris 1965/1970, 201-254

Mellon, Chr., La parabole, manière de parler, manière d'entendre, RSR 61 (1973) 49-63

Menard, J.E., L'Évangile selon Thomas (2), LTP 30 (1974) 133-171

Merkel, H., Jesus und die Pharisäer, NTS 14 (1967/68) 194-208

Merli, D., La parabola dei Vignaioli infedeli (Mc 12,1-12), BibO 15 (1973) 97-107

Metz, J.B., Erlösung und Emanzipation, StZ 191 (1973) 171-184

ders., Kleine Apologie des Erzählens, Conc 9 (1973) 334-341

Metzger, W., Über Modellvorstellungen in der Psychologie, SG 18 (1965) 346-352

Michaelis, W., Die Gleichnisse Jesu (Die Urchristliche Botschaft 32), Hamburg ^{3}1956

Miles, T.R., Religion and the Scientific Outlook, London 1959

Mitchell, B., (Hrsg.), The Philosophy of Religion, London 1971

ders., Theology and Falsification, in: NEPhTh, 103-105

Montefiore, C.G., The Synoptic Gospels, 2. (The Library of Biblical Studies), New York ^{2}1968

Montefiore, H., A Comparision of the Parables of the Gospel According to Thomas and of the Synoptic Gospels, NTS 7 (1960/61) 220-248

Moore, G.E., Some Main Problems of Philosophy, London 1953

ders., The Refutation of Idealism, Mind 12 (1903) 433-453

Morgenthaler, R., Formgeschichte und Gleichnisauslegung, TZ 6 (1950) 1-16

Moule, C.F.D., Mk 4,1-20 Yet Once More, in: E.E.Ellis / R.M.Wilcox (Hrsg.), Neotestamentica et Semitica, Studies in Honour of M.Black, Edinburgh 1969, 95-113

Müller, G.H., Der Modellbegriff in der Mathematik, SG 18 (1965) 154-166

Müller, M., Lectures on the Science of Language, second series, New York 1971, Lecture 8, "Metaphor", 351-402

Muñoz, I.S., El evangelio de Tomás y algunos aspectos de la cuestión sinóptica, EStE 34 (1960) 883-894

Mussner, F., Die bösen Winzer nach Matthäus 21,33-46, in: W.P.Eckert et al. (Hrsg.), Antijudaismus im Neuen Testament?, München 1967, 129-134

ders., Die Botschaft der Gleichnisse Jesu, (Schriften zur Katechetik 1), München 1964

ders., Christologische Homologese und evangelische vita Jesu, in: B.Welte (Hrsg.), Zur Frühgeschichte der Christologie (Qu Disp 51), Freiburg 1970, 59-73

ders., Gab es eine "galiläische Krise"?, in: P.Hoffmann (Hrsg.), Orientierung an Jesus, Freiburg 1973, 238-252

ders., Gleichnisauslegung und Heilsgeschichte. Dargetan am Gleichnis von der selbstwachsenden Saat (Mk 4,26-29), TTZ 64 (1955) 257-266

ders., Grenzen der Formgeschichte, BZ NF 15 (1971) 267-271

ders., Jesus und die Pharisäer, in: ders., Praesentia Salutis, Düsseldorf 1967, 99-112

ders., (und Mitarb.), Methodologie der Frage nach dem historischen Jesus, in: K.Kertelge (Hrsg.), Rückfrage, 118-147

ders., Der nicht erkannte Kairos (Mt 11,16-19 = Lk 7, 31-35), Bib 40 (1959) 599-612

ders., 1 Q Hodajoth und das Gleichnis vom Senfkorn, (Mk 4,30-32 par.) BZ NF 4 (1960) 128-130

ders., Thomas von Aquin über die "Entmythologisierung", in: ders., Praesentia Salutis, Düsseldorf 1967, 35-41

ders., Ursprünge und Entfaltung der neutestamentlichen Sohneschristologie - Versuch einer Rekonstruktion, unveröffentlichtes Manuskript

ders., Wege zu einem Selbstbewußtsein Jesu, BZ 12 (1968) 161-172

Nagorsen, G. - Weiss, A., Der Modellbegriff in der anorganischen Chemie, SG 18 (1965) 262-268

Neil, W., Expounding the Parables: 2. The Sower (Mk 4:3-8), ET 77 (1965) 74-77

Nietzsche, F., Werke in drei Bänden, München 1960

Oesterley, W.O.E., The Gospel Parables in the Light of their Jewish Background, London 1936

Panikkar, Raymond, Le silence et la parole. Le sourire de Bouddha, in: ALTh, 121-134

Pannenberg, W., Wissenschaftstheorie und Theologie, Frankfurt 1973

Pater, W.A. de, Analytische Philosophie als mögliches Programm für Theologie, FranzS 55 (1973) 1-16

ders., Erschließungssituationen und religiöse Sprache, LingBibl 33 (1974) 64-88

ders., Reden von Gott. Reflexionen zur analytischen Philosophie der religiösen Sprache (FThL 5), Bonn 1974

ders., Sprachanalyse und Erfahrung, in: U.Gerber - E.Güttgemanns, Glauben und Grammatik (FThL 4), Bonn 1973, 112-122

ders., Theologische Sprachlogik, München 1971

Percy, E., Die Botschaft Jesu. Eine traditionskritische und exegetische Untersuchung (Lunds Universitets Arsskrift. NF Ard 1, Bd 49 Nr.5) Lund 1953.

Perrin, N., Biblical Scholarship in a New Vein, Interpr 21 (1967) 465-469

ders., The Evangelist as Author. Reflections on Method in the Study and Interpretation of the Synoptic Gospels and Acts, BiR 17 (1972) 5-18

ders., Historical Cristicism, Literary Criticism and Hermeneutics. The Interpretation of the Parables of Jesus and the Gospel of Mark, JRel 52 (1972) 366-370

ders., The Kingdom of God in the Teaching of Jesus, London 1963

ders., The Modern Interpretation of the Parables of Jesus and the Problem of Hermeneutics, Interpr 25 (1971) 131-148

ders., The Parables of Jesus as Parables, as Metaphors, and as Aesthetic Objects: A Review Article, JRel 47 (1967) 340-347

ders., Rediscovering the Teaching of Jesus (The New Testament Library), London 1967

Pesch, R., Anfang des Evangeliums Jesu Christi - Eine Studie zum Prolog des Markusevangelium (Mk 1,1-15), in: G.Bornkamm - K.Rahner (Hrsg.), Die Zeit Jesu. Festschrift für H.Schlier, Freiburg 1970, 108-144

Peters, H.M., Modell-Beispiele aus der Geschichte der Biologie, SG 18 (1965) 298-305

Phillips, D.Z., Religious Beliefs and Language-Games, in: PRel, 121-142

Pirot, J., Paraboles et allégories évangéliques. La pensée de Jésus, les commentaires patristiques, Paris 1949

Plantinga, A., The Free Will Defence, in: PRel, 105,120

Pongs, H., Das Bild in der Dichtung, Bd. 1. Versuche einer Morphologie der metaphorischen Formen, Marburg ^{2}1965

Popper, K.R., The Demarcation Between Science and Metaphysics, in: ders., Conjectures and Refutations, London (1965) ³1969, 253-292

ders., On the Status of Science and Metaphysics, in: ders., Conjectures and Refutations, London (1965) ³1969, 184-200

Poteat, W.H., Geburt, Selbstmord und die Lehre von der Schöpfung: Eine Untersuchung von Analogien, in: SrS 159-175

ders., Gott und das "private Ich", in: SrS, 122-132

Power, W., Descriptive Language and the Term "God", JPhR 3, (1972) 223-239

Propp, V.J., Morphologie du conte, Paris 1970

ders., Les transformations des contes fantastiques, in: T.Todorov, Theorie de la litterature, Paris 1965, 234-262

Pryor, J.W., Markan Parable Theology, ET 83 (1972) 242-245

Puech, H.-Ch., Gnostische Evangelien und verwandte Dokumente. E2: Das Thomas-Evangelium, in: E.Hennecke- W.Schneemelcher, Apokryphen, 199-223

Quintilianus, Institutio Oratoria.

Quispel, G., L'Évangile selon Thomas et les Clémentines, VigChr 12 (1958) 181-196

ders., The Gospel of Thomas and the New Testament, VigChr 11 (1957) 189-207

ders., Some Remarks on the Gospel of Thomas, NTS 5 (1958/59) 276-290

Rademakers, J., Au fil de l'évangile selon saint Matthieu, Heverlee-Louvain 1972

Räisänen, H., Die Parabeltheorie im Markusevangelium, Helsinki 1973

Ragaz, L., Die Gleichnisse Jesu (seine soziale Botschaft), Hamburg 1971

Rahner, K., Gotteserfahrung heute, in: Schriften zur Theologie 9, Köln 1970, 151-176

Ramsey, I.T., On Being Sure in Religion, London 1963

ders., Christian Discourse, Some Logical Explorations (Riddell Memorial Lectures 35), London 1965

ders., (Hrsg.) Christian Ethics and Contemporary Philosophy (Library of Philosophy and Theology), London 1966

ders., Contemporary Philosophy and Christian Faith, RS 1 (1965/66) 43-61

ders., Facts and Disclosures, Aristotelian Society Proceedings 72 (1972) 115-133

ders., Freedom and Immortality (The Forwood Lectures in the University of Liverpool 1957), London repr. 1971

ders., Joseph Butler, 1692-1752, Some Features of His Life and Thought, London 1969

ders., The Logical Character of Resurrection - Belief, Theology 60/443 (1957) 186-192

Ramsey, I.T., Miracles. An Exercise in Logical Mapwork, Oxford 1952
ders., Models and Mystery, London 1964
ders., Models for Divine Activity, London 1973
ders., Our Understanding of Prayer, London 1971
ders., The Paradox of Omnipotence, Mind 65 (1956) 263-266
ders., A Personal God, in: F.G.Healy (Hrsg.), Prospect for Theology, Essays in Honour of H.H.Farmer, Dingswell Place (Nisbet) 1966, 55-71
ders., Philosophische Bemerkungen über Religion und Naturwissenschaft, in: SrS, 33-50
ders., On the Possibility and Purpose of a Metaphysical Theology, in: ders. (Hrsg.), Prospect, 153-177
ders., (Hrsg.), Prospect for Metaphysics, Essays of Metaphisical Exploration, London 1961
ders., Religiöse Paradoxien, in: SrS, 133-158
ders., Religion and Science. Conflict and Synthesis, London 1964
ders., Religion and Science. A Philosopher's Approach, CQR 162 (1961) 77-91
ders., Religious Language. An Empirical Placing of Theological Phrases, New York ^{3}1969
ders., Review of: J.S.Lawton, Conflict in Christology, Theology 51/335 (1948) 189-191
ders., The Systematic Elusiveness of "I", PhQ 5/20 (1955) 193-204
ders., (Hrsg.), Words about God, London 1971

Rastier, F., Systematik der Isotopien, in Kallmayer u.a. (Hrsg.), Lektürekolleg zur Textlinguistik, Band 2: Reader, Frankfurt 1974, 153-190

Richards, I.A., The Philosophy of Rhetoric, New York ^{2}1965

Richmann, R.J., The Argument from Evel, RS 4 (1969) 203-211

Richter, W., Exegese als Literaturwissenschaft, Göttingen 1971
ders., Formgeschichte und Sprachwissenschaft, ZAW 82 (1970) 216-225

Ricoeur, P., The Critique of Religion, Union Seminary Quarterly Review 28 (1973) 205-212
ders., Le conflit des interprétations. Essais d'herméneutique, Paris 1969
ders., Les incidences theologiques des recherches actuelles concernant le langage, Institut d'Etudes Oecuméniques (unveröffentlicht).
ders., Vom Konflikt zur Konvergenz der exegetischen Methoden, in X. Léon-Dufour (Hrsg.), Methodenkonflikt, 19-39
ders., The Language of Faith, Union Seminary Quarterly Review 28 (1973) 213-224
ders., La paternité: du fantasme au symbole, in: ders., Conflit, 458-485. Zitiert nach ALTh.
ders., Finitude et culpabilité, Bd.1: L'homme faillible, Bd.2: La symbolique du mal, Paris 1960
ders., Skizze einer abschließenden Zusammenfassung, in: X.Léon-Dufour, Methodenkonflikt, 188-199
ders., Sprache und Theologie des Wortes, in: X.Léon-Dufour, Methodenkonflikt, 201-221

Robbe-Grillet, A., Pour un Nouveau Roman, Paris 1963

Roberts, P., A Christian Theory of Dramatic Tragedy, JRel 31 (1951) 1-20

Robinson, J.A.T., The Parable of the Wicked Husbandmen: A Test of Synoptic Relationships, NTS 21 (1974/75) 443-461

Robinson, J.M., Jesus Parables as God Happening, in: F.T.Trotter (Hrsg.), Jesus and the Historian (Written in Honour of E.C.Colwell), Philadelphia 1968, 134-150

Robinson, N.H.G., Mystery and Logic, CanJT 15 (1969) 30-44

Rouquette, J., Das "Verborgene" und das "Kundgegebene" im Neuen Testament, Conc 7 (1971) 624-633

Russel, B., The Philosophy of Logical Atomism, in R.C.Marsch (Hrsg.), Logic and Knowledge, London 1956, 177-281
ders., Why I am not a Christian, London 1967, 4th impr. 1971

Ryle, G., The Concept of Mind, London 1949
ders., Dilemmas, Cambridge 1954

Savigny, E. von, Analytische Philosophie, München 1970

Scharlemann, M.H., Proclaiming the Parables (The Witnessing Church Series), Saint Louis 1973

Schelkle, K.H., Der Zweck der Gleichnisreden (Mk 4,10-12), in: Neues Testament und Kirche. Für R.Schnackenburg, hrsg. J.Gnilka, Freiburg 1974, 71-75

Schille, G., Zur urchristlichen Tauflehre. Stilistische Beobachtungen am Barnabasbrief. ZNW 49 (1950) 31-52

Schlatter, A., Der Evangelist Matthäus, Stuttgart ^{5}1959

Schmaus, M., Thomas von Aquin. Zu seinem 700.Todestag, StZ 3 (1974) 153-168

Schnidt, S.J., Texttheorie, München 1973

Schnackenburg, R., Der geschichtliche Jesus in seiner ständigen Bedeutung für Theologie und Kirche, in: K.Kertelge (Hrsg.), Rückfrage, 194-220
ders., Gottes Herrschaft und Reich. Eine biblisch-theologische Studie, Freiburg ^{3}1963

Schnider, F., Jesus der Prophet, Freiburg (Schweiz)-Göttingen 1973

Schnider, F. - Stenger, W., Johannes und die Synoptiker, München 1971

Schniewind, J., Das Evangelium nach Markus (NTD 1), Göttingen ^{5}1949

Schottroff, L., Die Erzählung vom Pharisäer und Zöllner als Beispiel für die theologische Kunst des Überredens, in: H.De Betz und L.Schottroff (Hrsg.), Neues Testament und christliche Existenz, Festschrift für H. Braun (zum 70.Gbt.), Tübingen 1973, 439-461

Schrage, W., Das Verhältnis des Thomas-Evangeliums zur synoptischen Tradition und zu den koptischen Evangelienübersetzungen (Beihefte zur ZNW 29), Berlin 1964

Schwarz, G., ... "Lobte den betrügerischen Verwalter"? (Lk 16,8a) BZ 18/1 (1974) 94-95

Schweitzer, A., Geschichte der Leben-Jesu-Forschung, Tübingen ^{6}1951
ders., Das Messianitäts- und Leidensgeheimnis. Eine Skizze des Lebens Jesu, Tübingen ^{3}1956

Schweizer, E., Das Evangelium nach Matthäus (NTD 2), Göttingen ^{13}1973
ders., Du texte à la prédication, 2: Marc 4,1-20, ETR 43 (1968) 256-264

Searle, J.R., Sprechakte. Ein sprachphilosophischer Essay. Frankfurt 1973

Sellin, G., Gleichnisstrukturen, LingBibl 31 (1974) 89-115

Seven, Friedrich, Hermeneutische Erwägungen zur poetischen Realisation eines neutestamentlichen Textes ("Sprachereignis" bei Eberhard Jüngel und Erhard Güttgemanns), LingBibl 29/30 (1973) 52-55

Shibles, W.H., An Analysis of Metaphor in the Light of W.M. Urban's Theories (De proprietatibus Litterarum 7), Mouton 1971
ders., Die metaphorische Methode, DVJ 48 (1974) 1-9

Sklovskij, V., Iskusstvo Kak priem, in: Poetika 1919, 101-194. Zitiert nach V. Erlich, Russischer Formalismus, Frankfurt 1973

Slakta, D., Essai pour Austin, Langue Française 21 (1974) 91-105

Smart, J.J.C., The Existence of God, in: NEPhTh, 28-46
ders., Metaphysics, Logic and Theology, in: NEPhTh, 12-27

Snell, B., Die Entdeckung des Geistes. Studien zur Entstehung des europäischen Denkens bei den Griechen, Hamburg ^{3}1955

Snodgrass, K.R., The Parable of the Wicked Husbandmen: Is the Gospel of Thomas Version the Original?, NTS 21 (1974) 142-144

Spurgeon, C., Shakespeare's Imagery, Cambridge 1971

Stachowiak, H., Gedanken zu einer allgemeinen Theorie der Modelle, SG 18 (1965) 432-463

Stauffer, E., γαμέω, γάμος, in: ThWNT 1, 646-655

Stegmüller, W., Hauptströmungen der Gegenwartsphilosophie, Stuttgart 1965
ders., Probleme und Resultate der Wissenschaftstheorie und analytischen Philosopie, 2.Bd., Berlin-Heidelberg-New York 1969

Stenger, W. - Schnider, F., Johannes und die Synoptiker, München 1971

Stenger, W., Mt 25,1-3, in: H. Kahlefeld - O. Knoch, Die Episteln und Evangelien der Sonn- und Festtage, 19. Die Evangelien 10, Frankfurt 1972, 400-404

Stierle, K.H., Elemente einer Theorie der Metapher (Manuskript)

Strobel, A., Untersuchungen zum eschatologischen Verzögerungsproblem aufgrund der spätjüdisch-urchristlichen Geschichte von Abakuk 2,2ff (NT Supp 2), Leiden-Köln 1961

ders., Zum Verständnis von Matt 25,1-13, NT 2 (1958) 199-227

Summers, R., Setting the Parables Free, SWJT 10 (1968) 7-18

Thielicke, H., Das Bilderbuch Gottes. Reden über die Gleichnisse Jesu, Stuttgart ^{3}1959

Thiselton, A.C., The Parables as Language-Event: Some Comments on Fuchs's Hermeneutics in the Light of Linguistic Philosophy, ScotJT 23 (1970) 437-468

Tillich, P., The Religious Symbol, in: R.May (Hrsg.), Symbolism in Religion and Literature, New York 1960, 75-98

Tinsley, E.J., Parable and Allegory: Some Literary Criteria for the Interpretation of the Parables of Christ, CQ 3 (1970) 32-39

ders., Parable, Allegory and Mysticism, in: A.Hanson (Hrsg.), Vindications: Essays on the Historical Basis of Christianity, London 1966, 153-192

ders., Parables and the Self-Awareness of Jesus, CQ 4 (1971) 18-26

Todorov, T., Les catégories du récit littéraire, Communications 8 (1966) 125-151

ders., Die semantischen Anomalien, in: J.Ihwe (Hrsg.), Literaturwissenschaft und Linguistik 1, Frankfurt 1971, 359-383

ders., Die strukturelle Analyse der Erzählung, in: J.Ihwe (Hrsg.), Literaturwissenschaft und Linguistik 3, Frankfurt 1972, 265-275

ders., Théorie de la littérature, Textes des formalistes russes, Paris 1965

Topitsch, E., Mythische Modelle in der Erkenntnislehre, SG 18 (1965) 400-418

Trilling, W., Das wahre Israel. Studien zur Theologie des Matthäus-Evangeliums (Studien z.A. und N.T. 10) München ^{3}1964

Turner, H.E.W. - Montefiore, H., Thomas and the Evangelists (SBTh 35), Naperville, 3. 1962

Urban, W.M., Language and Reality, London 1939

Verschuer, O. von, Modelle in der humangenetischen Forschung, SG 18 (1965) 334-338

Vesci, U.M., Ka, Le nom de Dieu comme pronom interrogatif dans les Veda. La démythisation du nom de Dieu, in: ALTh, 145-154

Vetter, A., Modell und Symbol in der Strukturpsychologie, SG 18, (1965) 352-361

Via, Dan O., Die Gleichnisse Jesu. Ihre literarische und existentiale Dimension (Beiträge z. Ev.Th. 57), München 1970 (Original: Philadelphia 1967)
ders., Matthew on the Understanding of the Parables, JBL 84 (1965) 430-432
ders., The Necessary Complement to the Kerygma, JRel 45 (1965) 30-38
ders., Parable and Example Story. A Literary-Structuralist Approach, LingBibl 25/26 (1973) 21-30
ders., The Relationship of Form to Content in the Parables: The Wedding Feast, Interpr 25 (1971) 171-184

Vincent, J.J., The Parables of Jesus as Self-Revelation, in: K.Aland et al. (Hrsg.), Studia Evangelica, Berlin 1959, 79-99

Vögtle, A., Die sogenannte Taufperikope Mk 1,9-11. Zur Problematik der Herkunft und des ursprünglichen Sinnes, in: EKK (Vorarbeiten 4), Zürich/Köln/Einsiedeln 1972, 105-136

Wallace, R.S., Many Things in Parables, Edinburgh-London 1955

Weil, K.G., Modellbildung in der physikalischen Chemie, Studium Generale 18 (1965) 257-259

Weinrich, H., Metapher, in: J.Ritter (Hrsg.), Historisches Wörterbuch der Philosophie, Basel 1969ff (Vorabdruck)
ders., Die Metapher (Bochumer Diskussion), Poetica 2 (1968) 100-130
ders., Münze und Wort. Untersuchungen an einem Bildfeld, in: H.Lausberg / H.Weinrich (Hrsg.), Romanica. Festschrift für R.Rohlfs, Halle 1958, 508-521
ders., Narrative Theologie, Conc 9/5 (1973) 329-334
ders., Semantik der Kühnen Metapher, DVJ 37 (1963) 325-344
ders., Semantik der Metapher, FoL 1 (1967) 3-17
ders., Tempus. Besprochene und erzählte Welt, Stuttgart ^{2}1972
ders., Typen der Gedächtnismetaphorik, Archiv für Begriffsgeschichte 9 (1964) 23-26

Weiser, A., Die Knechtsgleichnisse der synoptischen Evangelien, München 1971

Weiss, J., Die Predigt Jesu vom Reiche Gottes, Göttingen ^{2}1900

Wellek, R. - Warren, A., Theorie der Literatur, Frankfurt 1972

Wendler, G., Über einige Modelle in der Biologie, SG 18 (1965) 284-290

Wenham, D., The Interpretation of the Parable of the Sower, NTS 20 (1974) 299-319

Wheelwright, Ph., The Burning Fountain, Bloomington, Ind. ^{2}1968
ders., Metaphor and Reality, Bloomington, Ind. 1962. Zitiert nach der Midland Book (Hrsg.) 1968
ders., Semantics and Ontology, in: L.C.Knights - B.Cottle (Hrsg.), Metaphor and Symbol, London 1960, 1-9

White, K.D., The Parable of the Sower, JTS 15 (1964) 300-307

Wilder, A.N., Early christian Rhetoric, the Language of the Gospel (The New Testament Library), London 1964

ders., Eschatology and the Speech-Modes of the Gospel, in: E.Dinkler (Hrsg.), Zeit und Geschichte. Dankesgabe an R.Bultmann zum 80.Gbt., Tübingen 1964, 19-30

Wilkens, W., Die Redaktion des Gleichniskapitels Mark 4 durch Matth., TZ 20 (1964) 305-327

Williams, B., Tertullian's Paradox, in: NEPhTh, 187-211

Wilpert, G. von, Allegorie, Bild, Fabel, Gleichnis, Metapher, Parabel, Symbol, in: Sachwörterbuch der Literatur, Stuttgart ^{5}1969

Wilson, R.McL., The Coptic "Gospel of Thomas", NTS 5 (1958/59) 273-276

ders., The Gospel of Thomas, in: F.L.Cross (Hrsg.), Studia Evangelica 3 (Texte und Untersuchungen 88), Berlin 1964, 477-459

ders., The Gospel of Thomas, ET 70 (1958/59) 324-325

ders., Studies in the Gospel of Thomas, London 1960

ders., Thomas and the Synoptic Gospels, ET 72 (1960/61) 36-39

ders., Thomas and the Growth of the Gospels, HarvTR 53 (1960) 231-250

Wittgenstein, L., The Blue and Brown Books, Oxford 1972

ders., Philosophische Grammatik, Frankfurt 1973

ders., Philosophische Untersuchungen, Frankfurt 1971

ders., Tractatus logico-philosophicus. Logisch-philosophische Abhandlung, Frankfurt 1971

ders., Vorlesungen und Gespräche über Ästhetik, Psychologie und Religion, Göttingen 1968

Wood, F.Jr., The Relation of the Ontological Argument to Metaphysics, JPhR 4 (1973) 92-104

Wunderlich, D., Zur Konventionalität von Sprechhandlungen, in: ders. (Hrsg.), Linguistische Pragmatik, Frankfurt 1972, 11-58

ders., Präsuppositionen in der Linguistik, erw. Fassung eines Vortrags in Kiel, und eines Arbeitspapiers "Präsuppositionen und Anwendbarkeit von Sätzen", Mai 1971. Zitiert nach: S.J.Schmidt, Textheorie, 176

ders., Sprechakte, in: U.Maas - D.Wunderlich (Hrsg.), Pragmatik und sprachliches Handeln, Frankfurt 1972, 69-168

Wyk, R.N. van, Michael Novak on the Existence of God, JPhR 5 (1974) 61-63

Zerwick, M., Untersuchungen zum Markus-Stil. Ein Beitrag zur stilistischen Durcharbeitung des Neuen Testaments, Rom 1937

Zimmermann, H., Los metodos historico-criticos en el nuevo Testamento, Madrid 1969

Zink, S., Poetry and Truth, PR 54 (1945) 132-154

Zirker, H., Religionskritik als Sprachanalyse, RHS 2 (1974) 77-87

AUTORENREGISTER

Es werden nur die Autoren angeführt, die im Text vorkommen.

Aristoteles 49.55.56.79
Augustinus 260
Austin, J.L. 21.25.27.28.62ff.69. 120
Ayer, A.J. 26

Barfield, O. 45
Barr, J. 16
Berger, K. 273
Black, M. 59
Biser, E. 99-100.123.126.229. 235
Blank, J. 191.192.242
Bloch, E. 100
Bornkamm, G. 178
Bosse, H. 83.85.148
Braithwaite, R.B. 28.41
Brooke-Rose, Ch. 46.80.94
Brown, R.E. 204.215
Brown, St. 49.81
Bühler, K. 45.46.56
Bultmann, R. 91.145.155.178. 238
Buzy, D. 13

Carnap, R. 25
Cicero 45
Cohen, C.B. 41.42
Conzelmann, H. 234
Coseriu, C. 47
Crombie, I.M. 28
Crossan, J.D. 20.78.106.162.164
Cullmann, O. 238

Derret, J.D.M. 104.171.172.192
Dibelius, M. 92
Dithmar, R. 102.111
Dodd, Ch. 15.78.91.98.191.231. 265
Drury, J. 99.204
Dundes, A. 17

Eco, U. 47.48.131.273
Eichholz, G. 122.148
Evans, D.D. 61.70.117

Fawcett, T. 49
Feneberg, W. 238
Ferré, F. 58
Fiebig, P. 77.91
Findlay, J.A. 104
Flew, A. 27
Friedrich, H. 49
Fuchs, E. 15.21.78.84.91.93.111.117. 121.122.123.149.231.234. 236.241.242.268
Funk, W.R. 20.78.87.101

Gaskin, J.C.A. 135
Gerhardsson, B. 204
Glombiza, O. 145
Grässer, E. 178
Greimas, A.J. 112
Güttgemanns, E. 17-18.128

Hahn, F. 237
Hunter, A.M. 166
Hare, R.M. 27
Harnisch, W. 109.110
Hengel, M. 273
Hepburn, R.W. 28.41
Hermaniuk, M. 78
Hester, M.B. 54.80
Hick, J. 27.28
Hopper, S.R. 50
Hunter, A.M. 78.123

Jakobson, R. 105
Jennings, J.G. 49
Jeremias, J. 15.91.99.126.145.148. 155.156.161.166.179. 189.191.197.215.217. 231.255.265
Jörns, K.-P. 242

Jülicher, A. 13.20.75.76ff.79.86.
91.98.100.109.110.
126.128.164.175.
179.191.202.229.
231.265
Jüngel, E. 92.123.232

Kafka, F. 126
Kahlefeld, H. 161.166
Klauck, H.J. 15
Kaulbach, F. 59
Küng, H. 245

Lentzen-Deis, F. 238.239
Linnemann, E. 84.90.92.111.116.
117.121.123.150.
155.156.159.178.
179.182.183.237.
242
Lohfink, G. 264
Lohmayer, E. 92.231.260

MacPherson, Th. 27
Maisch, I. 178.179.184
Manson, T.W. 155.179.259
Marin, L. 205
Marxsen, W. 204
Matthew, R.J. 47
Miles, T.R. 27.28
Miller, J. 41
Mitchel, B. 27.28
Moore, G.E. 26
Müller, M.F. 44.46
Mussner, F. 92.100.111.273

Nietzsche, F. 44

Pater, W. de 30.32.39.40
Perrin, N. 128
Pongs, H. 49
Popper, K.R. 27
Propp, V. 17.147.159
Pesch, R. 238

Quintilianus 45.79

Ragaz, L. 163
Räisänen, H. 204.221

Ramsey, I.T. 20.25.26-44.53ff.
60.61.62.87ff.106.
126.135.249.265

Richards, I.A. 94
Richter, W. 16
Ricoeur, P. 19.102.132.136.247.260.
263.273
Russel, B. 26
Ryle, G. 27

Schmidt, S.J. 62.64f.66.68
Schottroff, L. 158
Schwarz, G. 104
Schweizer, E. 145.178
Searle, J.R. 25.62.64ff
Sellin, G. 112
Shibles, W.H. 46.51.80
Slakta, D. 62.67
Smart, N. 41
Spurgeon, C. 49
Stachowiak, H. 58.59
Stenger, W. 183
Strobel, A. 178
Summers, R. 273

Thielicke, H., 245
Thisselton, A.G. 87
Tinsley, E.J. 78
Todorov, Tz. 47

Urban, W.M. 51

Via, Dan O. 16-17.19.77.93.99.116.
128.166.168.179.182.183.
188.232.243.265.267
Vincent, J.J. 78.99.117.234

Warren, A. 50
Weinrich, H. 47.48.49.55.56.79.80.
82.87.101
Wellek, R. 50
Wheelwright, Ph. 45.50.54
White, K.D. 204.215.273
Wilder, A.N. 116.122
Wittgenstein, L. 26.27.38.46.51.52.
55.64.100
Wunderlich, D. 62.68f

Zink, S. 50

STELLENREGISTER

Es werden nur die Stellen angeführt, die im Text zitiert sind.

2 Sam 12,1-13 87.199

Ps 34,19   164
      51,19   164
      118,22-23 192
      138,16   164

Jes 5,1-7   192
     45,5   236
     55,11   236
     57,15   164
     58,1-12 163
        2   163
     66,23   164

Jer 7,25-27 192.197

Dn 3,39 164

Joel 2,12-14 163

Amos 5,21-25 163

Mt 1,23   262
    3,13-17 238
       54   241
    5,13   84.85
      14-16 85
      25-26 119
    6,3-4   84
      10   245
      10-21 112
      24   244
    7,1-3   103
      3-5   103
      6   85
      7-8   86
      28   241
    8,22   152
      27   241
    9,8   241
      10-13 184
      14-17 184
      16-17 152
    10,16   85
      17-24 213

Mt 10,25   117
      26   213
      26ff 213
      27   213
   11,3   241
      16-17 256
      16-19 119.255
      17-19 196
      20-24 195
   12,6   242
      22-32 135
      25-30 117
      28   117
      29   118.243
      41   117.242
      42   117.242
   13,3-8 118.119
      24-30 119
      31-32 119
      31-33 235
      33   119
      44-46 118.143.145-154.234
      47-48 119
      54-56 241
   15,10-11 125
      13   125
      14   125
      24   125
   16,4   196
      6   125
   18,1-4 112
      12-14 118
      23-35 119
   19,16-24 152
      27   166
      28ff 175
      29   166
      30   166
   20,1-16 119.125.143.166-177.234.
                   236
   21,18-19 196
      19-20 256

Mt	21,28-31	119	Mk	4,29	186
	28-32	195		33-34	203
	31	165		35	202
	33-46	191		41	241
	45-46	125		6,2-3	241
	22,1-10	195		7-13	220
	1-13	119.246		7,14-16	125
	1-14	125.184.235		18	221
	23,32	196.199		8,29	251
	37-39	196		31	251
	24,25	186		9,49-50	84
	36	187		10,18	254
	43	187		11,12-14	196.256
	45-50	187		12,1-2	221
	45-51	119.255		1-12	143.191-200.235.255
	25,1-13	103.143.178-190.235.255		12	196
				13,28	221.222
	14-30	119.214.255		28-30	125
	24	186		33-37	119
	31-46	117		16,8	248
				11	248
Mk	1,4-11	237ff		15-16	118
	14-15	118			
	15	240	Lk	4,16-30	251
	15-16	195		22	241
	17-18	152		5,21	236
	20	152		26	241
	2,12	241.242		29-32	184
	12-20	118		33-39	184
	15-17	184		6,41-42	103
	17	117.119.235.243		7,19	241
	18-22	184		31ff	94.256
	19-20	119		31-35	119.235
	21-22	94.119		41-43	119
	27	241		8,5-8	118
	3,14	222		25	241
	23	221		10,3	85
	20-35	209		13-15	195
	27	243		29-37	125
	30	135		30-37	119
	4,1-25	144.199.201.202-225		11,1-8	244
	1-34	202.203		5	94
	3-8	118		5-8	86.119
	8	186		9	85.86
	9	124.136		9-13	244
	11-12	125		11-13	85
	26-29	119.216.235		15ff	109
	27	186		19	242

```
Lk 11,20     235.242.243
   21-22     235.243
   12,16-20  244
      16-21  119
      20     157
      35-36  103
      35-38  119
      42-46  119.255
      54-56  235
      58-59  119
   13,3-5    195
      6-9    119
      7-19   256
      20-21  119
      24     229
      34-35  196
      69     196
   14,7-11   119
      8-11   163
      16-24  184.195.235
      23     229
      28ff   109
      34-35  84
   15,1-10   244
      4ff    109
      4-7    118
      4-10   235
      4-31   119
      8-10   118.246
      11-31  235.246
      11-32  118
      31     176
   16,1-8    104.119
      13     244
      19-31  119
      24     246
   18,1-5    244
      1-7    155
      1-8    119
      9-14   119.143.155-165.
             234.244.246
      15-27  155.165
   19,11-27  214.255
      12-27  119
   20,9-19   191
      19     123
   22,38     229

Lk 24,2-5    248
   9-12      248
   31        248

Jo  1,11-12  256
    18       254.262
    12,37-40 220
    14,9     247.254
    26       249
    16,13    249
    19,13    249
    20,2     248
    9        248
    22       249
    25       248

Apg 2,1-4    249
    22-36    249
    28,24-28 220

Rm 9-11 220

2 Kor 4,6 254

Tit 2,13 254

Hebr 1,1-2 253
```

REGENSBURGER STUDIEN ZUR THEOLOGIE

Band 1 Michael Hofmann: Theologie, Dogma und Dogmenentwicklung im theologischen Werk Denis Petau's. Mit einem biographischen und einem bibliographischen Anhang. LXIX und 644 S., 1976.

Band 2 Siegfried Wiedenhofer: Formalstrukturen humanistischer und reformatorischer Theologie bei Philipp Melanchthon. Teil I und Teil II. 956 S., 1976.

Band 3 Flavio Siebeneichler: Catolicismo popular – Pentecostismo – Kirche: Religion in Lateinamerika. 290 S., 1977.

Band 4 Franz Platzer: Geschichte – Heilsgeschichte – Hermeneutik. Gotteserfahrung in geschichtsloser Zeit. 330 S., 1976.

Band 5 Hermann-Josef May: Marquard von Lindau OFM – De reparatione hominis. Einführung und Textedition. 405 S., 1977.

Band 6 Werner Stenger: Der Christushymnus 1 Tim 3,16. Eine strukturanalytische Untersuchung. 287 S., 1977.

Band 7 Günter Krinetzki: Zefanjastudien. Motiv- und Traditionskritik + Kompositions- und Redaktionskritik. 320 S., 1977.

Band 8 Tullio Aurelio: Disclosures in den Gleichnissen Jesu. Eine Anwendung der disclosure-Theorie von I. T. Ramsey, der modernen Metaphorik und der Theorie der Sprechakte auf die Gleichnisse Jesu. 356 S., 1977.

Band 9 Theo Schäfer: Das Priester-Bild im Leben und Werk des Origenes. (In Vorbereitung)

Band 10 Richardt Hansen: Spontaneität – Geschichtlichkeit – Glaube. Hermeneutik und Theologie im Denkhorizont von K. E. Løgstrup. (In Vorbereitung).

ÜBER DEN AUTOR:

Tullio Aurelio, 1945 in Italien geboren, machte seine vortheologischen und einen Teil seiner theologischen Studien in Italien. In Deutschland erwarb er 1973 an der Phil.-Theol. Hochschule in Benediktbeuern das Diplom in Theologie. Mit der vorliegenden Dissertation über die Gleichnisse Jesu promovierte er 1975 bei Prof. Dr. Franz Mußner in Katholisch-Neutestamentlicher Theologie an der Universität Regensburg.
Veröffentlicht wurden von ihm zwei Beiträge („La giustizia di Sara e Tobia", „L' indemoniato di Gerasa") in der Fachzeitschrift *Bibbia e Oriente*. Außerdem hat er eine Bibel-Ausgabe des Verlages Marietti (Turin) redigiert.

Acme

Bookbinding Co., Inc.
300 Summer Street
Boston, Mass. 02210